住房和城乡建设部"十四五"规划教材

"1+X"职业技能等级证书系列教材

新居住数字化经纪服务系列教材

U0590800

新居住数字化经纪服务

（高级技能）

贝壳找房教育中心　组织编写

中国建筑工业出版社

图书在版编目（CIP）数据

新居住数字化经纪服务．高级技能 / 贝壳找房教育
中心组织编写 . —北京：中国建筑工业出版社，2022.8
住房和城乡建设部"十四五"规划教材 "1+X"职
业技能等级证书系列教材 新居住数字化经纪服务系列教
材
ISBN 978-7-112-27698-1

Ⅰ.①新… Ⅱ.①贝… Ⅲ.①房地产业—经纪人—技
术培训—教材 Ⅳ.① F293.3

中国版本图书馆 CIP 数据核字（2022）第 136853 号

　　本教材是"1+X"职业技能等级证书中"新居住数字化经纪服务"系列教材中的"高级技能"分册，是培养房地产经纪服务人才高级技能的专用教材。本教材根据最新房地产行业动态和最新房地产经纪知识，紧扣新居住数字化经纪服务职业标准和企业实践，以房地产经纪业务的工作过程为主线，系统设计了新居住项目市场分析与定位策划、新居住项目产品与价格策划、新居住项目促销推广策划、新居住项目营销组织与执行策划、门店开设与数字化管理、交易促成与管理、数字化应用、团队建设、风险管理、置业分析与客户咨询服务等工作领域，每个工作领域由技能要求、工作任务、相关案例、经验及图表、小结以及思考题、思考题等组成，同时工作任务又安排有任务情景、任务分析、任务流程、任务实施、必备业务知识、必备业务要领、任务拓展等内容，重点突出了房地产经纪业务操作策略、操作流程以及操作技巧，趣味性、可学性和可用性强，注重高级职业技能的养成。

　　本教材不仅可作为房地产类专业及相关专业在校学生职业技能等级证书考试用书，亦可作为房地产企业、经纪公司岗位培训的实用教材，还是从业人员必备的工具型实践参考图书和职业提升的实用读本。

　　为更好地支持相应课程的教学，我们向采用本书作为教材的教师提供教学课件，有需要者可与出版社联系，邮箱：jckj@cabp.com.cn，电话：(010) 58337285，建工书院 http://edu.cabplink.com（PC 端）。

责任编辑：牟琳琳　张　晶
责任校对：党　蕾

住房和城乡建设部"十四五"规划教材
"1+X"职业技能等级证书系列教材
新居住数字化经纪服务系列教材
新居住数字化经纪服务（高级技能）
贝壳找房教育中心　组织编写
＊
中国建筑工业出版社出版、发行（北京海淀三里河路 9 号）
各地新华书店、建筑书店经销
北京雅盈中佳图文设计公司制版
天津翔远印刷有限公司印刷
＊
开本：787 毫米 ×1092 毫米　1/16　印张：$22^3/_4$　字数：445 千字
2022 年 11 月第一版　2022 年 11 月第一次印刷
定价：**58.00** 元（赠教师课件）
ISBN 978-7-112-27698-1
　　（39892）

出 版 说 明

　　党和国家高度重视教材建设。2016 年，中办国办印发了《关于加强和改进新形势下大中小学教材建设的意见》，提出要健全国家教材制度。2019 年 12 月，教育部牵头制定了《普通高等学校教材管理办法》和《职业院校教材管理办法》，旨在全面加强党的领导，切实提高教材建设的科学化水平，打造精品教材。住房和城乡建设部历来重视土建类学科专业教材建设，从"九五"开始组织部级规划教材立项工作，经过近 30 年的不断建设，规划教材提升了住房和城乡建设行业教材质量和认可度，出版了一系列精品教材，有效促进了行业部门引导专业教育，推动了行业高质量发展。

　　为进一步加强高等教育、职业教育住房和城乡建设领域学科专业教材建设工作，提高住房和城乡建设行业人才培养质量，2020 年 12 月，住房和城乡建设部办公厅印发《关于申报高等教育职业教育住房和城乡建设领域学科专业"十四五"规划教材的通知》（建办人函〔2020〕656 号），开展了住房和城乡建设部"十四五"规划教材选题的申报工作。经过专家评审和部人事司审核，512 项选题列入住房和城乡建设领域学科专业"十四五"规划教材（简称规划教材）。2021 年 9 月，住房和城乡建设部印发了《高等教育职业教育住房和城乡建设领域学科专业"十四五"规划教材选题的通知》（建人函〔2021〕36 号）。为做好"十四五"规划教材的编写、审核、出版等工作，《通知》要求：（1）规划教材的编著者应依据《住房和城乡建设领域学科专业"十四五"规划教材申请书》（简称《申请书》）中的立项目标、申报依据、工作安排及进度，按时编写出高质量的教材；（2）规划教材编著者所在单位应履行《申请书》中的学校保证计划实施的主要条件，支持编著者按计划完成书稿编写工作；（3）高等学校土建类专业课程教材与教学资源专家委员会、全国住房和城乡建设职业教育教学指导委员会、住房和城乡建设部中等职业教育专业指导委员会应做好规划教材的指导、协调和审稿等工作，保证编写质量；（4）规划教材出版单位应积极配合，做好编辑、出版、发行等工作；（5）规划教材封面和书脊应标注"住房和城乡建设部'十四五'规划教材"字样和统一标识；（6）规划教材应在"十四五"期间完成出版，逾期不能完成的，不再作为《住房和城乡建设领域学科专业"十四五"规划教材》。

　　住房和城乡建设领域学科专业"十四五"规划教材的特点，一是重点以修订教育部、住房和城乡建设部"十二五""十三五"规划教材为主；二是严格按照专业标准规范要求编写，体现新发展理念；三是系列教材具有明显特点，满足不同层次和类型的学校专业教学要求；四是配备了数字资源，适应现代化教学的要求。规划教材的出版凝聚了作者、主审及编辑的心血，得到了有关院校、出版单位的大力支持，教材建设管理过程有严格保障。希望广大院校及各专业师生在选用、使用过程中，对规划教材的编写、出版质量进行反馈，以促进规划教材建设质量不断提高。

住房和城乡建设部"十四五"规划教材办公室

2021 年 11 月

教材编写委员会

主　　任：陈林杰　南京工业职业技术大学

副 主 任：薛红蕾　贝壳找房（北京）科技有限公司

顾问委员：

左东华　贝壳找房（北京）科技有限公司

李文杰　贝壳找房（北京）科技有限公司

委　　员：（按姓氏笔画排序）

马文琦　贝壳找房（北京）科技有限公司

刘　燕　内蒙古建筑职业技术学院

李　敏　江苏城乡建设职业学院

陈　静　无锡城市职业技术学院

封永梅　成都职业技术学院

赵小娥　湖南城建职业技术学院

胡永华　天津国土资源和房屋职业学院

梁　慷　南京工业职业技术大学

隆林宁　南宁职业技术学院

蒋　英　江苏城乡建设职业学院

曾福林　湖南城建职业技术学院

雷　华　广州城市职业学院

樊　群　南京工业职业技术大学

戴小清　南京工业职业技术大学

前　言

随着国家"1+X"证书制度的试点实施，2020年"新居住数字化经纪服务"成为教育部第四批试点的职业技能等级证书。职业技能等级标准教材作为知识与技能的载体，是落实"1+X"证书制度至关重要的一环。在"1+X"证书制度下，我们开发了新居住数字化经纪服务职业技能等级证书系列教材。新居住数字化经纪服务职业技能等级证书系列教材包括《新居住数字化经纪服务（基础知识）》《新居住数字化经纪服务（初级技能）》《新居住数字化经纪服务（中级技能）》以及《新居住数字化经纪服务（高级技能）》四本。

教材开发的依据：以新居住数字化经纪服务职业技能等级标准为主要依据，同时兼顾房地产类专业教学标准和房地产经纪、房地产营销等相关课程标准。

教材开发的主体：在人力资源与教育主管部门、南京工业职业技术大学等职业学校、贝壳找房（北京）科技有限公司培训评价组织、房地产行业、企业等多个部门的联动配合下成立教材开发委员会，教材的开发由这些部门的"行业专家、企业专家、教学专家、课程与教材开发专家、技能测评专家"共同进行，使教材对接专业教学需求、企业生产需求以及职业技能测评需求。

教材的主要内容及特点：

（1）内容框架。与教材开发依据的标准相呼应，教材内容覆盖专业教学标准、课程标准中明确规定的房地产"基本知识点体系"，确保学生能学到该专业和课程的基本知识与基本技能。同时，教材重点覆盖新居住数字化经纪服务职业技能等级标准中的"职业技能"与"主要内容"，据此确定教材的"证书考核技能点体系"，确保学生能同时学到对接职业标准的职业技能。

（2）难易程度。新居住数字化经纪服务职业技能等级证书系列教材由易到难分为初、中、高三个等级，对应职业技能等级标准的三个"技能等级划分"和"面向对象"。初级一般对应中职和高中毕业生（含在校应届毕业生），中级一般对应高职毕业生（含在校应届毕业生），高级一般对应本科毕业生（含在校应届毕业生）。

（3）配套题库。涵盖技能考证主要内容，包括基础任务题库和技能过关任务题库。基础任务题库针对单元基本知识点与技能点的测试题，旨在使学生系统掌握基本知识体系；技能过关任务题库针对技能等级要求，模拟考证真题，强化学生技能，对接考证需求。

教材的组织结构与编排顺序：

（1）工作过程导向。教材对接职业标准，按照房地产经纪企业实际服务过程编排教材内容，实现教学过程即生产服务过程。

（2）按典型工作任务聚合特定知识与技能。教材建构基于典型工作任务的知识与技能点网络，使学生在学得相关知识与技能后，便能完成房地产经纪某一工作领域特定的工作任务。

（3）从一般能力到职业能力。职业技能等级标准将职业能力要求分为"一般要求"（所有级别人员都需具备）和"职业能力要求"（特定级别需具备），教材内容的组织和编排也对应"一般要求"和"职业能力要求"。

教材的呈现形式：类似于房地产经纪企业员工的日常教材"岗位操作手册"，将知识点、技能点融合在岗位工作任务、工作流程和操作规范中，使学生学习教材就如同企业员工学习岗位操作规程。

教材由贝壳找房教育中心组织编写，南京工业职业技术大学陈林杰教授、贝壳找房教育中心总经理薛红蕾牵头组织编写了教材的具体内容，贝壳找房的张勇为本书的编写提供支持。限于编者的能力和水平，教材中的错误在所难免，敬请各位同行、专家和广大读者批评指正，以使教材日臻完善。编者将继续深入研究"1+X"证书制度，努力提升教材开发水平，使教材真正成为帮助学生获得房地产职业技能等级证书的有效且高效的学习工具，拓宽学生就业创业本领，适应新时期房地产业发展的需要。

需要说明的是，教材主要案例是以南京市为例，因此其中涉及的购房资质、贷款资质等相关规定均系南京地方政策，不代表全国其他地区政策，但各个任务操作过程在全国其他城市具备借鉴意义。教材中的职业技术技能考核点鉴定，需要进一步完善更加客观和可量化的鉴定方法。

目　录

01

工作领域 1　新居住项目市场分析与定位策划

 工作领域描述

新房营销代理业务是数字化经纪服务的重要业务，新居住项目市场分析与定位策划是做好新房营销代理业务的前提。市场分析与定位策划是新居住项目营销策划的起步工作，是房地产经纪服务的基本功，是实现精准销售确保房地产经纪服务品质的基础工作。所以，尽管新居住项目市场分析与定位策划不是房地产交易服务的核心业务环节，但却是经纪服务人员的重要工作领域，需要具备相应的工作技能。

 工作领域内容

1. 新居住项目市场分析；
2. 新居住项目目标市场选择；
3. 新居住项目市场定位策划。

 工作技能要求

1. 能够理解房地产经纪服务职业标准和工匠精神；
2. 能够开展房地产市场调研活动；
3. 能够进行房地产市场细分；
4. 能够进行新居住项目市场定位策划；
5. 能够撰写新居住项目市场分析与定位策划报告。

任务 1　新居住项目市场分析

1.1　任务分析

新居住项目市场分析任务内容主要有 2 项：

（1）房地产市场调研；

（2）新居住项目市场分析。

1.2　任务流程

新居住项目市场分析任务流程有 6 个步骤：

（1）工作准备；

（2）房地产市场调研；

（3）项目所在的城市总体市场分析；

（4）项目所在的地段市场分析；

（5）新居住项目的 SWOT 分析与竞争者分析；

（6）撰写新居住项目市场分析报告。

1.3　任务实施

1. 工作准备

（1）新居住项目信息。项目信息资料有纸质的和电子的，主要从房地产开发商处获取。

（2）物料准备。包括交通工具（如电动自行车）、照相工具（如 5G 手机）、黑皮本、便利贴、名片以及白纸、铅笔、橡皮、尺子等绘图工具。另外还有穿平底鞋、背包、带水杯。

（3）信息准备。新居住项目所在城市和地段信息。

（4）电脑及数字化经纪服务管理软件系统。

2. 房地产市场调研

（1）确定调研目的。主要是对新居住项目所在地城市市场和所在地段市场进行探测性调研、描述性调研和预测性调研，了解房地产市场情况、研究房地产市场特点、预测房地产市场需求，为新居住项目定位和营销策划打下基础，提供科学依据。

（2）确定调研内容。为了实现调研目的，主要调研三个方面的内容：

1）调研房地产市场环境

一是政治法律环境调研。了解对房地产市场起影响和制约作用的政治形势、国家房地产方针政策、有关法律法规及其变化等，包括：①各级政府有关房地产开发经营的方针政策，如房改政策、开发区政策、房地产价格政策、房地产税收政策、房地产金融政策、土地分等定级及地价政策、人口政策和产业发展政策等；②各级政府有关国民经济社会发展计划、发展规划、土地利用规划、城乡规划和区域规划等；③国家有关法律法规，如《中华人民共和国环境保护法》《中华人民共和国土地管理法》《中华人民共和国城市房地产管理法》《中华人民共和国广告法》《中华人民共和国反不正当竞争法》等；④政府有关方针和政策，如产业政策、税收政策、财政政策、物价政策、就业政策等；⑤政局的变化，包括国际和国内政治形势。

二是经济环境调研。主要把握房地产项目所在地区的总的经济发展前景，具体包括：①国家、地区或城市的经济特性，包括经济发展规模、趋势、速度和效益；②项目所在地区的经济结构、人口及其就业状况、就学条件、基础设施情况、地区内的重点开发区域、同类竞争物业的供给情况；③一般利率水平、获取贷款的可能性以及预期的通货膨胀率；④国民经济产业结构和主导产业；⑤居民收入水平、消费结构和消费水平；⑥物价水平及通货膨胀；⑦项目所在地区的对外开放程度和国际经济合作的情况，对外贸易和外商投资的发展情况；⑧与特定房地产开发类型和开发地点相关因素的调研。

三是社会文化环境调研。社会文化环境影响着房地产消费者购买房地产产品的动机、种类、方式。房地产项目地区人们所持有的核心文化价值观念具有高度的持续性，新居住项目必须适应当地消费者的文化和传统习惯，才能为当地消费者所接受。文化环境调研的内容主要包括：①居民职业构成、教育程度、文化水平等；②家庭人口规模及构成；③居民家庭生活习惯、审美观念及价值取向等；④消费者民族与宗教信仰、社会风俗等。

2）调研房地产市场需求

一是房地产消费者调研。主要是调研房地产项目所在城市和地段房地产消费者的数量及其构成，包括：①消费者对某类房地产的总需求量及其饱和点、房地产市场需求发展趋势；②房地产现实与潜在消费者数量与结构，如地区、年龄、职业等；③消费者的经济来源和经济收入水平；④消费者的实际支付能力；⑤消费者对房地产产品质量、价格、服务等方面的要求和意见等。

二是房地产消费动机调研。房地产消费动机主要包括：消费者的购买意向、影响消费者购买动机的因素、消费者购买动机的类型等。房地产购买动机主要有自用购房、投资购房、投机购房，其中自用购房含初次购房、改善购房、再次改善购房等。

三是房地产消费行为调研。就是对房地产消费者购买模式和习惯的调研，包括：①消费者购买房地产商品的数量及种类；②消费者对房屋设计（楼型、户型及装修）、建筑风格、价格（单价和总价）、质量、位置及生活配套设施的要求；③消费者对房地产品牌的信赖程度和印象；④房地产商品购买行为的主要决策者和影响者情况等。

3）调研房地产市场供给

一是行情调研。包括：①整个地区市场，房地产市场现有产品的供给总量、供给结构、供给变化趋势；②房地产市场的销售状况与销售潜力；③整个房地产产品价格水平的现状和趋势，最适合于客户接受的价格策略；④新产品定价及价格变动幅度等。

二是市场反响调研。包括：①现有房地产租售客户和业主对房地产的环境、功能、格局、售后服务的意见及对某种房地产产品的接受程度；②新技术、新产品、新工艺、新材料的出现及其在房地产产品上的应用情况。

三是建筑设计及施工企业的有关情况调研。包括：建筑设计及施工企业的信誉、资质和业绩等情况。

（3）选择调研方法。根据房地产调研目的和内容，调研方法主要选择重点调研与抽样调研相结合、线上调研与线下调研相结合、初步调研与现场深入调研相结合，其中线下调研采用观察法、访问法、问卷法等。

（4）制定调研计划。包括人员、时间、资金、工具等方面的安排。根据调研目的和调研内容成立调研小组，选派有关调研人员，明确调研起始时间、结束时间、进度结点以及调研方法，配置车辆、计算机等调研工具，预算调研资金，确保计划的有效执行。

（5）设计调研表格。一项房地产市场调研工作至少应设计以下4种调研表格：

1）当地房地产资源统计表，见表1-1。

2）房地产出租市场统计表，见表1-2。

3）房地产出售统计表，见表1-3。

4）房地产个案实调分析表，见表1-4。

（6）开展调研搜集信息资料。按照调研计划开展调研，搜集信息资料。

1）信息资料搜集的途径。主要向交易双方当事人、促成房地产交易行为的中间商、房地产开发商公开推出的各种销售或出租广告、熟悉房地产市场的人士（如房地产经纪人、估价师等）、房地产租售经办人等了解各类房地产信息、行情；参加房地产交易展示会、展览会索取有关资料；通过现场深入调研，利用访谈、问卷等手段采集信息资料。与房地产行业企业有关领导进行非正式谈话获取重要信息，可以从这些领导的谈话中，寻找房地产市场价格波动的原因，如行业专家可能认为政策调控力度较大、市场营销经理可能认为房产价格定得太高、工程部经理可能认为设计不是十分合理等。

2）将调研搜集到的资料进行整理。从搜集到的各种信息资料中，可以了解一些房地产市场情况和竞争概况，了解目前市场上哪类房产最好销、价格如何、消费者对

房地产资源统计表　　　　表1-1

调研名称		调研目的			
调研地点		调研人员		调研时间	
序号	调研项目	内容描述			备注
1	房地产分布				
2	类型、面积				
3	单位价格、总价				
4	开发程度、居住密度				
5	交易状况和规模				
6	使用期限、抵押保险				
7	政策限制				
8	竞争程度				
9	发展远景				
10	其他具体情况				
主要结论		负责人（签名）			

房地产出租市场统计表　　　　表1-2

调研名称		调研目的			
调研地点		调研人员		调研时间	
序号	调研项目	内容描述			备注
1	出租房地产名称				
2	出租面积				
3	租金水平				
4	出租房的类型和等级				
5	室内设备状况				
6	环境条件（庭院、阳台、停车场、文娱场所、交通和购物等）				
7	空置率				
8	影响房租市场的最大因素				
9	具体房东的记录				
10	出租公司的资料				
主要结论		负责人（签名）			

房地产出售统计表 表1-3

调研名称			调研目的			
调研地点		调研人员			调研时间	
序号	调研项目		内容描述			备注
1	已售和待售房地产的名称					
2	片区					
3	开发商					
4	数量					
5	结构类型					
6	成交期					
7	成交条件（预付款、贷款额和利率、偿还约束、其他附加条款等）					
8	出售时的房龄和状况					
9	客户资料					
10	其他情况					
主要结论						
			负责人（签名）			

房地产个案实调分析表 表1-4

调研名称			调研目的			
调研地点		调研人员			调研时间	
序号	调研项目		内容描述			备注
1	案名、区位					
2	投资公司					
3	产品规划					
4	推出日期、入伙日期					
5	基地面积、建筑密度					
6	土地使用权年限					
7	单位售价、付款方式					
8	产品特色					
9	销售策略					
10	客源分析					
11	媒体广告					
12	调研资料来源					
13	其他情况					
主要结论						
			负责人（签名）			

房产有什么偏爱等内容。要把零碎的、杂乱的、分散的调研信息资料加以筛选，去粗取精，去伪存真，以保证资料的系统性、完整性和可靠性。在资料编辑整理过程中，要检查调研资料的误差，剔除那些错误的资料，然后要对资料进行评定，以确保房地产调研资料的真实与准确。随后对整理的信息资料进行分类编号，以便于查找、归档和使用。最后将已经分类的资料进行统计计算，有系统地制成各种计算表、统计表、统计图。

（7）撰写和提交调研报告。调研报告反映了调研工作的最终成果，撰写调研报告应做到：客观、真实、准确地反映调研成果；报告内容简明扼要，重点突出；文字精练，用语中肯；结论和建议应表达清晰，可归纳为要点；报告后应附必要的表格和附图，以便阅读和使用；报告完整，编辑排版清楚美观。

3. 项目所在城市总体市场分析

根据上述房地产市场调研报告，对各项数据和事实进行比较分析，得出一些可以说明有关问题的统计数据，开展项目所在城市总体市场分析，分析项目所在城市规划区范围内的房地产市场发展状况。

（1）市场供求现状分析

一是需求分析。主要分析居民收入、就业、新创办公司数量、类型等因素，并根据这些因素变化来分析市场对房地产数量、功能、档次的需要特点。

二是供给分析。主要分析城市规划、地块开工数量、建筑成本等影响因素，对未来房地产市场供给进行分析。

三是价格分析。分析房屋售价和租金两种价格，找出房地产价格波动规律。

四是交易数量分析。对房地产交易数量的变化进行分析，找出变化趋势，得出目前房地产市场的发展走势。

五是空置率分析。①分析自然空置率，即长期市场供求均衡条件下的空置率；②分析实际空置率。当实际空置率低于自然空置率时，就表明市场是供不应求的，市场机会众多，开发商就会加快开发速度或提高开发力度；当实际空置率高于自然空置率时，就表明市场是供过于求的，缺乏市场机会，开发商就会减慢开发速度或降低开发力度。

（2）分析房地产市场所处的周期阶段。通过分析房地产市场表现，正确判断房地产市场当前处于"兴旺—平淡—萧条—复苏"周期中的哪个阶段，进而分析房地产开发商在不同阶段采取的投资经营行为。房地产开发商在兴旺期进行投资实际上是冒巨大风险的，因为这时投资成本大，而且房地产投放市场时可能正好赶上房地产市场趋于平淡甚至是萧条阶段，那么就面临着巨大的资金回收压力。房地产开发商在房地产市场的萧条阶段进行投资是最理想的，这时不仅投资的成本低，而且当投资的房地产投放市场时可能正好赶上房地产市场复苏甚至是再兴旺阶段，将会获得巨额的经济利益。

（3）分析房地产信贷条件。主要分析利率走势和房地产抵押贷款成数和年限，了解房地产市场走向。信贷条件宽松，即利率低、成数高、抵押贷款年限长，则房地产市场活跃；反之，则房地产市场沉闷。

4. 项目所在的地段市场分析

（1）限制性因素分析

一是分析城市规划。对城市规划区内的各个地段的土地用途、容积率等规定进行分析，判断出房地产相应的成本支出。

二是分析基础设施。看看基础设施及其他相关设施是否配套，是否会影响房地产项目的销售和租赁。

三是分析交通运输条件。对该地段的交通运输条件的影响进行定量分析，交通运输条件极大地影响房地产项目的价值，差的地段交通运输条件差，人出行不便，房地产价值大打折扣。

四是分析社会环境。要分析社会环境对房地产项目经济利益的实际影响，包括社会政治环境、经济环境、法治环境、科技环境、文化环境、语言环境等宏观因素。

五是分析地质情况和环境保护要求。看看这些因素会对房地产项目产生多大实际影响。

（2）类似项目的价格或租金分析。要选取最相似的房地产项目作为分析对象，目的是判断这一特定地段所设想开发的房地产项目在整个市场上的竞争力。在进行类似项目的价格或租金分析时，也要注意不同房地产项目的性能价格比的测算，只有在价格或租金上不高于类似房地产项目，所开发的房地产项目才会有市场竞争力。对类似项目分析要做到知己知彼，确保后续产品定位能够凸显出自己的特色，超越竞争对手。

（3）市场需求的数量、房型分析。要分析不同的消费者不同的空间需求和不同的空间组合需求，选择市场需求量大、房型集中的对象作为项目开发的主攻方向。对住宅项目来说，要对该项目所要吸引的消费者数量、家庭结构、生活水平、行为习惯等因素进行分析，以合理确定房型。对商业用房的项目开发来说，要对预期的营业范围、吸引的顾客量、所处商业中心的市场级别进行分析，以合理确定商业用房的规模和内部设计。对写字楼的项目开发来说，要对所要吸引企业的规模、业务特点和经营习惯进行分析，以合理确定写字楼的规模和内部设计。

（4）市场个性需求分析。重点分析市场对这一特定地段房地产功能、档次的需求，目的是想知道是否需要提供特殊配套服务设施。提供配套服务设施，虽然可能会增加项目成本，但有助于新居住项目的销售和租赁。

5. 新居住项目的 SWOT 分析与竞争者分析

（1）新居住项目的 SWOT 分析。

SWOT 分析方法。SWOT 是优势（Strength）、劣势（Weakness）、机会（Opportunity）和威胁（Threats）的合称，它是将项目内外部各方面内容进行综合和概括，进而分析项目的优势和劣势、机会和威胁的一种方法。其中，优势和劣势分析主要着眼于项目自身的实力及与竞争对手的比较；而机会和威胁分析是指外部环境的变化及对项目的可能影响，两者之间有着紧密的联系。

1）新居住项目的优势（Strength）与劣势（Weakness）分析，主要分析要素有地段位置、现有交通、周边配套、项目规模、产品品质等。

2）机会（Opportunity）与威胁（Threats）分析，主要分析要素有房地产政策、城市规划、未来交通、经济改革、竞争状况、入市时机、当地居民收入、人文氛围等。

3）借助表格分析，见表 1-5。

新居住项目的SWOT分析　　　　　　　　　　表1-5

项目名称			××新居住项目	
S-优势	S1. 地段 – 主城区	W-劣势	W1. 地段 – 郊区	
	S2. 交通 – 公交、地铁		W2. 交通 – 不便	
	S3. 配套 – 成熟、齐全		W3. 配套 – 不全	
	S4. 规模 – 体量大、小区功能全		W4. 规模 – 体量小、小区功能少	
	S5. 产品 – 户型多、节能		W5. 产品 – 户型少、普通	
O-机会	O1. 政策 – 税费优惠	T-威胁	T1. 竞争状况 – 竞争性楼盘多	
	O2. 规划 – 商业副中心		T2. 入市时机 – 购房淡季	
	O3. 未来交通 – 增加公交线路和地铁		T3. 居民收入 – 低增长	
	O4. 经济改革 – 经济示范区		T4. 人文 – 无重点学校	
综合分析结论	对优势、劣势、机会、威胁进行分析比较，判断新居住项目的前景			

（2）新居住项目的竞争者分析。主要分析竞争者的优劣势，从 7 个方面分析：

1）产品。竞争者产品在市场上的地位、产品的适销性以及产品系列的宽度与深度。

2）销售渠道。竞争者销售渠道的广度与深度、效率与实力以及服务能力。

3）市场营销。竞争者市场营销组合的水平、市场调研与新产品开发的能力、销售队伍的培训与技能。

4）生产与经营。竞争者的规模、技术先进性、质量控制与成本控制、员工状况、纵向整合程度。

5）研发能力。竞争者研究开发的创造性、可靠性等方面的素质与技能。

6）资金实力。竞争者的筹资能力、现金流量、资信度、财务管理能力。

7）管理能力。竞争者的领导素质与激励能力、协调能力。

实践经验：房地产项目竞争者快速简易分析法

在实际操作中由于时间紧迫、人手少等原因，对房地产项目竞争者的分析主要采用对细分市场竞争者的分析，内容主要有：

①细分市场竞争者产品的供应量；

②竞争者产品的市场价格；

③竞争者产品的空置率；

④项目推广手段。

分析方法主要采用楼盘营销实证分析比较法，在当地寻找几个类似的竞争者楼盘进行分析对比，详细采用 SWOT 分析法。

6. 撰写新居住项目市场分析报告

（1）把以上房地产市场调研、项目所在的城市总体市场分析、项目所在的地段市场分析、项目的 SWOT 分析与竞争者分析加以整理，再经过系统分析、综合形成文件，为新居住项目决策提供认识市场、了解市场、掌握市场的依据。

（2）搭建新居住项目市场分析报告的基本结构

1）标题。有单标题和双标题两种，双标题既有正题，又有副题。正题揭示市场分析报告的主旨，副题标明进行市场分析的对象、内容等。要反复琢磨标题的词句，概括精练，一般只用一句话，至多两句为宜。

2）前言。说明本次市场分析的目的、对象、范围、经过情况、收获、基本经验等，这些方面应有侧重点，不必面面俱到。或侧重于市场分析的目的、时间、方法、对象、经过的说明，或侧重于主观情况，或侧重于收获、基本经验，或对决策者所关注和市场分析所要迫切解决的问题作重点说明。前言要文字精练，概括性强，扣住中心内容。

3）主体。要写调研分析的主要情况、做法、经验或问题。可分成若干部分，用序码来标明顺序，各加上一个小标题。主体部分有 4 种基本构筑形式：一是分述式，用来描述对事物作多角度、多侧面分析的结果；二是层进式，用来表现对事物的逐层深化的认识；三是三段式，由三个段落组成，即现状、原因与对策，三段是指三个层次；四是综合式，将上述各种结构形式融为一体，加以综合运用，如，用"分述结构"来写"三段结构"中的"现状"；用"三段结构"来写"层进结构"中的一个层次；

用"总分结构"来写"分述结构"中的某一方面内容等。

4）结尾。一是自然结尾，如果主体部分已把观点阐述清楚，作出了明确结论，就不必再硬加一条结尾。二是总结性结尾，深化主旨，概括前文，把调查分析后对事物的看法再一次强调，作出结论性的收尾。三是启示性结尾，在写完主要事实和分析结论之后，如果还有些问题或情况需要指出，引起思考和探讨，或为了展示事物发展的趋势，指出努力方向，就可以写一个富有启示性的结尾。四是预测性结语，指出可能引起的后果和影响，这是在更广阔的视野上来深化主题。

（3）展示市场分析报告的主要内容

1）产品市场概述。①产品市场容量：显性市场容量、隐性市场容量。②行业分析：主要品牌市场占有率、销售量年增长率、行业发展方向（市场发展方向、产品研发方向）。③市场发展历程及产品生命周期。

2）市场竞争状况分析。①市场竞争状况：竞争者地位分布、竞争者类型。②产品销售特征：主要销售渠道（分销渠道）、主要销售手段、产品地位分布及策略比较、产品销售区域分布及分析、未来三年各产品销售区域市场需求及价格预测。③行业竞争者分析：主要开发企业基本资料、主要品牌经营策略、竞争品牌近三年发展情况、竞争者未来发展预测。

3）市场特点。

4）消费状况。

5）主要房地产品牌产品售价市场调查。

6）主要结论、建议。

1.4　必备业务知识

1. 房地产市场调研目的

房地产市场调研就是针对某一特定问题运用科学理论、设计收集信息的方法，有目的、有计划地搜集、整理和分析与房地产市场营销有关的各种信息和资料，从中识别和确定房地产营销机会及问题，为企业决策提供依据的信息管理活动。房地产市场调研因目的性不同，通常分为以下4个方面：

（1）探测性调研。当对需要研究的房地产问题和范围不明确，无法确定应该调研哪些内容时，可以采用探测性调研来找出症结所在，然后再作进一步研究。

（2）描述性调研。从房地产市场外部联系上找出各种相关因素，并不回答因果关系问题。与探测性调研比较，描述性调研需要事先拟定计划，需要确定搜集的资料和搜集资料的步骤，需要对某一专门问题提出答案。

（3）因果性调研。这种调研是要找出房地产市场某些状况的原因和结果。

（4）预测性调研。这种调研是通过搜集、分析和研究过去和现在的各种房地产市场情报资料，运用数学方法，估计未来一定时期内市场对某种房地产产品的需求量及其变化趋势。

2. 房地产市场调研重要性及任务

（1）房地产市场调研的重要性。体现在：

1）识别房地产市场机会，把握瞬息万变的市场环境。市场环境的变化主要有消费者需求水平和基本特征的变化，如随着收入水平的提高，人们对住的需求的改变；产品设计和特征的变化，如普通住宅户型结构的变化；应用技术水平的变化，如住宅小区智能化的变化等。

2）分析市场潜力，判断项目的盈利性。在房地产项目开发前，要确定项目推出后的销售前景，需要对潜在客户的需求特征和规模进行调研，以确定能否盈利。同时，制定相应的市场推广计划时，要确定如何将项目的关键信息有效地传达给潜在客户，以尽可能小的推广成本获得最大的宣传效果，这种有针对性地提出市场推广计划，也需要借助市场调研。另外，在市场推广计划中确定销售时机、价格落差、价格变化等细节，更离不开市场调研。

3）评价决策效果，找出改进的关键点。当作出某种市场决策后，市场的反应如何？决策正确与否？相关配套措施能否满足需要？是否需要进行调整？如果需要，如何调整？等。这种评价决策效果的工作要靠市场调研来完成。此外，市场调研还可以评估顾客对产品或服务的满意度，企业据此可以对产品或服务进行改进，提高满意度，扩大市场份额，在市场竞争中取胜。

（2）房地产市场调研任务。按时间顺序，市场调研要完成以下主要任务：

1）立项前市场调研。主要是土地开发潜力分析，要进行初步的市场供求关系调研，分析各种可能开发方向的盈利潜力，确定开发的基本类型。

2）立项后市场调研。主要是针对项目的详细市场调研。一是进行详细的市场需求调研，确定市场需求的基本特征和规模；二是进行详细的竞争楼盘供给调研，确定市场近期和远期（本项目开盘时及开盘后一定期间）的供给水平和特征；三是进行项目总体规划设计调研、环境设计调研、细部规划设计调研和市场推广调研，并将调研结果应用于开发工作。

3）开发过程中市场调研。主要是市场需求和供给的跟踪调研，及时发现市场需求和供给特征是否发生了变化及变化的方向，以确定销售的时机、销售的价格策略和市场推广计划。可以肯定地说，如果新居住项目能按市场调研的基本原则有效地完成上述任务，那么其销售就是一件很容易的事。

3. 房地产项目市场分析

房地产项目市场分析是对项目相关的市场规模、位置、性质、特点、市场容量及吸引范围等调查资料所进行的经济分析。市场分析是通过市场调查和供求预测，根据项目产品的市场环境、竞争力和竞争者，分析、判断项目投资后所开发的房地产产品在限定时间内是否有市场，以及采取怎样的营销战略来实现销售目标。

市场分析的方法，一般可按统计分析法进行趋势和相关分析，也可以根据已有的市场调查资料，采取直接资料法、必然结果法和复合因素法等进行市场分析。

1.5　必备业务要领

1. 房地产市场调研方法

（1）房地产市场调研方法种类。市场调研的内容涉及消费者的意见、观念、习惯、行为和态度等方面，市场调研方法可分为两大类：一类是按选择调研对象来划分，有全面调研、重点调研、抽样调研等；另一类是按调研对象所采用的具体方法来划分，有访问法、观察法、实验法。市场调研人员可根据具体情况选择不同的方法。

1）全面调研，又叫普查，是对调研对象总体所包含的全部单位进行调研。所采用的具体方法有访问法、观察法、实验法。

2）重点调研，是以有代表性的项目或消费者作为调研对象，进而推断出一般结论。所采用的具体方法有访问法、观察法、实验法。

3）抽样调研，就是从调查对象全体（总体）中选择若干个具有代表性的个体组成样本，对样本进行调查，然后根据调查结果可推断总体特征的方法。抽样调研大体上可以分成两大类：一是随机抽样，二是非随机抽样。所采用的具体方法有访问法、观察法、实验法。

（2）房地产市场调研方法与规模的选择。调研规模是指调研对象范围的大小、内容的深浅，其规模越大，结果也就越令人信服。但是由于人力、物力的限制，还有调研技术条件的限制，使得企业不得不从4个方面来考虑调研的规模：①样本数的数量；②样本涵盖面的广度；③问题涵盖面的广度；④调研的深度。

2. 房地产调研资料搜集的途径和内容

（1）房地产市场调研搜集资料的途径。主要有：

1）线上线下房地产开发商公开推出的各种销售或出租广告，参加房地产交易展示会、展览会；

2）向房地产租售经办人员讨教，了解各类信息、行情，索取有关资料；

3）交易双方当事人；

4）促成房地产交易行为的中间商；

5）熟悉房地产市场的人士，如房地产经纪人、估价师等；

6）同业间资料的交流；

7）准交易资料的搜集；

8）各类次级资料。

（2）搜集房地产资料的内容

1）基本资料的搜集。可分为初级（一手）资料及次级（二手）资料两类。初级资料的搜集是依据特定目的，遵循完整的研究设计及调研设计，并通过调研执行、资料处理与分析，来得到所需的资料。次级资料有内部次级资料（一般人常常忽略公司内部资料的可贵性而未加以利用）和外部次级资料。外部次级资料来源主要包括官方、学术单位、产业三大部分。

2）房地产法规资料的搜集。包含政府各级房地产调控政策。

3. 房地产项目市场分析流程

尽管不同的房地产项目所要分析的具体问题不尽相同，但房地产市场分析一般要包含如下的过程，如图1-1所示。

4. 房地产项目市场分析内容

房地产项目市场分析内容，见表1-6，主要包括项目所在的总体市场分析、项目所在的地段市场分析以及项目SWOT分析。

5. 房地产项目的SWOT分析

房地产项目的SWOT分析内容。SWOT分析内容如图1-2所示，可以从项目位置、

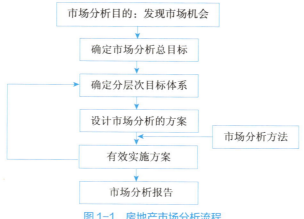

图1-1　房地产市场分析流程

房地产项目市场分析内容　　　　　　　　　表1-6

分析内容		项目市场分析要素	
1	项目所在的总体市场分析	市场供求现状分析	需求分析
			供给分析
			价格分析：售价和租价
			交易数量分析
			空置率分析
		房地产信贷条件分析	利率
			贷款条件
		房地产市场周期阶段分析：兴旺—平淡—萧条—复苏	
2	项目所在的地段市场分析	该地段限制因素分析	城市规划
			基础设施
			交通运输条件
			社会环境
			地质情况和环境保护要求
		类似竞争性项目的价格或租金分析	
		市场需求的数量、房型分析	
		市场对该地段房地产功能、档次的需求分析	
3	项目 SWOT 分析	优势	
		劣势	
		机遇	
		风险	

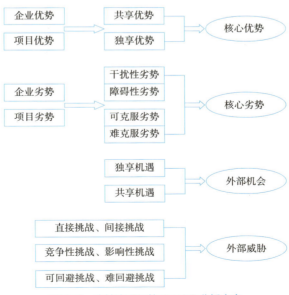

图1-2　房地产项目的 SWOT 分析内容

交通、当地居民收入、人文氛围、房地产政策、城市规划等方面来分析项目的核心优势、核心劣势、外部机会以及外部威胁。

1.6　任务拓展

1. 房地产市场营销活动调研内容

（1）房地产市场竞争情况调研。包括竞争企业和竞争产品两方面内容。

1）对竞争企业的调研主要包括：竞争企业的数量、规模、实力状况；竞争企业的生产能力、技术装备水平和社会信誉；竞争企业所采用的市场营销策略以及新产品的开发情况；对房地产企业未来市场竞争情况的分析、预测等。

2）对竞争产品的调研主要包括：竞争产品的设计、结构、质量、服务状况；竞争产品的市场定价及反应状况；竞争产品的市场占有率；消费者对竞争产品的态度和接受情况等。

（2）房地产价格调研。内容包括：

1）影响房地产价格变化的因素，特别是国家价格政策对房地产企业定价的影响；

2）房地产市场供求情况的变化趋势；

3）房地产商品价格需求弹性和供给弹性的大小；

4）开发企业各种不同的价格策略和定价方法对房地产租售量的影响；

5）国际、国内相关房地产市场的价格；

6）开发个案所在城市及街区房地产市场价格。

（3）房地产促销调研。内容包括：

1）房地产企业促销方式，广告媒介的比较、选择；

2）房地产广告的时空分布及广告效果测定；

3）房地产广告媒体使用情况调研；

4）房地产商品广告计划和预算的拟定；

5）房地产广告代理公司的选择；

6）人员促销的配备状况；

7）各种营业推广活动的租售绩效。

（4）房地产营销渠道调研。内容包括：

1）房地产营销渠道的选择、控制与调整情况；

2）房地产市场营销方式的采用情况、发展趋势及其原因；

3）租售代理商的数量、素质及其租售代理的情况；

4）房地产租售客户对租售代理商的评价。

2. SWOT 分析矩阵与营销战略

（1）SWOT 分析矩阵。根据图 1-2 房地产项目的 SWOT 分析内容，就可以列出两行两列 SWOT 分析矩阵，如图 1-3 所示。

项目战略	内部优势 S	内部劣势 W
外部机会 O	**SO战略** 依靠内部优势 抓住外部机会	**WO战略** 利用外部机会 克服内部弱点
外部威胁 T	**ST战略** 利用内部优势 抵制外部威胁	**WT战略** 减少内部弱点 回避外部威胁

图1-3　SWOT分析矩阵

（2）根据 SWOT 分析矩阵，采取相应的市场营销战略，如图 1-3 所示。企业可选择的 4 种战略：

1）SO 战略 – 理想的业务；

2）WO 战略 – 风险的业务；

3）ST 战略 – 成熟的业务；

4）WT 战略 – 麻烦的业务。

任务 2　新居住项目目标市场选择

2.1　任务分析

新居住项目目标市场选择任务内容主要有 2 项：

（1）市场细分；

（2）选择确定目标市场。

2.2　任务流程

新居住项目目标市场选择任务流程有 5 个步骤：

（1）工作准备；

（2）项目所在地的房地产市场细分；

（3）分析细分市场营销机会；

（4）新居住项目目标市场选择；

（5）撰写新居住项目目标市场选择报告。

2.3 任务实施

1. 工作准备

（1）新居住项目市场分析报告，包含项目所在的总体市场分析、项目所在的地段市场分析、房地产项目的 SWOT 分析等。

（2）办公电脑及数字化经纪服务管理软件系统。

2. 项目所在地的房地产市场细分

开展房地产市场细分（Segmenting Market），要在前期房地产市场调研的基础上，从消费者需求的差别出发，以消费者的需求为立足点，根据消费者购买行为的差异性，把消费者市场划分为具有类似性的若干不同的购买群体——子市场，从中选择目标市场，搞好市场定位，做到有的放矢，把有限的资源集中投入目标市场上，从而提高新居住项目的市场占有率和知名度。

（1）确定市场细分依据。市场细分的依据是消费者需求偏好的差异性，有相同消费偏好的购买者群体就构成一个子市场，多个购买者群体就构成多个子市场，无数个子市场就构成整个大市场。消费者的需求偏好取决于其收入水平、职业、年龄、文化、购买习惯、偏好等细节。通常，房地产市场细分的主要依据有四个方面，见表 1-7。要根据新居住项目自身特点，在细分依据中选择重点因素。通常情况下，房地产市场

房地产市场细分的主要依据　　　　　　　　　　　　表1-7

市场细分的依据		细分内容
地理因素	居住区	市中心、次中心、城乡接合部
	区域	东部、西部、南部、北部、中部
人口因素	家庭规模	1 人、2~3 人、4~5 人、6 人以上
	家庭收入（年）	100 万元以上、50 万 ~100 万元、10 万 ~50 万元、10 万元以下；超高收入家庭、高收入家庭、中等收入家庭、低收入家庭
	家庭类型	单身家庭、夫妻家庭、核心家庭、主干家庭、联合家庭和其他家庭
	家庭代际数	一代人、两代人、三代同堂、四代同堂
行为因素	购买的动机	自用刚需；自用改善；投资；投机
	对房屋产品档次、价格反应	高档（价）、中档（价）、低档（价）；价格弹性大、价格弹性小（无所谓）
	对促销推广反应	冲动型、理智型、经济型、感情型
心理因素	活动	保守型、激进型、自由型
	兴趣	外向型、内向型
	意见	主导型、服从型

的细分要对照表 1–7 中细分依据，在各种细分的依据中选择重点考虑的因素。房地产市场细分所要重点考虑的因素一般有 4 项：

1）家庭收入状况，决定其购买能力。目前常用的社会阶层划分为：富有阶层—富裕阶层—小康阶层—温饱阶层，对应的家庭是超高收入家庭、高收入家庭、中等收入家庭、低收入家庭。

2）购买动机，决定其购买欲望。通常情况下自用刚需的购房者其购买欲望最为强烈，投机型购房者只有有利可图时才会出手。

3）需求档次，决定整个项目的市场定位。如果市场中低档需求者众多，则项目定位不能定为高端楼盘。

4）需求房型，决定项目楼盘的产品类型。如果市场中 3 居室及以下房型需求者众多，则项目定位不能定为大户型或别墅楼盘。

（2）划分房地产子市场。根据房地产市场细分依据和项目所在城市的总体市场分析、项目所在的地段市场分析、房地产项目的 SWOT 分析，把项目的未来市场划分为几个可能的子市场。

1）研究客户的潜在要求，列举潜在顾客对房地产的基本需求。

2）区分客户的需求差异，分析潜在顾客的不同需求，初步细分房地产市场。根据潜在顾客基本需求上的差异方面，将其划分为不同的群体或子市场。

3）进行细分市场的初步筛选，舍去共同需求，以特殊需求作为细分标准。

4）划分房地产市场，为市场暂时取名，如子市场 A、子市场 B、子市场 C 和子市场 D。

3. 分析细分市场营销机会

（1）认识各细分子市场的特点、预测其需求规模。分析每一房地产细分市场需求与购买行为特点，估计每一房地产细分市场的规模，以便在此基础上决定是否可以对这些细分出来的市场进行合并或规模大的独立。

1）对住宅市场需求规模的预测。一是住宅数量的需求预测，是由总人口、人口年龄结构和家庭结构这 3 个因素所决定的；二是住宅标准的要求预测，是由人口收入水平和消费结构 2 个因素所决定的。对未来的住宅市场的需求进行预测，就要综合分析上述 5 个因素的变化趋势，以及这些因素对住宅市场需求的影响。

2）住宅市场需求的预测。一般有额定需求预测和有效需求预测两种方法，但有效需求预测结果常常不准确，误差很大，几乎没有参考价值，所以新居住项目常采用额定需求预测法。额定需求预测法是在假设人均的住宅需求保持相对稳定的条件下，来预测未来的住宅市场需求的。这种方法对预测中低收入人群的住宅需求效果最好，他们对面积需求变化不大。这种分析包括 3 个方面的内容：①现有住宅的规模和特点，包括本地区住宅总数，低于所定标准的住宅的数量、高于所定标准的住宅的数量等。②人口家庭变化状况，包括总人口的变化趋势、人口年龄结构变化趋势、家庭结构变化趋势。③经济发展趋势，包括国民经济发展预测、人均收入预测和消费结构预测。

（2）综合评价各细分子市场。目的是更好地发现市场营销机会，评价要点：

1）要形成足够进行开发的销量并能产生利润，确保在盈亏平衡点之上；

2）细分之后的子市场的需求和购买力可以量化处理，能估算出投资回报；

3）细分之后的子市场上的消费者可以通过某种营销渠道最大幅度地接近，便于楼盘成功销售；

4）细分之后的子市场的营销行为便于实施，可以促使其产生购买行为。

（3）分析细分市场营销机会。根据上述对各细分子市场的需求规模预测和综合评价，就可以判断出每个细分市场营销机会。通常需求规模预测大和综合评价高的细分子市场，其市场营销机会大。

4. 新居住项目目标市场选择

通过上述对细分市场营销机会的分析，选择市场营销机会最大的子市场作为新居住项目的目标市场。如：经过分析，房地产市场细分中子市场 A、子市场 B、子市场 C 和子市场 D 四个子市场的营销机会较大，其中子市场 C 的客户群体规模最大，规模从大到小依次是 C>A>B>D，所以可以选择确定子市场 C 为目标市场，子市场 C 就是可进入的细分市场。为确保目标市场的准确性，还需要对房地产目标（细分）市场进行风险分析，如果 C 的风险较大，A 的风险较小，则可选择 A 作为新居住项目的目标市场。风险分析的内容：

（1）购买力风险分析，是指分析购买力下降引起对细分市场产品需求降低这种情况出现的可能性。购买力风险是房地产细分市场的首要风险。

（2）财务风险分析，主要是分析资金风险，是指房地产企业运用财务杠杆在使用贷款扩大投资利润范围的条件下，增加了不确定性，其增加的营业收入不足以偿还债务的可能性。实践经验显示，房地产细分市场的财务风险来自融资和房款回笼。

（3）利率风险分析，主要分析政府随时会出台变动利率等调控措施。由于新居住项目投资资金量大、开发周期长，不可避免地存在着随市场利率的变动而产生的风险。贷款利率的高低直接影响着消费者进入房地产细分市场的能力。

（4）变现风险分析，是指分析细分市场产品在没有压低价格情况下（不低于市场价），能迅速将其兑换成现金的可能性。

（5）经营能力风险分析，是指分析因经营能力问题导致新居住项目投资失败的可能性。

（6）社会风险分析，是指分析由于国家政治、政策、法规、计划等形势和经济形势的大气候变化等因素的影响给房地产细分市场带来经济损失的风险。

上述6个风险中，（1）、（2）、（3）对目标市场的影响最大，需要重点分析和把握。

5. 撰写新居住项目目标市场选择报告

集成上述2~4内容，形成新居住项目目标市场选择报告。

2.4　必备业务知识

1. 房地产市场细分及作用

（1）房地产市场细分，是指在房地产市场调研的基础上，从消费者需求的差别出发，以消费者的需求为立足点，根据消费者购买行为的差异性，按照消费者的收入水平、职业、年龄、文化、购买习惯、偏好等细节划分变量，把消费者市场划分为具有类似性的若干不同的购买群体——子市场，使房地产企业可以从中认定目标市场的过程和策略。通俗地讲，就是把整个房地产市场划分成若干个需求不同的子市场或次子市场的过程，其中任意子市场或次子市场都是一个拥有相似需求的购买者群体。市场的每一种划分都可以再继续划分下去，这种继续的划分就是市场细分。

（2）房地产市场细分的作用。

1）有利于房地产投资商更准确地了解房地产市场。如住宅市场细分，如图1-4所示。

2）有利于房地产营销者找到有利的市场方向，掌握市场上的现实购买量与潜在购买量、购买者满足程度及竞争状况等，做好市场定位。

3）有利于房地产企业把优势力量集中在目标市场上，做到有的放矢，开创出适合自身企业的房地产经营特色之路，从而提高自己的市场占有率和知名度。

2. 房地产目标市场及选择

（1）房地产目标市场，是指房地产企业在市场细分的基础上，经过评价和筛选后决定要进入的那个市场部分，也就是房地产企业准备用其产品或服务来满足的一组特

图1-4　住宅市场细分

定消费者。

（2）选择目标市场，就是明确企业应为哪一类房地产用户服务，满足他们的哪一种需求，是企业在营销活动中的一项重要策略。企业通过市场细分，从众多的细分市场中，选择出一个或几个具有吸引力、有利于发挥企业优势的细分市场作为自己的目标市场，综合考虑产品特性、竞争状况和自身实力，针对不同的目标市场选择营销策略。

2.5　必备业务要领

1. 房地产市场细分程序

（1）确定市场方向，根据需要选定产品市场范围。产品市场范围应以顾客的需求，而不是产品本身特性来确定。

（2）研究客户的潜在要求，列举潜在顾客对房地产的基本需求。

（3）区分客户的需求差异，分析潜在顾客的不同需求，初步细分房地产市场。根据潜在顾客基本需求上的差异方面，将其划分为不同的群体或子市场。

（4）进行细分市场的初步筛选，舍去共同需求，以特殊需求作为细分标准。

（5）划分房地产市场，为市场暂时取名。

（6）分析市场营销机会，认识各子市场的特点。分析每一房地产细分市场需求与购买行为特点，估计每一房地产细分市场的规模，以便在此基础上决定是否可以对这些细分出来的市场进行合并，或作进一步细分。

（7）确定客户群体的规模，确定可进入的细分市场，设计市场营销组合策略。

2. 房地产市场细分技巧

（1）有差异性，是指各个细分市场与众不同，而且具有稳定性。

（2）可测量性，是指各个细分市场的现实或潜在购买力和市场规模大小是可以识别、可以衡量的。

（3）可进入性，是指房地产企业可能进入所选定细分市场的程度。主要从三个方面判断细分市场对于企业是否具有可进入性：①企业是否具有进入细分市场的条件，如是否存在壁垒；②企业是否能将产品推广给细分市场的消费者；③产品是否能够进入市场。

（4）可盈利性，即足量性、收益性，是指市场规模足以使房地产企业有利可图。也就是说，一个细分市场应该具有一定的规模，并且具有相当程度的发展潜力，足以满足企业销售和利润的要求。

（5）可行性，是指房地产企业选择的细分市场，能否制定和实施相应有效的市场营销计划，包括产品、价格、渠道以及促销等计划。

3. 房地产项目目标市场选择技巧

（1）把握房地产目标市场选择的条件。

1）有足够的规模和良好的发展潜力。需要对房地产细分市场的需求进行预测，包括：市场需求潜量预测、区域市场需求预测以及项目本身的市场需求预测。

2）具有良好的盈利能力，细分市场结构有吸引力。

3）符合房地产企业的目标和能力。

（2）掌握房地产目标市场选择的原则，有 7 个原则，如图 1-5 所示。

图 1-5　房地产目标市场选择原则

2.6　任务拓展

1. 房地产 STP 战略

房地产 STP 战略是房地产目标市场营销，分为三个步骤，即市场细分（S–Segmenting Market）、目标市场选择（T–Targeting Market）、市场定位（P–Positioning），又称 STP 营销或 STP 三步曲。战略营销的核心，可被定义为 STP。市场细分、目标市场选择和定位的步骤，如图 1-6 所示。

2. 写字楼市场需求预测

通常情况下，做写字楼的市场预测，要从 4 个方面考虑。

（1）了解写字楼面积的主要影响因素。主要有职员数量、每人平均的办公用房

图 1-6　房地产 STP 战略

面积、现有的写字楼面积及空置率等。不同的职员由于工作性质和职位的不同，所需要的办公面积是不同的，所以必须对职员的构成进行有效分类，如经理人员、办事人员和销售人员等。

（2）根据城市的就业增长率预测各种职员的数量。根据所预测的各种职员的数量乘以每种职员的人均办公面积就得出了所需要的办公面积的总量（M1），即：

$$M1 = 各种职员的数量 \times 每种职员的人均办公面积$$

（3）考虑空置率因素。空置率是指空置房子的面积占房子总面积的比率。按照所选取的计算方法，上一步得出的所需要的办公面积的总量（M1）除以1减去预测年限的空置率就可以得出预测年限所需要的办公室总面积（M2），即：

$$M2 = M1 \div （1- 预测年限的空置率）$$

（4）预测新增的写字楼面积。上面总面积（M2）减去现在已经被利用的写字楼总面积再加上预测年限内需要拆除或改变了使用用途的写字楼面积，就是预测年限内需求新增的写字楼面积（M3），即：

$$M3 = M2- 已经被利用的写字楼总面积 + 预测年限内需要拆除或改变了使用用途的写字楼面积$$

做好了各类房地产产品的预测，房地产企业就可以胸有成竹，有针对性地开发市场需求量大、效益好的房地产产品了。

任务3 新居住项目市场定位策划

3.1 任务分析

新居住项目市场定位策划任务内容主要有3项：

（1）新居住项目客户定位策划；

（2）新居住项目产品定位策划；

（3）新居住项目形象定位策划。

3.2 任务流程

新居住项目市场定位策划任务流程有6个步骤：

（1）工作准备；

（2）确定新居住项目定位内容与方法；

（3）新居住项目客户定位策划；

（4）新居住项目产品定位策划；

（5）新居住项目形象定位策划；

（6）撰写新居住项目市场定位策划报告。

3.3　任务实施

1. 工作准备

（1）新居住项目市场分析报告；

（2）新居住项目目标市场选择报告；

（3）办公电脑及数字化经纪服务管理软件系统。

2. 确定新居住项目市场定位策划内容与方法

（1）确定新居住项目市场定位的内容。在项目策划初期必须首先明确新居住项目的市场定位，市场定位是项目全程策划的出发点和回归点，是项目策划的核心、本源。市场定位要解决项目切入哪一个竞争市场的问题，为潜在顾客的心中确定一个合适的位置。市场定位以后，新居住项目实施才进入实质阶段。新居住项目定位的内容包括：

1）客户定位，就是确定新居住项目的买家是谁，锁定营销的对象。

2）产品定位，就是确定新居住项目产品的物业形态及品质度，以特色功能来赢得目标消费者的心。产品特征要与定位的客户（消费者）特征相匹配。比如，高收入阶层，其买房的动机可能不仅是自用，可能对房屋档次的要求较高，对房型的要求可能是别墅住宅或市区里离其办公地点较近的高级公寓。再比如，低收入阶层，其买房的动机可能就是自用或与父母同住，他对房屋档次的要求可能较低，对房型的要求一般是够住就行，离市中心远点也能接受。

3）形象定位，就是根据产品定位确定楼盘在市场上的形象，在客户心目中的形象。

4）价格定位，就是根据产品定位确定楼盘卖多少钱，一般采用高质低价赢得市场。

5）服务定位，就是根据客户定位和形象定位匹配服务档次，用房地产全程服务博客户芳心。

6）主题定位，就是根据产品定位和形象定位确定指导产品设计的主题风格。

7）竞争定位，就是在同类产品中凸显竞争优势。

上述几个项目定位中，客户定位是核心，产品定位是基础，形象定位是表现，客户定位决定其他定位。所以，新居住项目市场定位的内容重点在于：客户定位、产品定位和形象定位。

（2）确定房地产项目市场定位方法。

1）房地产项目定位的过程。市场调研→土地条件分析→确立开发理念→明确用途功能→分析和确定潜在客户群→市场细分、筛选目标客户→客户定位、进行项目初步设计→产品定位（户型、面积、档次等）→形象定位→销售价格定位→征询意见→方案调整→成本与费用测算→预测销售收入和销售进度→经济评价→确定最后项目定位方案。

2）确定市场定位方法。一般方法有：属性定位、利益定位、使用者定位、竞争定位、质量—价格定位、在产品情感上的定位、为特定使用场合的定位、比附的定位等。房地产项目定位方法没有固定的模式，通常采用三相交定位法，即在地块、市场、竞争态势3个层面寻找交汇点，找到地块适合开发什么产品。用某个新居住项目2021G358号地块举例说明：

①地块分析，从地块与城市关系、地块与区域的关系、地块与地段的关系、地块特征4个方面进行分析，得出的结论是：适宜做该市最高端的别墅项目。

②市场分析，重点分析客户需求，分析项目辐射圈内客户的最大需求是什么？最缺失的需求是什么？再通过分析人口结构特征、房地产发展特征、需求变化特征，得出的结论是：项目辐射圈内客户需要别墅项目。

③竞争态势分析，对项目辐射圈内高端消费细分市场、别墅目标市场进行竞争对手分析，结论是：几乎没有竞争者。由此，对该地块项目可以定位为开发高端别墅。

3. 新居住项目客户定位策划

客户定位策划是在项目市场定位的基础上为该项目确定、确认潜在客户。要针对目标市场客户进行定位，在高端客户、中端客户、低端客户、中高端客户、中低端客户五个层次客户中选择对应的一个层次进行新居住项目客户定位。一般是通过区域、人文、消费心理、购买行为等方面来全方位刻画客户群，明确客户的生活习惯、消费习惯、居住意识等，为项目营销推广提供精准对象。目标客户群的定位过程：

（1）客户细分。房地产客户是千差万别的，必须从家庭状况、社会和经济背景等因素对客户进行细分，整理出客户类别、家庭特征、职业特征、经济收入特征，从中选择一类客户作为该新居住项目的主力客户群。

（2）客户需求分析。根据市场调研，对项目潜在客户的需求进行研究分析。要注重从客户购买心理上分析，即从"用得上→买得起→信得过→看得中→急着用"五个层次来综合分析。

（3）锁定目标客户群。对具体的新居住项目，目标客户群特征内容主要包括：区域结构、年龄结构、职业特征、消费能力与方式、对产品特征的需求、对环境及配套的需求以及购房目的等。根据这些内容描绘出该项目的目标客户群，并锁定为该项目的目标客户群。

如：南京某项目客户年龄、地域分析，如图1-7所示，可以看出南京某项目的目标客户年龄在31~60岁，主要来自江宁、建邺、鼓楼、秦淮4个区。

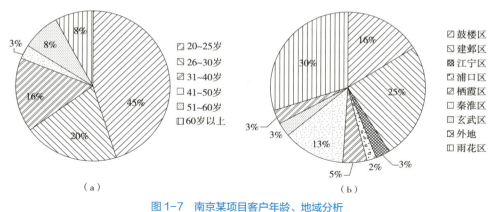

图1-7　南京某项目客户年龄、地域分析

（a）客户年龄分析；（b）客户区域分析

4.新居住项目产品定位策划

新居住项目产品定位策划是在对项目市场细分、目标市场选择、客户需求分析、目标客户锁定的基础上，对项目产品的主要技术参数、开发模式等进行确定和确认，争取独特的市场形象并为市场所接收。产品定位策划是建立在客户需求的基础之上，是以需求为导向的定位，是对产品的概念规划。

（1）确定产品定位的内容。主要有：小区规划、建筑风格、小区环境、户型设计、功能定位、物业名称、物业管理等内容。产品定位在抓住需求和市场机会点的前提下，要对产品设计进行创新，在竞争中树立产品差异化，以产品本身充分的独特性诉求打动目标客户，实现品牌与利润的双赢。

（2）采用三种方法定位新居住项目产品。

1）采用需求导向的定位方法，在项目所在地段需求客群非常明确的情况下，选择其中适合本项目条件的客群作为目标客群，根据目标客群的消费偏好定制新居住项目的产品。

2）采用竞争导向的定位方法，先假设需求是切实存在的，然后从与周边项目竞争的角度出发，采用错位或者进位的方法设计出差异化的产品，以避开同质价格竞争，获取超额利润。新居住项目可能的竞争优势来源，如图1-8所示。

3）采用生活方式导向的定位方法，为迎合某一特定人群的特定生活方式而"创造"出的一种特殊的新居住产品，一般用于一些少见而特殊的新居住项目的市场定位。这种定位方法也是休闲地产项目主要运用的定位方法。

新居住项目产品最常用的定位方法是需求导向定位法。

（3）避免3种可能出现的产品定位错误。

1）定位过低，即定位不足、过窄，地块资源禀赋没有发挥出来，产品没有特色，

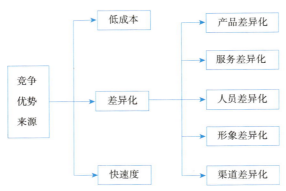

图1-8　新居住项目产品可能的竞争优势来源

会使消费者对项目的产品定位印象模糊，看不出与其他项目有什么差别。这时，就有可能失去许多潜在的客户。

2）定位过高，即定位过头，产品档次超出地块资源禀赋的承载能力，明明一个非常普通、没有任何优势的地块，非要打造出超一流的产品；或者定位的产品户型总价超出目标客户的购买能力，使消费者对项目的产品虽然有强烈的印象，但只能望而却步。

3）定位混乱，即定位不稳定、过宽，令人怀疑，会使消费者对公司的形象和产品产生模棱两可的认识，产生无所适从的感觉，从而丧失其购买欲望。

5. 新居住项目形象定位策划

新居住项目形象定位策划就是要树立项目在市场中的位置和在竞争楼盘中的位置，也就是在市场上的形象，在客户心目中的形象。

（1）明确新居住项目形象定位功能。形象定位核心功能是树立项目的品牌形象。项目形象要在新居住项目产品广告宣传中反复出现，是开发商在消费者心目中极力强调和渲染的，也是消费者接受广告宣传以后，要在心目中留下的难以遗忘的动人印象。新居住项目形象定位首先承担着表现产品，告知信息和塑造形象的功能，最后达到促进房屋销售的目的。

（2）遵循五位一体思维进行新居住项目形象定位。新居住项目形象定位主要遵循五位一体思维，如图1-9所示。按照五位一体原则把新居住项目最独特、最闪光、最富有诗意的东西提炼出来，进行项目形象定位，予以项目人文化，带给人（目标客户）很多美好的向往。

（3）新居住项目形象定位策划注意事项。要注意5个方面：

1）项目形象易于展示和传播项目的形象；

2）项目形象定位应与项目产品特征符合；

3）项目形象应与项目周边的资源条件相符合；

图1-9　房地产项目形象定位五位一体思维

4）项目形象应与目标客户群的需求特征符合；

5）项目形象定位应充分考虑市场竞争的因素，与其他楼盘有比较明显的差异和区别。

6. 撰写新居住项目市场定位策划报告

（1）集成上述2~5内容，形成新居住项目市场定位报告主体内容。

（2）提炼新居住项目的定位语，指高度概括项目定位特征的精炼语言，一般用一句话，便于市场传达和目标客户记忆。如南京某项目的定位语"生态文化旅游社区的引领者"。再如南京某项目是个商务写字楼，项目体量很大，套型面积在300~2000m^2，以办公为主，目标是改变城市办公写字楼形象，其定位语是"南京CBD首席商务写字楼"。

案例1-1　南京××项目定位策划

项目位于南京市栖霞区，北邻长江，南望仙林大学城，西邻栖霞山，东邻龙潭，总用地面积为419149.97m^2，2018年由深圳H股份有限公司建设开发。

1. 客户定位

经过调研与市场分析，结合××项目的自身特征，项目的客户群主要是刚需型自住和改善型自住，这部分消费者为中高等收入者，对购房的需求较为稳定。所以，××项目的客户定位是：中高端刚需型或改善型自住客户。××项目目标客户特征：

（1）所在区域。××项目主力客群主要来自栖霞区、玄武区、秦淮区，仍然以地缘性客户为主；其次辐射到周边区域客群。

（2）职业特点与消费能力。××项目目标客户在南京有稳定的工作，多为公司高级职员、公务员、事业单位职员以及个体户，有稳定的较高的经济收入，有一定经济积累，消费实力强。

（3）年龄特点。××项目目标客户中以31~50岁客户居多，此类客户受教育程度较高，多事业有成，伴有父母子女，偏向于改善型需求。

（4）家庭规模。××项目目标客户在家庭人数上，一般是三口或四口之家。

（5）购房动机。××项目目标客户追求时尚，消费观念超前，敢于消费，用于居住。大多是二次置业，追求舒适的生活，以享受为主，用于改善生活质量和水平或者极少数投资房地产追求保值增值。

（6）对产品的需求特征。××项目目标客户需求为中高档住宅，重视开发企业品牌和物业品牌形象，对产品质量要求高，注重项目整体规划和户型结构。

（7）对环境及配套的需求。××项目目标客户注重子女的培养与教育，对环境要求较高，较为关注小区内部和外部环境，对小区周边的交通、学校、超市、菜场、医院等基础设施非常关注，并且对物业管理要求很高。

2. 产品定位

（1）根据目标客户需求特征，××项目产品定位为大型中高档小区，打造以生态、文化、休闲、健康为特色的南京城东滨江活力区，集聚"旅游小镇、文创社区、风情绿谷、欢乐海洋"等多项功能的全域文化旅游目的地。

（2）功能定位。××项目的功能定位为集文化旅游、生态休闲、主题商业、人文社区等多项功能为一体的大型综合性住宅区。项目的规划设计、户型设计、小区环境以及物业管理等都围绕这个功能定位来展开实施。项目与南京某学校合作办学，建设有幼儿园、游乐园等大型教育娱乐设施，商业街里有超市、网吧、酒店、精品店等。

（3）建筑风格定位。××项目属于大型住宅区，项目在建筑风格定位上体现多元性，但总体上凸显现代化的欧式洋房风格，满足目标客户群追求时尚、追求豪华的心理预期。

3. 形象定位

××项目的目标客户追求时尚豪华，产品定位为中高端，所以，与之相匹配的形象定位是"做生态文化旅游社区的引领者"。××项目秉承"在花园中建城市"的开发理念，采用"住宅＋主题乐园＋教育＋商业"一体化的发展模式，打造大型文旅综合性产品，引领行业的绿色健康住宅，引领居住新风尚，为人们提供优质的生活享受和文化体验。

3.4 必备业务知识

1. 市场定位与房地产项目定位

（1）市场定位，是指企业针对目标市场潜在顾客的心理进行营销设计，创立产品、品牌或企业在目标客户心目中的某种形象或个性特征，保留深刻的印象和独特的位置，从而取得竞争优势。广义的市场定位，是指通过为自己的企业、产品、服务等创立鲜明的特色或个性，塑造出独特的市场形象，从而确定本企业的市场位置。

（2）房地产项目定位，就是对房地产项目楼盘的市场定位和目标客户群定位，以便在目标顾客的心目中占有独特的地位。房地产项目狭义的市场定位，即产品定位是对房地产项目所施行的产品市场定位行为，是根据企业现有产品在市场上做出的位置，塑造本项目产品与众不同、有鲜明个性或特色的形象，以适合目标顾客的需要或偏好。房地产项目定位要在国家和地区相关的法律、法规和规划的指导下，根据本项目所在地域的经济、政治、人文和风俗习惯，结合项目本身特点和对市场未来发展趋势的判断，找到适合于项目的客户群体，在客户群体消费特征的基础上，进行产品定位。

2. 房地产产品市场定位的意义与手段

（1）房地产产品市场定位的意义。进行正确的产品定位可解决为谁服务的问题，反映了公司或产品的竞争能力。

1）通过产品定位，以房地产开发商或土地使用者的立场为出发点，满足其利益目的；

2）通过产品定位，以目标市场潜在的客户需要为导向，满足其产品期望；

3）通过产品定位，以土地特性及环境条件为基础，创造产品附加值；

4）通过产品定位，以同时满足规划、市场、财务三者的可行性为原则，设计供求有效的产品。

（2）房地产产品市场定位的手段。产品市场定位的手段是差异化，形成房地产项目整体差异化定位战略，如图 1-10 所示。

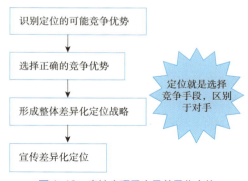

图1-10　房地产项目产品差异化定位

3.5　必备业务要领

1. 房地产项目定位标准与消费者分析要求

（1）房地产项目的市场定位标准。有三重标准：

一是房地产项目的市场定位要准确地结合消费者需求；

二是房地产项目的市场定位要有差异（独特性）的存在；

三是房地产项目的市场定位在市场要容易传播。

（2）房地产项目定位对消费者分析的要求。在满足市场定位三重标准下，房地产项目定位要求通过各种手段进行市场调研作出的市场分析必须能够回答以下5个问题：

1）谁是房地产项目产品消费者？

2）消费者买什么（样）产品？

3）消费者何时购买？

4）消费者购买的目的是什么？

5）消费者如何购买？

回答了这5个问题，房地产项目定位难题就迎刃而解了。

2. 房地产项目的市场定位原则

房地产项目的市场定位需要考虑市场需求、市场机遇、市场竞争以及企业拥有的内外资源，有5个原则：

（1）适应性原则。也可理解为受众导向原则，包括：①与当地或区域的社会经济发展水平和消费者收入水平相适应；②与所在区域房地产市场的物业档次、标准、品质相适应；③和经市场调查分析确定的目标客户群的消费特点和消费能力相匹配；④与企业的技术和管理水平相适应。

（2）差异化原则。项目定位在满足适应性原则的同时，还要考虑差异化，有产品差异化、服务差异化、人员差异化和形象差异化，要根据项目地块的特点和目标客户的消费特点做出项目的差异化来，如建筑规划设计、景观、物业档次、品质等。

（3）经济性原则。①产品定位应具有较高的性价比，在满足必要建筑功能的前提下，租售价格合理；②从企业角度出发，在成本控制的基础上，做到效益最大化；③在成本和费用测算、效益测算基础上，计算的各项经济评价指标达到社会平均水平，确定项目赢利预期的可能性和风险性，明确项目经济利益。

（4）可行性原则。包括项目实施的可行性和经济评价的可行性两方面：①要根据项目规模、地块特性和本项目的优势来分析入市的时机，准确设计项目的实施进度；②要运用微观效益分析与宏观效益分析相结合、定量分析与定性分析相结合、动态分析与静态分析相结合的方法，对项目进行经济评价，分析各经济评价指标是否可行；③项目规模、开发模式和项目进度受到经济实力、融资能力和企业管理能力等因素的限制，它们容易定性但难以定量，在市场定位时如何"量力而行"，这个问题在市场定位时就应该得到解决。

（5）与企业发展战略相一致的原则。这里的企业发展战略包括品牌战略、经营战略和管理战略等。在企业发展战略的框架下进行房地产项目的市场定位，体现企业的竞争优势，发挥企业的核心竞争力，构建企业品牌和产品品牌，使得企业的产品具有延续性和创新性，实现企业的发展目标。

3.6　任务拓展

1. 房地产项目定位四维分析模型工具

房地产项目定位中，四维分析模型也是有用的工具之一，如图1-11所示。

图1-11　房地产项目定位的四维分析模型

2. 假设论证定位法

从结论出发，在很难确立最佳定位时，对几种难以排除的定位进行假设论证，分析各自的优劣势，再将分析结果进行对比，据此确立最终定位。假设论证法主要依靠策划人对项目的感觉判断，是建立在策划人对房地产行业的敏锐、经验、独特的思维方式和能力等基础之上的，该方法的优势是直奔主题、迅速快捷，适用于疑难项目、特殊项目、单体项目，不适合大型项目。其具体方法是：

（1）事先由策划人设计几种最佳定位，然后分别对每一个定位进行分析、求证；

（2）根据求证结论选取最优的两个定位，以时间、成本、难度为坐标，再次进行求证分析；

（3）根据再次求证的结论最终确定项目定位，并将该定位与市场同类项目进行对比分析，以判断该定位的预期效果。

3. 反瞄准定位法

反瞄准就是不直接面对，只瞄准对手的薄弱处寻找市场空间。定位的步骤是：

（1）准确界定对手；

（2）分析对手的优势，这就是瞄准的目标；

（3）分析对手优势的弱点；

（4）为对手反定位。如A开发商形容自己的楼盘是最豪华的写字楼，B开发商针对性地提出"适用"，意思是A可能是最豪华的写字楼，但浪费不适用；

（5）把对手反定位作为自己的定位策略。B开发商可以把A的反定位"适用、节能"作为自己的定位。

3.7　综合实训

1. 实训名称

门店所代理的新居住项目市场分析与定位策划。

2. 实训内容

演练1　新居住项目市场分析；

演练2　新居住项目目标市场选择；

演练3　新居住项目市场定位策划。

3. 实训作业文件

门店所代理的新居住项目市场分析与定位策划报告。

 小结

　　新居住项目市场分析与定位策划工作领域主要有3个工作任务。任务1"新居住项目市场分析"的任务是房地产市场调研、新居住项目市场分析；根据任务内容设计了任务流程；根据任务流程逐步开展任务实施；介绍了新居住项目市场分析必备的业务知识和必备的业务要领，并围绕新居住项目市场分析任务拓展了相关知识、技巧和经验。任务2"新居住项目目标市场选择"的任务是市场细分、选择确定目标市场；根据任务内容设计了任务流程；根据任务流程逐步开展任务实施；介绍了新居住项目目标市场选择必备的业务知识和必备的业务要领，并围绕新居住项目目标市场选择任务拓展了相关知识、技巧和经验。任务3"新居住项目市场定位策划"的任务是新居住项目客户定位策划、产品定位策划、形象定位策划，设计了任务流程，开展了任务实施，介绍了必备的业务知识和必备的业务要领，并拓展了相关知识、技巧和经验。最后，安排了门店所代理的新居住项目市场分析与定位策划综合实训，形成最终的门店所代理的新居住项目市场分析与定位策划报告。

 思考题

1. 如何开展房地产项目市场调研和市场分析？

2. 如何进行房地产市场细分和目标市场选择？

3. 如何进行新居住项目市场定位策划？

4. 如何撰写新居住项目市场分析与定位策划报告？

02

工作领域 2　新居住项目产品与价格策划

 ## 工作领域描述

　　新居住项目产品与价格策划是做好新居住项目销售代理业务的基础。产品策划与价格策划是新居住项目营销策划的核心内容，是房地产经纪服务的基本功，不仅是实现精准销售确保房地产经纪服务品质的基础工作，也是核心工作之一。所以，新居住项目产品与价格策划是房地产交易服务的核心业务环节，是经纪服务人员的重要工作领域，需要具备相应的工作技能。

 ## 工作领域内容

　　1. 新居住项目概念与形象设计；

　　2. 新居住项目产品策划；

　　3. 新居住项目价格策划。

 ## 工作技能要求

　　1. 能够理解房地产经纪服务职业标准和工匠精神；

　　2. 能够进行新居住项目概念与形象设计；

　　3. 能够进行房地产项目整体布局规划；

　　4. 能够制定房地产项目产品策划方案；

　　5. 能够制定房地产项目价格策划方案；

　　6. 能够撰写新居住项目产品与价格策划报告。

任务 1　新居住项目概念与形象设计

1.1　任务分析

新居住项目概念与形象设计任务内容主要有 2 项：

（1）新居住项目主题概念设计；

（2）新居住项目整体形象设计。

1.2　任务流程

新居住项目概念与形象设计任务流程有 6 个步骤：

（1）工作准备；

（2）新居住项目的主题概念设计；

（3）新居住项目整体形象设计；

（4）新居住项目楼盘命名；

（5）新居住项目楼盘标志（Logo）设计；

（6）撰写新居住项目概念与形象设计方案。

1.3　任务实施

1. 工作准备

（1）新居住项目市场分析报告。

（2）新居住项目目标市场选择报告。

（3）新居住项目市场定位报告，包括新居住项目客户定位、产品定位和形象定位。

（4）办公电脑及数字化经纪服务管理软件系统。

2. 新居住项目的主题概念设计

（1）认识新居住项目主题概念设计的价值。主题概念设计亦称主题概念策划（简称：主题策划），是房地产策划相当重要的内容。主题策划为项目开发赋予总体指导思想，为规划设计或建筑设计赋予一种创意概念，是贯穿项目发展始终的"灵魂"。通过主题策划的贯穿和支持，可以推动新居住项目开发的全面创新和营销的全面成功。

（2）遵从新居住项目主题概念策划原则。

1）把握趋势性与机遇性。有时，微观区域市场发展的趋势会滞后宏观行业市场，这就要求对该区域内新居住项目主题概念的策划，一方面要根植于目标客户生活中的根本需求和成长性需求；另一方面要高度重视市场及行业走势，特别要注重那些已经被人们认同，却又没有在市场上得到充分满足的需求。

2）既立足现实，又具有超前性。主题概念的设计必须寻求到项目资源优势和市场机遇的对接点。

3）符合社会时代的发展，具有可持续性。唯有紧跟时代的步伐，新居住项目才经得起考验。因此，主题概念的内涵要有足够的深度、外延要有足够的广度、境界要有足够的高度。主题概念的内涵有足够的深度，才能充分挖掘出源源不绝的题材以吸引目标客户；主题概念的外延有足够的广度，才能包容社区开发的种种房地产要素；主题概念的境界有足够的高度，才能超越同行和同类，树立唯一性、权威性和排他性。只有这样的主题概念才能符合社会时代的发展需求，具有可持续性。

4）富于表现力与感染力，具有独特性。新居住项目的主题概念只有富于表现力与感染力，植根于顾客的心目中，才能成为小区的精神支柱和基准点，才有营销力和生命力。如果是市场上已有的概念，就要在内容上有突破、创新和提高，在表现形式上别具一格，才具有独特性。

（3）按程序策划新居住项目主题概念。

1）市场调查及市场定位。通过前期对房地产市场的分析和预测，可以初步了解某区域房地产市场的供需关系及其影响因素，基本把握该区域房地产客户的主要消费观念及特性，认知房地产市场变化的未来趋势，这是新居住项目主题概念与形象确立的基础。在前期策划时，进行市场调查及对调查资料进行准确分析，以确定正确的发展方向，找准市场定位，是项目开发成功的最为关键的一步。

2）获取主题概念。要进行新居住项目主题策划，就要寻找主题概念的源头，即主题概念来源于哪里？这实际上是概念的创意过程，策划主题可从6个方面来获取：一是从该项目区域的文化内涵中抽象出来；二是从竞争性项目的对比中挖掘出来；三是从项目自身的内在素质中分析出来；四是从顾客需求中选择出来；五是从社会经济发展趋势中演绎出来；六是从房地产发展的最新理念中提取出来。

①地理意义上的概念：口岸概念、地铁概念、中心区概念等。

②功能意义上的概念：精品楼盘概念、绿景概念、环保概念、生态概念、园林概念、智能化概念等。

③景观意义上的概念：山景概念、水景概念、江景概念、海景概念、公园概念等。

④户型意义上的概念：大户型（豪宅）概念、大平层概念、小户型概念、酒店式公寓、错层概念、复式概念、跃式概念等。

⑤风格意义上的概念：中式风格、法式风格、意大利风情、欧陆风格、西班牙风格、澳洲风格、英伦风情、现代主义风格、美式风格等。

⑥泛地产概念：养老概念、教育概念、旅游地产概念、产权式酒店概念、运动地

产概念、物流园概念。

⑦其他概念：国际化概念、年龄概念等。

3）提炼与确定策划主题。主题概念的素材有了以后，就要进行提炼与确定，实际上是概念创意的论证过程。在提炼与确定主题概念的时候，应着重考虑以下4个问题。

一是主题概念是否富于个性，与众不同。这是取舍主题概念的主要标准。如果达不到这个要求，宁可舍弃，也不勉强使用。

二是主题概念是否内涵丰富，易于展开，充分展现新居住项目的优势和卖点。有些主题概念内涵狭小，展开时支持点不够，不利于主题概念的体现与贯彻。

三是主题概念是否符合新居住项目自身情况，是否与本项目的要求相吻合，那些脱离项目实际情况的主题概念是不可取的。

四是主题概念是否迎合项目目标客户及其他买家的需求，这是判断主题概念的关键所在。那些不能激起目标客户购买欲的主题概念，最终会断送项目的前途；那些能够激起目标客户购买欲的主题概念，则会促进项目快速销售一空。

例如："××水岸"项目策划主题的提炼与确定很有诗情画意，通过寥寥数语，秦淮河岸边的一幅健康人家风景画就呈现在人们面前，视觉冲击力相当强。"××水岸"在楼盘策划之初，通过两大方面来进行分析：一是问卷调查，内容是市民在目前的生活环境下最重视的是什么。反馈回来的是"身体健康"；二是找出项目现状最有价值的方面。经过深入地了解和分析，项目地块最有价值的是秦淮河。策划人通过思想碰撞，"身体健康"与"河岸环境"有关。于是，"××水岸"的项目主题"秦淮河岸边，健康人家"就应运而生。"河岸"风景成为"××水岸"发挥的绝佳题材。

再如：深圳××城在网络时代的今天以"创造新的生活品质"为核心理念，提出了建设"数码××城"的概念构想，倡导21世纪数码生活新时尚，企业蓬勃发展，项目开发非常成功。中国人家，推出中式住宅，刮起"中国风"；吟梅山庄，推出"绿色生态"概念；万欣花园，推出"运动"概念；奥体附近群楼，推出"奥体"概念等。楼盘概念不断翻新，对楼市起到一定的推动作用。

（4）搭建新居住项目主题概念的支持体系。对于提出的任何主题概念，无论其具有多大的诱惑力与鼓动性，都必须为其找到强有力的、可靠的支撑，营造一个实现这一主题概念的支持体系。需要搭建的新居住项目主题概念支持体系，包括：

1）硬件要素。有区位、价位、建筑风格、社区格局形态、景观设计、环境绿化、物业管理、市政设施等。

2）软件要素。有顾客的生活方式、购买方式（如付款方式）、社区文化、社区服务和治安环境等。

　　主题概念是新居住项目的灵魂，有了以上这些承载的载体，就搭建了实现这一主题概念的支持体系平台，项目的主题概念就有了实实在在的感觉和认识，消费者就有了实现联想的舞台，同时也是消费者身份、地位和价值取向的外显，也是企业整体形象的基础和外显。否则，如果没有这种主题概念的支持体系平台，主题概念就是虚无缥缈的，其对项目的作用不是支撑和支持，而是潜在的威胁，这种主题概念只不过是一种包装，经不起时间和实践的检验。因此，一个新居住项目楼盘如果离开了主题概念支持体系，就没有了主题概念，也就没有了灵魂，当然也无卖点可言。

3. 新居住项目整体形象设计

　　（1）抓住新居住项目整体形象设计的重点。新居住项目整体形象设计需要按照项目的形象定位，有意识、有计划地将项目的各种特征向社会公众主动地展示与传播，使公众在市场环境中对该特定的新居住项目有一个标准化、差别化的印象和认识，以便更好地识别并留下良好的印象。对新居住项目整体形象设计，一般是通过 CIS（企业形象识别系统）来完成，重点是其中的 VIS 设计。

　　（2）认识房地产项目的 VIS 设计价值。VIS（Visual Identity System），即视觉形象识别，是利用平面设计等手法将房地产项目的内在气质和市场定位视觉化、形象化。在品牌营销的今天，没有 VI 对于一个房地产项目来说，就意味着它的形象将淹没于商海之中，它的产品与服务毫无个性，消费者对它毫无感觉和眷恋。

　　（3）遵从新居住项目整体形象设计的原则和标准。

　　1）遵从新居住项目整体形象设计原则。①以项目开发理念为中心的原则；②同一性原则；③美学原则；④差异化原则。

　　2）遵从新居住项目整体形象设计标准。①可记忆性，容易识别和回忆；②具有描述性、说明性和联系性；③适应性，灵活可更新。

　　（4）设计新居住项目 VIS 形象。VIS 形象设计内容，如图 2-1 所示。

　　1）设计新居住项目基础设计系统，包括楼盘名称、楼盘标志 Logo、标准色、标准字等；

　　2）设计新居住应用基础设计系统，包括事务用品设计、员工工作服、交通工具和工作内外环境设计等。

4. 新居住项目楼盘命名

　　（1）抓住好的项目命名特点。

　　1）简洁，长度在 2~6 个字；

　　2）独特，能突出项目客户定位和特色优势；

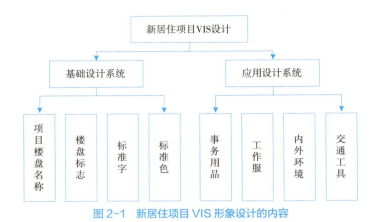

图 2-1　新居住项目 VIS 形象设计的内容

3）新颖，名字好记；

4）响亮，名字好念、好听。

（2）遵从命名原则给项目命名。

1）项目名称没有歧义；

2）容易使人记得，朗朗上口，或者就突出前卫和个性化；

3）体现项目的风格特征，针对性强，别张冠李戴；

4）以自身品牌带动项目，品牌开发商可用；

5）项目名称能彰显项目的卖点。项目命名要保留本土文化,海纳百川和兼容并蓄,不张扬但有个性，借鉴西方文明但不媚俗。能博取不同民族、不同地域文化之长，但不能盲目地照搬、照抄西方文化。做品牌楼盘如同做品牌产品，有个良好的品牌名称是拥有自己文化特色品牌的开始，才不会被市场所淘汰。

（3）采用 4 种方法进行新居住项目命名。

1）采用卖点彰显法命名。从项目的内部因素，比如独特的配套方案、会所等，和外部因素比如交通等做推敲。地理位置是所有要素中最具独特性的，值得夸耀点的就认定了，比如"半岛水花园""虹桥高尔夫别墅""云顶花园"等都属于这一范畴。适用对象：适用其他项目无法复制的地理优势，或重建成本要很高的因素如人造湖之类的。

2）采用企业品牌法命名。如果是当地已经完成优质项目，并且形成口碑，有连续项目发展计划的发展商，将其企业名称嵌入项目名无疑就是最好的广告。品牌对产品销售成功的提升作用在成熟的房地产市场尤为明显，在某知名房企，开发的项目售价总可以较周边楼盘高 10%~15%。适用对象：品牌发展商在公众中形成口碑，有做强品牌的强烈意识，永续经营的良好资质的企业。

3）采用系列命名法命名。如"东方曼哈顿"传达的概念是位于上海的 5 个住宅项目，利用品牌系列的方法，其他项目命名为"东方剑桥""东方巴黎"等，效果很好。推广时大部分概念要素建立在一个理念平台上，各项目只要置换一个概念要素，不仅巩固了发展商品牌，而且能取得最节省的推广效果，可使项目迅速在市场中获胜，并累积品牌资产。适用对象：已经完成优质项目，并且形成良好口碑，在公众中心目中认可，对连续项目发展计划有期待的企业。

4）采用谐音及借用法命名。由受众都很熟知的名称或现成习惯语、成语、名人、地名引申出来，此类命名法基本不要考虑项目的物理特性，尤其适用于一些卖点不明显的项目。当前市场一些典型如"现代思想家""大唐世家""东方巴黎""星语馨苑""第九城市"等，使项目很容易被记得。适用对象：几乎适用所有的项目。如果楼盘本身特色和卖点不是很显著的项目，就更加要多花些心思让它有可读性或新锐点。但不能选用和项目定位相违背和具有不良意义的名称。

5. 新居住项目楼盘的标志（Logo）设计

新居住项目楼盘经过命名后，还要有一个好的标志（Logo）相匹配，才能更好地传播项目形象。

（1）认识新居住项目 Logo 设计的价值。Logo 设计就是标志的设计，它在项目传递形象的过程中是应用最为广泛，出现次数最多，也是一个企业 CIS 战略中最重要的因素。企业将项目所有的文化内容包括产品与服务、整体的特色等都融合在这个标志里面，通过后期的不断宣传，使项目在大众的心里留下深刻的印象。作为具有传媒特性的 Logo，为了在最有效的空间内实现所有的视觉识别功能，一般是通过特示图案及特示文字的组合，达到对房地产项目的出示、说明、沟通、交流从而引导消费者的兴趣，达到增强美誉、记忆等目的。

（2）遵从 Logo 设计原则给项目设计 Logo。

1）项目 Logo 能充分展示项目的沟通意图；

2）项目 Logo 简洁明了；

3）项目 Logo 在黑色和白色底色下均能良好显示；

4）项目 Logo 在小尺寸下能良好显示；

5）项目 Logo 在众多情况下能良好显示，如在房展会上、线上线下广告上等。

（3）采用 5 种技巧进行新居住项目 Logo 设计。

1）保持视觉平衡、讲究线条的流畅，使整体形状美观；

2）用反差、对比或边框等强调主题；

3）选择恰当的字体；

4）注意留白，给人想象空间；

5）运用色彩。因为人们对色彩的反映比对形状的反映更为敏锐和直接，更能激发情感及购买欲望。

6. 撰写新居住项目概念与形象设计方案

集成上述 2~5 内容，形成新居住项目概念与形象设计方案。

1.4　必备业务知识

1. 房地产项目主题概念内涵

房地产项目主题概念就是房地产产品与品牌的核心内涵。

（1）主题概念是一条主线。如果项目是分区分期开发的，那么开发商分区分期所推出的房地产产品就如一颗颗珍珠，项目的主题概念就像一条主线，把这些珍珠串成一条项链，形成一件具有非凡价值的艺术品。

（2）主题概念是一个统领全局的制高点。主题概念是对市场需求、消费群体、竞争对手、楼盘特色、地理位置、人文环境等一系列要素进行整合而成的，它把构成社区的种种要素统领于旗下，构成了一个完整的系统。

（3）主题概念是一个中心或一种包装。整个房地产项目的构成、功能、风格、规范、形象等方面，应通过主题概念进行包装，使其得到合理的、人性化的阐述。因此，开发商的土地选择、规划设计、建筑工程、营销推广、物业管理、社区文化建设等行为，要围绕这一中心完成。

2. 主题概念的本质和作用

房地产项目主题概念策划是房地产营销策划的灵魂。

（1）概念的本质。恰如其分的"概念"在一定程度上是楼市的一种生产力，包含了建筑、景观、生态、管理、配套及营销等多方面内容，是一个项目的内核之所在。

（2）概念的作用。"务实"作用，说得"俗"一点，具有功利性的一面，可以为某个具体的房地产项目带来一定的经济效益，一般成功炒作概念的楼房都有喜人的销售业绩；"务虚"作用，可以吸收文化营养，不断完善地产项目的建筑风格、规划设计、园林景观及物业管理，帮助企业建造和管理更趋完美的楼盘，指导整个房地产界进一步发展的方向。

1.5　必备业务要领

1. 房地产项目命名要体现以人为本

房地产项目的命名是房地产营销策划的内容。好的楼盘名称能恰如其分透射项目"以人为本"的开发理念，展示规划设计灵魂，吸引广大消费者。

　　房地产企业在项目楼盘（小区）命名上可谓用心良苦，近年来纷纷打出智能化、亲水型、绿色生态和环保等人文概念特色。无论是线上还是线下，我们不难发现，老式住宅的"里弄""小院""宿舍"等名词已在新式住宅中销声匿迹了。随之而来的是一系列充满诗情画意的如"花园""水岸""苑""阁""公寓""别墅"等楼盘名称，适时地满足了不同人的不同品位。开发商从居住者出发，在满足住宅建设基本要素的基础上，提升健康要素，使楼盘命名满足居住者生理、心理和社会等多层次需求。

　　楼盘名称的变化，从本质上体现着房地产开发对"人"的重视，它使"家"不再是一个冷冰冰的、毫无人情味的空间结构，一个充满"诗情画意"的楼盘名称使人未入其室便能感受那种怡人与温馨。

2. 房地产项目命名要凸显项目价值

　　（1）出色名称出色效果。靠出色名称在销售业绩上取得额外收获的案例并不鲜见，新锐的成功命名不少，如：北京青年城、蜂鸟社区、城市亮点、橙色时光、天赐良园、青年汇、苹果社区等。

　　（2）巧妙名称价值无限。构思巧妙的楼盘名称，强烈地吸引人们的眼球，引发目标消费者的购买行为，不仅起到促销效果，甚至成为品牌延伸、产生品牌效益。

　　（3）不当名称缺憾效果。项目名称所昭示的卖点特征不突出，虽然不构成致命的负面效应，但是好的卖点却没有在名称中体现是缺憾的。名不副实及不规范的楼盘命名容易造成人们心理极大的期望落差，会使开发商在市场上失去信誉度和美誉度，所以，如何给楼盘命名就成为一门重要学问。

1.6　任务拓展

1. 善于在视觉识别设计与传播中运用高科技及新媒体

　　在科技与媒体日新月异的今天，新居住项目要顺应时代潮流，善于在视觉识别设计与传播中综合运用各种高科技及新媒体。

　　（1）凸显"智能化"概念。例如，新居住项目可以在精装修样板房中应用智能家居科技，凸显"智能化"概念：设置智能门锁，采用指纹识别、密码输入、刷卡启动、钥匙启动等多重入户方式，快速读取入户者身份，给予业主多重保护，保障居家安全；使用电动晾衣架，除晾晒外，还集成照明、烘干风干、消毒杀菌、安全防护等功能于一体；采用智能马桶，贴心地实现座圈保温、暖风烘干、智能除臭等功能。

　　（2）利用 AR 技术传递楼盘。例如，新居住项目可以利用 AR 技术，推出 AR 楼书，让人可以全方位、立体化地观看楼盘的户型结构、内部的承重墙及赠送面积情况、窗外全景等，给人带来身临其境"看房"的轻松体验；同时，该 AR 楼书还提供跳转企业官网、协助拟订置业计划等功能。此外，还可以推出 AR 样板房，看房者只需把手机、平板电脑等智能移动终端对准样板房的指定区域，屏幕就会即时生成虚拟现实 3D 立体模型，让人可以清晰地看到其背后的工艺过程和细节；通过移动距离、旋转角度等操作，还可以细致地查看各处建筑细节，对房子进行深度了解。

2. 美好吉祥、鲜明独特的房地产形象设计

（1）设计美好吉祥、鲜明独特、符合企业理念识别精髓的基本要素系统。房地产企业的视觉识别基本要素系统包括企业名称、标志、标准字、标准色和宣传口号等，其设计的关键除了鲜明独特、符合企业理念识别的精髓外，还应依据房地产消费者的心理需求与特点，强调美好吉祥的寓意。如某企业：其名称源于集团总部位于顺德，依山（桂山）傍水（碧江），颇具地域特色。其标志主体是神态饱满、姿态昂扬的"凤凰"形象——在中国传统文化中，凤凰是象征"吉祥、和谐、美好"的瑞鸟，其寓意很好地契合了该企业文化的核心理念"希望社会因我们的存在而变得更加美好"。

（2）围绕基本要素系统，开发适合房地产行业特点、彰显企业形象的应用系统。房地产视觉识别应用系统具有较大的拓展空间，可包括楼盘外观设计、售楼部、现场广告牌和广告围栏、沙盘及效果图、样板房、各种媒体广告等要素。例如，2021年元宵节期间，某企业独家冠名中央电视台元宵晚会，并推出相关主题的多则视频广告。

任务 2　新居住项目产品策划

2.1　任务分析

新居住项目产品策划任务内容主要有 2 项：

（1）新居住项目整体布局规划；

（2）新居住项目产品策划。

2.2　任务流程

新居住项目产品策划任务流程有 5 个步骤：

（1）工作准备；

（2）确定新居住项目产品策略；

（3）新居住项目整体布局规划；

（4）新居住项目产品组合设计与优化；

（5）撰写新居住项目产品策划书。

2.3　任务实施

1. 工作准备

（1）新居住项目市场分析报告、目标市场选择与市场定位报告。

（2）新居住项目概念与形象设计方案。

（3）办公电脑及相关软件系统。

2. 确定新居住项目产品策略

新居住项目产品策略采用差异化策略和品牌策略，这两种产品策略最实用、最有价值，组合使用效果更好。

（1）新居住项目实施产品差异化策略

1）确定新居住项目产品差异化内容。主要有4个方面：

①在产品上体现差异化。对于房地产有形产品来讲，产品差异化是最基础的，同其他产品比较，房地产产品本身有较大的差异化。

一是产品质量更优，体现在设计质量、工程质量、环境质量和配套质量上。

二是产品性能更好，体现在居住、卫生、安全、环保等基本性能上。例如，在同一区位内，楼盘比别的楼盘有更好的生态小环境，在同一得房率的基础上，房型比别的楼盘有更多或更方便的功能组合等。

三是产品有特色，是产品基本性能的增加和补充。例如，重视绿化，完善住宅区的生态功能。

四是产品设计风格，得到目标市场顾客对产品差异化和价值对比的认识。

②在服务上体现差异化。当竞争对手之间在客户共性需求方面势均力敌的时候，影响客户购买意向的因素往往就是哪个项目更能满足他的个性需要。这些个性需要往往是产品本身无法满足的，需要通过产品附加的服务来满足，即"服务能提高产品附加值"。

③在品牌上体现差异化。消费者进入"品牌消费"阶段，在选房时慎之又慎，新居住项目非常有必要树立品牌。

④在营销渠道上体现差异化。线上线下直销、销售代理是常用的营销渠道，可通过业主直销方法体现差异化。在房地产的销售中，如果一个已经购房的业主，通过现身说法向朋友同事推销楼盘，可以产生比销售人员推销更好的效果。

2）把握2个要点实施新居住项目产品差异化。

①把握有效差异实施新居住项目产品差异化。也就是能够有效形成项目市场力量，提高市场绩效的差异化。有效差异对策包括以下3个方面：

一是实在性。房地产产品差异化确实能使相当多的顾客得到更多的实际利益，这样的差异才能够吸引消费者的注意，才能在市场竞争中立于不败之地。

二是独特性。应该具有不同于竞争对手的明显特征，才能突现差异性优势，才能引人注目。解决独特性问题通过：概念创新，从产品的性能特征和愉悦特征上去挖掘；调性处理，将理性的事情感性化，将乏味的事情有趣化，并具有时代感。

三是不易模仿性。当今的房地产市场上，跟风现象较严重，竞争者的模仿，使得差异化缩小，使房地产项目在差异化中的投入巨大、效果却不好。差异化的缩小主要体现在规划设计、建材选用和施工工艺上，所以企业可以在这些方面设置模仿障碍。

②把握准确定位实施新居住项目产品差异化。设计出项目楼盘的目标市场最有吸引力的差异化：

一是内容定位。开发企业及其开发的项目楼盘有不同的优势，要同竞争者的优势进行比较强化和突出自己的优势。例如：项目楼盘在环境、户型上同另一家相似楼盘相竞争，如果本企业声誉更大更好、人员素质和服务又有优势，那么应该强调推出品牌和服务优势作为差别。

二是传播定位。企业不仅要确定一个清晰的差异化定位，还要将此定位进行卓有成效的宣传。例如：企业将"信誉最好"作为定位主题，那就必须要保证此主题的宣传深入顾客。比较好的办法是宣传自己的楼盘销售业绩好、交房日期最及时、销售纠纷最少和所得的奖项最多最高等。此外，"信誉最好"还可以通过其他的营销组合如价格、广告、促销手段、分销渠道来体现。

（2）新居住项目实施产品品牌策略

1）认识新居住项目品牌策略的价值

①给消费者良好购买体验和利益。产品品牌不仅能够给消费者带来质量和功能的优越保证，而且给消费者带来社会地位和阶层的荣耀感、成就感等良好购买体验，这种心理感受也是一种实在的利益特征。

②加快消费者的购买决策。一个没有品牌的房地产产品，一旦有计划地"植入"房地产品牌，就会彻底改变原来的产品形象，品牌效应能够加快消费者的购买决策速度。

③打造不可模仿的竞争力。房地产市场竞争激烈，打造品牌形象、提升品牌价值是新居住项目市场竞争的必要手段。在科技高度发达、信息快速传播的今天，产品、技术及管理诀窍等容易被对手模仿，难以成为核心专长，而品牌一旦树立，则不但有价值并且不可模仿，因为品牌是一种消费者认知，是一种心理感觉，这种认知和感觉

不能被轻易模仿。很多企业实施的品牌战略，就是将品牌作为企业核心竞争力，以获取差别利润与价值的经营战略。

2）建立房地产品牌模式

房地产品牌构成是内涵十分丰富的复杂系统，包括产品、质量、服务、物业管理、营销等。建立房地产品牌模式，不是片面强调技术、新材料、新设备等物质因素的运用，也不是人云亦云地强调时髦的市场概念，而是通过整合资源来赢得消费者对品牌的认同。房地产品牌主要有3种模式：

①单一品牌模式，是指所开发的所有项目都使用同一个品牌名称的品牌模式，便于项目形象的统一，易于被顾客识别和接受。同时，还能明确品牌含义，降低导入性促销成本，降低开发新品牌的成本。这种品牌模式主要通过项目品牌推动企业品牌。某品牌是单一品牌的典型代表，在北京、天津、沈阳、济南、长沙等9大城市开展了几十个同一名称的项目，其单一品牌策略使得该项目名称在全国房地产业广为流传。实施单一品牌模式的好处是有利于树立产品的专业化形象、减少传播费用，在宣传企业的同时宣传了品牌，互动的形式对品牌资产的积累将更加快速有效。但是，该模式也有不利的一面，如果某城市品牌项目出现问题，极有可能产生连锁反应，使其他项目受到影响。

②多品牌模式，就是同时建立两个及以上相互独立且市场定位明确的品牌。建立多品牌模式，可以通过品牌细分市场，从总体上提高市场占有率。其优点是各品牌有明确的市场定位，可以发挥多品牌整体优势；区域品牌避开区域壁垒，快速提升企业品牌价值。多品牌模式在细分市场的基础上主要强调各项目品牌的独立性，通过各个优秀的项目品牌推进公司品牌的提升。如上海某房地产公司下面的东方威尼斯、皇城酒店公寓、地王国际花园项目等。多品牌模式的实施有两个特点：一是不同的品牌针对不同的目标市场；二是品牌的经营具有相对的独立性，各个项目营销企划都是由不同人员组成。实施多品牌模式可以最大限度地占有市场，对消费者实施交叉覆盖，即使一个品牌失败，对其他的品牌也没有多大的影响。

③主副品牌模式，是一种介于多品牌与单一品牌之间的一种品牌发展模式，需要利用消费者对主品牌的信赖和忠诚度以推动副品牌产品的销售。采用主副品牌战略的具体做法是以一个成功品牌作为主品牌，涵盖房地产系列产品，同时又给不同产品起一个生动活泼、富有魅力的名字作为副品牌，以突出产品的个性形象。这种模式的成功必须建立在一个成功的主品牌基础上；副品牌则对统一品牌战略进行有效补充。主副品牌模式多采用"企业名称+项目名称"，主副品牌模式下副品牌与主品牌关系密切，容易发挥品牌的杠杆效应，但如果副品牌策略失败，就有可能损害到企业品牌。所以，

对副品牌的命名要在项目自身特点与目标市场特征基础上，准确生动地命名。

3）实施新居住项目产品品牌策略

实施新居住项目产品品牌策略是房地产产品差异化策略的延续，对品牌知名度低的企业，特别需要策划好项目产品品牌。

①品牌定位。"好的品牌定位是品牌成功的一半"。品牌定位是为了让新居住项目目标消费者清晰地识别记住品牌的特征及品牌的核心价值。在新居住项目产品研发、包装设计、广告设计等方面都要围绕品牌定位去做。

②战略规划。要通过品牌策划和战略规划来提升新居住项目品牌形象，提高消费者对产品的认知度、忠诚度。首先，质量战略是实施品牌战略的关键、核心，质量是产品的生命，严格的质量管理是开拓、保持、发展名牌的首要条件。其次，市场战略是实施名牌战略的根本，实施市场战略一定要树立市场导向观念。从产品的开发到营销，必须牢牢扣住市场变化这一主题，最大程度地满足客户需求。

③大力宣传品牌形象。通过独特销售主张（USP），将新居住项目产品本身独特的卖点传播出去，实现产品最快最好地销售，并建立起新居住项目独特个性的品牌。通过广告宣传等手段，建立起良好的、有独特感性利益的品牌形象，在短时间内让消费者认同其品牌很重要，在宣传过程中要突出品牌的定位和核心价值，找准产品与消费者之间的情感交汇点，让消费者在极短的时间内对该产品产生认知感，产生购买行为。

案例 2-1　××项目的品牌策略

1. 品牌定位

名贵生活升级版。××品牌有清晰的产品描述、鲜明的视觉印象、深刻的内涵构成。××项目品牌内涵构成，如图 2-2 所示。××项目是一座融人文、园林、艺术、科技为一身的大型花园式社区住宅。它是未来高品质生活的体现。

2. 品牌推广重点

推广主题语：悠闲水岸，锦色华年。

主题活动：与业主互动，建立与客户的感情纽带。

售楼处：高品质生活的见证。

示范环境：人与自然的最大限度的亲近。

中心花园：17500m² 水景中心花园，代表全新的休闲式生活。

商业步行街：便捷的社区生活。

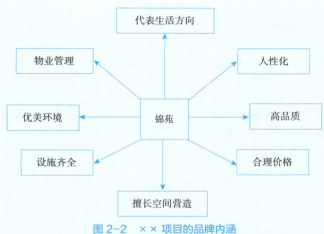

图2-2 ××项目的品牌内涵

3. ××品牌九段锦推广

一段锦，从家走进家园。近20000m²的社区生态园林，突破传统景观规制，以乔木、整形灌木、木本花木为主体，营造一个色彩缤纷、层次考究、花开不败、绿树常荫的主题花园。同时划分中心花园及住宅间高品质绿化带，居家的惬意弥散在屋内屋外。

二段锦，别致生活感触。花园社区、升级版生活。独有顶层空间别墅或阁楼式住宅设计，底层架空带私家花园设计，伸展生动的生活感受。

三段锦，舒张居所空间。住宅全部采用全框架、3m层高设计，使居住的内涵宽域无限。

四段锦，全面亲近阳光。采用超大楼间距，房屋间距大于1：1，每套单位采光充裕。每个房间按自然采光的原则设计，摈弃了二次采光的不便。

五段锦，典雅建筑造型。采用全坡屋面屋顶，丰富了建筑的"第五立面"，整体造型极具欧陆风格经典特色，恰恰契合居者的品位与素养。

六段锦，雅静自有天地。小区房屋配备的通风隔音窗，是结合最新科技成果的实际应用，解决了临街住宅的通风与隔音的问题。

七段锦，相随艺术之思。配套设施艺术化，无论是幼儿园、配电房，还是会所、垃圾站等均以整体审美风格相一致为原则，把建筑的每一细节都当作艺术品来做。

八段锦，国际物管标准。率先引进国际知名公司进行小区高素质物业管理，确保物业的升值保值，提高居住品质。

九段锦，科技融入生活。小区充盈人文与文化气息，也最能享受到高新科技所带来的便利。

3. 新居住项目整体布局规划

（1）遵从项目整体布局原则进行新居住项目整体布局

1）新居住项目整体布局突出"以人为本"的理念。

2）新居住项目整体布局体现人文关怀。

3）新居住项目整体布局符合城市总体布局，丰富和创造最佳的城市空间环境。

4）新居住项目整体布局体现产品差异化策略和品牌策略。

5）房地产项目规划设计应满足的具体要求：使用要求、卫生要求、安全要求、经济要求、施工要求、美观要求。创造一个优美的居住环境和城市面貌。

遵从上述项目整体布局原则进行新居住项目整体布局规划，包括：建筑规划、道路规划和绿化规划3大块内容，如图2-3所示。

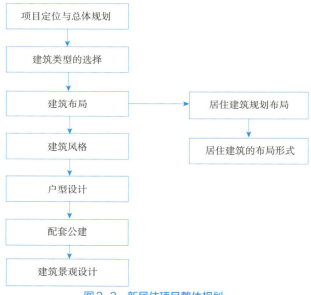

图2-3　新居住项目整体规划

（2）新居住项目整体规划设计

1）把握居住建筑的规划布置要点

①要有适当的人口规模。新居住项目多层住宅组团以500户左右为宜，高层住宅的组团户数可多一些。住宅组团的公共服务设施的服务半径以100m左右为宜。

②日照充分。新居住项目大部分住宅应南北向布置，小部分东西排列，保证住宅之间的日照间距，尽量减少遮挡。

③通风良好。新居住项目住宅布置应保证夏季有良好的通风，冬季防止冷风直接

贯入，并有利于组团内部的小气候条件的改善。

④美观舒适。新居住项目要有一定的绿化面积，多布置建筑小品，开辟儿童及老人的休息场所，创造优美的居住外环境。

⑤安静整洁。新居住项目住宅区级道路只为住宅区内部服务，不能作为过境交通线。排放污染物的建筑如饭店、锅炉房等，不应紧靠住宅群。垃圾站与住宅楼要保持一定距离。

2）建筑类型的选择。新居住项目住宅建筑类型按层数，主要有超高层、高层、小高层、多层和别墅等；新居住项目住宅建筑类型按主体结构，主要有板式、塔式、板塔结合式等。

3）建筑布局设计。建筑布局设计受建筑容积率和规划建设用地面积的限制，建筑容积率是项目规划设计方案中主要的技术经济指标之一。建筑布局考虑日照间距，新居住项目建筑布局应使住宅布局合理，日照充分。为保证每户都能获得规定的日照时间和日照质量，要求条形住宅纵向外墙之间保持一定距离，即为日照间距。北京地区的日照间距条形住宅采用 $1.6h\sim1.7h$，h 为前排住宅檐口和后排住宅底层窗台的高差。塔式住宅，也叫点式住宅，采用大于或等于 $1h$ 的日照间距标准。居住建筑的布置形式设计：

①行列式。按一定的朝向和间距成排布置住宅建筑。

②周边式。沿街坊或院落周围布置。其优点是内庭院有封闭的空间感，比较安静，土地利用率高，但其中部分住宅的通风及朝向均较差。

③混合式。采用行列式和周边式相结合的方法布置住宅建筑，可以取两种形式之长，形成半敞开式的住宅院落，是较理想的布置形式。

④自由式。结合新居住项目地形地貌、周围条件，成组自由灵活地布置，以追求空间的变化和较大的绿化、活动空间。灵活布置还有利于取得良好的日照和通风效果。

4）配套公建设计。新居住项目居住区内配套公建是否方便合理，是衡量居住区质量的重要标准之一。新居住项目配套公建设计主要考虑菜店、小型超市、食品店、幼儿园等。

5）建筑景观环境小品设计。结合园林绿地规划，环境小品设计内容丰富，主要包括建筑小品、装饰小品、公共设施小品等，在规划设计上要体现整体性、实用性、艺术性和趣味性。环境小品做得好的房地产项目，销售价格通常要高得多。

4. 新居住项目产品组合设计与优化

（1）把握房地产产品组合原则

1）产品组合要体现产品差异化策略和品牌策略。新居住项目产品策划组合使用差异化策略和品牌策略效果好、价值大，要具体落实落细在产品组合设计中，否则组合使用差异化策略和品牌策略就是空谈。

2）产品组合应和目标客户定位相吻合。不同的消费群体对应着不同的产品，目标客户的定位虽然涉及客户的年龄、生活习俗等各个方面的基本情况，但追根到底决定于客户的收入水平和消费观念，反映到产品上来，便是房屋的总价区别。总价的设定其实就是产品规划和目标客户定位的最根本的一条标准。在设定的总价下，产品设计要尽力满足消费者需要，房地产的规格、类型、档次、配置、设计风格要注意适应目标客户意愿的变化。

3）产品组合应顺应和引导消费时尚。产品设计要与目标客户相吻合，并不是简单地迎合和迁就客户，而是更应该善于挖掘和满足客户的潜在要求。同样，为了使产品能脱颖而出，推出一些与众不同的产品配置是必不可少的，虽然投入要高一些，但由于不同的产品配置满足了不同消费者的需求，在区域条件相当的情况下就能受到更多消费者的青睐。因此，产品组合应着眼于顺应和引导消费者的时尚潮流。如目标客户在30~40岁、文化层次高、思想新潮的白领身上，可以从居室的设计风格、户型外墙等方面强调"现代"特征，采用一些科技含量高的建筑材料、节水洁具、高速电梯、智能化管理等，而不是把钱花在昂贵的大理石、金碧辉煌的水晶吊灯上，这些符合白领"简约、时尚、高质量"的生活品位。现代都市人的工作压力大，竞争激烈，他们对居室及周边的环境可能会有一些符合自身条件要求的，比如空间、绿化、设施的完备与交通的便捷，网络化的完全管理，这些都是产品策略争取市场优势的强有力保证。

（2）产品组合设计。新居住项目楼盘只有具备适当的有针对性的面积、格局配比的产品组合，才能形成丰富的产品品种系列，才能满足市场目标客户的苛刻需求。

1）设计产品组合面积配比。新居住项目各种面积范围内分布的单元数在整个楼盘单元总数中所占的比例，或在某个销售单位的单元总数中各自所占的比例，需要合理设计，要与目标客户的需求结构比例大体相当。

2）设计产品组合格局配比。新居住项目中2室2厅、3室2厅等各种形式格局的单元数在整栋楼房或某个销售单位的单元总数中所占的比例，都要有一定的量，丰富产品组合。品种单一，供目标客户的选择余地就窄，不能满足不同年龄层次和家庭结构层次消费者的需求。一个楼盘在产品组合设计中，如果有1室1厅、2室1厅、3室1厅，相互比例有一个适度的变化，面积范围从80~150m²大小不等，则产品就会有机地分解成好几个层次，可以满足不同客户对产品的合理需求，客户挑选的余地大，市场抗风险能力也就强。格局配比如同面积配比一样，都对应着一个总价市场，但它所反映更多的是消费者生活需求结构的某种状况。如以青年夫妇为对象的产品，一般面积不需要很大，但考虑到日后小孩的出生，格局也多以2室1厅为主。

（3）优化产品组合。产品组合设计后，还需要根据市场的变化不断优化，不断调整产品结构、开发新产品、改进老产品，使产品适销对路。对市场的深入了解和及时反馈是制定新居住项目产品最佳面积及格局配比的关键。优化产品组合必须以适应市场需求变化为前提，以项目的总体规划设计、市场定位为基础，精益求精策划出好的产品，营造符合生态和可持续发展要求的新时代人居环境。

1）从人与自然的和谐角度优化产品组合。设计住宅就是设计生活，优化产品组合必须有文化，必须懂生活，这样才可能使新居住项目产品真正做到有品位、人性化。产品优化要围着业主转，做到人文居住与绿色景观和谐统一，营造出现代人理想的居住环境。要开发花园社区，即：高绿化，低密度，绿化率达到50%以上，环境优美，空气清新，空气中负氧离子浓度高，建有运动休闲主题公园，喷泉雕塑布置合理，生活配套完善，体现了独有的绿色景观和人文关怀，是高品质生活的健康选择。

2）从精心设计房型角度优化产品组合。新居住项目要精心设计目前市场欢迎的房型，即：

①户型整体精巧实用，功能完善；

②动静分区，干湿分离；

③大面宽，短进深；

④明厨明卫、明客明卧，通透采光；

⑤空间利用率高；

⑥最好50%以上楼前有水系。

如图2-4所示户型，就是目前市场欢迎的套型，其户型特点：一梯两户、出房率81%，舒适度高；经典3室、双飘窗，居住品质再升级；南北通透，

图2-4 90m² 的3室2厅1卫户型

动静分离，功能布局合理；入户玄关兼具收纳功能，能充分利用每一寸空间；L形厨房，洗、切、炒动线顺畅；卫生间干湿，贴心设计方便全家人使用。

为了适应居住者不同层次的个性与追求，要精心设计丰富多彩的户型，即：

① 50m² 以下的 1 居小户型；

② 60~99m² 的 2 居 1 厅或 2 厅小夫妻型；

③ 100~130m² 的 3 居 2 厅小康型；

④ 140m² 以上大平层及超大面积空中 Townhouse 等豪华型。

多种空间形态供购房者随意选择。

3）优化产品组合、与时俱进跟上新时代。新居住项目产品组合要紧随社会文化发展、科学技术进步以及不同地区房型结构特点和外形、功能演变而变化。可以通过强化规划设计，应用具有节能、节水、节材、节地特性，符合低碳环保要求，以及经济实用的智能化技术系列的"四新"成果，促使住宅项目向多功能发展。此外，在产品服务上可以给购房者提供高质量的菜单式线上选房和线下装修，关注细节，充分体现人性化。

5. 撰写新居住项目产品策划书

集成上述 2~4 内容，形成新居住项目产品策划书。

案例 2-2　× × 项目的产品策划

1. 建筑规划设计

（1）项目总体规划，如图 2-5 所示。项目主要规划建设内容为：住宅及配套面积约 467045m²、商业面积约 133422m²、养老公寓及配套面积约 82152m²、医院约 67985.6m²、康体娱乐设施面积约 25602m²、社区中心面积约 5216m²、小学面积约 9306m²、幼儿园面积约为 4149m² 等。地下主要功能为机动车停车库、非机动车停车库。

（2）建筑类型。根据地块特点和项目定位，建筑类型灵活多样，有多层、小高层、花园洋房等。精装交付，约 3892 住户。

（3）建筑布局。采用行列式布局，最大楼间距约 100m，在市场上是非常稀缺的、低密度的洋房设计，带来更长时间的采光，更宽广的观景视野，如图 2-6 所示。

图2-5　××项目总体规划

图2-6　××项目建筑行列式布局

（4）配套公建。按地块规划要求，配套公建主要有：商业，约133422m²；康体娱乐设施，约25602m²；五星级酒店，约38000m²；社区中心，约5216m²；医院约67985.6m²；小学面积约9306m²、幼儿园面积约4149m²。配套旨在全方位打造全龄化的服务，设有运动中心、影城等休闲功能区。项目围绕全龄化，具体规划有颐养、常乐、康益、亲子四大园，提供游、学、禅、乐、情、膳、美、住、健、护等852类设施、867项全方位服务。

（5）绿化规划。本项目三地块综合项目绿地率约为35%，近20万m²欧式园林，如图2-7所示。绿化规划特点是一草一木，移步异景，出入绿意相随，与自然为邻，四季皆景，春夏秋冬四季都能欣赏花开花落，诗意栖居。

（6）景观设计。项目规划有山有水有绿化，名贵树种全冠移植，更有栈道、跌级湖泊、湖心喷泉、生态湖底，沿湖岸边各类花草树木错落分布。水韵怡人，波光粼粼，推窗见景，如图2-8所示。

2.产品组合设计

（1）产品类型

根据××项目目标客户群的需求和数据分析，整个小区将建设83栋楼，其中A区5栋、B区5栋、C区6栋、D区14栋、E区6栋、F区8栋、G区7栋、H区17栋、K区15栋。9栋为小高层房源，其余均为多层房源。

图2-7　××项目的绿化规划

图2-8　××项目的水体景观

（2）产品组合。如表2-1所示，××项目是超大地块项目，设计有多种户型，有1室户型、2室户型、3室户型和4室户型，面积从58m²到150m²不等，可以满足用户多样化需求。

××项目产品组合 表2-1

序号	产品	数量	备注
1	住宅总户数	3892 户	户均面积 112.4m²
2	商业建筑面积	133422m²	38000m² 五星级酒店 95422m² 缤纷商业街
3	总停车数	4437 个	车位住户比为 1：1.14
	地下车库	4200 个	
	地面停车	237 个	

（3）产品主力户型。主要户型有五种，具有代表性，其他户型与这五种户型比较类似。

1）2室户型。最具代表性的2室2厅1卫户型有A户型74.18m²和B户型83m²，如图2-9所示。

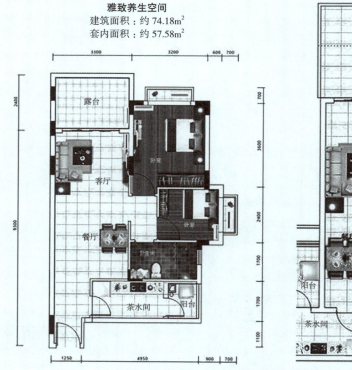

图2-9　2室2厅1卫A户型 74.18m²、B户型 83m²

2）3室户型。最具代表性的3室2厅2卫户型有S81-1户型122m^{2}和S81-2户型113m^2，如图2-10所示。

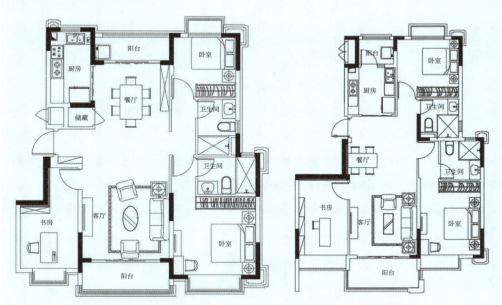

图2-10　3室2厅2卫 S81-1户型122m^2、S81-2户型113m^2

3）4室户型。最具代表性的4室2厅2卫户型有S28-1户型144m^2，如图2-11所示。

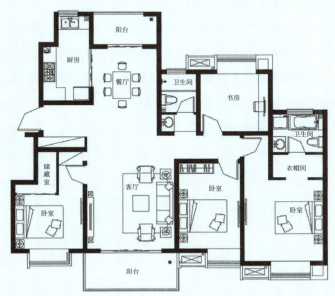

图2-11　4室2厅2卫 S28-1户型144m^2

（资料来源：根据南京工业职业技术大学朱赫、谢庆月同学的调研报告整理）

2.4　必备业务知识

1. 房地产差异化战略

房地产差异化战略又称别具一格战略，是指房地产企业为使产品、服务、企业形象等与竞争对手有明显的区别，以获得竞争优势而采取的战略。这种战略的重点是创造被全行业和顾客都视为是独特的产品和服务。实现差异化战略，可以培养用户对品牌的忠诚，使企业获得高于同行业平均水平利润的一种有效的竞争战略。

2. 房地产品牌策略

（1）房地产品牌，是消费者对房地产产品的各种感受的总和，本质上它是一种抽象的、无形的概念，它存在于消费者的头脑中。

（2）房地产品牌策略，是以品牌驱动为主导，卖的不仅仅是高质量的房屋，更是一种情感、一种文化、一种体验。

（3）房地产品牌策略的价值。知名度高的房地产品牌，能够给消费者良好购买体验和利益，加快消费者的购买决策，打造不可模仿的竞争力。

2.5　必备业务要领

1. 统筹房地产项目品牌与企业品牌关系带动产品销售

房地产品牌有企业品牌与项目品牌或物业品牌之分。

（1）企业品牌，反映的是企业整体形象，企业品牌的塑造是对企业整体资源的整合，强势企业品牌地位的取得可以带动企业整体价值的提升，是企业的重要资产。

（2）项目品牌，是房地产企业单个项目的品牌。项目品牌的塑造只能带动项目本身的销售，对企业整体形象与价值提升作用有限。

（3）统筹房地产项目品牌与企业品牌关系，企业品牌与项目品牌两者之间是集体与个体的关系。企业品牌离不开项目品牌，项目品牌有待于提升为企业品牌。当品牌项目形成规模，品牌形成体系，并实现跨越地域时，项目品牌逐步支撑起企业品牌。房地产品牌策划要统筹项目品牌与企业品牌，实现两者互动。强势企业名牌可以将知名度、鲜明个性、情感化的特性转移到项目品牌身上，提升项目品牌的价值，带动房地产项目的销售；同样做强项目品牌可以支撑企业品牌、丰富企业品牌。

2. 房地产产品组合及策略

（1）房地产产品组合，是房地产企业向市场提供的全部物业的结构或构成。人对生活的需求千变万化，反映到居住空间的设计上，也就有了千变万化的特点，有居住类别的不同，有建筑风格的不同，有环境主题的不同，有建筑细节的不同，有文化蕴涵的不同，有使用功能的不同，凡此种种，无不是对应着人的需求、市场的需求、社会的需求，其中良性的、有机的产品组合就构成了"房地产成功项目"的基础。

（2）房地产产品组合策略，是房地产企业根据开发与经济能力和市场环境作出的关于企业产品品种、规格及其生产比例方面的决策。一般是从产品组合的广度、长度、深度和黏度等方面作出决定，如图2-12所示。

图2-12 房地产产品组合

1）产品广度，是指房地产产品的种类多少，如住宅、商铺等；

2）产品长度，是指产品的某一类产品不同形式的总和，如住宅有多层、高层、塔式、板式等；

3）产品深度，是指每种产品所提供的款式、建筑风格的多少，如普通住宅、豪华住宅、别墅；

4）产品黏度，是指各产品之间在最终用途、开发建设条件、销售渠道或其他方面的相互关联程度。房地产某个具体项目的产品组合策略，一般重点考虑产品长度和深度。

2.6 任务拓展

1. 策划高附加值产品

精益求精，开发"三近""三快""三好"产品，以不变应万变。现在居民买房，不一定只考虑面积大小，还要考虑以下几个方面：

（1）三个"近"：医院近不近，学校近不近，地铁、公交近不近；

（2）三个"快"：快递能不能送得到，快餐能不能送得进，快销品能不能买得到；

（3）三个"好"：好房子，好服务，好社区。

如果具备这三个"近"、三个"快"和三个"好"，住宅往往就能增加附加值，避免库存带来的积压和风险。

2. 某企业策划精装修房的特色

（1）入户系统

1）入户穿衣镜，方便使用，伴您开启一天的优雅生活；

2）玄关特设换鞋镜，老人孩子都可轻松换鞋；

3）玄关柜装备贴心挂钩，给钥匙、零钱包找个小家。

（2）厅房系统

1）方正布局，主次卧、客厅南向设计，更佳通风、采光效果好；

2）创意多功能房，灵动空间，幸福生活更多可能；

3）低台面飘窗，开阔视野，畅享小区美景；

4）防拽门把手设计，妈妈般用心保护家人。

（3）餐厨系统

1）L形台面，科学设计，有效提高烹饪效率；

2）低噪声抽油烟机，即刻去烟，烹饪"静"享受；

3）整体橱柜，碗碟拉篮、调味篮齐备，乐活生活、拒绝琐碎；

4）阻尼抽屉设计，使用方便，细微之处给宝宝安全保护。

（4）卫浴系统

1）镜柜、浴柜、置物隔板，多重收纳系统，卫浴空间更清爽；

2）硬币紧急旋转门锁，避免被反锁在浴室内，老人孩子洗澡更安全；

3）预留卫洗丽插座，更贴心呵护全家健康。

（5）家政系统

1）阳台预留洗衣机位，进一步是美景，退一步是生活；

2）客厅设计家政插座最合适的位置，方便吸尘器等清洁工具的使用。

任务3　新居住项目价格策划

3.1　任务分析

新居住项目价格策划任务内容主要有3项：

（1）单套房屋定价；

（2）单栋楼定价；

（3）楼盘定价。

3.2　任务流程

新居住项目定价任务流程有 7 个步骤：

（1）工作准备；

（2）分析新居住项目价格影响因素；

（3）确定新居住项目定价目标与原则；

（4）确定新居住项目定价方法和策略；

（5）制定新居住项目定价方案；

（6）制定新居住项目价格控制与调整方案；

（7）撰写新居住项目价格策划书。

3.3　任务实施

1. 工作准备

（1）新居住项目市场分析报告、目标市场选择与市场定位报告。

（2）新居住项目概念与形象设计方案。

（3）新居住项目产品策划书。

（4）办公电脑及相关软件系统。

2. 分析新居住项目价格影响因素

新居住项目在定价前，需要分析价格影响因素，要从个别因素、区域因素、一般因素 3 个方面来分析新居住项目的价格影响因素。

（1）分析个别因素。个别因素会导致相同地区楼盘之间的价格差异，个别因素主要是新居住项目的自身因素。

1）分析新居住项目土地方面的个别因素。有区位、面积、形状、容积率、用途、使用年限等因素。

2）分析新居住项目建筑物方面的个别因素。有面积、结构、材料、设计、设备、施工质量、是否与周围环境协调等。

（2）分析区域因素。区域因素会导致城市内部不同地区之间的房地产价格差异。分析区域因素重点分析人口因素、经济因素、社会因素、环境因素、行政因素、心理因素以及供求因素，如区域内商服繁华、道路通达、交通便捷、城市设施状况、环境状况等因素。

（3）分析一般因素。一般因素会导致城市与城市之间的房地产价格差异。分析一般因素重点分析国际因素、社会因素、经济因素、行政因素和心理因素等。

综合上述 3 个方面因素的分析，可以找出影响新居住项目价格的重要因素，在后面的定价中给予重点考虑。

3. 确定新居住项目定价目标与原则

定价目标与原则是新居住项目价格策划的基本遵循，要在分析新居住项目价格影响因素的基础上科学设定。

（1）确定新居住项目定价目标。定价目标是制定价格时要达到的目的和标准，是整个新居住项目定价策略的灵魂。一方面，它要服务于新居住项目营销目标和企业经营战略；另一方面，它还是定价方法和定价策略的依据。确定新居住项目定价目标，一般有 4 种形式：

1）利润最大化目标。是许多项目的定价目标。当新居住项目独特性较强，不易被其他竞争楼盘替代时，可在边际利润与边际成本一致的点位定价，即高价位定价。但由于房地产定价受多种因素的影响，繁多的变量会增加定价的难度，因此，需要动态地分析企业的内部条件和外部环境，不能忽视市场相关因素和项目自身因素单纯定位于项目最大利润目标，否则会欲速不达，反而会影响项目销售最终影响利润。

2）市场占有率目标。以市场占有率为项目定价目标，是一种志存高远的定价方式，以求新居住项目在开盘后一定时期内销售量占当地细分市场销售总量有高额比例。当项目的规模较大、市场竞争能力较强、对目标客户消费信息把握得较准确、充分时，可以选择市场占有率定位目标，所定项目的价格一般是市场上同类产品中性价比最高的价格。

3）树立企业形象目标。是以树立企业形象为定价目标，不太关注房地产项目的利润和市场占有率，一般很少企业采用，只有少数企业在少数项目上偶尔采用，一般是新企业或老企业到新城市需要树立形象时采用，或房地产项目刚开盘时采用。当企业要树立高大上形象时，定价目标肯定是高价位。

4）临时性过渡性目标。在某些特殊时期，房地产项目也需要制定临时性定价目标。如：政策调控背景下，或者新冠肺炎疫情背景下，房地产市场行情急转直下时，新居住项目就要以保本销售或尽快脱手变现为定价目标；还有就是，为了应对竞争者的挑战，企业也可能以牺牲局部利益遏制对手为定价目标。但是，一旦特殊时期已过，形势出现转机，临时性过渡性定价目标就应转变为长远定价目标。

（2）确定新居住项目定价原则。主要有 6 个：

1）市场导向原则。项目价格应能反映产品的定位和消费群的定位，成为目标消费群能够接受并愿意支付的价格。该原则还包括另一层意思，在同类竞争中，借助价格优势，取得更好业绩，树立企业和产品的品牌形象，为其他同类产品开发做好铺垫。

2）加快销售速度、加速资金回笼原则。合理的价格应有利于市场销售，并实现项目目标利润。定价过高将产生较大的营销障碍和资金回笼困难，利润也只能是虚拟的账面利润。

3）弹性灵活原则。项目定价应有灵活性，以适应市场的变化情况。项目入市时，宜采用较低价格聚人气，随着工程进度的发展、产品的成熟，可逐渐提高价格。

4）价值相符原则。项目的价格应与项目的地段、品质相符合，才能赢得消费者的信赖。无论企业的战略、产品和服务如何与对手不同，最终都体现为客户让渡价值。

5）购买力适应原则。项目所定价格应与目标客群的购买力相适应。

6）有利竞争原则。项目所定价格应有利于在市场竞争中取得优势，项目销售初期建议采用对消费者较大吸引力的价格入市。

4. 确定新居住项目定价方法和策略

（1）选择适合新居住项目的定价方法

1）分析4种房地产常用定价方法

①成本导向定价法，是以项目的成本为中心进行产品的定价，具体定价法主要有4种：A. 成本加成定价法，即在产品单位成本的基础上，加上预期利润作为产品的销售价格。采用这种定价方式要准确核算成本（平均成本），并确定恰当的利润百分比（即加成率）。B. 变动成本定价法，即在定价时只计算变动成本，而不计算固定成本，在变动成本的基础上加上预期的边际贡献。公式：单位产品价格＝单位产品变动成本＋单位产品边际贡献。C. 盈亏平衡定价法，即根据盈亏平衡点原理进行定价，定出使收支相抵的价格。D. 目标利润定价法，即根据总成本和估计的总销售量确定一个目标利润，作为定价的标准。

②需求导向定价法，在定价时不再以成本为基础，而是以消费者的认知价值、需求强度及对价格的承受能力为依据，以市场占有率、品牌形象和最终利润为目标，真正按照有效需求来策划房地产价格。实际运用中又有认知价值和差异需求两种不同的形式。A. 认知价值定价法，即根据购买者对房地产的认知价值定价，以消费者对产品价值的感受及理解程度作为定价的基本依据。认定价值的形成一般基于购买者对有形产品、无形服务及公司商业信誉的综合评价，它包括实际情况与期望情况的比较，待定物业与参照物业的比较等一系列过程。品牌形象好的物业往往能获得很高的评价。只要实际定价低于购买者的认知价值，即物超所值，购买行为就很容易发生。B. 需求差异定价法，即以不同时间、地点、产品及不同消费者的消费需求强度差异为定价的基本依据，针对每种差异决定其在基础价格上是加价还是减价。

③竞争导向定价法，是以企业所处的行业地位和竞争定位而制定价格的一种方法，

通过研究竞争对手的产品价格、生产条件、服务状况等，以竞争对手的价格作为定价的依据，确定自己产品的价格。主要有随行就市定价和主动竞争定价等方法。A. 随行就市定价法，即本项目产品的定价与本行业的平均价格水平保持一致，目的是：易为消费者接受；试图与竞争者和平相处，避免有害的价格战；一般能为企业带来合理、适度的盈利。这种定价适用于竞争激烈的均质产品，在完全寡头垄断竞争条件下也很普遍。B. 主动竞争定价法，即与通行价格定价法相反，它不是追随竞争者的价格，而是根据本项目产品的实际情况及与竞争对手的产品差异状况来确定价格，价格有可能高于、低于市场价格或与市场价格一致。此外，比较定价法也是竞争导向定价法的一种，就是把目标项目与其周边几个同等竞争对手的项目进行全方面对比，根据对比情况对本项目进行定价。一般选取多个类似房地产项目，即用途相同、规模相当、档次相当、建筑结构相同、处于同一供需圈的实例，通过综合比较，然后给出目标产品的定价。

2）选择适合新居住项目的定价方法。不同的定价方法需要不同的条件，适应不同的房地产项目。选择适合新居住项目的定价方法，需要在上述常用定价方法分析的基础上进行比较。①成本导向定价法仅在"知己"的基础上定价，对交易环境、交易对方、交易实现的必要条件都缺乏了解，所以只能制定出基于卖方利益的价格，而不容易与市场消费需求相吻合，一般很少使用。②竞争导向定价法注重行业相对价格，比成本导向更贴近市场供求，但只研究如何在供给群体中合理定位，忽视购买群体的反应，其定价难免一厢情愿。竞争导向定价法虽有助于制定有效的竞争策略，取得销售成果，但却忽视了需求在价格形成中的重要作用，往往会导致"无效供给"。③需求导向定价则是从市场需求出发制定房地产价格，它能行之有效地激发潜在需求，使房地产产品从根本上实现交易的可能性。从以上比较可以看出，成本导向定价要求对企业自身生产能力有准确的把握，竞争导向需要明智的行业定位，而需求导向则跨越了供方的思维定式，从供求双方的互动关系中寻找解决问题的思路。所以，房地产营销策划必须牢牢把握项目自身特点，结合项目市场需求，顺应房地产市场行情，通盘策划，理性选择适合新居住项目的需求导向定价方法，最终取得好的营销效果。

（2）确定新居住项目定价策略

1）分析常用的房地产定价策略。定价策略具有买卖双方双向决策的特征，房地产项目定价既要考虑成本的补偿，又要考虑消费者对价格的接受能力。常见的房地产定价策略有 5 种，见表 2-2。

2）确定新居住项目定价策略。不同的定价策略适应不同的内外环境条件，适应不同的房地产项目。选择适合新居住项目的定价策略，需要在上述表 2-2 常用定价策略分析的基础上进行比较。以上五种价格策略在新居住项目价格策划中或者整个销售

常见的房地产定价策略分析　　　　　　　　表2-2

房地产定价策略	具体策略	内涵	特点
新产品定价策略	取脂定价策略	将价格定得很高	定价过高，对消费者不利，既容易引起竞争，又可能遇到消费者拒绝，具有一定风险
	渗透定价策略	薄利多销策略，有意将价格定得很低，吸引顾客，占领市场	定价过低，对消费者有利，对企业最初收入不利，资金的回收期也较长，若项目实力不强，将很难承受
	满意价格策略	又称平价销售策略，是介于取脂定价和渗透定价之间的一种定价策略	采取适中价格，基本上能够做到供求双方都比较满意。所以，一般新居住项目定价常采用该方法
心理定价策略	尾数定价策略	也称零头定价或缺额定价，即给产品定一个零头数结尾的非整数价格	通常适用于单价较低的项目
	整数定价策略	有意将产品价格定为整数，以显示产品具有一定质量	多用于单价较高的项目，以及消费者不太了解的项目，顾客往往把价格高低作为衡量产品质量的标准之一，容易产生"一分价钱一分货"的感觉，有利于销售
	声望定价策略	也叫品牌定价策略，具有较高信誉的品牌项目产品制定高价	高级品牌项目和稀缺产品，如豪宅、景观房等，在消费者心目中享有极高的声望价值。购买者往往不在乎产品价格，更在乎产品能否显示其身份和地位，价格越高，心理满足的程度也就越大
	习惯定价策略	定价时要充分考虑消费者的习惯倾向，采用"习惯成自然"的定价策略，不宜轻易变动	适合普通住宅定价，在长期的市场交换过程中已经形成了为消费者所适应的价格，成为习惯价格
	招徕定价策略	适应消费者"求廉"的心理，将产品价格定得低于一般市价，个别的甚至低于成本，以吸引顾客、扩大销售的一种定价策略	把项目中位置最差、套型最不合理的房屋拿出几套定超低价吸引顾客。采用这种策略，虽然几种低价产品不赚钱，甚至亏本，但从项目整体看，由于低价产品带动了整体销售，整个项目还是有利可图的
差别定价策略	定价因地点而异	位置优越的地点定价高	适合地理位置优越的项目
	定价因时间而异	时段不同，价格不同	如五一、国庆长假日，制定促销价
	定价因产品而异	套型不同、面积不同、配置不同则价格不同	一房一价，适合所有项目
	定价因顾客而异	对不同的顾客群制定不同的价格	适合目标客户细分明显的项目。价格差异适度，不会引起消费者的反感
折扣定价策略	直接折扣定价	现金折扣	提前付款，价格折扣
		数量折扣	数量越多，折扣越大
		季节折扣	给淡季购买产品的顾客给予一定的优惠，使销售淡季不淡
		功能折扣（推广折扣）	鼓励中间商完成的促销功能
	间接折扣定价	回扣	对购房者作出一定的返还，间接降低价格，以争取顾客，扩大销量
		津贴	对中间商价格补贴或其他补贴

续表

房地产定价策略	具体策略	内涵	特点
过程定价策略	低开高走策略	低价开盘，逐步调高售价	随着施工进度，每到一个调价时点，按照预先确定好的调价幅度调高售价
	高开低走策略	高价开盘，然后降价	适合于极难销售的项目或者尾盘
	稳定价格策略	价格始终保持相对稳定	适合于房地产状况比较稳定的区域内的项目

环节中，并不是独立运用的，而是综合运用的。要根据内外市场环境和项目具体情况来综合运用这 5 种价格策略，科学进行新居住项目价格策划。

5. 制定新居住项目定价方案

制定新居住项目定价方案需要在上述价格影响因素分析基础上，根据所确定的定价目标与原则、定价方法和策略，采用加权点数定价法，充分考虑房屋朝向差价、楼层差价、采光差价、面积差价、视野差价、产品差价、设计差价等综合因素制定价格。

（1）确定新居住项目垂直价差

1）分析垂直价差的影响因素。确定同一栋建筑物中不同楼层之间的价格差异，先决定一个基准楼层，使基准楼层的单价等于该栋建筑的平均单价，然后再评估其他楼层与该基准楼层之间价格差异的程度。①楼层数。楼层数越多，最高层与最低层之间的差价也就越大。②市场状况。市场状况较好时，价差幅度大；市场状况不佳时，价差幅度小。③产品单价。产品单价水平高时，价差幅度大；产品单价水平低时，价差幅度小。④目标客户的购房习性。目标客户的购房习性比较保守时，大多无法接受差异大的价格，因此价差的幅度不宜过大；反之，若客户多来自本区域之外，或客户的背景多元化，则价差幅度可能较大。

2）确定垂直价格的分布规律。就 2 楼以上而言，无论是小高层，还是高层，其最高单价层几乎全在楼顶，最低单价则为 2 楼。其他楼层之间价格高低的顺序可以依据实际情况划分等级。决定各楼层之间价格高低顺序后，选定垂直价格的基准层，即垂直价差为 0 的楼层。基准层的确定一般需视楼层数量而定，且以取价格顺序居中的楼层最为常见。各楼层之间的价差也因产品而异。例如，多层住宅楼层少，各层条件相差不远，价差一般在 200~300 元 /m²，见表 2-3；高层住宅，特别是超高层，与基准价格差距为 300~500 元 /m²，甚至更大。

3）首层住宅定价。一楼住宅价格的确定方式，大多以 2 楼以上平均单价（或基准层单价）的倍数来计算，其价格大约为 2 楼以上平均单价的 0.9~1.3 倍，倍数的大小视环境、配套、绿化宽度或庭院大小来确定。附近的环境优良、适合住家，则差价

多层住宅楼层垂直价差　　　　　　　　　　表2-3

楼层	单价（元/m²）	价差（元/m²）	备注
1	10300	300	送庭院
2	10000	0	基准层
3	10600	600	金三
4	10400	400	银四
5	10200	200	铜五
6	10300	300	送阁楼

的倍数较大，反之则倍数较小；配套设施完善，例如附近即为公园，则倍数较大，反之则倍数较小；庭院的面积大，且形状方正实用，则价差的倍数就大。

4）地下室定价。①地下室用作停车场。由于地下室不计容积率，且大多地下室规划为停车场，其价值主要视当地停车场价位而定。②用作住宅地下室。规划为住宅，其价格一般可以定为1楼住宅的30%~50%。③用作商铺，其价格大约为1楼商铺的40%~60%。

（2）确定房地产项目水平价差

1）分析水平价差的影响因素。确定同一楼层各户之间的价格差异，通常是依据各楼层的平均垂直价格，评估同一楼层之间朝向、采光、私密性、格局等因素之优劣程度，写出同层平面中各户的单价。要分析的影响因素有楼座位置朝向、所在单元位置、采光、视野观景效果、户型布局、面积大小、客户的消费心理等。

2）制定项目水平价差过程。

①先确定建筑栋数。只有单栋建筑，则以同一楼层的不同户别制定水平价差；有多栋建筑，先制定各栋之间的水平价差，再分别就同一栋同一楼层的户别制定差价。

②确定各楼层的户数与位置是否有差别。A.如果建筑物各个楼层的户数相同，而且相对位置也相同，则只需制定一个楼层的水平价差，其余楼层均可参照。B.楼层之间户数不同或位置不同，则需各自制定不同楼层的水平价差。C.虽然户数与位置相同，但临近的环境却不同，例如外部景观等，水平价差也各自制定。

③单一楼座定价。根据以上定价依据来排布定价次序，先定出第一位户型为基价，然后同一户型根据不同位置制定出第一个价差，再根据采光制定出第二个价差，以此类推，综合计算价差。再根据不同楼座的价格排定顺序的价差，最终制定出楼座价格。不同楼座户型的定价策略基本吻合，故不做过多解释。

3）朝向水平价差的确定方法。朝向通常是指客厅的朝向，简易的判断方式以客厅邻接主阳台所靠的方向为座向。水平价差调整原则：①大户型住宅，调整幅度大；

中小型户型，调整幅度小；②单价高时，为达到价差的效果，调整幅度较大，单价低时，调整幅度小；③朝向向南，日照适中时，调整幅度大；朝西或朝东日照过多、朝北日照明显不足时，其调整幅度较小；④风向与朝向不同时，调整幅度大；风向与朝向相同时，调整幅度小。朝向价差修正系数，见表2-4。

朝向价差修正系数　　　　　　　　　表2-4

朝向	东	东南	南	西南	西	西北	北	东北
系数	1.010	1.015	1.020	1.000	0.980	0.985	0.990	1.000

影响朝向取舍的变因：①景观。现代园林设计、绿化，使得小区内部景观舒适、清新宜人，由此可以缓解朝向的压力，优质景观设计可以弥补同方向的朝向缺陷。②技术。例如空调的设置以及室内自动换气设备可以在一定程度上缓解朝向无风的压力。③生活习惯。例如因工作习惯，早上需睡懒觉的人就不适合东向朝向，早上充足的阳光会影响睡眠。

4）采光水平价差的确定方法。采光通常是指房屋所邻接采光面积的大小。

调整原则：①有暗房时，调整幅度大，反之则小；②与邻屋栋距大时，调整幅度大，反之则小；③面前道路宽敞时，调整幅度大，反之则小；④日照时数适中时，调整幅度大，日照时数太长或太短时，调整幅度小；⑤楼层位置较高者，调整幅度大，反之则小。

修正价差。若以单面采光者为零，再以同楼层作比较：①无采光之暗房，价差可为100~200元/m^2；②二面采光者，可比单面采光者多加100~200元/m^2；③三面采光时，则可由两面采光的价格再加50~150元/m^2；④四面采光甚至于四面以上，每增加一个采光面，价格增加50~100元/m^2。

（3）确定新居住项目产品价格。按下面公式：

房地产产品价格＝每栋楼的基准价格＋垂直价差＋水平价差＋其他因素价差。

1）每栋楼的基准价格。一般选择居住区位置不太好的楼栋作为基准楼栋，如离出入口或中央景观较远、离噪声源或垃圾站较近的楼栋，该楼栋的价格为基准价格，如10000元/m^2。小区中其他楼栋位置优于该基准楼栋，可以增加基准价格100~300元/m^2，小区中位置最优越的楼王基准价格可以增加500元/m^2。

2）垂直价差、水平价差。取值方法见上面。

3）其他因素价差。基准价格、垂直价差、水平价差之外的价差，如小区中某2个楼栋、4个楼层、5个单元，正面对一大型仓库，需要给予降低价差或者负价差。

4）单套房屋定价。根据房地产产品价格＝每栋楼的基准价格＋垂直价差＋水平价差＋其他因素价差，即可计算出单套房屋定价。如某新居住项目3栋301的价格＝10000+200+100+0=10300元/m²。

5）单栋楼定价。按照公式可以制定出该栋楼每一套房屋的价格，这样单栋楼定价就完成了。

6）楼盘定价。把项目楼盘中所有楼栋的价格都制定好了，那么整个楼盘的定价就完成了。楼盘通常分期推出，每期推出数栋楼，则需要把该期推出的数栋楼进行全部定价。

（4）制定房地产价格窗口表。房地产价格窗口表是指摆放在售楼部用于向购房者展示的某栋楼的全部户型价格，是房地产定价的表格式体现。房地产价格窗口表一般包含：楼层、户型与面积、单价或总价、目前状态（已售、待售、预订）等内容，见表2-5。

如果房地产项目的价格窗口表要展示的内容较多时，可以采用图2-13的形式。

××小区高层楼盘第1幢价格窗口表   表2-5

幢号	第1幢									
	01（1单元）					02（1单元）				
楼层	房号	面积（m²）	单价（元）	总价（万元）	目前状态	房号	面积（m²）	单价（元）	总价（万元）	目前状态
1F	101	120（有花园）	38250	459.00	预订	102	90（有花园）	38150	343.35	已售
2F	201	120	38150	457.80		202	90	38050	342.45	
3F	301	120	38200	458.40		302	90	38100	342.90	
4F	401	120	38250	459.00		402	90	38150	343.35	
5F	501	120	38300	459.60		502	90	38200	343.80	
6F	601	120	38350	460.20		602	90	38250	344.25	
7F	701	120	38400	460.80	预订	702	90	38300	344.70	预订
8F	801	120	38440	461.28	已售	802	90	38340	345.06	已售
9F	901	120	38480	461.76	预订	902	90	38380	345.42	预订
10F	1001	120	38520	462.24		1002	90	38420	345.78	
11F	1101	120	38560	462.72		1102	90	38460	346.14	
12F	1201	120	38590	463.08	预订	1202	90	38490	346.41	
13F	1301	120	38610	463.32		1302	90	38510	346.59	
14F	1401	120	38640	463.68		1402	90	38540	346.86	
15F	1501	170（顶跃）	38660	657.22	已售	1502	130（顶跃）	38560	501.28	预订

房号	户型代码	房型	建筑面积（㎡）	非会员总价（元）	会员商贷、公积金贷款总价（元）	会员一次性付款总价（元）
47#-201	GF	3房2厅1卫	111.95	549675	522191	511197
47#-202	GC	3房2厅1卫	89.44	418579	397650	389279
47#-203	GC	3房2厅1卫	89.44	414107	393402	385120
47#-204	GB	3房2厅1卫	88.98	385283	366019	358314
47#-301	GF	3房2厅1卫	111.95	558631	530699	519526
47#-302	GC	3房2厅1卫	89.44	425734	404448	395933
47#-303	GC	3房2厅1卫	89.44	421262	400199	391774
47#-304	GB	3房2厅1卫	88.98	401300	381235	373209
47#-401	GF	3房2厅1卫	111.95	564228	536017	524732
47#-402	GC	3房2厅1卫	89.44	430206	408696	400092
47#-403	GC	3房2厅1卫	89.44	425734	404448	395933
47#-404	GB	3房2厅1卫	88.98	405749	385461	377346
47#-501	GF	3房2厅1卫	111.95	566467	538144	526814
47#-502	GC	3房2厅1卫	89.44	431995	410395	401756
47#-503	GC	3房2厅1卫	89.44	427523	406147	397597
47#-504	GB	3房2厅1卫	88.98	407528	387152	379001
47#-601	GF	3房2厅1卫	111.95	568706	540271	528897
47#-602	GC	3房2厅1卫	89.44	433784	412095	403419
47#-603	GC	3房2厅1卫	89.44	429312	407846	399260
47#-604	GB	3房2厅1卫	88.98	409308	388843	380656

图 2-13　房地产价格窗口表截图

6. 制定新居住项目价格控制与调整方案

房地产营销最实质的内容是价格控制与调整，所以要做好房地产项目的价格控制与调整方案。

（1）确定新居住项目价格控制指标。有序控制项目价格，应预先慎重设计价格控制方案，安排控制指标。

1）价格控制方案主要设置 4 个控制价格：开盘价；封顶价；竣工价；入住价。

2）控制方案还要设置与上述价格相适应的销售比例：30%；30%；30%；10%。

3）确定 4 个控制价格应严格避免的 3 种情况：

①价格下调。对前期已经购房者不利，造成其已购房屋贬值；对以后销售也不利，造成潜在购房者观望情绪更浓。

②价格做空。会造成有价无市。

③升值太快缺少价格空间。会让消费者感觉买得不划算，以后还有机会买。

（2）确定新居住项目价格调整策略。价格调整要逐步渐进提高，让消费者感觉越早买越好，不买还要涨，代价会更高。价格调整要留有升值空间，让消费者感觉买得不吃亏，财富还会升值。

1）低开高走调价策略，也是一种过程定价策略，就是项目在开盘时价格较低，但随着销售的推进，售价不断调高。如：新居住项目综合素质较高，但初期优势不明显，面临市场状况不好或市场发展趋向不明朗的情况下，为取得市场认同，适宜采用低开高走调价策略。这时项目应低价入市，根据销售工作的开展，视具体销售进展的好坏情况适时调价，决定每次价格提升的幅度。当然，如果项目的确综合素质较低，市场认同感差，且市场状况不好、竞争较为激烈，则项目一般只能采取低报价、以价格取胜的"低开低走"策略。

2）高开低走调价策略，也是一种过程定价策略，就是项目在开盘时价格较高，但随着销售的推进，售价不断调低。如：新居住项目综合素质高，而市场状况不好，竞争又较为激烈，为树立项目形象和知名度，适宜采用该策略。项目应高报价入市突出项目优秀品质，根据销售工作的开展，视具体销售进展的好坏情况适时调价，决定每次价格下调的幅度，以较低成交价格争客户和市场份额。当然，如果市场状况好，竞争不激烈，而且项目自身规模又不大的情况下，项目完全可以采取突出房地产项目优秀品质，大规模营造房地产项目形象和知名度，高价报盘，高价成交，在短期内迅速获得市场认同，即"高开高走"策略。

3）波浪螺旋调价策略，也是一种过程定价策略，就是一种结合房地产市场周期波动而调整价格，发生同步的周期性波动的房地产调价策略。房地产价格"低开高走""低开低走""高开低走""高开高走"和"平稳推进"都是一种较为理想的价格策略，在现实的营销工作中出入很大，"波浪螺旋"的调价策略更符合实际。策略内容：

①调价周期以房地产市场周期、项目的销售速度和最终利润的回收作为判断标准；

②根据工程进度及销售情况，对提价幅度及周期进行进一步细化调整；

③应考虑不同楼座在销售速度上的差异，分别调整提价幅度，避免"一刀切"的做法。

在房地产项目素质一般，规模较大，而市场发展趋势不很明朗的情况下，多数项目应该采取"波浪螺旋"的调价策略，可以最终给整个项目营销工作带来快速销售速度和良好的业绩。

（3）实施新居住项目销售过程价格调整

1）市场验证。新居住项目价格在调整前需要进行市场验证。市场验证就是对项目预先的整体定价方案通过市场进行验证，如果市场销售状况好，则定价方案通过验证，否则，就没有通过市场验证，需要采用分析方法查找原因，然后进行调整价格。

2）市场价格分析。对没有通过市场验证的价格需要进行分析，分析方法有：

①价格敏感度分析。通过一般市场调查、成交客户分析、售楼现场调查等方法，

找出目标客户的理性价格区间，作为价格敏感度分析的依据。一般来说，低档盘、小户型的客户对单价敏感，中档的客户对单价、总价都较为敏感，高档的客户只对总价敏感。

②难点户型价格分析。一般情况，销售户型单位比较均匀，基本上可以判断市场接受方面可能并没有难点户型，但如果一种户型单位特别难以消化，此种户型可作为难点户型处理。

3）调整价格

①根据市场反馈信息，验证预先的设想，如果设想通过验证，价格可按预先设想实现调整。

②如果设想没有通过验证，就需要根据市场反馈信息，重新制定价格策略。

③调整策略包括：难点户型的均价的调整，难点户型的层差和朝向差的调整，难点户型的重点推荐，如广告突出、样板房优化、附送装修等变相降价行为。

（4）灵活运用项目销售过程中的提价和降价技巧。项目调价的目的都是为了维持和抢占更多市场份额，或追求最大利润，需要一些调价技巧。

1）提价技巧。引起提价的主要因素是供不应求。当产品不能满足顾客的需要时，它要么提价，要么对顾客限额供应，或者两者均用。提高"实际"价格有几种方法：

①减少折扣。减少房屋销售常用的现金和数量折扣。

②统一调价。按目录价格报价，即按价格窗口表销售。

③采用延缓报价。到产品建成或交付使用时才制定最终价格，这对开发周期长的新居住项目相当普遍。

④使用价格自动调整条款。要求顾客按当前价格付款，并且支付房屋交付前由于通货膨胀引起增长的全部或部分费用。在施工较长期的房地产项目中，许多合同里都有价格自动调整条款规定，根据某个规定的物价指数计算提高价格。

在一般情况下，每种提价方法都会对消费者产生影响，房地产企业可以采取一些必要的方法来应对不必提价便可弥补高额成本或满足大量需求。如：改变或者减少服务项目，如取消精装修、免费送阳台等。

2）降价技巧。在产品价格调节的过程中，有升当然也有降。当产品降价时，可能引起消费者的观望情绪或对产品质量的猜疑，消费者的这些心理对降价的销售会带来不利影响，可能会增加销售量，也可能会减少销售量。这就需要在降价时，要注意方法的选择和技巧的运用以及时间的把握。

①直接降价法。即直接降低产品的价格，它包括一次性出清存量房和自动降价销售。在很多情况下，这种降价方法不宜采用，因为直接降价很难达到预期的目的。

②间接降价法。可供采用的间接降价方式很多，主要有：A.增加额外费用支出；B.馈赠物品；C.在价格不变的情况下，提高商品质量，即用相同的价格，可买到质量更好的商品，也就降低了价格；D.增大各种折扣的比例。

③准确把握降价时间。降价时间有早晚之分。A.早降价的优势：可以在市场需求活跃时，就把商品销售出去；降价幅度较小，就可以销售出去；可以为新产品腾出销售空间；可以加速项目资金周转，使现金流动状况得以改善。B.晚降价好处：可以避免频繁降价对正常产品销售的干扰；可以减少项目由于降价带来的毛利的减少。选择降价时机，关键要看降价的结果。如果产品能顺利地销售，项目可以选择晚降价；如果降价对顾客有足够的刺激，可以加速商品销售，可以采用早降价的政策。

3）价格随机应变技巧。在同质产品市场上对竞争者的降价行动，可以选择的对策主要有：

①维持原价，但改进产品、增加服务等。

②追随降价。

③推出价格更高的新产品攻击竞争者的降价产品。

④推出更廉价的产品进行竞争。

在异质产品市场上，竞争者一般不会追随企业的调价。总之，在对新居住项目价格进行调节之时，要灵活地制定调价方略，不能盲目行事。

7. 撰写新居住项目价格策划书

集成上述 2~6 内容，形成新居住项目价格策划书。

3.4　必备业务知识

1. 影响房地产价格的 10 个因素

（1）自身因素，也就是房地产产品因素，包括权利、位置、地质条件、地形、地势、面积、日照、通风、建筑物状况等。产品因素过硬，一般房地产价格就高。

（2）环境因素，包括视觉环境、声觉环境、大气环境、水文环境、卫生环境等。环境条件好，一般房地产价格就高。

（3）人口因素，对房地产价格有很大影响。①人口数量。当人口数量增加时，对房地产的需求就会增加，房地产价格也就会上涨；反之，房地产价格就会下落。人口增长有人口净增长、人口零增长和人口负增长三种情况。人口数量还可以分为常住人口、暂住人口和流动人口，以及日间人口和夜间人口，都会对不同类型房地产的价格产生影响。在人口数量因素中，反映人口数量的相对指标是人口密度。人口密度从两方面影响房地产价格：一方面，人口高密度地区，房地产的价格趋高；另一方面，人口密度过高会导致生活环境恶化，从而有可能降低房地产价格，特别是在大量低收入者涌入某一地区的情况下会出现这种现象。②人口素质。人们的文化教育水平、生活质量和文明程度，可以引起房地产价格的变化。③家庭人口规模。家庭人口规模发生变化，即使人口总量不变，也将引起居住单位数的变动。一般来说，随着家庭人口规模小型化，即家庭平均人口数的下降，家庭数量增多，所需要的住房总量将增加，房地产价格有上涨的趋势。

（4）经济因素：①经济发展。经济形势乐观，对房地产的需求就增加，一般房地产价格会上涨。②物价。物价走高，将加重开发商成本，从而将抑制房地产项目开发的供给，价格会上涨，而且物价上涨可能出现通货膨胀，人们会选择投资房地产保值，也会刺激价格上涨；反之，物价走低，将减轻开发商成本，房地产价格会下降或涨幅减小。③居民收入。居民收入水平直接决定了该城市市民对住宅及其相关配套服务设施的市场需求。居民平均收入水平影响房屋价格，平均收入水平越高的城市，住宅的价格往往也越高。三大都市圈是全国市民收入最高的地区，也是全国住宅价格最高的地区。贫富差异影响房屋档次结构，即使平均收入一样，收入的贫富差异程度越大，房地产价格的变动区间就越大。

（5）社会因素，包括政治安定、社会治安、房地产投机、城市化。社会环境好，一般房地产市场比较稳定，房地产价格不会大幅波动。

（6）行政因素，包括房地产制度、政策、发展战略、规划、交通管制等。①利率因素，会影响房地产市场供给与需求。②汇率因素，对房地产价格也会产生显著的影响，持续力度大、持续时间长。一般而言，汇率调整主要表现为境外资金对东道国房地产市场的投机活动，如果投资者预期东道国货币会升值，他们就会在东道国的房地产市场投入更多的资金，刺激房地产市场需求。现阶段要确保货币政策的独立性，并采取有效措施防止国际游资在我国房地产市场的投机行为。③房地产税收因素，也在相当程度上影响房地产价格。主要有营业税、城乡维护建设税、教育费附加和固定资产投资方向调节税。当政府觉得房地产已经过热时，往往就会通过提高房地产税费的征收标准，抑制过热的房地产市场。而当政府觉得房地产市场持续低迷时，往往就会通过降低房地产税费的征收标准激发房地产市场。④城市规划因素，会确定房地产所在区域的商服中心、道路、交通、城市设施和环境状况，这些因素都会影响当地房地产价格，如规划中的地铁会造成沿线所有房价上涨。⑤交通管制因素，会改变房地产道路通达因素、交通便捷因素，当交通管制改善了房地产的道路通达状况，使交通更加便捷，则会刺激房价上涨；反之，房价可能会下跌。

（7）心理因素，包括心态、偏好、时尚风气、吉祥数字等。主要是对房价的心理预期会影响房地产价格，当心理预期房价会上涨，则会选择购买房地产，从而可能真正造成房价上涨；反之，则会选择不买房或售房，从而可能真正造成房价下跌。

（8）国际因素，包括世界经济、军事冲突、政治对立、国际竞争、贸易冲突等。国际形势动荡，会传递到国内房地产市场，引起房地产价格波动。

（9）供求因素，包括房地产供给、需求。供大于求情况下，一般房地产价格会下降；相反，求大于供情况下，一般房地产价格会上涨。

（10）其他因素，上述9方面之外的因素，也可能会影响房地产价格波动，如新冠肺炎疫情造成的连锁反应会引起相关房地产市场价格波动。

2. 房地产成交价格与市场价格

（1）房地产成交价格，简称成交价，是房地产交易双方实际达成交易的价格。只有当买者所愿意支付的最高价格，高于或等于卖者所愿意接受的最低价格时，交易才可能成功。

（2）房地产市场价格，是指某种房地产在市场上的一般、平均水平价格，是该类房地产大量成交价格的抽象结果。

3. 现房价格和期房价格

（1）现房价格，是指以现状房地产为交易标的的价格。

（2）期房价格，是指以目前尚未建成而在将来建成的房屋为交易标的的价格。期房价格通常低于现房价格。期房价格 = 现房价格 – 预计从期房达到现房期间现房出租的净收益的折现值 – 风险补偿。上述关系是期房与现房同品质（包括工程质量、功能、户型、环境和物业管理服务等）下的关系。

无论是现房交易还是期房交易，付款方式又有在交易达成后立刻或在短期内一次付清、按约定在未来某个日期一次付清和分期付清等，因此形成了多种组合形式。

4. 房地产单价和总价

（1）房地产总价格，简称总价，是指某一宗或某一区域范围内的房地产整体的价格。房地产的总价格一般不能反映房地产价格水平的高低。

（2）房地产单位价格，简称单价，对于土地来说，具体是指单位土地面积的土地价格；土地与建筑物合在一起的房地产单价通常是指单位建筑物面积的价格。价格单位由货币（元）和面积（m²）两方面构成。房地产的单位价格一般可以反映房地产价格水平的高低。

5. 房地产市场调节价、政府指导价和政府定价

（1）房地产市场调节价，是指由经营者自主制定，通过市场竞争形成的价格。

（2）政府指导价，是指由政府价格主管部门或者其他有关部门，按照定价权限和

范围规定基准价及其浮动幅度，指导经营者制定的价格。

（3）政府定价，是指由政府价格主管部门或者其他有关部门，按照定价权限和范围制定的价格，如保障房定价。政府对价格的干预，还有最高限价和最低限价。

6. 房地产实际价格和名义价格

（1）房地产实际价格，是指在成交日期时一次付清的价格，或者将不是在成交日期时一次付清的价格折现到成交日期时的价格。

（2）房地产名义价格，是指在成交日期时讲明，但不是在成交日期时一次付清的价格。例如，一套建筑面积 50m^2 的住房，总价为 30 万元，其在实际交易中的付款方式可能有下列几种：①要求在成交日期时一次付清；②如果在成交日期时一次付清，则给予折扣，如优惠 5%；③从成交日期时起分期付清，如首付 10 万元，余款在一年内分两期支付，如每隔半年支付 10 万元。上述第一种情况：实际总价为 30 万元，不存在名义价格；第二种情况：实际总价为 28.5 万元，名义总价为 30 万元；第三种情况：实际总价为 29.2828 万元（假定年折现率为 5%），名义总价为 30 万元。

7. 房地产项目价格调整

（1）房地产价格调整，是指在销售过程中，按预想的情况或者预想的情况与实际情况出现偏差，依据"价格控制与调整方案"作出的价格调整。

（2）房地产项目的价格调整策略，是指在房地产项目整体定价确定的前提下，在销售过程中，根据房地产项目及市场的发展情况，引导价格发展走势的价格方案。在不同的房地产项目中，由于房地产项目自身的各项素质差异很大，加之市场状况不同，每个房地产项目会根据自己的特点采取不同的价格调整策略，以正确引导房地产项目价格走势。房地产项目定价与其调价策略从性质上讲，并不属于同一概念。准确、合理的价格调整策略，是出色销售工作的基础和前提，调价策略来源于房地产项目市场定位，而最终服务于销售策略。

3.5 必备业务要领

1. 房地产主动竞争定价法

（1）主动竞争定价法。与通行价格定价法相反，它不是追随竞争者的价格，而是根据本项目产品的实际情况及与竞争对手的产品差异状况来确定价格，价格有可能高于、低于市场价格或与市场价格一致。一般为实力雄厚或项目产品独具特色的企业所采用。

（2）定价时将市场上的竞争产品价格与企业估算价格进行比较，分为高于、一致及低于三个价格层次。

（3）将本企业产品的性能、质量、成本、户型、体量与竞争者进行比较，分析造成价格差异的原因。

（4）根据以上综合指标确定本新居住项目产品的特色、优势及市场定位，在此基础上，按定价所要达到的目标，确定产品价格。

（5）跟踪竞争产品的价格变化，及时分析原因，相应调整本新居住项目产品价格。

2. 房地产新产品定价策略

新产品定价是对新开发产品的定价，定价策略主要有三种：

（1）取脂定价策略，又称撇油定价策略，是指企业在产品寿命周期的投入期或成长期，利用消费者的求新、求奇心理，抓住激烈竞争尚未出现的有利时机，有目的地将价格定得很高，以便在短期内获取尽可能多的利润，尽快地收回投资的一种定价策略。其名称来自从鲜奶中撇取乳脂，含有提取精华之意。如：新能源高科技楼盘定价常采用该方法。

（2）渗透定价策略，又称薄利多销策略，是指企业在产品上市初期，利用消费者求廉的消费心理，有意将价格定得很低，使新产品以物美价廉的形象，吸引顾客，占领市场，谋取远期的稳定利润。如：超大型普通住宅项目定价常采用该方法。

（3）满意价格策略，又称平价销售策略，是介于取脂定价和渗透定价之间的一种定价策略。由于取脂定价法定价过高，对消费者不利，既容易引起竞争，又可能遇到消费者拒绝，具有一定风险；渗透定价法定价过低，对消费者有利，对企业最初收入不利，资金的回收期也较长，若企业实力不强，将很难承受。而满意价格策略采取适中价格，基本上能够做到供求双方都比较满意。如：一般住宅项目定价常采用该方法。

3. 房地产心理定价策略

心理定价策略是针对购房者的不同消费心理，制定相应的产品价格，以满足不同类型购房者的需求的策略。分为5种：

（1）尾数定价策略，也称零头定价或缺额定价，即给产品定一个零头数结尾的非整数价格。大多数消费者在购买产品时，乐于接受尾数价格，如 9921 元 $/\mathrm{m}^2$、9739 元 $/\mathrm{m}^2$ 等。消费者会认为这种价格经过精确计算，购买不会吃亏，从而产生信任感。同时，价格虽离整数仅相差几十元或几元钱，但给人一种低一位数的感觉，符合消费者求廉的心理愿望。这种策略通常适用于单价较低的项目。

（2）整数定价策略，整数定价与尾数定价正好相反，企业有意将产品价格定为整数，如上述价格变为 11000 元 $/\mathrm{m}^2$、10000 元 $/\mathrm{m}^2$ 等，以显示产品具有一定质量。整数定价多用于单价较高的房地产项目，以及消费者不太了解的项目，对于价格较贵的高档项目，顾客对质量较为重视，往往把价格高低作为衡量产品质量的标准之一，容易产生"一分价钱一分货"的感觉，有利于销售。

（3）声望定价策略，也叫品牌定价策略，即针对消费者"便宜无好货、价高质必优"的心理，对在消费者心目中享有一定声望，具有较高信誉的品牌项目产品制定高价。不少高级品牌项目和稀缺产品，如豪宅、景观房等，在消费者心目中享有极高的声望价值。购买这些产品的人，往往不在乎产品价格，而关心的是产品能否显示其身份和地位，价格越高，心理满足的程度也就越大。

（4）习惯定价策略，有些产品，如普通住宅，在长期的市场交换过程中已经形成了为消费者所适应的价格，成为习惯价格。企业对这类产品定价时要充分考虑消费者的习惯倾向，采用"习惯成自然"的定价策略，不宜轻易变动。降低价格会使消费者怀疑产品质量是否有问题；提高价格会使消费者产生不满情绪。在不得不需要提价时，应采取改换产品内容或品牌等措施，减少抵触心理，并引导消费者逐步形成新的习惯价格。

（5）招徕定价策略，这是适应消费者"求廉"的心理，将产品价格定得低于一般市价，个别的甚至低于成本，以吸引顾客、扩大销售的一种定价策略。如：在一个项目中，把位置最差、结构最不合理套型的房屋拿出几套定个超低价吸引顾客。采用这种策略，虽然几种低价产品不赚钱，甚至亏本，但从总的经济效益看，由于低价产品带动了其他产品的销售，整个房地产项目还是有利可图的。

4. 房地产折扣定价策略

折扣定价是指对基本价格作出一定的让步，直接或间接降低价格，以争取顾客，扩大销量。

（1）直接折扣定价。形式有4种：

1）现金折扣，是对在规定的时间内提前付款或用现金付款者所给予的一种价格折扣，其目的是鼓励顾客尽早付款，加速资金周转，降低销售费用，减少财务风险。采用现金折扣一般要考虑三个因素：折扣比例；给予折扣的时间限制；付清全部房款的期限。如西方国家，典型的付款期限折扣表示为"3/20，Net60"，其含义是在成交后20天内付款，买者可以得到3%的折扣，超过20天，在60天内付款不予折扣，超过60天付款要加付利息。现金折扣的前提是产品的销售方式为赊销或分期付款，分期付款条件下买者支付的房款总额不宜高于现款交易价太少，否则就起不到"折扣"促销的效果。提供现金折扣等于降低价格，在运用这种手段时要考虑产品是否有足够的需求弹性，保证通过需求量的增加获得足够利润。

2）数量折扣，指按购买数量的多少，分别给予不同的折扣，购买数量愈多，折扣愈大。主要面向实力雄厚的房地产投资客户。其目的是鼓励大量购买，或集中向本企业购买，即团购。数量折扣包括累计数量折扣和一次性数量折扣两种形式。累计数量折扣规定顾客在一定时间内，购买产品若达到一定数量或金额，则按其总量给予一定折扣，其目的是鼓励顾客经常向本企业购买，成为可信赖的长期客户。一次性数量折扣规定一次购买某种产品达到一定数量或购买多种产品达到一定金额，则给予折扣优惠，其目的是鼓励顾客大批量购买，促进产品多销、快销。

3）季节折扣。为了调节供需矛盾，便采用季节折扣的方式，对在淡季购买产品的顾客给予一定的优惠，使项目的开发和销售在一年四季能保持相对稳定。这种方法主要是开发周期长的房地产大项目采用。季节折扣比例的确定，应考虑成本、基价和资金利息等因素。季节折扣有利于加速产品销售，迅速收回资金，促进房地产企业均衡开发，避免因季节需求变化所带来的市场风险。

4）功能折扣（推广折扣）。中间商在产品分销过程中所处的环节不同，其所承担的功能、责任和风险也不同，企业据此给予不同的折扣称为功能折扣。功能折扣的比例，主要考虑中间商在分销渠道中的地位、对产品销售的重要性、完成的促销功能、承担的风险、服务水平、履行的商业责任以及产品在分销中所经历的层次和在市场上的最终售价等。功能折扣的结果是形成购销差价。鼓励中间商大批量销售，争取顾客，并与企业建立长期、稳定、良好的合作关系是实行功能折扣的一个主要目标。

（2）间接折扣定价。形式有2种：①费用返还，它是指购房者在按价格目录将房款全部付给开发商以后，开发商再按一定比例将房款的一部分返还给购房者。②津贴，是企业为非凡目的，对非凡顾客以特定形式所给予的价格补贴或其他补贴。比如，当中间商为企业产品提供了包括刊登地方性广告、设置楼盘陈列沙盘等在内的各种促销活动时，开发企业给予中间商一定数额的资助或补贴。

5. 房地产过程定价策略

过程定价策略也叫"试探性"定价策略，是房地产项目全营销定价，采用以售看价的定价技巧。房地产经营企业在出售商品房时，先以较低价售出少量商品房，如果买房的人多，就可以把价格提高一些；如果提价后仍供不应求，以后还可以把价格再提高。策略有3种：

（1）低开高走策略。就是随着施工进度，每到一个调价时点，按照预先确定好的调价幅度调高售价策略，这种价格策略是大多数开发商经常使用的一种方法。并且这种方法特别适合于"期房"销售，由于运用这种方法，造成前期物业一种"假增值"，实际是开发商让利给前期业主。低开高走定价，要预先设计好价格上调的频率和幅度，不宜过猛。

（2）高开低走策略。就是高价开盘，然后降价。这种价格策略适合于以下两种情况：①高档商品房，市场竞争趋于平缓，且通过高价开盘实现了预期的销售目标，剩余少量的房源以低价售出，回笼资金。②项目处于宏观经济的衰退期，或者是由于竞争激烈，高价开盘没有达到预期的销售效果，导致开发商不得不调低价格，回收投资。高开低走定价，要预先设计好价格下调的频率和幅度，处理好与前期业主的关系。

（3）稳定价格策略。就是在整个项目的销售期，价格始终保持相对稳定，既没有大幅提价也没有大幅降价，这种方法适合于房地产状况比较稳定的区域内的项目。

这3种价格策略在整个销售环节并不是独立运用的，而是综合运用的。要根据当地的房地产销售状况来综合运用这3种价格策略。

3.6 任务拓展

不同企业地位的定价方法：

（1）行业领导者定价。在区域性市场上处于行业领导者地位的开发商，可借助其品牌形象好、市场动员能力强的优势，使产品价格超过同类物业的价格水平。高价不仅符合其精品定位市场目标，也与以稳定价格维护市场形象的定价目标相一致。例如某知名房地产企业在深圳住宅市场的某一力作，就是在大势趋于平淡的情况下，以高价昂首入市，取得良好的销售效果和经济效益。

（2）市场挑战者定价。对于具有向领导者挑战的实力但缺乏品牌认知度的企业，适宜以更好的性能、更低的价格，将看得见的优惠让利于买方。这样可以促进销售，扩大市场占有率，提高企业在行业中的声望。运用此方法一般要对可比性强的领导者物业进行周密分析，在促销中借其声威，并突出宣传自身优势。例如广州某项目推出时，正是针对当地大名鼎鼎的房地产企业采用了挑战者定价，很快成为市场的新热点。

（3）市场追随者定价。新居住项目推出时，也可选择当时市场同类物业的平均价格。一般认为平均市价是供求均衡的结果。以随行就市方法定价，既会带来合理的平均利润，又不破坏行业秩序，因而为市场追随者普遍采用。虽然其定价目标缺乏特色，但对于竞争激烈、信息充分、需求弹性较低的房地产市场，不失是一种稳妥方法。尤其适用于产品特色性不强、开发者行业地位一般的新居住项目。

3.7 综合实训

1. 实训名称

新居住项目产品与价格策划。

2. 实训内容

演练1　新居住项目概念与形象设计；

演练2　新居住项目产品策划；

演练3　新居住项目价格策划。

3. 实训作业文件

门店所代理的新居住项目产品与价格策划报告。

 小结

　　新居住项目产品与价格策划工作领域主要有3个工作任务。任务1"新居住项目概念与形象设计"的任务是新居住项目主题概念设计、整体形象设计；根据任务内容设计了任务流程；根据任务流程逐步开展任务实施；介绍了必备的业务知识和必备的业务要领，并围绕任务拓展了相关知识、技巧和经验。任务2"新居住项目产品策划"的任务是新居住项目整体布局规划、产品策划；根据任务内容设计了任务流程；根据任务流程逐步开展任务实施；介绍了新居住项目产品策划必备的业务知识和必备的业务要领，并围绕新居住项目产品策划任务拓展了相关知识、技巧和经验。任务3"新居住项目价格策划"的任务是单套房屋定价、单栋楼定价、楼盘定价，设计了任务流程，开展了任务实施，介绍了必备的业务知识和必备的业务要领，并拓展了相关知识、技巧和经验。最后，安排了门店所代理的新居住项目产品与价格策划综合实训，形成最终的门店所代理的新居住项目产品与价格策划报告。

思考题

1. 如何进行新居住项目概念与形象设计？

2. 如何进行新居住项目产品策划？

3. 如何进行新居住项目价格策划？

4. 不同类型的房地产项目价格策划有何不同？

5. 房地产项目定价、价格控制与价格调整三者之间的逻辑关系？

6. 如何撰写新居住项目产品与价格策划报告？

03

工作领域 3　新居住项目促销推广策划

 工作领域描述

新居住项目促销推广策划是做好新居住项目销售代理业务的关键。促销推广策划是新居住项目营销策划的核心内容，是房地产经纪服务的看家功夫，不仅是实现精准销售确保房地产经纪服务品质的基础工作，也是核心工作之一。所以，新居住项目促销推广策划是房地产交易服务的核心业务环节，是经纪服务人员的重要工作领域，需要具备相应的工作技能。

 工作领域内容

1. 新居住项目市场推广卖点挖掘与主题提炼；
2. 新居住项目促销组合策划与推广计划；
3. 新居住项目促销推广策划。

 工作技能要求

1. 能够理解房地产经纪服务职业标准和工匠精神；
2. 能够进行新居住项目市场推广卖点挖掘与主题提炼；
3. 能够制定房地产项目促销组合策划与推广计划方案；
4. 能够制定房地产项目促销推广策划方案；
5. 能够撰写新居住项目促销推广策划报告。

任务 1　新居住项目市场推广卖点挖掘与主题提炼

1.1　任务分析

新居住项目市场推广卖点挖掘与主题提炼任务内容主要有 2 项：

（1）新居住项目市场推广卖点挖掘；

（2）新居住项目市场推广主题提炼。

1.2　任务流程

新居住项目市场推广卖点与主题提炼任务流程有 5 个步骤：

（1）工作准备；

（2）分析新居住项目卖点具备的条件；

（3）新居住项目市场推广卖点挖掘；

（4）新居住项目市场推广主题提炼；

（5）撰写新居住项目市场推广卖点挖掘与主题提炼报告。

1.3　任务实施

1. 工作准备

（1）新居住项目市场分析报告、目标市场选择与市场定位报告。

（2）新居住项目概念与形象设计方案。

（3）新居住项目产品策划书、价格策划书。

（4）办公电脑及相关软件系统。

2. 分析新居住项目卖点具备的条件

新居住项目要成功地推向市场，就应充分将其美好的、独特的、吸引人的卖点表现出来。新居住项目卖点必须具备 4 个条件：

（1）卖点是楼盘自身所具有的优点；

（2）卖点是不易被竞争对手抄袭的个性化特点；

（3）卖点必须是能够展示、能够表现出来的特点；

（4）卖点必须是能够得到目标客户认同的特点。卖点对客户来说就是买点，即买的理由，所以卖点必须得到目标客户的认同。

3. 新居住项目市场推广卖点挖掘

挖掘新居住项目卖点有 4 个阶段：

（1）片区市场研究。在前期的市场分析、项目定位和产品策划基础上，对新居住项目所在片区市场开展如下研究：

1）片区的总体规划情况，包括土地使用性质、住宅规划、市政配套、景观规划、道路交通规划及人口规划等。

2）片区的功能定位。

3）片区内房地产开发动态。

4）片区内房地产价格水平。

5）片区内房地产营销方式。

6）片区内已建、在建和拟建项目。

（2）对手动态跟踪。一是动态跟踪竞争对手，二是动态跟踪竞争性楼盘，对比分析研究，做到知己知彼。

（3）消费者构成及购买行为研究。借助前期的市场调研和目标市场选择，进一步明确下列问题：

1）哪些人构成了市场？他们有什么特征（如年龄、经济收入状况、地区等）？——购买者；

2）他们购买哪种楼盘（对项目设计、价格、户型、位置、配套等要求）？——购买对象；

3）他们为什么要购买这些楼盘？——购买目的；

4）谁参与了购买过程？——购买组织；

5）他们以什么方式购买商品？——购买行动；

6）他们准备什么时候购买商品？——购买时间；

7）他们在哪里购买商品？——购买地点。

（4）进行卖点挖掘。在以上3个步骤进行之后，将搜集来的资料汇总整理并与项目本身进行对照比较，就可以发现项目的卖点。再结合前期的"新居住项目主题概念设计"，新居住项目的卖点也大致可以从6个方面挖掘出来：一是从该项目区域的文化内涵中抽象出来；二是从竞争性项目的对比中挖掘出来；三是从项目自身的内在素质中分析出来；四是从顾客需求中选择出来；五是从社会经济发展趋势中演绎出来；六是从房地产发展的最新理念中提取出来。

4. 新居住项目市场推广主题提炼

将项目的卖点精炼为一两句话就形成项目的推广主题。主要解决"是什么样的物业？""卖给什么人？""能达到什么效果或有什么好处？"3个问题。具体可以从3个方面来提炼推广主题：

（1）从产品定位中寻找物业主题。首先要让消费者明确该项目是什么物业，要熟悉物业的基本构成，如交通状况、绿化、建筑设计特点、装修标准等。产品定位包含了小区规划、建筑风格、小区环境、户型设计、功能定位、物业名称、物业管理等内容。将这些内容提炼为具体的主题，即形成物业主题。产品定位内容与推广主题内容，见表3-1。

产品定位与推广主题内容　　　　　　　　表3-1

序号	产品定位内容	推广主题内容
1	位置及规模	交通条件、周边配套、总占地、总建面、总套数
2	建筑风格	描述该种风格的外立面特点
3	小区环境	容积率、楼间距、绿化率、绿化面积、各项配套
4	户型设计	户型种类、面积、室内布局、使用率及细部介绍
5	功能定位	智能化程度、装修标准
6	物业名称	诠释楼盘名称的内涵、外延
7	物业管理	物业管理公司名称、荣誉、服务内容、收费标准、配备设施

（2）从客户定位中寻找市场主题。客户定位明确了消费群体是怎样的一些人，其职业、收入、年龄、性别、文化层次、喜好及未来需要也明确了，由此而引起的一些消费倾向可以推断。所以，市场主题可以从客户定位中找出符合其需要及能力的要素，并对这些要素加以描述，突出"卖给什么人、供什么人享用"。

（3）从形象定位中寻找广告主题。广告主题是广告所要表达的重点和中心思想，是通过一二句精炼的广告语来体现的，提高消费者对该项目的期望值，使其产生许多美好的联想和希望。

例如：××项目的市场推广主题"繁华深处是我家"，让人不仅明白交通的便捷，更体验到了闹世深处的宁静、温馨。

5. 撰写新居住项目市场推广卖点挖掘与主题提炼报告

集成上述2~4内容，形成新居住项目市场推广卖点挖掘与主题提炼报告。

1.4　必备业务知识

1. 房地产市场推广及方式

（1）房地产市场推广，是指房地产企业为扩大产品市场份额，提高产品销量和知名度，将有关产品或服务的信息传递给目标消费者，激发和强化其购买动机，并促使这种购买动机转化为实际购买行为而采取的一系列措施。房地产市场推广就是房地产促销。

（2）房地产市场推广方式，主要有：广告推广、人员推广、营业促销推广、公关推广、活动推广、网络与自媒体推广等多种方式。

2."拉"式策略和"推"式策略

"拉"式策略和"推"式策略是两种市场促销策略,在房地产市场推广中都会遇到,如图 3-1 所示。

（1）"拉"式策略是房地产企业针对最终消费者开展广告等促销攻势,形成市场需求,拉动代理商经销。

（2）"推"式策略是房地产企业对代理商促销,迫使其寻找顾客促销。

图 3-1 "拉"式策略和"推"式策略

3. 房地产促销推广的本质与作用

（1）房地产促销推广的本质。就是通过传播,实现房地产项目与其目标市场之间的信息沟通,赢得目标市场客户信任,激发他们的购买欲望,促使其购买与消费。

（2）房地产促销推广的作用。就是通过详细的介绍、生动的描述来塑造房地产项目产品的形象,刺激顾客的购买欲。

1）告知。向目标市场传递信息、提供情报。

2）说服。增加客户需求欲望、说服购买。

3）影响。突出项目特点、树立产品形象,造成顾客的偏爱、促进其销售。

1.5　必备业务要领

竞争对手的跟踪研究方法:

新居住项目在卖点挖掘与主题提炼前,需要跟踪与研究竞争对手。对手一是指竞争对手,二是指竞争性楼盘,这两个方面都要加以跟踪与研究。

（1）动态跟踪研究竞争对手。要了解竞争对手的背景、组织构架、资金状况、管理机制、决策机制、考核机制,还要了解其土地储备、历年来的项目开发状况以及未来的项目开发计划。

（2）动态跟踪研究竞争性楼盘。竞争性楼盘一种是同一片区的楼盘，另一种是不同地区但定位相似的楼盘。搜集到这些楼盘资料后，要进行价格、销售率、营销推广、户型等方面的对比分析研究。

（3）在跟踪了解相关信息后，要确定竞争对手的目标、评估竞争对手的优势和劣势、识别竞争对手的现行战略。

1.6 任务拓展

促销推广是提升销售力的核心内容：

房地产项目推出的时候，如果遇到市场冷淡，就需要提升销售力，争抢市场销售份额。关键是谁的项目能抢到市场销售份额。

（1）房地产项目销售量可按下面公式估算：房地产项目销售量 =（产品力 × 销售力）÷ 房价指数。

（2）现在住宅产品高度同质化，产品力已经很难拉开距离。

（3）打价格战可以提高市场份额，但现在价格战也没法打了，因为新盘的毛利润已经比较低了，再打价格战就会出现亏损。

（4）假如价格是稳定的，价格、产品力两个是常数，销售量这个变数就取决于销售力。在供大于求的市场形势下，提升销售力至关重要。

（5）以上分析可见，促销推广是提升销售力的核心内容。

任务 2　新居住项目促销组合策划与推广计划

2.1 任务分析

新居住项目促销组合策划和推广计划任务内容主要有 2 项：

（1）新居住项目促销组合策划；

（2）新居住项目市场推广计划。

2.2 任务流程

新居住项目促销组合策划和推广计划任务流程有 5 个步骤：

（1）工作准备；

（2）分析新居住项目促销组合要点；

（3）新居住项目促销组合策划；

（4）制定新居住项目促销推广计划；

（5）撰写新居住项目促销组合策划与推广计划报告。

2.3　任务实施

1. 工作准备

（1）新居住项目市场分析报告、目标市场选择与市场定位报告。

（2）新居住项目概念与形象设计方案。

（3）新居住项目产品策划书、价格策划书。

（4）新居住项目市场推广卖点与主题报告。

（5）办公电脑及相关软件系统。

2. 分析常用的房地产促销组合

（1）分析房地产常用的促销方式。促销是促进房地产商品流通的营销活动，房地产常用的促销方式有广告、人员推销、营业推广和公共关系4种。4种主要促销方式特点，见表3-2。

（2）分析房地产常用的促销组合。促销组合就是为实现促销目标而将不同的促销方式进行组合所形成的有机整体，房地产常用的促销组合就是4种促销方式的组合。

1）常用的促销组合特点：

①促销组合是一个有机的整体组合；

②构成促销组合的各种促销方式既具有可替代性又具有独立性；

③促销组合的不同促销方式具有相互推动作用；

④促销组合是一种动态组合；

⑤促销组合是一种多层次组合。

4种主要促销方式特点　　　　　　　　　　　表3-2

序号	促销方式	使用手段	优点	缺点
1	广告	新媒体、报纸、杂志、电视、广播、网络、户外、传单、标语等	传播面广、及时、形象生动、节省人力	单向信息沟通，难以形成即时购买
2	人员推销	现场推销、上门推销、电话推销、销售展示等	直接信息沟通，针对性强、灵活多变、成交率高，广交朋友，反馈信息	占用人员多、费用高，接触面窄
3	营业推广	价格折扣、展销会、赠送礼品、交易会、不满意退款等	刺激性强，短期效果明显	接触面窄，不能长期使用，有时会降低产品身份
4	公共关系	新闻报道、公益活动、赞助、捐赠、研讨会等	影响面广，影响力大，可信度高，提高企业知名度，树立良好形象	设计组织难度大，不能直接追求销售效果

2）常用的促销组合不足之处：

①销售过程关键节点的促销聚焦力度不够，效果没有充分发挥出来；

②网络与自媒体在促销中的综合运用不够，爆发力没有充分迸发出来。

3. 新居住项目促销组合策划

（1）分析影响新居住项目促销组合的因素。主要分析以下几个方面：

①房地产的类型；

②推式与拉式策略；

③房地产建设的不同阶段；

④促销预算；

⑤产品生命周期阶段；

⑥政治与经济环境。

（2）制定新居住项目促销组合。

1）吸收常用的促销组合。即吸收常用的 4 种促销方式。

2）弥补常用的促销组合不足之处。融入 2 种特别促销方式，即：

①基于营销过程重要节点的活动推广；

②基于综合运用的网络与自媒体推广。

3）制定新居住项目促销组合。综合上述，新居住项目促销组合采用 4+2 促销组合，即 4 种常用促销方式 +2 种特别促销方式，共 6 种促销方式：

①广告；

②人员推销；

③营业推广；

④公共关系；

⑤重要节点的活动推广；

⑥网络与自媒体推广。

4. 制定新居住项目促销推广计划

新居住项目在挖掘了卖点、提炼了推广主题之后，就可以制定促销推广计划。项目的促销推广计划是对房地产市场促销活动方案的具体描述，使市场营销工作按照既定的计划有条不紊地循序渐进，从而最大限度地避免营销活动的混乱和盲目性。新居住项目促销推广计划要依据前面的项目系列策划编制，通常由 8 个部分组成：

（1）计划概要。计划书的开头要对本计划的主要目标和建议作扼要的概述，概述计划的核心内容。

（2）营销现状分析

1）分析影响未来房地产市场的重要的宏观环境趋势。如人口、经济、技术、政治、法律、社会文化等趋向。可以利用前面"工作领域1　新居住项目市场分析与定位策划"中的相关分析成果。

2）分析项目目标市场。可以利用前面"工作领域1　新居住项目市场分析与定位策划"中的相关分析成果。

3）分析过去几年各种商品房的销量、价格和利润等资料。可以利用前面"工作领域1　新居住项目市场分析与定位策划"中的相关分析成果。

4）分析主要竞争对手的规模、目标、市场占有率、商品房质量、营销策略等方面的资料，做到知己知彼。可以利用前面"工作领域2　新居住项目产品与价格策略"中的相关分析成果。

（3）机会与威胁分析。分析营销环境中对项目销售有利的因素，即机会分析；同时，分析对项目营销不利的威胁因素，即威胁分析。可以利用前面"工作领域1　新居住项目市场分析与定位策划"中的相关分析成果。评估环境机会可从两方面进行：

1）看吸引力，即潜在获利能力的大小；

2）看成功的可能性。

（4）围绕营销战略制定销售目标

1）确定销售进度目标

①销售总量。一般用面积或者总套数表示。

②销售收入。一般用销售额表示。

③销售成本。含广告费、销售人员人工费、促销费、管理费等，一般用不超过销售总额的百分比，如销售总额的1%作为成本控制目标。

④销售利润。对经纪机构来说就是代理销售服务佣金，佣金＝销售总额 × 提成比例 – 销售成本。

2）制定销售进度目标。一般指楼盘销售量进度目标，其他指标根据销售量可以计算得出。销售量进度目标，见表3-3。

楼盘销售量进度　　　　　　　　　　　　　　表3-3

阶段	时间	累计销售量
预售期	开盘前第1~3个月	5%~10%
强销期	开盘后第1~2个月	40%~60%
持销期	开盘后第3~6个月	70%~90%
尾盘期	开盘后第7~12个月	90%~100%

（5）制定营销策略。主要内容是确定项目的营销组合，包括产品策划、价格策划、渠道策划与促销策划。

1）产品策划。详见"工作领域2中'任务2　新居住项目产品策划'"。

2）价格策划。详见"工作领域2中'任务3　新居住项目价格策划'"。

3）渠道策划。根据新居住项目的规模和特点，以及开发商营销队伍的实力情况，有5种方法营销渠道可以选择：

①直接营销，是开发商自行销售。可以节省大笔代理费。一般在以下三种情况下开发商可以考虑自行销售：一是大型房地产开发公司经过多年的开发运作，有自己专门的市场推销队伍，有地区性的、全国性的甚至世界性的销售网络，对自己所开发的项目有十分丰富的推广经验；二是房地产市场上扬，开发商所开发的项目很受投资者和置业者的欢迎，而且开发商预计在项目竣工后，市场看好，销售相对容易，很快便能出售；三是当开发商所开发的项目已有较明确的销售对象时，也无需再委托租售代理。

②间接营销，也叫委托销售代理，当开发商不具备上述三种直接营销情况时，常常把房地产项目委托给中间商如房地产代理商销售。销售是专业性工作，有效的促销活动可以为开发商带来的收益要远远大于为此所支付的代理费，如售价提高、出售期短，经济效益是可观的。房地产营销代理机构通常熟悉市场情况，具有信息优势、经验优势、销售渠道多的优势、专职销售人员多的优势，尤其是成熟、优秀的代理商对市场脉搏的把握、对消费者心理的把握，可以通过策划引导消费，也可给开发商提供一些有益的建议，往往促销效果很好。

③"第三种"营销渠道，是一种直接渠道与间接渠道相融合的营销渠道。由于房地产直接营销渠道和间接营销渠道优点和缺点共存，实际操作中房地产商和中间商的配合也存在着种种问题，所以采用第三种渠道，如联合一体营销。房地产发展商对销售也有较大的关注和投入，如项目规划、产品策划，代理商则发挥自己的特长作全程深度策划，优化营销渠道。联合一体营销渠道的建立旨在集中发展商和代理商的优势，避免单纯直接营销和间接营销的不足，其成功的操作关键在于发展商和中间商真诚相待，利益共享，并且依赖于中间商高超的专业素养和优良的职业道德。

④网络营销，房地产营销者将自己的营销活动全部或部分建立在互联网的基础之上，就具备了网络营销的特性，网络营销开发商使用、代理商也使用。具体操作来说，房地产网络营销通常首先是建立自己的网站或者APP，然后借助各种方式，让消费者获知该营销项目在网络销售，可以浏览房地产企业或项目的网页或者APP，了解正在

营销的房地产项目，同时可以在线反馈一些重要的信息。喜欢网购的年轻人如果看中了项目，通过网上支付，就可在网上签订购房合同。不习惯网购的购房者，通过网络的虚拟体验环境，可以充分感受房地产项目的特性，吸引他进入现实售楼现场或者电话进一步沟通，为成交做好了前期工作。

⑤一二手房联动。除上述4种渠道外，开发商借助于房产中介公司的渠道、网点与人员优势，对外销售新开盘或已经开盘的房地产项目。房地产项目一二手房联动具有很高的营销价值。随着我国房地产市场的发展，一二手房联动业务增速迅猛，很多中介发力一二手房联动。对于开发商来说，将二手房的销售方式融入新房的营销策略当中，可以直接面向更多的目标客户；对于中介公司来说，利用二手房销售门店和网络进行新房的销售业务，不仅可以增加房屋信息来源，为客户提供更充足的房源信息，而且还能给中介公司、经纪人带来不少的收入。

4）促销策划。详见"工作领域3中'任务1　新居住项目市场推广卖点挖掘与主题提炼'和'任务3　新居住项目促销推广策划'"。

（6）确定营销组织。完整的、成功的项目推广过程需要靠组织去实施，其中首要的是确定营销组织模式，其他促销推广内容都是建立在这一基础上的。确定营销组织模式，详见"工作领域4中'任务1　新居住项目营销组织策划'"。

（7）制定行动方案。有了营销策略，还要转化为具体的行动方案，如何时开始，何时完成，由谁做，花费多少，这些都要按照时间顺序列成一个详细且可供实施的行动方案。行动方案围绕不同营销阶段来设计，根据销售过程的"预热期——强销期——持销期——尾盘期"阶段性划分，项目市场推广行动也要针对各个阶段销售任务的不同制订不同的促销组合推广行动方案：

1）在预热期，市场推广以突出项目的物业主题为主，展示楼盘的基本情况；

2）在强销期，以突出市场主题为主，吸引大量的目标客户群关注，使其产生共鸣；

3）在持销期，以突出广告主题为主，给人以丰富联想空间，在人气配合下产生好的效果；

4）在尾盘期，以朴实的宣传为重点，突出项目功能性特点。

上述行动搭配只是作为参考，在项目实际推广过程中，往往是多种手段综合运用，但切忌"宁滥勿缺"的做法。从市场推广的具体内容看，包括广告推广、活动推广、品牌推广等，在不同市场推广阶段，市场推广的内容也不相同。例如在预售期，可能就以广告推广为主，辅之以品牌推广。

案例3-1　××项目销售行动方案

①2019.7~2019.9，预售期，计划销售量完成10%（约280套），销售队伍总人数40人。活动：品牌互动活动开展、自媒体广告上线、项目软文推送。

②2019.10~2020.4，开盘期，计划销售量完成20%（约560套），销售队伍总人数80人。活动：盛大开盘、售楼处开放、客户体验活动、优惠活动。

③2020.5~2020.7，强销期，计划销售量完成40%（约1120套），销售队伍总人数80人。活动：示范区、样板间开放、客户体验活动、优惠活动。

④2020.8~2020.12，持销期，计划销售量完成25%（约700套），销售队伍总人数40人。活动：广告投放、组织活动与客户交流、优惠活动。

⑤2021.1~2022.3，尾盘期，计划销售量完成5%（约140套），销售队伍总人数20人。活动：答谢活动，奖励活动。

（8）制定费用计划。在推广实施之前对推广费用进行合理计划，使其能得到有效的控制。

1）分析营销成本的构成。包括：资料费、广告费、销售管理费、中介服务费。

2）编制费用预算。编制推广费用的4种方法：

①量力而行法，即将推广预算设定在公司所能负担的水平上。

②销售百分比法，即以特定（当期或预测数）销售额的百分比或售价的一定比率决定推广预算，是最为常用的方法。优点是财务上合理可行、考虑到了推广成本与企业利润之间的关系、可以使竞争趋于稳定，但此法也有不足之处是灵活性不够、对长期规划造成不利、销售与推广的因果关系倒置。

③追随法，即通过留意竞争对方的推广活动并估计其推广费用，然后依行业平均水平来制定预算。此法依据竞争对手的预算代表着智慧的结晶，可以避免广告"大战"，但仅是主观感觉并没有证据来加以证实。

④目标任务法，此方法最合逻辑，具体实施过程为：明确制定目标→确定实现这些目标所应执行的任务→估计执行这些任务的成本→计算推广预算。

3）确定项目营销成本的构成及比例（平衡各种费用）。例如，某公司财务计划中，营销成本对销售额之比为2.1%。

案例 3-2　××项目的开支预算

××项目根据行动方案编制预算方案,按照行动方案需要发生的费用做预算依据。××项目销售费用预算计划,见表3-4。

××项目营销费用计划　　　　　　　　表3-4

项目	一季度		二季度		三季度		四季度	
	%	万元	%	万元	%	万元	%	万元
人力资源招聘、培训	5	24	4	12	2	4.8	1	1.8
市场研究费用	5	24	4	12	3	7.2	2	3.6
宣传广告费	25	120	24	72	23	55.2	20	36
促销活动费	20	96	21	63	22	52.8	23	41.4
销售人员费用	40	192	42	126	45	108	49	88.2
管理费	3	14.4	3	9	3	7.2	3	5.4
其他	2	9.6	2	6	2	4.8	2	3.6
合计	100	480	100	300	100	240	100	180

（9）规定营销控制手段。规定如何对计划执行过程进行控制,以便于能对计划执行情况进行监督检查,了解计划的执行情况,评价计划的效率,分析计划是否在正常执行。有时,市场会出现意想不到的变化,甚至会出现意外事件,要及时修正计划,或改变战略策略,以适应新的情况。详见"工作领域4中'任务2　新居住项目营销线上线下执行与控制策划'"

针对具体楼盘项目,按（1）~（9）内容进行编写组合,即可形成新居住项目促销推广计划书。

5. 撰写新居住项目促销组合策划与推广计划报告

集成上述 2~4 内容,形成新居住项目促销组合策划与推广计划报告。

2.4　必备业务知识

1. 房地产促销

（1）房地产促销,是通过一定的方式向消费者传递房地产商品的信息并与消费者进行有效的信息沟通,以达到影响消费者的购买决策,促进房地产商品流通的营销活动。

（2）房地产促销目标

1）提供信息突出特色和优点；

2）强调房地产的价值与品牌；

3）刺激需求；

4）增加销售。

（3）促销策略

1）推式促销策略，人员推销为主；

2）拉式促销策略，广告促销为主。

2. 直接营销与间接营销特征

（1）直接营销的特征

1）优点：房地产开发商控制了开发经营的全过程，可以避免某些素质不高的代理商介入造成的营销短期行为，如简单地将好销楼盘单元销售出去，造成相对难销的楼盘单元积压；产销直接见面，便于房地产开发商直接了解顾客的需求、购买特点及变化趋势，由此可以较快地调整楼盘的各种功能。

2）弱点：房地产开发商直接营销，难以汇集在营销方面确有专长的人才，难以形成营销专业优势，这样在相当程度上影响营销业绩的提升；会分散企业人力、物力、财力，分散企业决策层精力，搞不好会使企业顾此失彼，建设和销售两头都受影响。

（2）间接营销的特征

1）优点：有利于发挥营销专业特长，便于从专业上保证开发商开发的房地产商品销售成功；有利于开发商集中精力，重点进行开发、工程方面的工作。

2）弱点：我国目前的房地产中间商良莠不齐，专业素养和职业道德水准差异很大，如果选择一些专业素养和职业道德低下的中间商做代理销售，往往会增加时间成本，减少项目开发利润；如果代理商销售业绩和开发商自己销售预计的业绩基本持平，那么开发商支付的销售费用会"得不偿失"。

2.5 必备业务要领

四种常用促销方式的常用使用方法：

（1）房地产作为消费品的促销组合次序：广告，销售促进，人员推销，公共关系。

（2）房地产作为投资品的促销组合次序：人员推销，销售促进，广告，公共关系。

（3）促销组合对购买阶段的选择。消费者购买阶段一般依次是4阶段，房地产促销组合如下：

1）知晓阶段，促销组合的次序是：广告，销售促进，人员推销。

2）了解阶段，促销组合的次序是：广告，人员推销。

3）信任阶段，促销组合的次序是：人员推销，广告。

4）购买阶段，促销组合的次序是：人员推销为主，销售促进为辅，广告可有可无。

2.6　任务拓展

常用促销方式的成本效应：

相同的成本投入，4 种促销方式在产品生命周期的不同阶段，有不同的成本效应，如图 3-2 所示。所以，要在产品生命周期阶段，科学使用 4 种常用促销方式，充分发挥营销投入的效用。

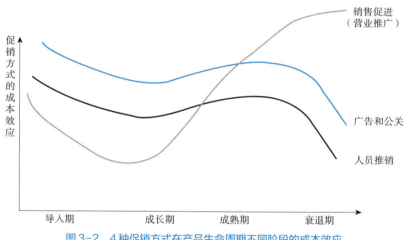

图 3-2　4 种促销方式在产品生命周期不同阶段的成本效应

任务 3　新居住项目促销推广策划

3.1　任务分析

新居住项目促销推广策划任务内容主要有 6 项：

（1）新居住项目广告宣传促销推广策划；

（2）新居住项目人员促销推广策划；

（3）新居住项目营业推广策划；

（4）新居住项目公共关系推广策划；

（5）新居住项目活动推广策划；

（6）新居住项目网络与自媒体营销推广策划。

3.2　任务流程

新居住项目促销推广策划任务流程有 8 个步骤：

（1）工作准备；

（2）新居住项目广告宣传促销推广策划；

（3）新居住项目人员促销推广策划；

（4）新居住项目营业推广策划；

（5）新居住项目公共关系推广策划；

（6）新居住项目活动推广策划；

（7）新居住项目网络与自媒体营销推广策划；

（8）撰写新居住项目促销推广策划报告。

3.3　任务实施

1. 工作准备

（1）新居住项目市场分析报告、目标市场选择与市场定位报告。

（2）新居住项目概念与形象设计方案。

（3）新居住项目产品策划书、价格策划书。

（4）新居住项目市场推广卖点与主题报告、促销组合策划与推广计划报告。

（5）办公电脑及相关软件系统。

2. 新居住项目广告宣传促销推广策划

广告宣传是新居住项目促销推广的重要手段，所以必须做好广告宣传促销推广策划。

（1）分析房地产广告类型，确定新居住项目广告宣传促销推广目标。

1）房地产广告类型。有三类：①促销广告，主要目的是传达所销售楼盘的有关信息，吸引客户前来购买。②形象广告，以树立开发商、楼盘的品牌形象并期望给人留下整体、长久印象为广告目的。③观念广告，以倡导全新生活方式和居住时尚为广告目的。④公关广告，通过以软性广告的形式出现，在大众媒介上发布的入伙、联谊通知，各类祝贺词、答谢词等。

2）确定广告宣传促销推广目标。根据促销推广计划，确定广告宣传促销目标。主要目标是促进产品销售、扩大经济效益。通过广告提供新居住项目产品信息，将消费者的目光吸引过来，改变消费者态度和行为，引导消费者购买，促进销售、推销产品、占领市场。一般采用在计划时间内促进销售量目标完成的百分比，如 100% 完成。如果广告宣传不理想，可能只有80%，如果广告宣传很理想，可能超额完成，可能达到120%。

（2）确定新居住项目广告产品定位策略。在着手策划及制作广告前，必须进行广告市场定位，广告产品定位是"工作领域1　新居住项目市场分析与定位策划"在房地产广告中的深化应用。广告产品定位策略有：

1）功效定位。仔细分析、寻找新居住项目产品与其他同类产品的相异之处，然后在广告定位中突出自己产品的特异功效，使该产品在同类产品中有明显区别，有的突出简洁实用，有的突出智能豪华，以便给消费者留下清晰的印象，从而吸引了不同类型的消费者，增加选择性需求。

2）品质定位。在广告宣传中强调产品的优良品质，将自己的领先优势作为重点。应强调产品的具体品质，让消费者了解该产品究竟优在何处，而不应只讲"品质优良"等套话。

3）品种定位。刻意突出自己与竞争产品类型的分歧，作为其定位方法。如新能源住宅是以不用空调也能恒温而与普通住宅区别开来的。

4）价格定位。如果商品品质、性能、造型等方面与市场上同类商品相近似的，没有什么特异的地方可以吸引消费者，广告宣传可运用价格定位策略。如普通楼盘广告突出高性价比，巧妙地运用价格定位策略击败竞争对手。

5）市场定位。这是市场细分策略在广告中的具体运用，将商品定位在最有利的市场位置上。

6）逆向定位。一般广告都采用正向定位，在广告中突出商品在同类商品中的优越性，而逆向定位则反其道而行之，是以退为进的手法。在广告中承认本产品有很多不足之处，但要努力迎头赶上，或者通过承认自己的缺陷，来突出优越之处，给人一种诚实感，而不给人一种自吹自擂的感受。

（3）确定新居住项目广告目标市场策略。针对项目的目标消费群，依据其不同的生活习惯和工作环境及个性特点等，制定不同的广告诉求点和广告的表现形式，力求在目标市场上更全面的传递广告信息。广告目标市场策略有：

1）无差别市场广告策略，就是面对整个市场，通过各种媒介所做同一主题内容的广告宣传。一般说来，在产品的引入期或成长期的初期，或者是产品供不应求、无强大竞争手之时，常采取这种广告策略。

2）差别市场广告策略，是在市场细分的基础上，根据不同细分市场的特点，运用不同的媒体组合，做不同主题的广告。这种广告无论在满足消费者的需求上，还是在产品品质与外观特点的宣传上，其形式上都具有很强的针对性。也就是说，是针对特定的一批消费者而制作的。一般来说，在产品成长期的后期、成熟期或遇到同行激烈竞争的时候，就需要运用这种广告策略了。

3）集中市场广告策略，就是把目标市场细分成若干个子市场，企业针对这若干子市场中的一个或几个作为自己的目标市场。与此相应的广告策略具体体现为，更具针对性，以满足一部分人的特殊需要为宗旨。一般这类广告不在价格昂贵的传播媒体上出现，而是在一些地方性的、行业性的媒体上刊登。

（4）凝练新居住项目卖点与买点。这是"房地产促销卖点挖掘""提炼推广主题"的继续。卖点与买点实际上都是新居住项目的特点，是项目所具有、不易被竞争对手抄袭的，同时又是可以展示、能够得到目标客户认同的特点。该特点对房地产开发企业来说是"卖点"，对目标客户来说如被目标客户认同则是"买点"。

1）新居住项目卖点与买点凝练。就是在本工作领域"任务1　新居住项目市场推广卖点挖掘与主题提炼"中"房地产促销卖点挖掘""提炼推广主题"的基础上进一步概括提炼项目的卖点与买点，用广告语言加以凝练，便于广告宣传。凝练项目卖点与买点要实事求是，不能夸大其词，更不能虚假捏造。

2）新居住项目的价值体现于每个细节当中，要从中发现最有打动力的卖点。可构成房地产项目的卖点很多，需要精心提炼。如户型卖点、景观卖点、配套设施、交通卖点、精装修卖点、板式住宅、建材与配置、新工艺新材料、使用率卖点、楼间距卖点、会所卖点、泳池卖点、大型超市进驻、规划卖点、大规模卖点、创新技术、绿化率卖点等。

实践经验：房地产项目十五大卖点（买点）提炼

第一大类型卖点——区位价值。有些项目的核心价值正是体现于区位之上的。卖点构成：繁华路段、CBD概念、中心区概念、奥运村概念、地铁概念、商业地段、教育地段。

第二大类型卖点——建筑风格。建筑风格几乎是影响住宅魅力的第一元素。卖点构成：建筑艺术、德国风格、欧陆风格、法国风格、意大利风格、海派建筑风格、新加坡风格。

第三大类型卖点——空间价值。在空间里自由打造未来的设想。卖点构成：错层卖点、跃式卖点、复式卖点、空中花园、大露台卖点。

第四大类型卖点——园林主题。环境作为居住空间的重要组成，与房屋一起肩负了"天人合一"的使命。卖点构成：中心花园、加拿大风情园林、主题园林、艺术园林、亚热带园、园林规模、欧陆园林、江南园林、自然园林、树木卖点、新加坡式园林、岭南园林、园林社区、澳洲风情、海滨风情、热带园林。

第五大类型卖点——自然景观。拥有自然景观资源的房子，本身便构成了一道风景，江、河、山、水、房子以及人，构成一幅完美图景。卖点构成：全海景卖点、一线江景、二线江景、自然湖景、园景卖点、人工湖景、山水景观、山景卖点、河景卖点。

第六大类型卖点——功能提升。为购房者创造剩余价值，通过功能提升来实现，超越楼盘的先天资源。卖点构成：健康概念、投资概念、绿色概念、e概念卖点、环保概念、生态概念。

第七大类型卖点——产品类别。特殊类型产品定位，可以更加精确地捕捉特定的目标客户群。卖点构成：小户型物业、Townhouse、产权式酒店、独立别墅、酒店式公寓、大户型物业、商务公寓、国际公寓、学院派公寓、新独院住宅、经济适用房。

第八大类型卖点——人群类别。社会是有阶层的，楼盘也是有阶层的。卖点构成：豪宅卖点、白领卖点、单身公寓、工薪阶层、外销卖点、先锋人士、国际化社区。

第九大类型卖点——产品可感受价值。居住者对房地产项目空间的感受是多元化的。卖点构成：品质卖点、成熟社区、身份地位、安全卖点、服务卖点、文化卖点、物业管理、口碑卖点。

第十大类型卖点——楼盘及发展商形象。在信息不对称的环境下，消费者喜欢购买品牌房产。卖点构成：荣誉卖点、发展商品牌、知情权卖点、自我标榜、张扬个性。

第十一大类型卖点——产品嫁接。在另外一个领域找寻灵感，激发人们对美好生活的向往。卖点构成：教育概念、音乐概念、艺术概念、运动概念、旅游概念。

第十二大类型卖点——居住文化与生活方式。人们一方面试图去延续几乎遗忘了的传统居住文化，一方面又充满渴望地期待着来自异域的生活方式。卖点构成：生活方式、品位卖点、文脉卖点。

第十三大类型卖点——销售与工程进度。购房者最直接的信心来自楼盘的工程进度，巧妙利用施工过程中的几个重要阶段，能营造出一系列气氛热烈的庆典时刻。卖点构成：奠基卖点、内部认购、第一期公开发售、第二期公开发售、最后一期公开发售、火爆人气、热销卖点、加推卖点、样板房开放、外立面呈现、封顶卖点、竣工卖点、交楼卖点、入伙卖点、尾房销售、现房卖点、答谢卖点。

第十四大类型卖点——原创概念。为购房创造概念。卖点构成：居住主题、新都市主义、宣言卖点、度假式概念、现代主义、游戏规则。

第十五大类型卖点——创意促销。如果能吸引买家，并且进一步将他们带到楼盘现场，可以说已经成功了一半。卖点构成：价格卖点、付款方式、竞卖卖点、节日促销、折扣促销、送礼促销、特价单位促销、巨奖促销、名人效应、各类比赛促销、征集活动促销、开放日促销、业主联谊促销、音乐会促销、表演活动促销、艺术活动促销、新旧房互动、车房互动、送私家花园、另类营销手法。

（5）房地产广告文案写作。广告文案就是存储在广告画面中的文字，文字不能过长，也要文字与画面的意思一致，而且要显而易见。

1）广告文案写作的原则。①简洁性原则；②真实性原则；③原创性原则；④有效传播原则。

2）广告文案诉求方式、诉求内容要体现出一种人文关怀。①诉求方式上，要有充满人情味的感性诉求，宣传内容要以亲切的生活画面为主，以此来增强与客户沟通的亲和力。②在诉求内容上，"智慧物管""智能化服务""社区文化氛围""健康空间""人性化设计""数字化技术"等是新近出现的新颖的诉求点。如："为爱找一个温馨家园""为每个梦想设身处地""超越所有期待，让生活充满阳光"等都能体现了对消费者的人文关怀。

3）广告文案的构成。①广告标题；②广告正文与附文；③广告口号与广告准口号。

案例3-3 "××项目－居住与世界同步"广告文案

选择生态豪宅，选择健康幸福！

××项目现正热销！

别墅社区珍稀洋房，即买即住，数量有限！

别墅生活圈、珍藏版、地铁上盖生态洋房，

静处国际化生态社区×××旁，

尊享别墅生活圈成熟配套和立体交通网络，

天然山景、阳光水景环绕，坡地式电梯洋房，

营造宁静、开阔、不与人扰的豪宅气度，

选择生态豪宅入住，给家人更多健康和幸福。

（资料来源：作者根据楼盘广告整理）

（6）房地产广告媒体布局设计（媒体选择）

1）广告媒体分析。广告媒体是用于向公众发布广告的传播载体，是传播商品或劳务信息所运用的物质与技术手段。随着互联网广告的发展，传统的四大广告媒体（电视、电台、报纸、杂志）传播效果呈下降趋势，特别是平面纸质媒体。广告行业把电视媒体和电台媒体称为电波媒体；把报纸和杂志媒体称为平面媒体。在互联网时代，出现了系列新媒体，如：手机媒体、交互式网络电视（IPTV）、数字电视、移动电视、

博客、播客、微信、QQ 等，此外还有户外广告。房地产媒体可分报刊、电视、广播、杂志、户外广告、互联网等大众媒体和宣传画册、售楼书、人际传播、直邮广告、礼品广告、现场布置、通信等特殊媒体两种，并且每种媒体都有其优缺点。各种广告媒体特点分析，见表 3–5。

各种广告媒体特点分析　　　　　　　　　　表3–5

序号	媒体	优点	缺点
1	互联网	灵活、及时、覆盖面广、表现手法丰富	观众选择性差
2	报纸	灵活、及时、覆盖面广，地理选择性好，可信度高	时效短，表现手法单一，不易激起注意力
3	电视	综合视听，兼具动感，感染力强，覆盖面广，送达率高，表现手法灵活、形象	信息消失快，不易保存，制作复杂，成本高，受众选择性差，干扰多，绝对费用高
4	广播	覆盖面广，传播速度快，送达率高，方式灵活，制作简单，成本小	有声无形，印象不深，展露时间短，盲目性大，选择性差，听众分散
5	杂志	针对性强，可信度高，印刷精致，图文并茂，干扰小，阅读时间长	购买版面费时间长，费用高，位置无保证
6	户外	反复诉求，复现率高，效果好，注意度高，费用低，竞争少，灵活性好	观众选择性差，创造性差
7	直邮	选择性强，灵活性好，竞争少，个性化，制作简单	相对费用高，广告形象差

2）广告媒体选择要考虑的因素。①产品个性。产品的个性特点会影响到广告表现的创作形式，也会影响到广告媒体的选择。有些媒体是不适于宣传若干种产品的，制定媒体计划时必须留意。②目标市场。要根据目标市场的特点将目标消费者分类，以适合各类媒体的传播。③营销渠道。不同的营销渠道，都会影响媒体选择。④竞争对手。必须充分调查了解竞争对手的广告战略与策略等问题，以便在选择广告媒体和推出方式时发挥己之所长。⑤广告文本。广告文本创作与媒体选择、确定推出方式是分头进行的，但广告文本与广告媒体必须匹配，即什么样的媒体适合发布什么样的文本。⑥广告预算。对广告运动形式进行控制的一个最大的制约因素就是广告预算。因此，在选择媒体时，要在广告预算的许可范围内，对广告媒体做出最佳的选择与有效的组合。

3）确定媒体选择和组合策略。选择什么媒体，在什么时间刊播就很有讲究。根据目标客户的行为习惯来选择媒体，"钱要用在刀刃上"。有效的传播途径必须和目标客户对待媒体的接触习惯尽量的统一，媒体选对了，时间也要对，时间对了，地点也要对，只有不断地精确我们的媒体选择，广告才有效果。新居住项目选择线上为主线下配合广告组合形式，常用媒体一般为：①线上广告贯穿始终，主要有门户网站、微信、朋友圈等。②户外媒体，户外媒体因为位置固定，比较偏重于楼盘周围的区域性客源。

③印刷媒体，印刷媒体可以定向派发，针对性和灵活性都较强。④报刊媒体，报刊媒体和广播电视则覆盖面广，客源层多。广告组合取长补短，如在广告的筹备期，广告媒体的安排以户外媒体和印刷媒体为主，售楼处的搭建，样板房的建设，看板的制作以及大量的海报、说明书的定制是重点。

（7）新居住项目形象包装（现场广告）策划。项目形象包装目标是使项目楼盘概念具体化、专业化，建立楼盘良好形象，以便于给目标消费者留下深刻、明确的印象。

1）施工场地环境包装设计。就是根据建筑施工的进程和环境特色将整个工地现场包装，强调项目的特色，对项目有一个整体良好的视觉形象。工地作为买家最为切身关注的地方，是宣传最经济和有效的场所，工地形象如何不仅直接与物业和企业形象有关，而且还能够营造销售气氛。如：工地路牌，表明物业的名称和位置，直接与工程形象相关联；工地围板，明确发展商和地产建造的专业性；工地气氛，利用彩旗、气球等宣传物品，吸引人们的注意力，营造人气旺、整洁、有序的施工现场。施工场地环境包装内容：①工地围墙包装，工地立柱广告牌制作，工地公共标志牌制作、挂旗制作、路灯安装等。②绿化和其他配套工程完善，优先搞好工地围墙沿线、样板房参观路线以及绿化。③重点做好外墙广告——最大的户外看板：楼盘的外墙一般是将外墙用墙柱分隔成多面，每面的内容图案颜色相同，主要是楼盘名、楼盘标识 Logo、电话等，以达到统一形象，加深买家印象的目的；粉刷上投资商、发展商、代理商、承建单位、设计单位的名称及标志。

2）售楼部包装。①在售楼处顶部或两侧布置户外广告看板。外墙以及主要入口处的大型看板，内容一般是楼盘透视效果图、楼盘名称、广告语、售租电话、楼盘标识 Logo、交通图等。②售楼部内部布置设计，包括接待区、展示区、洽谈区等，做好装修、装饰，制作和展示销售模型、售楼书，配置有关设施。③培训售楼人员基本技能与礼仪，成为售楼部一道靓丽的风景线。

3）样板房形象包装。销售房子，光讲不行，还要看，才能使客户相信，要借助样板房发挥作用。样板房要能够集中展示开发商对目标客户的承诺兑现，要设计好房屋格调、气氛和家具配置等内容。

4）看楼通道包装。选择安全线路，从售楼部通向样板房（或事先准备好的现场典型套型），尽量搞好绿化。线路两边要有安全标识，合适的开阔位置悬挂楼盘相关介绍、图片等。

（8）新居住项目广告推广安排。就是根据广告策划、广告心理和媒体选择对产品广告进行投放的系列计划。

1）广告周期的安排。在一个规范化的营销行为下，广告周期安排就是广告周期的拟定。一个楼盘的广告周期是隶属于它的营销周期的，作为一个相对独立的促销过程的营销周期，广告周期的安排便是其不可缺少的一个部分。

实践经验：房地产项目营销周期的广告推广安排

一个完整的营销周期由"筹备期→公开期→强销期→持续期"组成。在筹备期，大量的作业是一些销售前的准备工作，广告运用仅为一些新闻报道和户外媒体。进入公开期，楼盘则被正式推向市场，适量的报纸稿配合人员推广，开始将卖场渐渐热络起来。在强销期，大量的报纸广告，结合强有力的业务推广，如人员拜访、电话追踪、派报邮寄等，立体的促销攻击全面展开。为配合销售达到顶峰，或者在相对低落的时候创造又一个销售高潮，各种促销活动层出不穷。在持续期，则是对前期积累客户的消化吸收和一些事务性的收尾工作，广告量相对平静。若这个营销周期只是整个销售过程的一部分，则该阶段的工作还应包括对此次销售策略的修正和检讨，努力为下一个营销周期作准备。

区别于其他产品的营销周期，预售商品房的营销周期的确定除了企业内部自身的因素外，还依赖于楼盘的施工进度，并时常以施工进度的某个时间点，如建筑出地面、结构封顶、楼盘竣工等为营销的切入点。

此外，各类节假日等也是制定营销周期的重要时间考量点。

营销周期的长短并没有严格的限定，短则两三个月，长则一两年。一个房地产项目从刚开始预售到最后一套房屋的卖出，可以规划为一个完整的营销周期。但一个楼盘在整个销售过程中，因为相持时间长、销售状况的跌宕起伏，实践中往往不止一个营销周期的存在。

2）广告主题的安排。①一个楼盘总有几个主要诉求点，几个次要诉求点，除了说明书外，几乎任何一种媒体形式的每次内容表现，都是以一个主要诉求点结合几个次要诉求点来加以展示的。实际操作中，归纳总结出来的几个主要诉求点往往轮流作为广告的主题来强打，而且，当其中的一个主要诉求点被选为广告的主题时，其他的几个主要诉求点则与次要诉求点一样，有选择地作为广告主题的专一表现，可以最大限度地吸引目标客源；精心安排的广告主题的轮流展示，则可以保持楼盘的常新常亮。②广告主题的轮流安排也不是无序的，它是和广告周期的安排和广告诉求点的内容紧密相连的。在产品引导期和公开期，广告主题多以产品的规划优势、楼盘的地段特征为主，通过形象的着力介绍，让一个新兴的事物尽快为客户所注目和了解。到了楼盘的强销期和持续期，除非产品有特别的优势，价格攻势往往成为广告的主要内容，在客户对产品了解的基础上，通过价格上的优惠折让和某些服务方面的承诺促使成交迅速放大。

3）广告媒体的安排。各色各样的媒体在广告活动中起着各自的作用。为了更好地发挥媒体的效率，使有限的广告经费收到最大的经济效益，应该对不同类型的媒体在综合比较的基础上，加以合理的筛选、组合，以期取长补短，以优补拙。

4）广告经费的安排。广告预算是营销活动总预算的一部分。在总预算的框架下，广告经费主要根据广告周期的安排、广告主题的传播和广告媒体的选择来编排，按筹备期→公开期→强销期→持续期各时段销售的特点持续安排广告经费投入。

3. 新居住项目人员促销推广策划

新居住项目人员促销推广就是房地产推销员直接与房地产项目目标客户接触、洽谈、宣传介绍项目产品以实现销售目的的活动过程。

（1）确定人员促销目标。依据新居住项目情况、市场竞争情况、促销队伍自身情况确定，主要有6个指标。

1）推销额。按周、月、季度、年度，或者按项目进度结点确定。

2）顾客访问签约成功次数。按周、月、季度、年度，或者按项目进度结点确定。

3）新客户的访问时间占总时间的比率。

4）新客户的推销额占总推销额的比率。

5）推销费用占推销额的比率。

6）满意度、投诉率等。

（2）确定房地产人员促销程序

1）搜寻促销对象。寻找、发掘潜在的消费者，了解消费者对本项目产品信息的接收情况以及市场需求情况，确定可成为产品购买者的顾客类型，了解目标市场和顾客对项目产品的反应及态度，准确选择和确定潜在顾客。

2）做好促销准备工作。①掌握新居住项目产品的内外信息，如区位条件、设施情况、环境质量、建筑设计、结构、材料、装修等；②还要了解消费者情况，如收入、支付能力、家庭成员组成等，做到"知己知彼"；③还应掌握同类房地产的竞争情况等，并做心理准备，设想一些可能遇到的情形，构思对策；④道具，如名片、楼书、认购书等。

3）接近促销对象。①了解情况，电话预约。通常需要向重点选择对象的周围了解其基本情况，然后再通过电话或"互联网"预约，以便让对方有心理准备，电话联络要尽量婉转，表达要清晰，避免唐突登门造访。②多处设立线下销售网点。除售楼部现场销售、经纪公司门店展销外，在市区各个人流密集地方，如地铁口、商业中心设立销售网点，开展销售活动，通过实景沙盘、播放本项目的宣传片、口头宣传和发放宣传资料等让更多的人了解本项目。此外，还采用联销方法，与银行、大企业、事业单位等走公积金按揭联销道路。

4）介绍项目与产品。①约见后，先介绍自己的情况，出示有关证件，给人以安全和信任感。②详细介绍房地产项目及产品情况。此时应表现出信心和耐心。按照事先拟定推销房地产的内外信息，如区位条件、配套设施、环境质量、建筑设计、结构、户型、材料、装修等清晰介绍。

5）应付异议，解答疑问。顾客在听完介绍后，可能会提一些问题，如价格可否优惠，质量问题、产权问题，是否办理按揭业务、售后服务问题、物业管理问题等。所有这些均需耐心据实回答，以消除消费者疑虑，增强其购买决心。

6）成交。经过耐心细致的动员说服工作，顾客最终采取购买行动。推销工作可算基本完成，促销人员可以事先准备一份意向书或草拟协议，争取对方签章。如果不能成交，也应当礼貌地道谢再见。

7）追踪服务。交易完成后，促销人员还应主动同购房者联系，监督开发商兑现其所承诺条件的情况，协助购房者解决可能出现的难题，要维持和提高顾客对企业、产品及促销人员的满意程度。

（3）建设与管理新居住项目促销队伍。

1）促销队伍人员构成。总体上分为直接销售人员（促销员）和带有部分管理性质的直接销售人员，有促销员、促销主管、市场代表、市场督导等。

2）促销人员的招聘和遴选。主要通过内部选拔和对外招聘。

3）促销人员的培训。培训的方法有课堂教学培训、模拟培训和实践培训。

4）促销人员的考核与激励。①考核。促销活动效果的评估是个非常重要的阶段，它不是在促销活动结束后才有，而是贯串于促销的整个过程，对推销人员的考核主要依据促销目标完成情况的评估结果。②激励。包括报酬激励和奖励激励两种。报酬激励有三种形式：固定工资制、佣金制和混合制。奖励激励包括物质奖励和精神奖励。

5）推销队伍的结构安排。①产品结构安排。按产品的类别派遣推销人员，使每个推销人员分别推销不同类别的产品，如总价低小户型住宅、大户型别墅由不同人员促销。②顾客结构安排。按顾客类型（如新顾客与老顾客，重要顾客与一般顾客）派遣推销人员，使每个推销人员分别负责向不同类型的顾客推销产品。③复合结构安排。按产品和顾客的某种组合派遣推销人员。

6）确定推销队伍的规模。一般采用工作量法来确定。①按年购买量的大小对顾客进行分类，并确定每类顾客的数目；②确定每类顾客一年内需要访问的平均次数；③计算访问所有顾客所需的总次数，即年访问总工作量；④用总次数除以一个推销人员一年内可以完成的平均访问次数。这样就可计算出推销队伍的总人数。

（4）掌握促销技巧。在促销实践中发现，销售业绩最好的促销员并非是那些最能聊的促销员，一些纯朴但敏锐的促销员其促销效果反而更好。因为这些促销人员掌握了一定的促销技巧，更能把握消费者内心的真实想法，有同理心促使顾客做出购买决策。主要有以下技巧：

1）树立双赢理念，做好置业顾问。人员推销非常注重人际关系，销售人员代表企业利益，同时也要重视顾客利益，为顾客着想。满足顾客需要是保证销售成功的关键。销售人员要乐意在许多方面为顾客提供服务，帮助其了解推出的楼盘，帮助其解决问题。

2）采用因人而异选取推销方式。销售人员在销售过程中，要具有极大灵活性，因人而异选取推销方式。可随时观察顾客对推销陈述和推销方式的反应，并揣摩其购买心理变化过程。有针对性改进推销方式，以适应不同顾客的购买行为和需要。

3）做好双向沟通，收集市场信息。人员推销是一个双向沟通的过程，在向顾客提供服务的同时，也要做好市场信息收集员，为企业收集可靠的市场信息，以便于企业了解市场，提高项目开发水平和后续推销效果。

4. 新居住项目营业推广策划

新居住项目营业推广是指通过各种营业销售方式来刺激消费者购买的促销活动。

（1）新居住项目营业推广形式的选择。在开展房地产营业推广活动中，可选用的方式多种多样：

1）赠送促销。向消费者赠送奖品，赠送奖品是介绍新产品最有效的方法，缺点是费用高。奖品可以选择在售楼部散发，也可以公开广告赠送，或入户派送。

2）折价券。在购买产品时，持券可以免付一定金额的钱。折价券可以通过广告或直邮的方式发送。

3）组合促销。以较优惠的价格提供组合产品，如房屋与车库、阁楼、庭院等组合销售。

4）现场展示。促销员在项目施工现场展示本项目的产品，向消费者介绍房屋的特点、先进设施的用途和使用方法等。

5）联合推广。与大银行、大商场联合促销，将一些能显示企业优势和特征的楼盘模型在银行、商场大厅集中陈列，边展销边销售。

6）参与促销。吸引消费者参与各种促销活动，如技能竞赛、知识比赛等活动，能获取企业的奖励。

7）会议促销。各类展销会、博览会期间的楼盘产品介绍、推广和销售活动。

8）抽奖促销。购房后可获得抽奖券，凭券进行抽奖获得奖品或奖金，抽奖可以有各种形式。

（2）新居住项目营业推广方案设计

1）确定推广目标。就是要明确推广的对象是谁，要达到的目的是什么，有针对性地制定具体的推广方案。

2）选择推广形式。营业推广的方式方法很多，但如果使用不当，则适得其反。因此，选择合适的推广工具是取得营业推广效果的关键因素。要根据目标对象的接受习惯和产品特点、目标市场状况等来综合分析选择推广工具。

3）推广的配合安排。营业推广要与其他促销方式如广告、人员销售等整合起来，相互配合、共同使用，形成营销推广期间的更大声势，取得单项推广活动达不到的效果。

4）确定推广时机。市场时机选择很重要，如项目建设进度结点、各大节日等时机，必须事前做营业推广，否则就会错过了时机。

5）确定推广期限。即营业推广活动持续时间的长短。推广期限要恰当，过长，消费者新鲜感丧失，产生不信任感；过短，一些消费者还来不及接受营业推广的实惠。

（3）新居住项目营业推广方案的实施与评估

1）营业推广方案的实施。营业推广是一种促销效果比较显著的促销方式，但倘若实施不当，不仅达不到促销的目的，反而会影响产品销售，甚至损害企业的形象。因此，房地产营业推广方案在实施过程中，必须予以控制。①要按照方案中确定的推广方式和期限实施营业推广。②禁忌弄虚作假。营业推广的主要对象是企业的潜在顾客，在营业推广全过程中要坚决杜绝徇私舞弊的短视行为发生，否则可能会产生失去项目长期利益的巨大风险。③注重中后期宣传。开展营业推广活动比较注重推广前期的宣传，这非常必要，但不应忽视中后期宣传。因为营业推广活动中后期面临的宣传内容是营业推广中的项目兑现行为，这是消费者验证项目推广行为是否具有可信性的重要信息源。④注意不要突破营业推广预算。

2）房地产营业推广方案的评估。①房地产营业推广方案的执行率。看看是否百分百执行方案，如果不能百分百执行，说明方案需要修改完善。②科学测算营业推广活动的投入产出比。如果产大于出，即因销售额扩大而带来的利润大大超过推广成本，那么方案是好方案；如果利润增加额少于推广成本，那么方案是差方案，需要总结经验教训。

5.新居住项目公共关系推广策划

新居住项目公共关系推广是利用公共关系手段提高企业形象和产品信誉促进项目产品销售，其实质是房地产企业在市场营销中与各关系方建立长期稳定的相互依存的营销关系，以求彼此协调发展，促进楼盘销售。

（1）公共关系的主要工具选择。建立良好公关形象所采用的工具（手段和方法）

有多种：

1）新闻，公关人员使用的主要工具是新闻，可以找出或创作一些对公司或其产品有利的新闻，有时新闻故事自然而然地就形成了，有时公关人员提出一些事件行动来制造新闻。

2）演讲，能营造产品和企业的知名度。演讲的实质是一种现实活动。演讲的形式是以口语为主，势态语为辅。演讲的内容是演讲者的思想、观点的表述和情感的表达。要有发音技巧，重音、停顿、节奏的运用技巧，语调、语气的控制技巧，眼神的运用技巧，面部表情的运用技巧，手势的运用技巧以及身姿的运用技巧。

3）特别活动，包括新闻发布会、大型的开幕式、焰火展示、无人机表演、激光节目、热气球升空、多媒体展示以及各种展览会。

4）谈判，由谈和判两个字组成，谈是指双方或多方之间的沟通和交流，判就是决定一件事情。谈判的作用：交往。

5）书面材料（公共关系写作），通过书面材料进行沟通联系、开展工作，接近并影响目标市场。公共关系写作类型：公共关系新闻稿；公共关系广告文案；公共关系简报；公共关系调查报告；公共关系策划书；公共关系日常文书。书面材料包括：年度报告、小册子、文章以及公司的新闻小报和杂志等。现在，企业越来越多地使用诸如电影、幻灯节目、录音光盘等视听材料作为宣传工具。企业形象材料能帮助创立一个公司的形象地位并能很快被公众够受，如图形拼板、文具、招牌、商业贺卡、建筑、制服、公司的汽车和卡车等，只要它们吸引人、形象鲜明、容易为人熟记，都会成为公关工具。

6）公共关系广告，是指为扩大组织的知名度、提高信誉度、树立良好的形象，以求社会公众对组织的理解与支持而进行的广告宣传。公共关系广告与商业广告的关系：公共关系广告具有公共关系活动和广告活动的双重性质，它不同于一般的广告。①目的不同：商业广告的直接目的是促进商品的销售；公共关系广告从来不直接劝说人们购买，而是争取社会公众对组织的注意，激发社会公众的兴趣，争取社会公众的信任与好感。②手段不同。商业广告往往是直接列举商品的种种优点；而公共关系广告则是通过间接的手段让社会公众了解组织的情况。③效应不同。商业广告注重的目标是满足社会的一些需求及顾客的需求，且注重的是短期效应；公共关系广告的目标是保证组织在健康发展的基础上实现其战略目标，即传播组织的形象，传播组织对社会的有用性。公共关系广告目标的 AIDMA 法则：A（Attention）引起注意；I（Interest）产生兴趣；D（Desire）培养欲望；M（Memory）形成记忆；A（Action）促成行动。

（2）确定公共关系策划程序。策划一套完整的公共关系行动，应按如下程序进行：

分析问题—收集信息—确定目标和对象—设计公共关系方案—资金预算—预测评

估—组织实施。

（3）公共关系的实施与评价

1）实施开始时的选择。①选择好具体实施日期。在实施计划时一定经过周密而全面的考虑，考虑到一切影响行动时机的因素，以将无法控制的因素化为可控制因素，将不利因素化为有利因素，抓住一切机会，主动开展多种公共关系活动，努力使公共关系计划目标实现。要注意避开或利用重大节日；要注意避开或利用国内外重大事件；注意不宜在同一天或同一段时间里同时发展两项重大的公共关系活动，以免其效果相互抵消；在偶然事件发生时，公共关系人员要有敏锐的洞察力，善于抓住有利时机，展开公共活动，往往会取得意想不到的效果；在企业出现失误或被公众误解时，若能抓住时机，开展积极的公共关系活动，也往往能够取得较好的效果。②选择对象公众所惯用的传播媒介。使发出的信息全部或大部分为目标公众所接受。③选择制作对象公众所接受的公关信息。根据调查所了解到的对象公众的文化、社会心理等方面的特点，在设计制作信息时使新闻稿件、广告稿、演讲词、展览说明、小册子等能够适合对象公众的特点，激发他们的兴趣。

2）实施过程中的检查。①实施过程中的检查可以及时了解公关策划是否真正落实到每个人，并与责任制挂钩；可以深入地考核计划执行的实际情况，及时发现存在问题、矛盾和薄弱环节，以便采取相应措施使计划得到全面完成；可以发现计划是否符合实际，便于及时提出修改意见；可以总结计划编制和组织执行中的经验教训，积累资料，以便提高今后公关计划的科学性。②实施过程中检查的内容：第一是进度，即检查计划完成的进度。第二是效益，即检查公共关系活动是否符合预算和财务计划要求，投入与产出比例是否恰当。第三是关系，包括公关计划与企业整体计划、与各部门计划的执行情况是否协调；彼此配合是否默契，是否符合党和国家的方针政策。

3）实施过程计划的修订和干扰的排除。由于内外环境的不断变化，预定的计划往往跟不上形势的发展，这就需要适度的修改。同时，公关计划实施过程中还会遇到各方面的干扰，这就需要不断地排除干扰。

4）公共关系的实施效果评估。评估是公关工作过程的最后一个阶段。①通过对公关效果的评估，总结成功与失败的经验教训，为进一步开展公关活动提供依据。公共关系实务效果评估有三大要素：一是把实务活动的效果与公关目标相比较，分析有哪些效果和差距；二是分析成功和失败的原因；三是提出相应的对策，为下一轮次的公关实施指明方向。②具体评估内容，可以从两方面进行分类：一是公关工作成效的评估，这里有日常公关效果、专题活动效果、年度公关效果三方面的评估；二是就公关的具体手段、目的进行评估，主要是传播活动效果、形象活动效果等的评价。

案例3-4 ××项目的进攻型公共

进攻型公共关系，是企业与环境发生摩擦冲突时所采用的一种公共关系模式。此模式的最大特点是"主动"，以一种进攻的姿态开展公关活动。

新居住××项目，主要产品为小高层高档住宅。其进攻型公关，首先打出了"物以类聚、人以群分"的广告词，受到社会和媒体的"关注"和批评。接着，向社会征集广告词。最后确定了"拥庭院楼台、论琴棋书画"的广告词。该项目的公共关系活动比较成功，推进了项目营销。

6. 新居住项目活动推广策划

活动推广实际上是新居住项目营业推广的一种特殊形式，因为其销售效果显著，所以一般需要结合项目的营销过程单独进行策划。

（1）新居住项目楼盘活动推广时机选择。活动推广时机一般依赖于楼盘的施工进度，并时常以施工进度的某个时间点，如建筑出地面、结构封顶、楼盘竣工等作为营销活动的切入点。此外，各类节假日等也是制定营销活动的重要时间考量点。营销活动的长短并没有严格的限定，短则1~2天，长则1~2周。

（2）新居住项目楼盘推广活动类型选择。推广活动有多种多样，除营业推广使用的打折、有奖促销活动外，常用的推广活动有：市场预热活动、内部认购活动、借势营销活动、入伙答谢活动、召开新闻发布会、公益活动、酒会、座谈会、参观活动和庆典活动等。

（3）确定新居住项目楼盘活动推广的步骤。一般按以下步骤：①市场调查；②分析诊断发现消费者需求；③根据需求和销售时机有针对性进行推广活动设计；④配备组织活动人员明确组织内部的各项活动细节及分工；⑤活动促销；⑥观察消费者反映；⑦信息反馈；⑧进行新推广活动设计。

（4）几种经典的新居住项目楼盘推广活动。详见《新居住数字化经纪服务（中级技能）》"工作领域2'任务4 线上线下活动促销'"。

7. 新居住项目网络与自媒体营销推广策划

网络与自媒体营销推广实际上是新居住项目广告推广的一种特殊形式，因为其销售效果显著，所以一般需要结合项目的营销过程单独进行策划。

（1）新居住项目网络营销推广

1）信息载体选择。主要有：自营网站、自营网店；电商平台网站、电商平台网店；

中文网站、中文网店；英文网站、英文网店；互联网 PC 端网站、PC 端网店；移动网站、移动网店。

2）信息形式选择。主要有：文字、图片、3D 图、3D 动画、语音、视频、软文（将广告内容和文章内容完美结合在一起）以及多种信息形式的选择、组合、优化。

3）推广平台选择。①搜索引擎，有百度、360 等。②自媒体，有微信、微博、博客、QQ 空间、百度贴吧、论坛 /BBS 等。③新媒体，有电商平台、综合门户、行业垂直门户、数字杂志、数字报纸、数字广播、数字电视、数字电影、触摸媒体、手机短信、IPTV 等。④电子邮件平台，有腾讯、网易、新浪、搜狐等。⑤即时通信平台，有 QQ、微信、手机短信等。⑥数据库，有各平台的用户、会员、粉丝等数据库。

4）推广方式选择。①关键词搜索排名，有竞价排名、快照排名。②网络广告，有搜索引擎、电商平台、其他媒体广告。③信息发布：信息的广播、定制、抽取、推送等。④体验式微推广：感官、情感、思考、行动、关联 5 个方面以移动互联网为主要沟通平台。⑤ O2O 立体推广：基于线上结合线下的全媒体深度整合的推广方式。⑥网络事件：通过制造网络新闻事件，或利用网络新闻制造有利于产品销售的影响事件，达到推广目的。⑦个性化服务：根据用户的设定来实现，向用户提供和推荐相关信息，达到推广目的。⑧邮件的订阅、群发等，即时通信的交互。⑨病毒式推广：会员、用户、粉丝的自发口碑相传。

5）推广策略选择。一是互联网、移动互联网的选择，包括价值、主次、比例；二是广告与内容、品牌、产品的有机融合；三是与老客户、新客户、准客户、潜在客户的互动性；四是传统广告的被动接受优势嫁接到网络营销广告；五是效应传播，注重各推广平台、推广方式的聚变效应。

6）推出网络营销广告。①广告监控系统：创建监测域名、访问量分析等，独立电话识别，二维码识别，客服系统识别。②广告价值分析：每日访问量、访客人群分布、广告投放位置、按点击付费、按月季年付费、营销业绩。③根据广告价值分析的要求，确定测试时间、测试金额、投放方法与策略。④根据测试结果，作出广告投放与广告策略的决策。⑤制订广告计划：按月对网络媒体的投入金额，带来的客户数量、金额、周期进行对比分析，再制定计划。

（2）新居住项目营销网站和网店设计。营销网站和网店设计要与客户的需求一致、符合市场实际，提高客户满意程度、提升客户体验，符合网络品牌营销战略实施的要求，为全面实施网络营销打下坚实基础。在网站设计时除了要清晰地显示企业图像外，还应完善网站营销服务功能，注重产品和客户服务功能、用户交流、信息检索、客户体验等功能的显示，使网站更实用，能够满足用户的需求。

1）网站内容设计。主要有：楼盘展示、户型展示、房地产产品知识、开发商介绍、客服系统、销售系统、跟单系统。

2）网站结构设计。网站结构要简单明了、网页元素分类科学，目标层次清楚，突出主题。目录逐层分类，采用树形结构，根目录下有多个分类设立栏目，匹配相应的内容。功能强大，有良好的可扩展性能，前台设计面向访客的浏览体验，后台设计支持前台的功能实现。

3）网站导航设计。符合用户浏览习惯，导航分类科学合理，链接的路径设置、导航线路层次清晰。注重特色设计，方便用户使用，网站导航与用户体验的完美结合，与搜索引擎优化（SEO）的完美结合。

4）网站美化设计。符合新居住项目的需要，有优秀的视觉效果。

5）访客体验设计。有楼盘户型内容体验、企业品牌体验以及各种体验的完美融合。

6）衡量成功网站标准。访客总数逐步提高，回头访客总数、占比逐步提高，人均浏览网页数量逐步提高，成交客户总数逐步提高。

（3）新居住项目搜索引擎优化。搜索引擎一般选择百度、360、搜狗等，搜索引擎优化目的是实现大量关键词获得靠前排名，超越同行竞争性网站，保持搜索引擎优化竞争的领先地位。

1）站内优化。为有利于竞价推广、快照推广，需要经常进行网页标签优化、内容优化、主题优化以及全站整体优化。

2）站外优化。为超越同行网站的站内优化和站外优化，需要经常同行网站对比、行业关注对比、适当单向链接、适当友情链接。

3）解除封杀。纠正过度优化（堆砌关键词、垃圾链接、内容抄袭、重复、无原创、与主题无关），提升访客体验，不断增加原创内容，永不使用过度优化，确保网站系统稳定运行，技术领先。

4）系统长期维护。及时解决技术故障，实施技术升级，完成网站更新，定期优化访客体验、快照推广以及竞价推广。

（4）新居住项目搜索引擎竞价推广。目的是实现更低价格获得更靠前排名，不断提高同行靠前的成本和难度，实现竞价推广的低成本、高产出，不断强化品牌、提升竞争优势。

1）制定竞价推广方案。①进行客户需求和同行竞争分析，制定品牌推广策略、市场竞争策略。②选择、组合、配置关键词，做好地区选择、时段选择、广告预算、资金分配。③注册、开通搜索引擎竞价推广账户，创建推广计划、推广单元，选择关键词、设置匹配方法和出价。④撰写创意、动态创意，上线展现、推广排名。⑤价格计费、点击过滤、高级过滤。⑥推广样式的选择、组合、优化。

2）搜索引擎广告投放。要制定品牌推广策略、市场竞争策略，确定搜索引擎广告形式，如右侧广告、网站联盟广告，并做好广告定位、优势、创意等设计。

3）推广效果优化。监控文件夹，查询历史操作和推广实况，评估分析效果，不断调整、优化推广效果。

（5）新居住项目微信营销推广。制定企业微信推广策略、微信加粉实施方案和个人微信推广方案，建立企业微信粉丝系统，进行房地产推广。

1）企业微信推广。①分析微信公众平台的客户需求、同行竞争。②制定微信公众平台品牌推广策略、市场推广策略。③推广对象有微信号（服务号、订阅号）、二维码。④粉丝系统的分组、管理。⑤广告定位、优势、创意设计。⑥在微信平台上即时互动。

2）微信粉丝系统。①内容定位与产品相关，高效带动房地产销售，用户关注→忠实粉丝→购买产品。②吸粉策略采用有趣有用、平易近人、谨慎表达。③制定微信群发的内容、频率、策略，采用图文、软文等多样化的信息形式，实现粉丝自发传播品牌、分享并推荐楼盘产品。

3）微信搜索排名。选择、组合、配置关键词，设计关键词与微信公众号内容相匹配，实现主要关键词靠前排名，超越同行关键词排名，增加粉丝、推广品牌、销售楼盘产品。

4）微信加粉推广。线上平台采用搜索引擎、自媒体、新媒体、邮件等，线下平台采用实体店、户外广告、传统媒体平台等，在网站、网店上以及所有推广方式中植入企业微信号和二维码推广。采用微信合作互推、微信大号推广、小号带动大号，采用微信裂变推广，包括粉丝、营销渠道、草根达人、意见领袖、文化名人、人气明星等转发和分享。

5）微信加粉技巧。微信取个好名、URL地址简洁明了，设置热点标签、发帖时间优选、连载热门资讯，有规律地更新内容、适当转播热点。通过互动，让别人分享内容，吸引更多的客户，兴奋点植入广告。采用折扣、抢红包、转发送流量等形式进行促销活动推广。

6）个人微信推广。主要采用微信朋友推广、微信群聊推广、微信朋友圈推广、微信附近的人推广（个性签名是关键）、微信群发助手推广以及微信裂变推广。

（6）新居住项目微博营销推广。要了解客户需求、收集产品问题，在线答疑解惑、解决实际问题，聚焦房地产行业焦点、科学引导客户，进而引导粉丝传播品牌、销售楼盘产品。

1）企业微博推广。分析企业微博平台的客户需求、同行竞争，制定企业微博平台品牌推广策略、市场推广策略，推广对象是微博号、二维码，进行粉丝系统的分组管理和广告创意设计，建立通过关注机制分享简短实时信息的广播式的微博社交网络平台。

2）微博粉丝系统。①内容定位与产品相关，高效带动销售，用户关注→忠实粉丝→购买产品。②吸粉策略是，有趣有用、平易近人、谨慎表达。③制定私信群发的内容、频率、策略，采用图文、软文等多样化的信息形式，实现粉丝自发传播品牌、分享并推荐楼盘产品。

3）微博搜索排名、微博加粉推广、微博加粉技巧以及个人微博推广与微信推广类似。

8. 撰写新居住项目促销推广策划报告

集成上述 2~7 内容，形成新居住项目促销推广策划报告。

3.4 必备业务知识

1. 房地产项目广告策划

（1）房地产广告策划。广告策划不是具体的广告业务，而是广告决策的形成过程。房地产广告策划是在广泛调查研究基础上，对房地产市场和个案进行分析，以决定广告活动的策略和广告实施计划，力求广告进程的合理化和广告效果的最大化。房地产广告策划不仅能够进一步明确开发商的目标市场和产品定位，而且能够细化开发商的营销策略，最大限度地发挥广告活动在市场营销中的作用。

（2）广告策划种类。分为两种：一种是单独性的，即为一个或几个单一性的广告活动进行策划，也称单项广告活动策划；另一种是系统性的，即为房地产项目在某一时期的总体广告活动策划，也称总体广告策划。

（3）广告策划系统。市场调研→消费者动机和行为调查→细分市场和确定目标市场→产品调研和产品定位→广告目标和广告策略。

（4）广告策划流程。①对当前的、项目区域的广告情况进行透彻分析；②确定广告战略目标；③广告创意分析；④广告形式分析、选择与设计；⑤确定广告预算。

2. 房地产广告媒介策略

（1）媒介策略是指房地产开发企业与新闻传媒单位建立良好的社会关系以达到企业与项目的辅助性宣传效果。媒介关系有着难以估量的作用，它传递信息迅速，传播面广，可信度高，有助于在公众心目中树立了良好的形象，而且其效果要比广告好得多。

（2）最高明的媒介策略是善于"制造新闻"。制造新闻有一个基本原则，那就是决不能弄虚作假，它应该是建立在真实的基础之上，经过策划者的巧妙挖掘，经由采访报道并在各大媒体上进一步推广。

3. 房地产营业推广及作用

（1）房地产营业推广。营业推广（SP）也称销售促进或销售推广（Sales Promotion），是一种适宜于短期推销的促销方法。房地产营业推广是房地产企业为鼓励购买、销售产品而采取的除广告、公关和人员推销之外的所有企业营销活动的总称。

（2）房地产营业推广的特点。①营业推广促销效果显著。只要能选择合理的营业推广方式，就会很快地收到明显的增销效果，而不像广告和公共关系那样需要一个较长的时期才能见效。营业推广适合于在一定时期、一定任务的短期性的促销活动中使用。②营业推广是一种辅助性促销方式。人员推销、广告和公关都是常规性的促销方式，而多数营业推广方式则是非正规性和非经常性的，是它们的补充方式。使用营业推广方式开展促销活动，虽能在短期内取得明显的效果，但一般不能单独使用，常常配合其他促销方式使用，能使与其配合的促销方式更好地发挥作用。③营业推广是一种非常规性的促销方式。采用营业推广方式促销，似乎迫使顾客产生"机会难得、时不再来"之感，进而能打破消费者需求动机的衰变和购买行为的惰性。但是，营业推广的一些做法会使顾客认为卖者有急于抛售的意图，若频繁使用或使用不当，往往会引起顾客对产品质量、价格产生怀疑。

（3）营业推广的作用。①可以吸引消费者购买。②可以奖励品牌忠实者。③可以实现营销目标。

（4）营业推广的不足。①影响面较小。它只是广告和人员销售的一种辅助的促销方式。②刺激强烈，但时效较短。它是企业为创造声势获取快速反应的一种短暂促销方式。③顾客容易产生疑虑。过分渲染或长期频繁使用，容易使顾客对促销者产生疑虑，反而对产品或价格的真实性产生怀疑。

4. 房地产公共关系推广

（1）房地产关系推广。公共关系指组织机构与公众环境之间的沟通与传播关系。房地产关系推广是指房地产企业为了获得人们的信赖，树立企业或房地产项目的形象，用非直接付款的方式通过各种公关工具所进行的宣传活动。

（2）房地产关系推广的实质，是房地产企业在市场营销中与各关系方建立长期稳定的相互依存的营销关系，以求彼此协调发展，促进楼盘销售。房地产关系推广贵在攻心，立足于长远利益。

（3）房地产关系推广遵循的原则，主要有主动沟通原则、承诺信任原则和互惠原则。

（4）关系推广的形式，主要有亲缘关系推广、地缘关系推广、业缘关系推广、文化习俗关系推广、偶发性关系推广。偶发性关系指在特定的时间和空间条件下发生突然的机遇形成的一种关系营销，抓住这种偶发性机遇推广产品，会成为房地产扩大市场占有率、开发新产品的契机。

（5）关系推广的优缺点。优点：覆盖面较广、投入不高、有持续性、销售后劲大。缺点是：针对性不强、见效慢。

3.5 必备业务要领

1. 房地产人员推销的技巧

（1）与客户接触要有：

1）整洁的仪表；

2）守时；

3）得体的问候、适当的寒暄；

4）礼品的馈赠；

5）双赢精神、不卑不亢。

（2）制订好行动计划。以节省时间、减轻紧张程度、增加工作弹性、提高专业化程度、提高销售业绩。

（3）做好出访前的准备。出访时间是否合适，是否了解对方，拜访目的，辅助工具等。辅助工具：产品说明书、名片、计算器、笔记本、笔、价格单、宣传品（POP）、样图、纪念品（礼品）。使用辅助工具好处：容易引起对方的注意和兴趣，使销售说明更直观、简洁和专业，预防介绍时的遗漏、缩短拜访时间、提高成交率、随时更换准客户收存的本公司资料。

（4）消除误会，取得信任。顾客对推销员一般有戒备心理，或对商品房可能有一些看法，甚至有些错误成见，因此应避免满口推销行话，自吹自擂，应在与顾客热情交谈时，尽量搞清楚他们感兴趣的话题，尽量谈一些顾客认为有价值的东西，鼓励对方自我展示，同时表现出诚实、坦率。

（5）积极提问。通过提问从顾客回答中获取需要的信息，巧妙地问一些顾客感兴趣的问题，还能取得顾客的好感。有时提问也是一种手段，将顾客从偏离的话题中拉回正题。

（6）善于提示、说服。提示不是要操纵顾客，而是引导他们认识到所推销的商品房正是他们所需要的。可运用以下方法：

1）与竞争对手相对比。推销员将自己的楼盘与竞争对手相对比，突出自身优势和特色，打动顾客。

2）出示证明。在与顾客交谈时可提供参考资料、相关证书、资质证明、专业鉴定等，或举例购买该商品房的有名望的人，或讲述另一消费者如何开始心存疑虑到后来决定购买的例子等。

3）推销员自身表现。要表现出自信、权威，具有丰富专业知识，对楼盘熟悉了解；对顾客表现出礼貌、尊重、对他们的福利关心；对所作的声明、承诺始终如一。

（7）正确面对反对意见。反对意见的提出有许多原因，如顾客暂时无力购买，或有更隐蔽原因未说出而以不真实的反对来搪塞等。面对反对意见，销售人员切忌不耐烦或者单纯辩解。而要礼貌请求顾客对反对意见做出解释，避开表面托词，探求真实原因，解决顾客问题，尽量满足其需要。

2. 房地产项目"可能买主"判断与分级

（1）巧判房地产项目"可能买主"主要依据以下10要素：

1）随身携带本楼盘的广告；

2）反复观看比较各种户型；

3）对结构及装潢设计建议非常关注；

4）对付款方式及折扣进行反复探讨；

5）提出的问题相当广泛琐碎，但没有提出明显"专业性问题"；

6）对楼盘和某套型的某种特别性能不断重复；

7）特别问及邻居是干什么的；

8）对售楼员的接待非常满意；

9）不断提到朋友的房子如何；

10）爽快地填写《客户登记表》，主动索要卡片并告知方便接听电话的时间。

（2）如果每个要素算10分，给"可能买主"打分，分数最高者即为"最有价值客户"，就要优先对其进行分析制订下一步跟踪方案；如果分数低于20分，则基本可以判定是"不可能买主"。

（3）将准客户分为三级：

A级：最近交易的可能性大；

B级：有交易可能性，但还要些时间和努力；

C级：依现状尚难判断。

3.6　任务拓展

1. 房地产借势推广

（1）房地产借势推广。这是将销售的目的隐藏于营销活动之中，将产品的推广融入一个消费者喜闻乐见的环境里，使消费者在这个环境中了解产品并接受产品的推广手段。

（2）借势推广方法。①搭乘关联产品的"便车"。比如旅游景点与旅游地产。②借旺销产品推广。紧靠旺销产品陈列的楼盘，受到消费者关注的程度要远远高于其他楼盘。③优势明显，紧贴竞品陈列。如果相对于竞品，在价格、性能、品种等方面有优势，则可以紧贴竞品宣传，把优势简单明了地告诉消费者。④借房地产项目自身特征之势。依据房地产项目不同的特征，如建筑特征、区位特征、人文特征、环境特征、自然特征等，采取不同的营销手段以借势宣传。⑤借消费者自身之势。注意观察、分析消费者的购买行为、购买习惯和心理，从中发现并运用规律借势营销，将会收到出其不意的好效果。

（3）借势营销评价。很多企业在运用借势营销时，总是浪费资源、耗费精力而毫无所获。比如，很多企业认为"造势"就是广告和各类促销活动"疯狂轰炸"。不是大量电视广告、广播广告、报纸广告、杂志广告、户外广告进行"地毯式轰炸"，就是宣传画、宣传册以及各种夹页、传单"满天飞"。不是造成金钱的浪费，就是制造"彩色垃圾"，让马路清洁工苦不堪言。认为"借势"就是在各种类型的商品交易会、展销会、推广会甚至民间庙会上，锣鼓喧天，有的甚至不惜重金，聘请名人加入促销队伍的行列，现场作秀。几乎把各种"造势"和"借势"的活动推到了"登峰造极"的地步。这种"造势""借势"演绎的不是营销策略的竞争，不是智慧的竞争，而是成了企业财力的大比拼。一些没有实力或者是财力不足的企业，似乎是被"逼上梁山"，举债"造势"。最后由"造势"变成了"豪赌"。结果使得胜利者"遍体鳞伤"，失败者"片甲不归"。其实，借势营销是一个不断投入的工作。作为一种新型营销手段，借势营销集新闻效应、广告效应、公共关系、形象传播、客户关系于一体，已经当之无愧地成了企业新产品推介、品牌展示、建立品牌识别和品牌定位等营销活动的首选策略。因此，借势营销要对企业有所裨益，就不能做"一锤子买卖"，要有战略眼光，从未来着想，从现在着手，围绕一定的主题不断调整营销活动。

2. 从奖励角度设计房地产营业推广活动

营业推广的实质就是对消费者、中间商和推销员予以奖励，所以可以从奖励角度设计房地产营业推广方案。

（1）奖励规模。在确定奖励规模时，要进行成本效益分析。假定奖励规模为10万元，如果因销售额扩大而带来的利润大大超过10万元，那么奖励规模还可扩大；如果利润增加额少于10万元，则这种奖励是得不偿失的。

（2）奖励对象。企业应决定奖励哪些顾客才能最有效地扩大销售。一般来讲，应奖励那些现实的或可能的潜在顾客。

（3）奖励预算。一是先确定营业推广的方式，然后再预计其总费用；二是在一定时期的促销总预算中拨出一定比例用于营业推广。后者较为常用。

（4）奖励期限。过长或过短都不合适。

（5）发奖途径。决定通过哪些途径来发奖，既要考虑各种途径的传播范围，又要考虑成本。

3.7　综合实训

1. 实训名称

门店所代理的新居住项目促销推广策划。

2. 实训内容

演练 1　新居住项目市场推广卖点挖掘与主题提炼；

演练 2　新居住项目促销组合策划与推广计划；

演练 3　新居住项目促销推广策划。

3. 实训作业文件

门店所代理的新居住项目促销推广策划报告。

 小结

　　新居住项目促销推广策划工作领域主要有 3 个工作任务。任务 1 "新居住项目市场推广卖点挖掘与主题提炼" 的任务是新居住项目市场推广卖点挖掘、市场推广主题提炼；根据任务内容设计了任务流程；根据任务流程逐步开展任务实施；介绍了必备的业务知识和必备的业务要领，并围绕任务拓展了相关知识、技巧和经验。任务 2 "新居住项目促销组合策划与推广计划" 的任务是新居住项目促销组合策划、市场推广计划；根据任务内容设计了任务流程，开展任务实施，介绍了必备的业务知识和必备的业务要领，并拓展了相关知识、技巧和经验。任务 3 "新居住项目促销推广策划" 的任务是新居住项目广告宣传促销推广策划、人员促销推广策划、营业推广策划、公共关系推广策划、活动推广策划、网络与自媒体营销推广策划，根据任务设计了任务流程，开展了任务实施，介绍了必备的业务知识和必备的业务要领，并拓展了相关知识、技巧和经验。最后，安排了门店所代理的新居住项目促销推广策划综合实训，形成最终的门店所代理的新居住项目促销推广策划报告。

思考题

1. 如何进行新居住项目市场推广卖点挖掘？

2. 如何进行新居住项目市场推广主题提炼？

3. 如何进行新居住项目促销组合策划？

4. 如何编写新居住项目促销与推广计划？

5. 如何撰写新居住项目促销推广策划报告？

6. 如何开展房地产网络与自媒体营销推广？

04

工作领域 4　新居住项目营销组织与执行策划

 工作领域描述

新居住项目营销组织与执行策划是完成新居住项目销售代理业务的关键，销售管理是做好项目销售代理业务的保障。新居住项目营销组织与执行策划是新居住项目营销策划的核心内容，是房地产经纪营销代理服务的看家功夫，不仅是实现快速销售确保房地产经纪服务品质的基础工作，也是核心工作之一。所以，新居住项目营销组织与执行策划是房地产交易服务的核心业务环节，是经纪服务人员的重要工作领域，需要具备相应的工作技能。

 工作领域内容

1. 新居住项目营销组织策划；
2. 新居住项目营销线上线下执行与控制策划；
3. 新居住项目销售管理策划。

 工作技能要求

1. 能够理解房地产经纪服务职业标准和工匠精神；
2. 能够进行新居住项目营销组织策划；
3. 能够进行新居住项目营销线上线下执行策划；
4. 能够进行新居住项目营销控制策划；
5. 能够进行新居住项目销售管理策划；
6. 能够撰写新居住项目营销组织与执行策划报告。

任务 1　新居住项目营销组织策划

1.1　任务分析

新居住项目营销组织策划任务内容主要有 2 项：

（1）设计组织结构；

（2）配备组织人员。

1.2　任务流程

新居住项目营销组织策划任务流程有 9 个步骤：

（1）工作准备；

（2）分析房地产营销组织模式；

（3）分析新居住项目营销组织环境；

（4）确定营销组织内部的活动；

（5）建立组织职位；

（6）设计组织结构；

（7）配备组织人员；

（8）检查和评价营销组织；

（9）撰写新居住项目营销组织策划报告。

1.3　任务实施

1. 工作准备

（1）新居住项目市场分析报告、目标市场选择与市场定位报告。

（2）新居住项目概念与形象设计方案。

（3）新居住项目产品策划书、价格策划书。

（4）新居住项目促销推广策划报告。

（5）办公电脑及相关软件系统。

2. 分析房地产营销组织模式

房地产市场营销组织必须与营销活动的 4 个方面，即职能、地域、产品和市场相适应，房地产市场营销组织有以下 5 种模式：

（1）职能型组织。这是最常见的市场营销组织的形式，它强调的是市场营销各种职能的重要性。

（2）地区型组织。一个销售范围遍及全国的企业，通常都会按照地理区域来安排其营销机构，如图 4-1 所示。

（3）项目型组织。这也叫产品型组织，拥有多种房地产项目（产品或多个品牌）的企业，往往按照项目（产品或品牌）建立管理组织。

（4）市场型组织。它是由一个总市场经理管辖若干细分市场经理，各细分市场经理负责自己所管市场发展的年度计划和长期计划，如图 4-2 所示。

（5）项目－市场型组织。这是一种既有项目（产品）经理，又有市场经理的二维矩阵组织。

3. 分析新居住项目营销组织环境

（1）影响新居住项目市场营销组织决策的因素主要有 4 个方面：

1）新居住产品特点。包括产品种类、产品特色、产品项目的关联性以及产品的技术服务方面的要求等。

2）项目位置。一般情况下，决定市场营销人员分工和负责区域的依据是房地产项目的市场地理位置。

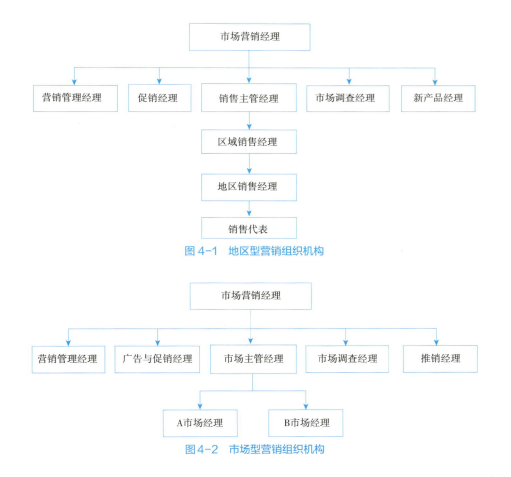

图 4-1　地区型营销组织机构

图 4-2　市场型营销组织机构

3）销售方式。房地产有直接销售方式和间接销售方式，方式不同也会影响组织营销决策。

4）企业规模。一般情况下，企业规模越大，市场营销组织越复杂，组织决策的速度越慢，需要经过层层上报审批。

（2）分析营销组织环境首先要分析市场，市场状况对企业营销组织的影响主要来源于3个方面：①市场产品结构；②产品生命周期；③购买行为类型。除了市场状况外，竞争者的状况也是企业在设计其营销组织形式时所必须考虑的一个环境因素。

4. 确定营销组织内部的活动

确定市场营销组织内部的各项活动，主要有两种类型：

（1）职能性活动，它涉及市场营销组织的各个部门，范围相当宽泛，企业在制定战略时要确立各个职能在市场营销组织中的地位，以便开展有效的竞争。

（2）管理性活动，涉及营销管理任务中的计划、协调和控制等方面。

5. 建立新居住项目营销组织职位

建立组织职位时应考虑职位类型、职位层次和职位数量三个要素，从而清晰各个职位的权力、责任及其在组织中的相互关系。

（1）确定职位类型。通常，对职位类型的划分有三种方法：①把职位划分为直线型和参谋型；②把职位划分为专业型和协调型；③把职位划分成临时型和永久型。

（2）划分职位层次。即把职位划分层次，一般为三层。职位层次是指每个职位在组织中地位的高低，如普通营销员、营销主管、营销经理等。

（3）确定职位数量。即确定建立营销组织职位的合理数量，可以把市场营销活动分为核心活动、重要活动和附属性活动三种，分别根据项目营销具体需要配以适当职位数。

6. 设计新居住项目营销组织结构

根据常见的组织模式，包括职能式组织模式、地区式组织模式、市场式组织模式、项目产品式组织模式以及项目市场混合式组织模式，设计新居住项目营销组织结构。在设计新居住项目营销组织结构时必须注意两个问题：①把握好分权化程度，即权力分散到什么程度才能使上下级之间更好地沟通；②确定合理的管理宽度，即确定每一个上级所能控制的合理的下级人数。新居住项目营销组织结构一般采用上述五种组织模式中的一种。

新居住项目营销组织结构具体策划过程：明确组织内部的各项活动及分工→建立组织职位→设计营销组织结构→配备组织人员→制定组织规章制度→建立监督检查机制。

7. 配备新居住项目营销组织人员

（1）配备新居住项目营销组织人员主要根据组织环境、组织内部活动、组织职位、组织结构来确定。此外，在分析市场营销组织人员配备时，必须考虑两种组织情况，即新组织和再造组织（在原组织基础上加以革新和调整），这两种组织情况需要的岗位人数大致一样，但再造组织在配备人员时要兼顾已有人员。区域（项目）式组织模式配备营销执行人员，见表4-1。

营销员工数
表4-1

全体营销员工	总人数	区域A（或项目A）	区域B（或项目B）	区域C（或项目C）
专职经理				
专职销售人员				
拿佣金的销售人员				
管理人员（含秘书）				
其他人员				
营销总人数				

（2）新居住项目推销队伍的组合安排。推销队伍在营销组织中是主力军。新居住楼盘项目推销组织采用执行型架构，处于新居住项目营销组织结构核心位置，由营销总监和销售部经理负责执行项目的销售，下设多个执行单元。大多数项目销售推销队伍的组合安排：

1）拓客组。负责执行、渠道、督导。

2）策划组。负责执行策划。

3）销售组。负责接待、CALL 客、落单。

4）后勤组。负责行政、物料、数据。

案例4-1　××项目的营销人员配备

（1）××项目开发商的营销组织采用职能式组织模式，人员配备：副总经理1人、总监4名、经理8名、策划10名、销售80名、后台10名。

（2）房地产营销代理公司的营销组织采用市场式组织模式，人员配备：总监2名、经理5名、策划6名、销售60名、后台6名。

（3）房地产经纪公司的营销组织采用项目产品式组织模式，人员配备：由于楼盘销售由经纪人执行，无需另外配置专门的销售人员，只需兼职总监1名、经理2名、策划2名、后台2名、经纪人若干名。

所有选配出参与××项目的营销人员，都经过了2周的系统培训，包括楼盘产品、公关礼仪、业务技能、心理素质等方面培训和演练。

8.评价和调整新居住项目营销组织

当新居住项目营销组织初步设计好后，要对组织进行评价，当发现不够完善时，则需要及时进行调整。市场营销组织需要调整的原因主要有以下几点：

（1）外部环境的变化。

（2）组织主管人员的变动。

（3）改组是为了证明现存组织结构的缺陷。

（4）组织内部主管人员之间的矛盾，也可以通过改组来解决。

9.撰写新居住项目营销组织策划报告

集成上述 2~8 内容，形成新居住项目营销组织策划报告。

1.4　必备业务知识

房地产市场营销组织：

（1）房地产市场营销组织是指为了实现企业的市场营销目标，而对企业的全部市场营销活动从整体上进行平衡协调的有机结合体，涉及企业内部市场营销活动的各个职位及其结构。市场营销组织既是保证市场营计划执行的一种手段，也是企业实现其营销目标的核心职能部门。它是以市场营销观念为理念建立的组织，以消费者的需求为中心。

（2）为了使营销组织具备灵活性和系统性的特点，一般需要考虑 3 个方面影响营销组织模式的因素，即：企业规模、市场和房地产种类。

1.5　必备业务要领

房地产营销组织的内外活动：

房地产营销组织除了内部的活动外，还要兼顾外部活动，取得最大的整合营销价值。

（1）市场营销组织内部的各项活动，主要有职能性活动和管理性活动。

（2）市场营销组织外部活动。房地产营销任务仅靠营销组织内部的各项活动是完不成的，还需要一些外部合作活动。市场营销部门必须处理好与外部相关部门的相互关系，如研究开发、工程技术、采购、人力资源、财务以及相关的职能部门。因此，在房地产项目运行过程中，市场营销部门必须与外部相关部门密切配合、共同协作来完成营销的总目标。但是在实际工作过程中，由于各个部门所处的角度不同，扮演的角色不同，难免会存在一些分歧与矛盾，营销部门应本着协调一致的原则处理好与相关部门的关系，取得最大的整合营销价值。

1.6 任务拓展

房地产营销部门同其他部门的关系：

（1）市场营销部门在企业中的地位和作用，具体可分为5种情况：①营销部门与财务、人事、生产等部门处于同等地位。在企业的战略规划中，各种职能的地位平等，没有主次之分。②营销职能是企业最重要的职能。③市场营销是企业的主要职能。因为没有顾客就没有公司，因此市场营销部门应是公司的中心，其他职能作为支持职能为中心职能服务。④顾客是企业经营管理的中心。在顾客导向思想指导下，所有职能部门共同努力、彼此平等地了解顾客、服务顾客和满足顾客。⑤为了正确解释和有效满足顾客的需求，市场营销部门仍处于公司的中心支配地位。这是因为企业的主要任务是吸引和保持顾客，而这正是营销部门的职能，但同时顾客实际得到的满足程度受到其他部门工作的影响。因此，营销部门必须影响或控制其他部门，向这些部门贯彻以顾客为中心的经营管理，才能使顾客得到期望的满足。

（2）市场营销部门与其他部门之间观点不同。市场营销部门基本职能主要有：市场调研、市场策划、广告宣传与公关促销等，与其他部门之间主要的不同观点见表4-2。

市场营销部门与其他部门之间主要的不同观点　　　表4-2

部门	强调重点	市场营销部门的强调重点
研究与开发部门	产品内在价值 产品功能形象	产品外在价值 产品销售形象
工程部门	注重长期设计 很少的规格数量 标准化结构	注重短期设计 许多规格品种 根据客户要求
采购部门	很少产品种类 材料价格 经济采购批量	广泛的产品系列 材料质地 根据客户需要采购
建设部门	长期生产单一品种 不改变产品式样 标准订单 产品结构简单 一般的质量控制	短期内生产许多产品品种 经常改变产品式样 由顾客决定订单 符合审美观的产品形象 严格的质量控制
财务部门	按标准严格控制支出 硬预算 定价补偿成本	根据判断讨论决定支出 预算灵活以适应变化的需求 定价要促进市场开发
信贷部门	很低的投资风险 严格的借贷条款和手续 对客户进行全面的财务审查	中等的投资风险 灵活的借贷条款和手续 对客户做中等的信用审查

任务 2 新居住项目营销线上线下执行与控制策划

2.1 任务分析

新居住项目营销线上线下执行与控制策划任务内容主要有 2 项：

（1）新居住项目营销线上线下执行；

（2）新居住项目营销控制策划。

2.2 任务流程

新居住项目营销线上线下执行与控制策划任务流程有 6 个步骤：

（1）工作准备；

（2）新居住项目营销线上线下执行；

（3）确定新居住项目营销计划执行控制方式；

（4）确定新居住项目营销计划执行控制手段；

（5）设计新居住项目营销计划执行控制的基本程序；

（6）撰写新居住项目营销线上线下执行与控制策划报告。

2.3 任务实施

1. 工作准备

（1）新居住项目市场分析报告、目标市场选择与市场定位报告。

（2）新居住项目概念与形象设计方案。

（3）新居住项目产品策划书、价格策划书。

（4）新居住项目促销推广策划报告、营销组织策划报告。

（5）办公电脑及相关软件系统。

2. 新居住项目营销计划线上线下执行

新居住项目确定了营销计划和营销组织后，就要积极采取措施执行计划，合理控制执行效果，努力实现营销目标。

（1）采用 O2O 方式执行新居住项目营销计划。"O2O"是"Online To Offline"的简写，即"线上到线下"，就是把线上的消费者带到现实的售楼部中去，在线支付购买线下的房屋和服务，再到线下去享受服务。新居住项目 O2O 执行营销计划，就是采用线上、线下相结合的手段将营销计划转变为具体的营销行动，即把企业的经济资源有效地投入项目楼盘营销活动中，完成计划规定的营销任务，实现既定的新居住项目开发目标。

（2）设计新居住项目销售实施工作程序。科学的设计销售工作程序可以确保销售工作有序、快捷、准确地进行，销售工作通常按如下程序开展：

1）客户接待与谈判。该项工作由销售人员负责，此项工作销售人员必须按照有关规定进行。其他财务、工程及物业管理方面的专业人员，可在销售经理指示下及销售人员的请求下协同工作。

2）定金收取及认购合同签订。该项工作由销售人员与财务人员配合完成，认购合同由财务人员统一保管，在使用前由销售人员按顺序号领用，然后才能通知收取定金。定金必须是财务人员直接负责引导购房者打入指定的监控账号，并开具收据。财务人员在收取定金时，必须做好房号的再次核实，以及认购合同的核查工作，然后即刻做好账目记录，这些记录包括房号、收取金额、合同编号、业主姓名、联系地址及电话等。

3）交纳首期房款、签订正式楼宇买卖合同。认购合同中一般都约定首期房款交纳的具体时间。约定时间到达前2日，由销售人员负责提醒客户预备首期款，并将反馈情况向财务人员通报，并在到期日配合财务人员做好收取工作。首期款直接由财务人员引导购房者打入指定的监控账号，同时向客户开具收据及付清首期证实。若客户选择首期分期付款的，同时还要签订《首期分期付款协议》，完成后须做好账目记录。凭《付清首期证实》，工作人员原则上应立即与客户签订正式楼宇买卖合同，并向顾客说明余款交纳期限及银行按揭事宜。在整个过程中销售人员应做好客户接待、指引工作，并协助做好有关事宜解释工作。

4）缴纳余款或办理按揭。该项工作由财务人员及专职人员负责完成，销售人员须做好客户接待、指引工作，在销售经理指示及有关专职人员要求下配合完成有关工作。

5）其他售后服务。包括：已购房顾客回访，顾客提出有关申请的跟进与落实，项目进停止续的协助办理等。

6）此外，还有售楼处的人员排班、考勤、卫生、销售档案等日常办公管理。

（3）营销计划执行的保障措施。企业要有效地执行市场营销计划，高效合理的营销组织和德才兼备的营销人员是必备条件、重要保障。

1）高效合理的营销组织。必须建立起专门的市场营销组织，指定一位营销副总经理负责，他有两项任务：一是合理安排营销力量，协调企业营销人员的工作，提高营销工作的有效性；二是积极与财务、研究与开发、人事等部门的管理人员配合，促使公司的全部职能部门和所有员工同心协力，千方百计地满足目标顾客的需要，保质保量地完成市场营销计划。

2）德才兼备的营销人员。营销部门在开展营销工作时的有效性，不仅依赖于营销组织结构的合理性，同时还取决于营销部门对营销人员的选择、培训、指挥、激励和评价等活动。只有配备合格的营销管理人员，充分调动他们的工作积极性和创造性，增强其责任感和奉献精神，把计划任务落实到具体部门、具体人员，才能保证在规定的时间内完成计划任务。

案例4-2　××项目营销计划的线上线下推广执行

（1）××项目营销计划的线上推广执行

推出系列销售广告。××项目在公开期、认筹期、开盘期分别推出系列报纸广告。并投放网络销售广告，同步配合项目的网络软文、新闻通告投放。自建了项目网站，并利用当地房地产信息网、同城交易平台等专业网站发布线上楼盘广告，让网友在不经意间了解项目信息，潜移默化地记住项目名称，产生购买欲望。

××项目在线上采用新颖独特的营销攻势，通过互联网和大数据技术支撑展开"线上购房模式"，通过互联网平台（含楼盘网站、APP、VR看房、网上购房系统等）全力推进，迅速锁定大批目标客户，既起到提高知名度的作用，同时又收割了一大批目标客群，在开盘期便完成销售总计划的61%。

（2）××项目营销计划的线下销售执行

××项目售楼部全面开展线下多渠道拓客。

一是利用项目楼盘外展点、大型展会、地铁站、汽车站、核心商业中心、加油站、高档餐饮、高端养生美容会所、高档娱乐会所等场所开展楼盘巡展，持续吸引客户。

二是利用已有的经纪业务渠道与二手房业务联动推广该项目，释放共享经纪公司的客户资源。

3. 确定新居住项目营销计划执行控制方式

新居住项目在执行营销计划的过程中可能会出现许多意外情况，必须加以控制以确保营销目标的实现。即使没有意外情况，为了防患于未然，或为了改进现有的营销计划，也要在计划执行过程中加强控制。确定新居住项目营销计划执行过程控制，可以采用的控制方式包括：

（1）跟踪型控制。对新居住项目运行全过程实施不间断的控制。在市场营销中，外部市场环境变化，对战略规划决策、新产品开发等的控制就属于此类。

（2）开关型控制。确定某一标准作为控制的基准器，决定该新居住项目工作是否可行。例如，确定合理的项目投资报酬率，以此来评价项目市场机会或产品前景，如达到规定标准，则列入考虑范围。还有，楼盘产品质量控制、成本控制均属于此类。

（3）事后控制。将结果与期望标准进行比较，检查其是否符合预期目标，比较偏差大小，找出偏差产生的原因、决策经验和教训，以便下一步行动和有利于将来的行动。如产品市场占有率控制、楼盘销售率控制等，一般可归于此类。

（4）全面控制和分类控制。全面控制是对房地产营销某一活动的各个方面实施控制。分类控制则是将活动按其类别不同，分别控制。例如，控制按产品种类、市场类型、销售地区、销售渠道、销售部门等进行区分实施控制，就属于分类控制。

（5）集中控制和分散控制。集中控制是指最后决策的制订和调整，均由最高一级系统决定。分散控制是把控制权限分别由各子系统（各级主管部门和职能部门）分担，这些子系统有一定独立行使控制权的自由，最高级系统往往只起协调平衡的作用。

4. 确定新居住项目营销计划执行控制手段

新居住项目营销计划执行控制手段按其内容的不同可分为4类，见表4-3。

（1）年度计划控制，主要是由企业中高层管理人员负责的，检查营销活动的结果是否达到年度计划的要求，并在必要时采取调整和修正的措施。其方法有：①销售量分析。就是分析对比实际销售额与预定目标值之间的差距，并找出产生缺口的原因。可以通过销售差异分析和微观销售分析两个层次来完成。②市场占有率分析。销售分析只能说明企业本身的销售成绩，但不能反映企业与竞争对手相比的市场地位如何。

房地产营销控制类型及手段　　　　　　　　　　表4-3

控制类型	控制人员	控制目的	控制手段
年度计划控制	中、高层经理	检查计划目标是否达到	1. 销售量分析； 2. 市场占有率分析； 3. 营销费用率分析； 4. 财务结果分析
赢利控制	营销负责人	检查是否在赢利	按以下划分分别计算盈利率： 1. 产品； 2. 地区； 3. 顾客群； 4. 渠道； 5. 销售金额
效率控制	业务和职能部门经理、营销负责人	提高营销费用的使用效率	分析效率状况： 1. 销售队伍效率； 2. 广告效率； 3. 促销效率
战略控制	高层经理	检查企业是否在市场、产品和渠道方面抓住了最佳机会	1. 营销效益等级评定； 2. 营销审计

只有企业的市场占有率上升时，才说明它的竞争地位在上升。市场占有率分析通常有三种主要的市场占有指标：A. 全部市场占有率；B. 有限地区市场占有率；C. 相对市场占有率。③营销费用率分析。年度计划控制不但要保证销售和市场占有率达到计划指标，而且还要确保销售费用不超支。应该对各项费用率加以分析，并将其控制在一定限度内。例如：假定某楼盘的费用／销售额为3%，即每销售10000元房屋，支出费用300元。④财务结果分析。主要是通过一年来的销售利润率、资产收益率、资本报酬率和资产周转率等指标了解企业的财务情况。

案例4-3　销售量计划分析

假定年度计划要求，第一季度按每平方米10000元的价格销售某种住宅40000m²，目标销售额为4亿元；但到季度末仅按每平方米8000元的价格出售了30000m²，总销售额2.4亿元，比目标销售额减少了1.6亿元，那么这1.6亿元的减少额有多少是由于销售量下降造成的？有多少是由于价格降低造成的？

分析计算方法如下：

（1）由于价格下降造成的影响＝（10000-8000）×30000=0.6亿元，占1.6亿元的37.5%。

（2）由于销量下降造成的影响＝10000×（40000-30000）=1.0亿元，占1.6亿元的62.5%。

因此，销售额下降的约2/3是由于销量未达目标所造成的，故该企业应密切注意未达预期销售量目标的原因。

（2）赢利控制，是企业分析年度计划，控制意外的各产品在各地区运用各种营销渠道的实际获利能力，从而指导企业扩大、缩小或者取消某些产品和营销活动。赢利性控制能帮助营销主管人员决策哪些产品或哪些市场予以扩大，哪些应缩减，以至放弃。赢利能力反映在盈利率上，赢利能力强则盈利率高。盈利率分析是对盈利率进行控制的重要手段。盈利率分析的目的在于找出妨碍获利的因素，并采取相应的措施排除或削弱这些不利因素的影响。

（3）效率控制，是分析出企业在特定产品、销售市场活力不高时，就采取更有效的方法提高广告、人员推销、促销和分销等的工作的效率，以达到预期的营销目标。主要包括：①销售队伍效率，主要指标是推销员平均每天推销访问的次数、每次推销访问的平均销售额、每次推销访问的平均成本、每100次推销访问的成交百分比等。②广告效率，包括每一个覆盖1000人的广告成本，消费者对于广告内容和有效性的意见，对于产品态度的事前事后变化的衡量等。③促销效率，包括各种激发买主购买兴趣的方法所产生的效果。

（4）战略控制，是更高层次的市场营销控制，审计企业的战略、计划是否有效地抓住了市场机会，是否与市场营销环境相适应。战略控制是对整体营销效果进行全面评价，以确保房地产企业目标、政策、战略和计划与动态变化的市场营销环境相适应，促进房地产企业协调稳定发展。战略控制有2种工具：①营销效益等级评定。可从顾客宗旨、整体营销组织、足够的营销信息、营销战略导向和营销效率5个方面进行衡量。并以这5种属性为基础编制营销效益等级评定表，由各营销经理或其他经理填写，最后综合评定。②营销审计。对房地产企业的营销环境、线路、组织、控制、生产率和功能所做的全面的、系统的、独立的和定期的检查，其目的是在于发现问题和机会，提出行动建议和计划，以提高公司的营销业绩。

5. 设计新居住项目营销计划执行控制的基本程序

新居住项目营销计划执行控制的基本程序是用于跟踪营销活动过程的每一个环节，确保能够按照计划目标运行而实施的一套完整的工作程序。设计新居住项目营销计划执行控制的基本程序，如图4-3所示。

确定控制对象 → 设置控制目标 → 建立衡量尺度 → 确定控制标准 → 收集信息 → 比较实绩与标准 → 分析偏差原因 → 采取改进措施

图4-3　新居住项目营销控制的基本程序

（1）确定控制对象。即确定控制的内容和范围，确定应对哪些市场营销活动进行控制。具体包括：①销售收入、销售成本、销售利润等盈利性控制；②项目开发、项目定价、分销渠道、广告宣传、消费者服务等专项营销组合因素的控制；③营销目标、方针、政策等战略性控制。

（2）设置控制目标。即对控制对象设立各种控制活动的目标。目标市场营销系统的核心一方面是只有明确了目标才能进行营销控制；另一方面目标又是市场营销控制的归宿。市场营销控制的目的是更好地实现目标，只有达到目标才能说明营销控制是否有效。

（3）建立一套能测定营销结果的衡量尺度。为使房地产项目营销控制具有可操作性，必须制定具体的衡量尺度。衡量营销活动优劣的尺度可分为"量"的尺度和"质"的尺度两类：①"量"，如销售量、费用率、利润率等，对于这些指标要数量化；

②"质"，如销售人员的工作能力、组织能力等，这些很难用数量来表示，可以考虑将多种尺度配合使用。

（4）确立控制标准。控制标准是指以衡量尺度表示的控制对象的预期活动范围。在具体确定时，还要结合产品、地区、竞争等情况，区别对待，尽量保持控制标准的稳定性和适应性。

（5）收集信息。为了控制，必须收集各种信息，了解计划的完成情况。信息在房地产企业内部的传递是一项非常重要的工作，信息沟通是市场营销控制的中枢。

（6）比较实绩与标准。运用已建立的衡量尺度和控制标准对计划完成结果（实绩）进行检查与比较。检查的方法可根据实际需要而定，比较时有三种方法：①频率的比较，指规定一定时间内应做的次数比较；②数量的比较，指计划期执行实绩与计划规定的数量进行比较。③质的比较，指计划期执行实绩与计划规定的质量进行比较。

（7）分析偏差原因。实绩与计划目标产生偏差的原因大致有三种情况：①房地产企业对自身资源及外部环境与目标市场等因素的估计不足，导致企业营销计划不符合客观实际；②市场营销系统的外部环境发生恶劣重大的变化；③市场营销系统的内部发生了重大变化。

（8）采取改造措施。当实绩与计划不符时，就要采取纠正措施。如果在制定计划时，同时也制定恶劣应急计划，改进就能更快；但多数情况下并没有这类预定措施，这就必须根据实际情况，迅速制定补救方案，或适当调整某些营销计划目标。

案例 4-4　××项目的销售控制手段

××项目在执行市场营销计划的过程中可能会出现许多意外情况，开发商的营销组织必须行使控制职能以确保销售目标的实现。××项目营销过程控制方式包括：

一是全程跟踪型控制，发现问题及时纠正。采用时间控制、价格控制、房源控制、促销控制以及广告控制等方法。

二是指标控制，将销售结果与计划标准进行比较，检查其是否符合预期目标，比较偏差大小，找出偏差产生的原因、经验和教训，以便下一步行动和有利于将来的行动，控制指标有销售率控制、房源控制、回款控制等。

6. 撰写新居住项目营销线上线下执行与控制策划报告

集成上述 2~5 内容，形成新居住项目营销线上线下执行与控制策划报告。

2.4　必备业务知识

房地产营销过程：

房地产营销过程，就是市场营销的计划、执行和控制过程，是企业结合自身资源特点，根据外部环境变化，不断地制订、调整和修正营销战略，以实现营销目标的活动，如图4-4所示。

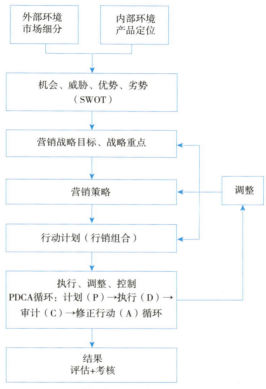

图4-4　营销计划的制定、实施与控制过程

2.5　必备业务要领

房地产营销审计方法：

（1）房地产营销审计，指对房地产企业的营销环境、线路、组织、控制、生产率和功能所做的全面的、系统的、独立的和定期的检查，其目的是在于发现问题和机会，提出行动建议和计划，以提高公司的营销业绩。

（2）房地产营销审计方法

1）营销环境审计，包括市场、顾客、竞争者和其他影响因素的检查分析。

2）营销策略审计，包括企业营销目标、战略以及当前与预期的营销环境相似程度的分析审查。

3）营销组织审计，包括营销组织在预期环境中实施组织战略能力的审查。

4）营销系统审计，包括企业收集信息、制订计划、控制营销活动的过程审查。

5）营销效率审计，包括各营销单位的获利能力和各项营销活动成本效率的审查。

6）营销职能审计，包括营销组织的每个因素，如产品、定价、渠道和促销等策略的审查。

2.6　任务拓展

顾客态度跟踪：

（1）顾客态度跟踪，是房地产年度计划控制的手段之一，目的是通过跟踪顾客态度变化检查营销计划目标是否达到。

（2）建立顾客态度跟踪系统。为了尽早察觉市场销售可能发生的变化，具有远见和高度警惕性的企业都建立了跟踪顾客、中间商与市场营销有关人员态度的系统。这个系统包括：

1）顾客投诉和建议制度；

2）典型顾客调查；

3）定期的用户随机调查。

任务3　新居住项目销售管理策划

3.1　任务分析

新居住项目销售管理策划任务内容主要有3项：

（1）新居住项目销售过程管理策划；

（2）新居住项目售楼部管理策划；

（3）新居住项目售后服务策划。

3.2　任务流程

新居住项目销售管理策划任务流程有9个步骤：

（1）工作准备；

（2）新居住项目销售预备工作管理；

（3）新居住项目销售过程进度控制与广告管理；

（4）新居住项目商品房预售与现售管理；

（5）新居住项目不同购房心理的销售对策；

（6）新居住项目交付管理与危机管理；

（7）新居住项目售楼部管理策划；

（8）新居住项目售后服务策划；

（9）撰写新居住项目销售管理策划报告。

3.3　任务实施

1. 工作准备

（1）新居住项目市场分析报告、目标市场选择与市场定位报告。

（2）新居住项目概念与形象设计方案。

（3）新居住项目产品策划书、价格策划书。

（4）新居住项目促销推广策划报告、营销组织策划报告、营销线上线下执行与控制策划报告。

（5）办公电脑及相关软件系统。

2. 新居住项目销售预备工作管理

（1）新居住项目销售审批资料准备。项目合法的审批资料包括：《建设工程规划许可证》《土地使用权》《商品房预售许可证》《商品房现售许可证》等资料。

1）《商品房预售许可证》办理。未竣工房地产项目销售，即期房销售，需要符合预售条件。"商品房预售条件及预售许可证"的办理程序，按照《城市房地产开发经营管理条例》和《城市商品房预售管理办法》的有关规定执行。一般需要准备以下资料：①房地产开发企业资质证书和企业法人营业执照；②取得土地使用权证书或使用土地的批准文件；③建设用地规划许可证；④建设工程规划许可证和施工许可证；⑤属于房屋开发项目的，已投入资金占项目总投资达到25%的证明。

2）《商品房现售许可证》办理。竣工房地产项目销售，即现房销售，要办理"竣工房地产项目销售许可证"，需要准备以下资料：①房地产开发企业资质证书和企业法人营业执照；②取得土地使用权证书或使用土地的批准文件；③持有建设工程规划许可证和施工许可证；④已通过竣工验收；⑤供水、供电、供热、燃气、通信等配套基础设施具备交付使用条件，其他配套基础设施和公共设施具备交付使用条件或已确定施工进度和交付日期；⑥物业管理方案已经落实。

（2）新居住项目销售资料准备

1）宣传资料的准备。设计印刷形象售楼书、功能楼书、平面图、折页小册子、宣传单、海报等楼盘宣传资料。宣传资料内容包括：①楼盘概况——占地面积、建筑面积、公共建筑面积、建筑覆盖率、容积率、绿化率、物业座数、层数、层高、车位数。②发展商、投资商、建筑商、物业管理人、代理机构、按揭银行、律师事务所的名称、地址、电话及联系人姓名；③销售许可证及编号；④位置交通——楼盘所处具体位置图、交通路线图及位置、交通情况文字详细介绍；⑤周边环境——自然环境介绍、人文环境介绍、景观介绍；⑥生活配套设施——介绍周边学校、幼儿园、医院、菜市场、商场、超市、餐饮服务业、娱乐业、邮政电信；⑦建设项目的装修标准和所具备的主要设备——电梯、空调、煤气供热、电力、通信、有线电视、对讲系统等；⑧规划设计——包括楼盘规划人、规划理念、规划特点，楼盘建筑设计者、设计理念、建筑特色、环艺绿化风格特色等，随着近年人们对生活品位日渐高层次的追求，消费者日益重视建筑内外部空间的处理、建筑风格、建筑外立面特点，因此规划设计应是售楼书介绍的重点；⑨户型介绍——由于生活方便与否，舒适与否与户型有着绝大的关系，因此户型是影响消费者购买决定的重大因素，应以灵活多样的方式将户型特色、户型优点尽情展示；⑩会所介绍——作为全新生活方式下的产物，作为能提升楼盘整体品位的重要组成，会所在近年的市场中受到越来越高的重视，会所功能、会所设计概念、会所服务细则也应有所介绍；⑪ 每平方米或总的销售价格——按揭比例、年限及首期交款额、每年交款额、一次交款优惠比例、优惠条件等；⑫ 物业管理介绍——物业管理即楼盘的售后服务，随着市场的发展，人们对其日益重视，物业管理人背景、物业管理内容、物业管理特色应有所交代；⑬ 建筑装饰材料，新材料新科技成果运用。

2）客户置业计划准备。楼盘在推向市场时，不同的面积单位、楼层、朝向、总价等都不会相同，应事先制订出完善的客户置业计划，这样客户可以了解自己的选择范围。

3）认购合同与房屋销售合同准备。认购合同在签订正式房屋买卖合同前使用。

4）购房须知准备，内容包括新居住新项目产品介绍、可购买对象、认购程序等内容。

5）销售价目窗口表与付款方式一览表准备。价格策略制定完成后要制作价目窗口表，使每套房子的单价、总价一目了然。同时，准备付款方式一览表，如一次性付款、按揭付款、建筑分期付款等。

6）其他相关文件。可根据项目自身来确定，如办理按揭指引、须交税费一览表、办理进住指引等相关文件或资料。

（3）新居住新项目销售人员准备。为保证销售工作能顺利完成，必须保证销售人员的数目与素质。对招聘的销售人员，要进行系统的售前培训工作，以提高其素质和能力。

1）确定销售人员数量。根据项目销售量、销售目标、广告投放等因素决定人数，然后根据销售动态情况进行动态调整。

2）确定销售人员素质。招聘销售人员要求具有良好的个人形象、基本的专业素质和沟通能力。①售楼人员应具备的理论知识体系是：营销基础知识、广告基础知识、房地产基本知识、当前当地房地产走势、企业管理基础知识、服务基础知识、企业文化基础知识、推销基础知识、装修装饰基本知识、物业管理基本知识。②售楼人员所应具备的技巧：观察技巧、洽谈技巧、倾听客户技巧。如洽谈技巧，需要注意语速、制造谈话氛围、学会打补丁、制造饥饿感、集中精神、适时称赞等。

3）确定培训内容。主要包括通用性培训和专业性培训。①通用性培训包括：公司制度、口头表达方法、组织方法、坚韧性、影响力、灵活度、敏感度、积极性、学习方法、判断方法、分析方法、洽谈技巧、服务态度、员工礼仪等。②专业性培训包括：公司楼盘特色——规划、户型、建筑、配套、教育、景观、功能等，区域楼市概况、竞争对手概况、营销基本知识、推销策略与技巧、投诉处理方法、刁蛮顾客应对措施、合同签订程序、专业术语、销售部工作流程及行为规范、营销策略思路理解、市场状况及竞争对手分析、产品理解、发展商介绍及经营理念、项目优劣势分析、客户信息资料的获取技巧、买家分析、各种销售表格的填写规范、工程知识、入住须知及物业管理、计价及按揭知识、投资分析、合同及法律知识、国家政策法规等。

4）确定培训方式。销售员采用统一模拟训练，一个充当客户，一个做业务员进行针对性的强化训练。统一的销售说词。设想客户可能会问的所有问题，全部列出来，进行统一解答，以免同一个问题会有不同的答案。尽量把自己设想成一个客户，从客户的立场和角度去研究楼盘，才能做到疏而不漏，才能心中有底，对答如流。

（4）新居住项目销售现场准备。销售现场状况将直接影响客户购买行为。一般情况下，售楼现场应做好：

1）售楼处设计布置。售楼处应设在目标客户群常常容易出入的区域附近，同时又较易到达工地，便于客户看房。销售处内部的布局最好有展示区、接待区及销控区，不要混杂，内部的色彩基调宜用暖色，使人产生暖洋洋的感觉。

2）销售道具设计制作。包括：模型——规划沙盘、立面模型、剖面模型；效果图——立面透视效果、鸟瞰效果、中庭景观效果、单体透视效果；墨线图——小区规划墨线、楼层平面墨线、家具配置墨线等；灯箱片——把效果图、家具配置等翻拍成灯箱片，会形成良好的视觉刺激效果；裱板——把楼盘最重要的优点用文字、图表的方式制成裱板，挂在销售中心的墙上，便于销售员解说。

3）看房环境装修美化。样板房精装修、看楼通道的安全畅通与包装、施工环境美化。

4）户外广告制作。制作一些户外广告牌、灯箱、导示牌、彩旗等，以营造现场喜庆的氛围。

3. 新居住项目销售过程进度控制与广告管理

（1）新居住项目销售过程进度控制。按照房地产营销控制计划制定房地产销售进度控制措施，确保房屋均衡销售、资金均衡回笼，从而能保证开发建设均衡施工，避免房地产开发忽高忽低难控制的局面。房地产销售控制的基本原则是：销售进度要符合建设及市场的规律；销售进度要体现销售策略；销售进度要考虑项目的综合成本；销售进度要规避引发法律赔偿。房地产项目销售控制的方法主要有：时间控制法；价格控制法；房源控制法；促销控制法；客源控制法；广告控制法等。

1）时间控制。楼盘销售阶段控制，见表3-3。

2）价格与房源控制。要设置价格阶梯，均衡推出房源。但是，销售不可能一帆风顺，难免会有卡壳现象，所以需要卖点储备与挖掘，及时推出新卖点，会缓解销售卡壳现象，确保销售过程均衡化。

3）禁止虚假的不合规的销控做法。有假销控表、雇托炒房、人为惜售、虚假合同、拖延审批、延后预售许可等，人为制造房价上涨假象。不合规的做法会人为导致房地产价格非理性上涨，加剧普通百姓购房负担，甚至买不起房，政府主管部门严令禁止。

（2）新居住新项目销售过程广告管理

1）新居住项目的广告投放节奏必须与楼盘销售过程保持一致，与其他促销手段相配合，进度吻合。

2）项目楼盘预售、销售广告，必须载明以下事项：①开发企业名称。②中介服务机构代理销售的，载明该机构名称。③预售或者销售许可证书号。广告中仅介绍房地产项目名称的，可以不必载明上述事项。

3）新居住项目的广告发布要满足政府规定的"发布房地产广告的必备条件和规定"。

4. 新居住项目商品房预售与现售管理

（1）商品房预售操作管理

1）新居住项目要达到商品房预售的条件。

2）新居住项目要取得商品房预售许可，取得《商品房预售许可证》。未取得《商品房预售许可证》的，不得进行商品房预售。新居住项目进行商品房预售时，应当向求购人出示《商品房预售许可证》。

3）商品房预售合同登记备案。新居住项目取得《商品房预售许可证》后，可以向社会预售其商品房。商品房预售人应当在签约之日起30日内持商品房预售合同到县级以上人民政府房产管理部门和土地管理部门办理登记备案手续。但禁止商品房预购人将购买的未竣工的预售商品房再转让。

（2）商品房现售操作管理

1）新居住项目要达到商品房现售的条件。

2）新居住项目要取得商品房现售许可，取得《商品房现售许可证》。未取得《商品房现售许可证》的，不得进行商品房预售。新居住项目进行商品房现售时，应当向求购人出示《商品房现售许可证》。

3）商品房现售合同登记备案。与商品房预售合同登记备案一样。

5. 新居住项目不同购房心理的销售对策

房地产顾客的购房心理决定购房行为，新居住项目销售人员只要根据不同的心理特点找准销售对策，就可以节省许多交易时间成本。

（1）理智稳健型顾客。心理活动特征：考虑问题冷静稳健，不轻易被销售人员的言辞所打动，对于项目的疑点，他们一定会详细了解，不会有半点含糊。销售对策：在销售过程中加强对房屋本质、开发商信誉及房屋独特优点的介绍，而且介绍必须有理有据，从而获得顾客的理解和信任。

（2）小心谨慎型顾客。心理活动特征：这类顾客由于做事十分小心，无论大事小事，都在顾虑之内，常常由于一个无关大局的小事而影响最终决定。销售对策：销售人员应该在销售过程中通过几个细节的介绍尽快取得对方的初步信任，加强其对产品的信心。当其考虑的问题远离主题时，应该随时创造机会将其导入正题。在其交纳定金后，更应该快速让其签约，以坚定其选择。

（3）沉默寡言型顾客。心理活动特征：这种人往往做事谨慎，考虑问题常常有自己的一套，并不轻易相信别人的话，外表严肃，反应冷漠。销售对策：在介绍产品的特点以外，应通过亲切的态度缩短双方的距离。通过多种话题，以求尽快发现其感兴趣的话题，从而了解其真正需求。如表现厌烦时，可以考虑让其独自参观，并不时留意，在其需要时进行介绍。

（4）感情冲动型顾客。心理活动特征：这种人天性易激动，轻易受外界怂恿与刺激，一旦激动起来，则很快就能做出决定。销售对策：从一开始就不断强调产品的特色和实惠，促使其快速决定。当顾客不想购买时，更应该应对得体，以免其过激的言辞影响其他顾客。

（5）优柔寡断型顾客。心理活动特征：内心犹豫未定，不敢作决定，可能是第一次购房，所以经验不足，害怕上当受骗。销售对策：销售人员必须态度坚决而自信，通过信而有证的公司业绩、产品品质、服务保证等赢取顾客信赖，并在适当的时机帮助其作决定。

（6）敏感型顾客。心理活动特征：这种人比较敏感，事情容易往坏处想，表现了其心里没底，需要帮助。销售对策：开始时必须言行谨慎，多听少说，仪态庄重严肃，在取得信任后以有力的事实说服对方，不要做过多的描述。

（7）借故拖延型顾客。心理活动特征：这种人可能是随意看看，不能立即决定，或者根本就没有购买的打算。但是也有可能有购房意向，不过较迟疑，习惯于借故拖延，推三阻四，企盼更大的优惠出现。销售对策：在介绍过程中不断摸索顾客不能决定的原因，并设法解决，但要掌握分寸，可以让一些小利，并让其产生我方一再让步的感觉，不好意思再推托。

无论什么购房心理的客户，售楼人员向客户详尽地讲解完楼盘的概况并回答完顾客疑问后，就要主动提出成交的要求。"您看，8号楼508室各方面都符合您的要求，要不就定这套吧？"这是一种假设成交的技巧。如果客户没提出不同意见，就意味着成交到手了。但往往刚开始提出成交要求时，出于对自我利益的保护，在客户没有完全明白购买行为中得到什么利益点之前，他会用最简单的方法——拒绝购买来保护自己。因此，不要在客户提出拒绝后就与此顾客"拜拜"。面对顾客的拒绝，可以继续向客户介绍楼盘新的利益点，在顾客明白这一利益点后，再一次提出成交的要求。这就是"成交三步曲"在楼盘销售中的运用。

第一步：向客户介绍楼盘最大一个利益点；

第二步：征求客户对这一利益的认同；

第三步：当客户同意楼盘这一利益点的存在时，向客户提出成交要求。

这时会出现两种结果：成交成功或失败。如果失败，你可以继续向客户介绍一个新的利益点，再次征得客户的认同和提出成交的要求。有时，甚至提出四五次成交要求后，客户才最终肯落订签约。经验表明，韧性在售楼的成交阶段是很重要的。甚至，在向顾客几次提出成交要求遭到客户的拒绝后，眼看成交无望后，仍不气馁。成交的关键是六个字：主动、自信、坚持。第一、售楼员应假设成交已有希望（毕竟你是抱着希望向客户推荐的），主动请求客户成交；第二、要有自信的精神与积极的态度；第三、要坚持多次向客户提出成交的要求。事实上，一次成交的可能性会很低的，但事实证明，一次成交失败并不意味着整个成交工作的失败，客户的"不"字并没有结束售楼工作，客户的"不"字只是一个挑战书，而不是阻止售楼员前进的障碍。

6. 新居住项目交付管理与危机管理

（1）商品房交付使用管理

1）按照合同约定，将符合交付使用条件的商品房按期交付给买受人。未能按期交付的，房地产开发企业应当承担违约责任。因不可抗力或者当事人在合同中约定的其他原因，需延期交付的，房地产开发企业应当及时告知买受人。

2）面积误差处理。商品房建成后的测绘结果与合同中约定的面积数据有差异，商品房交付时，开发商与购房人应根据合同约定对面积差异进行结算。

3）权证办理。房地产开发企业应协助购买人办理土地使用权变更和房屋所有权登记手续。房地产开发企业应当在商品房交付使用之日起60日内，将需要由其提供的办理房屋权属登记的资料报送房屋所在地房地产行政主管部门。同时房地产开发企业还应当协助商品房买受人办理土地使用权变更和房屋所有权登记手续，并提供必要的证明文件。

（2）新居住项目销售危机管理。危机管理就是当企业项目在面对危机、灾难时采取拨乱反正的措施，以期最大限度地减少危机给项目造成的不良影响。由于新居住项目开发周期长，资金投入大，回收期限长，时时刻刻面临着危机，所以要靠危机管理，化危为机。新居住项目面对危机的管理技巧包括：

1）指定一个独家发言人。在项目危机发生后，指定一个发言人，让企业只有一种声音对外，可避免因多种因素对外而说法不一。最好由公关人员担当企业的独家代言人。公关人员长期与媒体、公众打交道，了解他们的需要，对事件的报道可以做到既公正全面，又能最大限度地维护公司利益。

2）率先公开、坦率地承认问题。发言人只需陈述事件的过程，不应过多加入分析、结论性意见和处理办法，这样既为代言人以后的发言留下空间，又不至于引来公众、媒体的追问、调查。

3）告诉公众事情的进展。社会各界包括媒体、公司股东、主管部门都在等待来自公司的最新消息。所以，应经常透露一些对他们有价值的信息。如公司正在和当局合作，调查正在进行中或正在作出某种选择等。

4）让员工享有知情权。如果员工处于对公司项目现状了解不够全面的尴尬状态，公司不太可能从员工那里得到太多的支持，弄不好还会祸起萧墙，内部产生不稳定因素。还应要求员工不要对外泄露情报，因为只有独家代言人才是唯一对外宣传的窗口。

5）与媒体建立良好关系。项目经理、公关人员可以通过向媒体真实、客观、及时地提供他们所需的信息，力所能及地配合媒体的工作，与媒体建立良好关系。这样，媒体才可能在公司处于危机时公正报道事件，尽量保护公司。

6）接受"外脑"的意见。在危机发生后，公司应综合考虑各种因素，考虑可能出现的各种情况，而公司内部人员此时往往不能客观地预料可能出现的最坏情况，而需要听取外部专家站在不同的角度客观地判断事态发展，并制定有效措施。

7）保持与顾客的联系。为了在顾客心目中树立公司的良好形象，公司应经常给顾客打电话、写短信，与顾客沟通、交流。在危机发生后，为了重新塑造公司项目值得信赖的形象，还应继续这些工作。

案例4-5　××集团坦然面对危机

××集团有一批住房，由于占用绿化和建筑质量有部分问题，被购房者告到电台，被媒体披露，很快很多居民要求退房。××集团马上派专人与居民接触，协商解决措施，又与媒体保持密切联系，让媒体给予一段时间解决问题。迅即派出工程技术人员到现场，为居民维修和架设临时管线，保证居民生活。至于占用绿化知错就改，最终取得了居民的谅解和媒体与政府的好评。

7. 新居住项目售楼部管理策划

（1）售楼部的组织设计

1）售楼部的组织结构一般采用职能型结构。

2）编制售楼部的岗位。包括：项目总监岗位、策划相关岗位、销售相关岗位、客户服务相关岗位。

3）制定销售人员的岗位职责。包括：①认真贯彻公司销售政策，为客户提供一流的接待服务；②熟悉房地产基本常识和所销售产品的详尽的知识；③在规定的时间内完成销售指标；④宣传房地产项目，提升品牌形象；⑤执行销售业务流程所规定的全部工作；⑥建立良好的人际关系，积极收集反馈意见；⑦开展市场调研工作，为公司收集第一手市场资料；⑧负责按揭资料的预备与按揭工作；⑨积极挖掘潜伏客户；⑩努力向上，坚持学习。

（2）售楼部的工作流程

1）销售管理流程。包括：①销售政策制定流程、销售价格制定流程、销控方案制定流程、销售面积确定流程；②内部认购流程、集中开盘流程、认购管理流程；③签约管理流程、延迟签约申请流程；④按揭贷款办理流程；⑤特殊优惠申请流程；⑥认购阶段换房流程、认购阶段退房流程、签约阶段退房流程；⑦加名减名更名流程；⑧收据遗失补办流程。

2）销售业务流程。包括：①售楼部基本工作流程；②案场销售业务基本流程；③电话接待流程；④新客户接待流程、老客户接待流程；⑤带看工地现场流程、带看样板房流程；⑥客户跟踪回访流程、客户投诉处理流程、客户满意度调查流程；⑦沙盘区讲解流程、样板区讲解流程、户型解读流程。

（3）售楼部的管理制度

1）售楼部行政管理制度。包括：①售楼部员工守则；②售楼部考勤制度；③售楼部值班制度；④售楼部例会制度；⑤售楼部卫生管理制度；⑥售楼部安全管理制度；⑦销售用品管理制度；⑧售楼部考核制度、售楼部处罚条例；⑨售楼部奖金分配管理制度。

2）售楼部工作规范制度。包括：①案场工作纪律；②销售礼仪规范；③服务用语规范；④客户接待行为规范。

3）售楼部业务管理制度。包括：①员工培训制度；②客户接待制度；③销控管理制度；④样板房管理制度；⑤销售报表管理制度；⑥成交签约管理制度；⑦销售奖励办法；⑧业绩分配制度；⑨销售提成制度。

（4）售楼部的管理表格

1）员工管理表格。包括：①员工花名册、案场考勤表、案场轮休表；②外出登记表；③客户轮值表；④员工年度考勤统计表；⑤个人周工作总结；⑥工作违纪处理单；⑦办公用品领用登记表；⑧部门活动基金使用申报表、部门活动基金使用登记表。

2）客户关系管理表格。包括：①电话接听记录表；②来访客户登记表、认购客户登记表、成交客户登记表、拜访客户记录表；③售后服务跟踪维护表；④成交客户档案表（单客户）、成交客户档案表（多客户）；⑤未成交客户追踪分析表；⑥客户意见反馈单；⑦客户问题汇总表；⑧客户交款情况登记表；⑨退订客户登记表；⑩月度客户满意度分析表。

3）销售管理表格。包括：①到访征询单、来访客户需求调查问卷；②保留房型通知单、保留楼盘控制表；③营业日报表；④购房须知、购房意向书、付款承诺书、购房税费一览表、装修标准一览表、商品房认购书、房屋缴款单、客户按揭资料接收表；⑤特殊优惠申请单、额外折扣登记表、赠送礼品登记表；⑥认购书领用登记表、合同领用登记表；⑦换房申请书、更名申请书、退房申请书、交房通知书；⑧拟订清单、终止合同通知书；⑨房屋销售一览表、销售人员业绩统计表、个人销售提成结算表、售楼部奖金分配明细表；⑩代理公司业绩确认表。

4）销售分析表格。包括：①楼盘调查表、区位调查记录表、住宅户型调查统计表、竞争楼盘供应量调查统计表、街区/商场客流量统计表、购物中心业态及租金调查表；②项目 SWOT 分析；③销售情况日报表、销售情况周报表、销售情况月报表；④案场月工作总结；⑤售楼部每周工作问题汇总；⑥月份楼盘销售分析表；⑦购买因素分析表、未购买因素分析表、退房客户分析表；⑧广告效果统计表（周）；⑨周到访客户情况分析表、客户情况细分表；⑩成交客户购房因素分析表、成交客户看房频次统计表。

8. 新居住项目售后服务策划

（1）明确房地产售后服务内容。房地产售后服务内容包括：咨询顾客问题、协助办理个人住房贷款、协助办理楼宇交付、协助办理房地产产权登记、处理客户投诉以及搭建客户会服务平台。

（2）协助购房者签订商品房买卖合同。房地产开发企业应与购房者签订商品房买卖合同，并采用《商品房买卖合同示范文本》。

1）合同主要内容：当事人名称和姓名、住所；商品房基本情况；商品房的销售方式；商品房价款的确定方式及总价款、付款方式、付款时间；交付使用条件及日期；装饰、装修标准承诺；供水、供电、供热、燃气、通信、道路、绿化等配套基础设施和公共设施的交付承诺和有关权益、责任；公共配套建筑的产权归属；面积差异的处理方式；办理产权登记有关事宜；解决争议的办法；违约责任；双方约定的其他事项。房地产开发企业、房地产中介服务机构发布的商品房销售广告和宣传资料所明示的事项，当事人应当在商品房买卖合同中约定。

2）计价方式。商品房销售可以按套（单元）、套内建筑面积、建筑面积三种计价方式，房屋权属登记中对房屋的面积按建筑面积进行登记，但按套、套内建筑面积计价并不影响用建筑面积进行产权登记。

3）误差的处理方式。面积误差比是产权登记面积与合同约定面积之差与合同约定面积之比，公式为：

面积误差比 =（产权登记面积 − 合同约定面积）/ 合同约定面积 × 100%

合同未作约定的，按以下原则处理：①面积误差比绝对值在 3% 以内（含 3%）的，据实结算房价款；②面积误差比绝对值超过 3% 时，买受人有权退房。买受人退房的，房地产开发企业应当在买受人提出退房日期 30 日内办理退房退款。

4）中途变更规划、设计。出现合同当事人约定的其他影响商品房质量或使用功能情形的，房地产开发企业应当在变更确立之日起 10 日内，书面通知买受人。买受人有权在通知到达之日起 15 日内作出是否退房的书面答复，15 日内未作出书面答复的，视同接受规划、设计变更以及由此引起的房价款的变更。房地产开发企业未在规定时限内通知买受人的，买受人有权退房；买受人退房的，由房地产开发企业承担违约责任。

5）保修责任。当事人应当在合同中就保修范围、保修期限、保修责任等内容作出约定。保修期从交付之日起计算。

（3）协助购房者办理个人住房贷款。

（4）协助购房者办理房地产产权登记。

（5）协助办理楼宇交付。

9. 撰写新居住项目销售管理策划报告

集成上述 2~8 内容，形成新居住项目销售管理策划报告。

3.4　必备业务知识

1. 楼盘销售控制

（1）楼盘销售控制。就是在整个楼盘营销过程中，应该始终保持有好的房源，要分时间段根据市场变化情况，按一定比例面市，这样可以有效地控制房源，而且后期的好房源面市时，正处于价格的上升期，还可以取得比较好的经济效益。

（2）销售控制作用。销控是实现项目利润最大化的捷径，一个项目开盘即一抢而空不是一件好事，只能说明定价偏低，开发商没有得到最大的销售收入，所以要控制好销售节拍，在先导期、开盘期、强销期、收盘期每个期间内供应的销售量在面积、朝向，各安排合理的供给比例，楼层中保持一定大小、好坏、高低的比例，以实现均衡销售。

2. 房地产售后服务

（1）房地产售后服务，又称为房地产后营销，是指在销售环节结束后，为购房者提供的相关客户服务和物业管理措施。

（2）房地产售后服务作用大。售后服务是房地产营销系统中不可缺少的部分，对房地产开发企业的后期产品推广有着关键的影响。在售后服务过程中，销售人员必须树立"一次生意、终生客户"的宗旨，将顾客发展成为忠实顾客，为以后创造新的销售机会，同时还可以树立企业良好的形象。

（3）设立房地产售后服务载体——客户会。客户会是购房者与开发商的沟通渠道、是开发企业拓展营销的渠道、是业主间相互沟通的平台。客户会的活动方式：晚会和派对、内刊、积分回报、商家联盟、慈善和公益、社团活动等。

3.5　必备业务要领

1. 房地产销售人员的观察能力培养

（1）观察顾客表情。对顾客的表情进行目测，根据表情来判断顾客特征，比如顾客满面春风、笑容可掬，说明顾客自信、成功、亲切。

（2）观察顾客姿态。姿态很能反映出一个人的精神风貌，比如顾客头是上扬的，可能这人比较自信。

（3）观察顾客步态。从顾客的步态看其性格,如顾客走路脚下生风,通常快人快语、豪爽,如走路稳健缓慢,通常较沉稳。

（4）观察顾客着装。从着装可以看出顾客的喜好和个性,喜欢穿休闲装的人,一般性格开放,不喜欢受到约束,西装革履则表示此人很注重形象,从服装的品牌可以看出顾客的身份和地位。

（5）观察顾客手势。手势通常是用来表达意愿的,也是第二语言,假如顾客习惯性地经常摆手,说明这位顾客对什么事情都保持一份戒备心态,持怀疑态度。

（6）观察顾客目光。目光是心灵的窗户,从目光中可以看出顾客的心灵动机。

（7）观察顾客语态。从顾客谈话的态度来判断顾客,假如顾客说话时东张西望,这个顾客目前可能是没有购买意向的,也许仅仅是了解一下而已。

（8）观察顾客笑容。笑容是心境的写照,如果顾客笑时声音很大,笑得旁若无人,则说明顾客不拘小节。

（9）观察顾客配饰。根据顾客身上所佩戴的饰物来判断顾客的地位,如果顾客戴有昂贵的项链、手链、头饰等,基本可以说明顾客的经济实力较雄厚。

（10）观察顾客用具。从顾客所使用的东西可以判断身份,比如豪华车的车主往往经济实力较雄厚。

2. 成套房屋建筑面积测算

（1）成套房屋建筑面积 = 套内建筑面积 + 分摊共有建筑面积。

（2）套内建筑面积 = 套内房屋使用面积 + 套内墙体面积 + 套内阳台建筑面积。①套内房屋使用面积的计算。房屋户内全部可供使用的空间面积,按房屋的内墙面水平投影计算,不包括墙、柱等结构构造和保温层的面积,也未包括阳台面积。②套内墙体面积的计算。套内墙体面积,是指套内使用空间周围的维护或承重墙体或其他承重支撑体所占的面积。其中,各套之间的分隔墙和套与公共建筑空间的分隔墙以及外墙（包括山墙）等共有墙,均按水平投影面积的一半计入套内墙体面积,套内自有墙体按水平投影面积全部计入套内墙体面积。③套内阳台建筑面积的计算,是指按阳台外围与房屋外墙之间的水平投影面积计算。其中,封闭的阳台按水平投影全部计算建筑面积,未封闭的阳台按水平投影的一半计算建筑面积。

（3）分摊的共有建筑面积的计算。①公用建筑面积:现行公用建筑面积由两部分组成:一是电梯井、楼梯间、垃圾道、变电室、设备间、公共门厅和过道、地下室、值班室、警卫室以及其他功能上为整幢建筑物服务的公共用房和管理用房建筑面积;二是套（单元）与公共建筑空间之间的分隔墙（包括山墙）,墙体按建筑平面图纸轴线以外的水平投影面积。此外以下公用建筑不得分摊到本幢建筑物内:非本幢建筑物

（如锅炉房、变电所、泵房等）；已作为独立使用空间的地下室、车库等；作为人防工程的地下室。②分摊公用建筑面积：公摊的公用建筑面积＝公用建筑面积公摊系数 × 套内建筑面积；公用建筑面积分摊系数＝公用建筑面积／套内建筑面积之和。

3.6　任务拓展

SPIN 销售法：

SPIN 销售法其实是情景性（Situation）、探究性（Problem）、暗示性（Implication）、解决性（Need-Payoff）问题四个英语词组的首位字母合成词，因此 SPIN 销售法是指在营销过程中职业地运用实情探询、问题诊断、启发引导和需求认同 4 大类提问技巧来发掘、明确和引导客户需求与期望，从而不断地推进营销过程，为营销成功创造基础的方法（图 4-5）。

根据研究显示，成功的从业人员所采用的 SPIN 模型程序大致如下：

1. 首先，利用情况性问题（Situation Questions）（例如先生从事什么职业？……）来了解客户的现有状况以建立背景资料库（收入、职业、年龄、家庭状况……），从业人员透过资料的搜集，方能进一步导入正确的需求分析。此外，为避免客户产生厌烦与反感，情况性问题必须适可而止地发问。

2. 接着，从业人员会以难题性问题（Problems Questions）（如你的保障够吗？对产品内容满意吗？……）来探索客户隐藏的需求，使客户透露出所面临的问题、困难与不满足，由技巧性的接触来引起客户的兴趣，进而营造主导权使客户发现明确的需求。

3. 下一步，从业人员会转问隐喻性问题（Implication Questions）使客户感受到隐藏性需求的重要与急迫性，由从业人员列出各种线索以维持客户的兴趣，并刺激其购

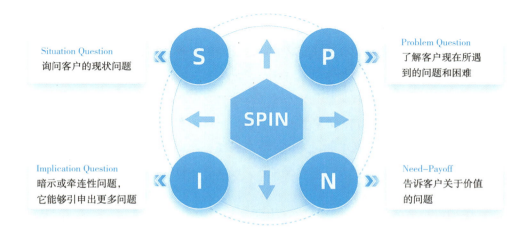

图4-5　SPIN销售法

买欲望。

4.最后，一旦客户认同需求的严重性与急迫性，且必须立即采取行动时，成功的从业人员便会提出需求—代价的问题（Need-Payoff Questions）让客户产生明确的需求，以鼓励客户将重点放在解决方案上，并明了解决问题的好处与购买利益。

3.7 综合实训

1. 实训名称

门店所代理的新居住项目营销组织与执行策划。

2. 实训内容

演练1 新居住项目营销组织策划；

演练2 新居住项目营销线上线下执行与控制策划；

演练3 新居住项目销售管理策划。

3. 实训作业文件

门店所代理的新居住项目营销组织与执行策划报告。

 小结

新居住项目营销组织与执行策划工作领域主要有3个工作任务。任务1"新居住项目营销组织策划"的任务是设计组织结构、配备组织人员；根据任务内容设计了任务流程；根据任务流程逐步开展任务实施；介绍了新居住项目营销组织策划必备的业务知识和必备的业务要领，并围绕新居住项目营销组织策划任务拓展了相关知识、技巧和经验。任务2"新居住项目营销线上线下执行与控制策划"的任务是新居住项目营销线上线下执行、营销控制策划；根据任务内容设计了任务流程，开展了任务实施，介绍了必备的业务知识和必备的业务要领，并围绕任务拓展了相关知识、技巧和经验。任务3"新居住项目销售管理策划"的任务是新居住项目销售过程管理策划、新居住项目售楼部管理策划、新居住项目售后服务策划，设计了任务流程，开展了任务实施，介绍了必备的业务知识和必备的业务要领，并围绕任务拓展了相关知识、技巧和经验。最后，安排了门店所代理的新居住项目营销组织与执行策划综合实训，形成最终的门店所代理的新居住项目营销组织与执行策划报告。

思考题

1. 如何进行新居住项目营销组织策划？

2. 如何进行新居住项目营销线上线下执行策划？

3. 如何进行新居住项目营销控制策划？

4. 如何进行新居住项目销售管理策划？

5. 如何撰写新居住项目营销组织与执行策划报告？

05

工作领域 5　门店开设与数字化管理

 ## 工作领域描述

　　存量房经纪业务是数字化经纪服务的重要业务，门店开设与数字化管理是做好存量房经纪业务的前提。门店开设与数字化管理是房地产经纪服务的基本功，尤其门店数字化管理不仅是确保房地产经纪服务品质的基础工作，也是核心工作之一。所以，门店数字化管理是房地产交易服务的核心业务环节，是经纪服务人员的重要工作领域，需要具备相应的工作技能。

 ## 工作领域内容

1. 门店开设与数字化管理；
2. 门店目标管理；
3. 门店业务管理；
4. 门店量化管理。

 ## 工作技能要求

1. 能够理解房地产经纪服务职业标准和工匠精神；
2. 能够进行门店开设；
3. 能够开展门店目标管理；
4. 能够开展门店业务管理；
5. 能够进行门店资源管理；
6. 能够开展门店量化管理；
7. 能够撰写门店开设与数字化管理方案。

任务 1　门店开设与数字化管理

1.1　任务分析

门店开设与数字化管理任务内容主要有 3 项：

（1）门店选址；

（2）门店开设；

（3）数字化门店管理内容与指标。

1.2　任务流程

门店开设与数字化管理任务流程有 7 个步骤：

（1）工作准备；

（2）选择门店区域和经营方向；

（3）门店选址；

（4）门店布置；

（5）门店注册设立与开业；

（6）明确数字化门店管理内容与指标；

（7）撰写门店开设方案。

1.3　任务实施

1. 工作准备

（1）社区调研与分析报告。

（2）商圈跑盘信息。

（3）办公电脑及相关软件系统。

2. 选择门店区域和经营方向

房地产经纪业务的开设，受房地产市场影响，涉及业务区域和经营方向的选择。特定的区域市场往往形成相应的特性，将直接影响到经营门店的开设。

（1）房地产市场分析。房地产市场的交易规模从根本上看，受城市规模、常住人口、经纪总量、产业结构等宏观因素影响。在微观上看，一个城市的存量房交易规模，多由房屋存量、换手率、交易价格决定。短期来看，房地产市场的规模及大小会随着市场波动、政策调控、供需情况而变化。

1）宏观市场分析

①存量的分布及结构分析。存量房的规模是一个城市房地产市场交易的基础，而

存量房的结构又直接影响交易的质量。城市的发展规模决定了存量房的分布，城市发展的快慢，决定了存量的增速及数量。比如北京，近二三十年的发展是由内向外扩张，总体仍属于单中心城市。同样是由内而外的发展，上海是多个中心组团由内向外同时发展。物业形态的存量结构影响交易的活跃程度，存量房按照物业形态和性质可以划分多个维度，比如商品房、经济适用房、已购公房等，区分出不同的业主群体，交易活跃度及交易成本。

②市场变化分析。影响房地产市场短期波动因素有两种，一是总体的经济及货币环境，二是与交易相关的各种调控政策。常见的调控政策包括限购、信贷、税费、限售等。政府对市场进行调控，其实就是在调整市场的供需和预期以稳定房价。

③交易预测。交易预测一般涉及两个场景应用：一是判断来年总体交易规模，以制定年度目标；二是判断市场近阶段走势，以调整业务动作。判断年度交易规模更要看宏观的指标，从货币供给和信贷投放结合政策来判断未来市场的实际需求规模。判断短期交易变化可以根据和市场更为相关的指标，从交易指标、供需指标、预期指标、杠杆指标来判断近阶段市场的实际需求规模。

2）微观市场分析

①量价关系分析。不同于一般消费品，二手房的价格很大一部分代表了资产价值，所以二手房的成交量和价格是互相推动的关系。价格上涨，给予购房者积极的预期，成交量增加；当市场进入下行阶段，价格缺乏上涨动力，购房者预期悲观，使成交量更加低迷。

②换手率分析。换手率 = 一定时间内的交易量 / 存量，换手率体现的是买卖频率的高低，可以用来衡量整个市场或者局部区域或某个楼盘的交易活跃度。

③价格水平分析。房地产价格水平的高低，主要取决于区位、品质、配套三大因素，且随着城市和市场的发展影响权重会发生改变，如图 5-1 所示。

④区位分析。大部分城市距离核心地段越近，房价水平越高。但区位的价值还体现在产业布局上，聚集的产业布局能更快速带动区域的发展。

⑤品质分析。这主要指产品、环境和人群的差异。好楼盘不仅仅局限在产品是否足够好，还包括物业品质和邻里品质，这两个因素也在影响一个楼盘的价值。

⑥配套。这包括医疗、商业、交通等。

（2）选择区域。区域的选择是经纪业务开展时首要考虑的问题，要确定符合细分目标客户群体的消费区域，要考虑的区域因素如图 5-2 所示。特定的区域通常由核心区域、中间区域和外围区域构成。

1）区域范围界定。房地产经纪门店的影响力在区域内通常有一个相对集中、稳定

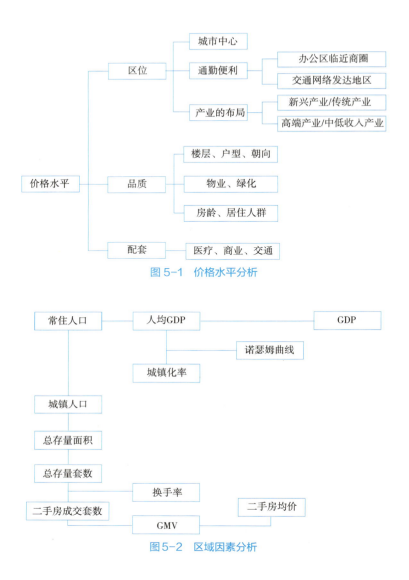

图 5-1　价格水平分析

图 5-2　区域因素分析

的范围。一般是以门店设定点为圆心，以 1000m 为半径划定的范围作为该区域设定考虑的可辐射市场。半径在 1000m 内的为核心区域，获取客户占总数 50%~80%；半径在 1000~2000m 期间的为中间区域，可获取客户占总数 15%~25%；半径在 2000m 以外的为外围区域，可获取客户占总数 5%~10%。界定区域时，总是力求较大的目标市场，以吸引更多的目标客户。所以，门店所处位置不能偏离选定区域的核心。

2）区域市场分析。对与市场细分吻合的区域必须分析的因素包括：门店所在区域客户的消费形态、结构，同类型客户和业主的集中程度，以及房地产的存量、户型、周转率、价格等。对于经纪公司而言，目标区域的选择是否准确，将直接关系着经营的质量。以住宅市场为例，统计分析应包括销售及租赁的成交额的占比分析、成交面积的占比分析、成交单位的面积分析、成交户型分析、成交单价分析与周转率的分析、所在地各区域市场对比分析等。从宏观市场到中观市场，直至微观市场进行深入细致的分析研究后，以确定目标市场的最佳选择区域。

3）区域竞争对手分析。首先要对对手进行详尽的调查，以拟选定门店的地点为中心，对1000m半径距离内的同业门店的发展状况、运营状况进行调查。一般可以采取观察法、电话咨询法、假买法等。另外，对竞争对手经营效益的分析也是至关重要的工作，包括经营成本的估算、成交额估算、各竞争门店所占市场份额的比例、区域市场的潜在成交额及目前市场的饱和程度、介入后可能获取区域内的市场份额等。

4）确定门店区域。经过上述分析，可以确定门店区域，在该区域内门店可以生存下来，并有机会发展。

（3）选择经营方向。在充分了解目标市场的特征及选择区域的市场状况后，经纪机构就可以制定合理的经营方向。在经营方向上，要注重准确的广告推广、从业人员业务水平、销售跟进或其他宣传形式的各种市场沟通方式。如：经营方向选择二手房住宅买卖与租赁居间（代理）业务。

3. 门店选址与开店投资预算

（1）确定门店选址的原则

1）看热点，交易在哪里店就开在哪里。可以根据楼盘的交易活跃度与绩优度对目标作业楼盘进行分类，交易最活跃、最绩优的楼盘是开店的首选地点。

2）看流量，最大程度获取销售机会。社区门口、角店、丁字路口、十字路口，都是流量大的参考位置。流量一方面取决于店面位置、店前道路是否交通方便，也取决于是否有遮挡、遮光、开间距离、门头展示面积等店面自身的因素。

3）看未来，提前布局。主要看当前有大量交易，但是网签或者房本尚未下发，或者存在未来利好因素交易量有较大的上涨的楼盘。

4）追求视野开阔、广告醒目的原则。

5）追求门面宽阔、空间方正的原则，门面越宽展示功能越强价值越高。

（2）确定门店选址的程序

1）确定门店区域。要依据目标市场、服务对象，选择最佳门店所在的区域。

2）选择最佳位置。门店区域选定后，在本区域内要找到最佳的开店位置。

3）市场调查。对门店区域和预选的门店位置进行仔细的调查研究，分析优劣势。

4）被选门店的筛选和分析。在市场调查充分完成的前提下进行门店筛选，一般同一区域备选门店至少不低于2个，通过权衡选择最优的门店。

5）谈判和签约。选定门店后要及时与门店房屋业主进行谈判，签订正规的租赁合同。

6）开业准备。要抓紧时间投资改造、装修，确定开业日期。

（3）考虑门店选址的因素

1）内部因素。一是经营目标，每个门店都有自己的经营目标，要考虑单位面积的销售额和利润，还要考虑每个人实现的销售额；二是发展前景，要考虑到区域的发展。有些区域尽管小区林立，常住人口密度高，但房屋转让率和出租率等指标并不突出，不宜开店。相反一些新开发的区域，前景广阔，在此开店，良好的效益是可以预期的。

2）外部因素。一是业主状况，主要包括：①区域内业主置业情况，可按初次置业、二次置业、多次置业进行区分；②区域内业主户数及结构；③区域内房屋转让率及出租率。二是客流量，包括现有客流量和潜在客流量，要力图把门店选在潜在客流量最多、最集中的地点。客流量的分析包括：①客流类型，有自身的客流、分享竞争对手的客流、无意中或广告宣传等所形成的派生客流；②客流的目的、速度和停滞时间。

3）竞争因素。要考虑同业门店及单店之间的竞争影响。通常情况下，在开设地点附近如果同业竞争对手众多，但店铺经营独具特色（差异化），会吸引一定的客流。反之无特色，则要避免与同业门店毗邻。

（4）把握门店选址的要点

1）地形选择。一般门店用地形式主要有：①转角地形。指十字路和岔路的交接地，面临两条道路，所以要选择最好的一面作为门店的正门。②三岔路地形。三岔路正面的门店，面对几条路上的人流，店面十分显眼，所以被认为是非常理想的门店位置。③方位地形。通常门店正门朝南为佳。④街道地形。门店要设在客流集中的地段。

2）与道路的关联性。通常门店与道路基本同处一个水平面上是最佳的。

3）与客户的接近度。接近度越高越好。

4）租金水平。地段租金水平是否适合开店的预算。

（5）门店选址的评估。主要是对未来经营效益的评估，这是店铺收益预算的基础。评估方法：一是比较法，拿同业同区域门店中经营状况优良门店来做比较；二是必要市场占有率法，即盈亏平衡时的市场占有率，一般来说，门店的必要市场占有率越低越好。

（6）门店店铺租赁交易。租赁交易主要是租金谈判。租到一个符合公司定位需求的店铺，不是一件简单的事，房屋租赁要注意以下要点：一是了解出租人是否有权出租店铺；二是了解门店实际状况，如门面大小、地板、空调、水、电、通信及安全性能等情况是否符合开店需求；三是协商租赁条件，尽量降低租金，因为租金在经营中所占成本的比率很高。当租金符合预期，则可以签订租赁合同。

（7）开店投资预算。经纪机构在做出门店开设投资决策前，必须对选择区域居间（代理）业务开展进行研究，包含可行性研究和经营成本估算两项工作。

1）可行性研究。要计算出财务投资回报率和盈利率，进行盈亏分析，以确定是否投资、投资的方式、投资的数额及规模等。

2）经营成本估算。包括门店开设的一次性费用（含门店租金、装修、办公设施等）和日常运营费用（含员工工资、广告费、水电费等）两个部分。

4. 门店布置设计

门店有如人的"脸面"，是企业形象，门店店铺租赁下来后，就要进行科学布置。

（1）确定门店布置设计原则。要符合房地产经纪行业的基本特征，并充分考虑客户的消费心理等因素。

1）符合经纪机构的形象宣传。设计风格要与经纪机构的形象宣传、主色色调等保持一致。

2）注重个性化。做到"出众"但不"出位"（行业特点）。

3）注重人性化。门店要符合机构本身的目标客户群的"口味"，针对性强，提升门店与客户之间的亲切感。

（2）门店招牌的设计。招牌往往就是吸引顾客的第一个诱因，是一个十分重要的宣传工具。招牌通常情况下是门店正上方的横条形招牌，在设计的时候可突出经纪机构的形象标识、业务范围及经营理念等元素，字形、图案造型要适合房地产经纪机构的经营内容和形象，必须符合易见、易读、易懂、易记的要求。

（3）门脸与橱窗的设计。门脸的设计一般采用半封闭方法，门店入口适中、玻璃明亮，客户能一眼看清店内情形，然后被引入店内；橱窗的设计是门店装饰的重要环节，是向客户展示物业资讯、塑造公司形象的视窗，所以在设计时一定要便于客户观看。

（4）门店的内部设计。设计风格要与外观风格保持一致，包括建筑墙面的装饰和内部布局的设计。内部布局的设计要给客户和业主一种宾至如归的享受。要有功能区分，设置接待区、会谈区、签约区、工作区及洗手间等功能区域，满足经营需要，增强客户和业主的舒适感及安全感。

5. 门店注册设立与开业

（1）确定经营方式注册设立门店。经纪业务一般采取有店铺的经营方式，这样便于面向零散房地产业主及目标客户。同时，根据店铺数量的多少分为单店铺经营方式、多店铺经营方式和连锁店铺经营方式。单店铺经营方式是比较适合刚注册设立的小型房地产经纪机构。另外，刚注册设立的小型房地产经纪机构也可采用特许加盟店的经营方式。目前，无店铺的网店经营方式正在形成一种趋势。

（2）开业前形象塑造。形象塑造是一套综合的系统，将企业无形与有形、外在与内在的形象魅力，全方位地展现给客户。有效的形象定位，有助于增强竞争力，有助于吸引人才。形象塑造必须做好3个方面的工作：

1）树立企业精神。企业精神是经纪机构企业文化的核心要素，它包括企业价值观、敬业精神、企业道德、企业作风等。企业精神确立之后，要通过培训、教育的手段告知门店员工，作为门店员工的行为规范。

2）营造经营理念。包括经营信条、经营哲学、经营方针和策略等内容。要把创造卓越的服务品质作为门店的经营信条。开展多店铺发展时，经营理念的统一和执行，对塑造和维护企业形象至关重要。

3）引进CIS。即企业识别系统，将企业的经营活动、经营理念、企业精神通过媒体宣传来增进社会对门店的认同。

（3）门店开业广告宣传。广告宣传有2种途径：

1）店面广告。简称POP，是指设在门店周围、入口及内部的广告。门店招牌、门店装潢、橱窗设计、门店装饰等都属于店面广告的具体形式。因设置空间的不同又分为室内店面广告和室外店面广告。店面广告的形式大致有：立地式、悬挂式、壁面式、吊旗式、橱窗式、贴纸式、彩色灯箱广告及文字广告等。不管哪种形式，在主题上要突出的是经纪机构的企业形象，清晰地标示出服务电话、服务内容、楼盘展示牌和房源资讯广告，这样更便于吸引客户。

2）媒体广告。通常是网站、APP、报纸、房地产相关杂志等。

（4）门店开业。开业对外可以起到宣传的作用，可进行一定时间的试营业。要做好开业庆典筹划：

1）选择开业日期，一般都选择传统吉日的方法；

2）确定开业形式，以热闹、喜庆为好，形式上可以采取新闻发布会、酒会以及传统的民间舞狮等形式；

3）设计庆典议程；

4）嘉宾邀请。

总之，门店开业要做到气氛热烈、隆重，形式丰富多彩，内容庄重大方，富有影响力和感召力。

6. 明确数字化门店管理内容与指标

（1）明确数字化门店管理的主要内容。数字化门店管理主要包括房源管理、商机管理、带看管理和合作管理4大部分，如图5-3所示。

图5-3　数字化门店管理内容

1）房源管理

①提高房源数量。包括房源真实率、外网展现房源率。

②提升房源质量。包括房源实勘率、房评率、VR 房源量。

2）商机管理

①提升展位曝光。包括商业展位、自然展位、私域流量展位。

②提升商机转化。包括响应率和转化率。

3）带看管理

①带看服务体验。带看优质好房，成交更容易。

②带看流程规范。一带多看，增加房客匹配机会。带看前、中、后通过规范流程，形成带看的闭环。

4）合作管理

①聚焦每周好房。认真选好房，好房赢流量。

②房客通。促进房客匹配，提高流通效率。

（2）明确数字化门店管理的相关指标

1）运营效率指标，包括房源录入地址完备率、楼盘字典 A 级字段完备率、当月15 日联网率、服务承诺口径等。

2）商机获取指标，包括人均 APP 渗透率、IM[①]1 分钟响应率、二手业主线上委托

———————

① IM，Instant Messaging 的缩写，即即时通信，指能够即时发送和接收互联网消息等的业务。

占比等。

3）房源质量指标，包括房源真实率、VR实勘率、二手房源外网呈现率、房评率、房源重点字段完备率等。

4）合作能力指标，包括维护人跨店陪看率、跨店带看率、房源流通指数。

5）商机转换指标，包括IM转委托率、IM商机转带看、IM商机转成交率、400来电接听率、400商机转带看、400商机转成交率等。

6）注意事项。房源字段完备率越高，平均带看的次数就越高。

①房源字段完备，包括：小区位置 + 户型 + 亮点 + 人物画像。

②小区位置，包括地铁、地标小区、商区公园等。

③户型，包括户型特点、居室、朝向等。

④亮点，包括税费、单价、品牌、产权、装修及保养描述等。

⑤人物画像，包括过渡人群、刚需两房、改善三房、闹中取静、适合婚房等。

7. 撰写门店开设与数字化管理方案

集成上述2~6内容，形成门店开设与数字化管理方案。

1.4 必备业务知识

门店选址的意义：

房地产经纪业务的开设，将涉及具体的门店的选址。

（1）门店选址关系门店的前景。店址一旦确定，就需要投入大量的资金去营建门店。门店选择具有长期性、固定性的特点，所以在确定店址之前，必须作出预见性的考虑。

（2）门店选址是制定经营目标和战略的依据。不同的区域有不同的社会环境、人口状况、地理环境、交通条件、市政规划等因素，会影响经营目标和战略的制定。

（3）门店选址影响门店的经营效益。选址得当，就可以占有"地利"优势，广泛吸引客户，增强客户信心，提高获利的机会。

（4）好的门店能吸引更多客户。选址要建成"方便客户"的原则，体现出可达性、易达性及其他便于客户接近的特性。以此节省客户的交易时间，降低交易成本，并能最大限度满足客户的需要。

1.5 必备业务要领

门店选址的条件：

（1）确保可持续经营。选址时，必须具有发展眼光，对未来的市场发展也要有一个准确的评估和预测，选址应具有一定的商业发展潜力，在该地区具有竞争优势，以保证在以后一定时期内都是有利可图的。

（2）确保充足的潜在客户群体及房源。

（3）顺畅的交通条件和客户可达性。一般来说，要求门店有关的街道人流量要大、要集中，交通方便，道路空阔，房源密布。

1.6　任务拓展

房地产经纪机构的经营策略：

正确的经营策略会使经纪机构把握住市场机会，实现快速发展。

（1）经营策略内容。包括经营任务、经营目标和经营措施的制定。

（2）确定经营策略。经营首先要充分了解所在地房地产市场的环境，在制定经营策略之前，先要进行 SWOT 分析，认清自身的优势和劣势，认清机会和威胁，然后选择适当的经营策略，并充分发挥自身经营特色。主要包含 3 种模式：

1）市场优势策略。适合具有一定品牌影响力、一定市场份额且资金实力雄厚的经纪机构，其目的是扩张规模扩大市场占有率。

2）市场追随策略。创业初期的经纪机构常常采用该种策略。追随策略并不是简单的模仿，要有独特的发展路线，尽量避免激烈竞争的制约，正确把握市场细分与集中的关系。

3）市场补缺策略。适合实力相对较弱的经纪机构，其目的是避免大的冲突，主动地去发现自己有优势的细分市场，这些市场往往是有实力的经纪机构所忽略和放弃的。

（3）制定合适的区域布局计划。确定经营策略后，要根据自身的定位情况，规划区域布局机会、开店的优先顺序、密度和规模等。布局计划要符合经纪机构的经营策略思想，切入实际，避免盲目。

任务 2　门店目标管理

2.1　任务分析

门店目标管理任务内容主要有 2 项：

（1）制定门店目标计划；

（2）落实门店目标管理。

2.2　任务流程

门店目标管理任务流程有 7 个步骤：

（1）工作准备；

（2）遵循目标管理步骤与目标制定法则；

（3）制定目标计划；

（4）目标分解；

（5）目标的落实与跟进；

（6）目标复盘；

（7）撰写门店目标管理方案。

2.3　任务实施

1. 工作准备

（1）社区调研与分析报告。

（2）商圈跑盘信息与门店开设方案。

（3）办公电脑及相关软件系统。

2. 遵循目标管理步骤与目标制定法则

（1）目标管理步骤。如图 5-4 所示。

（2）目标制定法则。目标制定采用 SMART 法则，如图 5-5 所示。

图 5-4　目标管理步骤

3. 制定目标计划

目标计划是门店开展管理活动的主要依据，制定目标计划是目标管理的重要内容。门店制定目标的时候，要有一个详细的目标计划，包括达成目标的实施路径。

（1）对门店现状进行分析。要把自己门店的优势和劣势，用富兰克林法写下来（在一张纸上画出两栏，呈"T"字形，左边表示肯定，右边表示否定），将优势巩固创新，将劣势各个击破，找到痛点难点后，再联合门店的骨干人员或者股东一起研讨并制定

图 5-5　SMART 法则

出现阶段的解决方案。不隐瞒，不推卸责任，直面当前的问题，讳疾忌医是管理团队最需要避免的。先由管理层研讨，有了解决方案后，再由商圈经理或者店组长往下接着研讨。如果规模较小，有了既定方案后带着店面所有经纪人一起研讨，并组织优秀代表发言总结，达成共识后落地监督持续执行。评估完现状的问题点，排序先后解决，制定时间表，哪些是可以短期实现的，哪些是需要长期执行的，找到变量和不变量。

（2）制定与细化业绩目标。制定业绩目标需要依据转化比指标。转化比指标值由行业均值和门店经纪人平均值决定，见表5-1。

转化比指标参考值　　　　　　　　　　　　　　　表5-1

指标	二手买卖	新房	租赁
月人均商机量	50	20	20
商机转录客率（400/IM/VR）	30%	40%	50%
客户转带看率	30%	30%	50%
带看转成交比	30：1	10：1	6：1

1）将当前现状分析清楚以后，根据以往的数据制定门店目标，包括门店的年度计划、季度计划以及月度计划。门店目标主要需达成的是业绩目标，服务于业绩的是门店的人力和人效目标，而人效目标是持续要做的事情，比如培训。以最近一个季度的目标实施为主，后面的三个季度目标，根据计划做适当的调整，如果超额完成，就适当微调，如果减额完成，那就适当后期增加。

2）细化目标。主要根据门店的业务种类进行细化，可细化为二手买卖、新房、租赁三个维度的业务目标，见表5-2。

制定月度目标时要考虑市场的波动周期以及对后期市场的预判，比如第一季度一般包括过年前后一个月的时间段，这时的市场比较低迷，而后的两个月一般俗称大三月战役，那么所有动作就会围绕着大三月为主。一月份的目标肯定低，大三月的业绩

门店计划细化　　　　　　　　　　　　　　　　表5-2

指标	二手买卖目标	新房目标	租赁目标
总商机量 = 人均商机量 × 人数			
录入客户量 = 总商机量 × 商机转录客率			
带看量 = 客户量 × 客户转带看率			
成交单量 = 带看量 × 带看转化成交比			
核算成交单量目标数据（由转化比决定）			

增量就会比较高，但是遇到突发情况，比如新冠肺炎疫情，那么第一季度目标就要分解到后面的三个季度，甚至说适当降低年度目标。

3）每一个季度都设定为一场战役。如果门店经纪人都能在每一场"战役"中取得胜利，那么必然会提高大家的士气，越战越勇。各个季度的重点工作也不一样，一般第一季度主攻二手交易量和招聘，第二季度主攻新房兼顾二手，第三季度主攻二手兼顾招聘和新房，第四季度主攻新房兼顾二手，要根据这样的规律进行重点工作的部署。

（3）找到业绩目标对应的重点举措

1）二手业绩目标重点举措。包括：晨夕午会的管理、房客源述职、房客源跟进、5房5户管理、集中邀约、集中空看、在途单跟进、400和IM响应率、VR讲房覆盖率、VR带看、员工座谈、业务培训、搭建M（小组长）和A（经纪人）合作机制等。

2）新房业绩目标重点举措。包括：项目聚焦定盘、定量、定时、定点、定人、管理、集中踩盘、集中讲房、集中通关、集中邀约、集中带看、房源默写、建立新房客户画像、线上展位获取和线下拓客渠道开发等。

3）租赁业绩目标重点举措。包括：房客源述职、房客源跟进、内外网端口管理、业务培训、资源开发等业务动作。

（4）找出关键指标

1）二手关键指标。包括：400接听率100%、VR讲房100%覆盖、VR接通率100%、IM接听率30秒内接听85%、月平均带看15个、周带看不少于4个、熟记房源30套等关键指标。

2）新房关键指标。包括：带看转成交占比10∶1，要求带看量不少于15组每人/月，一带多看率85%。

3）租赁关键指标。带看量一个月不少于20组。

（5）给出具体且详细的实施步骤。根据每个门店的情况不同，制定的实施步骤不同。以抓带看量进行为例，每周带看量不低于4组的管理方式：

1）店面的集中邀约，每天的下午5点到7点集中邀约两个小时。每周集中邀约4次，时间定在了周三下午和周五下午在店面，以及周六日两天的全天在新房案场做集中邀约。

2）重视带看量管理。把带看管理当作一项门店上下一致在执行的重要指标，可现场督促完成量化，让员工在来之前提前准备好楼单或者客户资料做集中邀约。适当的时候做邀约前的辅导培训，电话量设定在50个左右即可，随时纠正经纪人的电话沟通问题。

（6）设置完成时间节点。每一个落地举措都要设定一个合理的时间节点。给到各个层级一定的时间段，完成后做检查。要时时宣导和告知截止时间和重要性，如此经纪人才不会卡时间点，才会保质保量完成目标。

（7）制定目标考核指标，实施奖罚制度。每个季度的实施计划都要有考核标准，要捆绑一定的绩效考核，用绩效来驱动所有人去实施。绩效可以设置最低 0.5 倍至最高 1.5 倍的标准。考核是驱动执行最好的办法，要敢于要求，敢于提出高标准。

（8）协助经纪人制定个人目标，落地到年度、季度、月度、周度和每天的行程量，督促其完成。

1）考虑员工的未来发展目标。这个非常重要，现在的员工更看重自己的发展前景，成长空间，希望实现自我的价值，作为管理者应该更看重经纪人的未来，告知他们正确的职业规划，特别是在他们还是一张白纸的时候，给到他们最准确、最完善的行业认知，是对员工最好的帮助，让他们刚进行业就能有好的行为习惯。

2）在日常的工作中，也要设置合理的目标值，用结果为导向逆推过程量。行业内的普遍转化量一般为：二手带看 30：1 成交一单二手买卖单，新房带看 10：1 成交一单新房买卖单，租赁 8：1 成交一单租赁单，根据比例来倒推带看量。再把房源中盘和客户成交以及合作分边作为业绩来源的一部分，做好业绩来源拆分，倒推到房源量和客户量。再往前推就是资源获取的渠道了，从贝壳网获取的一般来源占比是 45% 左右，做好获取渠道的动作以及电话量和社区实践的安排，从日行程到周行程推演出自己月度的目标完成值。目标拆分越细，执行就越简单，完成度也就越高，也好评估完成的难易程度，及时做好弥补动作。

3）督促经纪人坚持执行个人目标。经纪业务被拆分很细致，自然有其科学发展道理，所有的目标实现都是一层一层往下落地的。制定了年度目标，拆解到了季度、月度、周度以及日行程目标，就要严格地去执行，这样距离目标才会越来越近。经纪行业本身就是一个低频的行业，细化举措短期可能很难看到效果，但是假以时日坚持下去，就一定能够看到显著的效果，所谓慢就是快。

4. 目标分解

有了目标计划还要通过三个"明确"分解后才能落实下去。

（1）明确到事。从目标开始分，要细分完成该工作所需的关键要素，要求逻辑上完整、无重复、无遗漏。按"奇妙等式"细分完成该工作所需的要素，如图 5-6 所示。奇妙等式分解的要求：逻辑上完整、无重复、无遗漏，相互之间有关联，举措要有时效性，能落地。

图 5-6 奇妙等式分解目标

案例 5-1　业务目标

未来半年，门店市场占有率由 10% 提升至 30%。目前报盘率为 50%，报盘成交效率为 20%。目标分解如图 5-7 所示。

说明：

市场占有率 = 报盘率 × 报盘成交效率；

报盘率：应早报盘不应晚报盘，唯一报盘数据等；

业主资料完备率：如一个楼盘有 1300 户业主，是否有这 1300 户业主的联系方式，有联系方式的业主的占比为完备率；

聚焦房源成功率：急售房屋、业主连环单这些都属于聚焦房源；

人均带看提升：一个客户的成交带看比大约在 29~36 次，一个房源的被带看比大约是 48~59 次；

7 天内收看提升：是否成交主要取决于 7 天内带看；

一带多看占比：客源选择面大，则一带多看这样才能保证带看业务的提升。

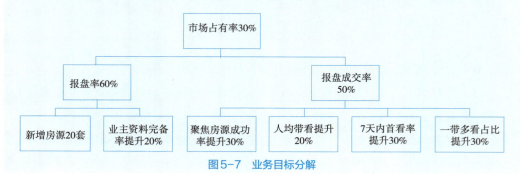

图 5-7　业务目标分解

案例5-2 团队目标

未来半年，门店想把团队规模由2人（A3、A4）扩大到15人。

目标分解如图5-8所示。

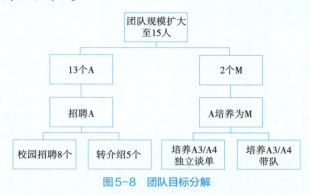

图5-8 团队目标分解

$$T=S+M+A（商圈经理 + 小组长 + 经纪人）=13A+2M$$

（2）明确到人（以资源盘点为例）

1）资源盘点一。从业务盘点判断小组承担的合理性目标。

房源述职：接近成交房源、潜在房源，例如下个月新增房源、房源在途单数量、房源在途单待完成流程。

客源述职：潜在客源，例如下个月新增客户、客源在途单数量、客源在途单待完成流程。

带看述职：历史带看量预测成交量，冷淡市场带看成交比59，快速市场带看成交比15，租赁新员工带看成交比10，租赁老员工（入职半年以上）带看成交比3~4。

2）资源盘点二。从人员盘点判断小组承担的挑战性目标。例如：

工作小组1（M4）：A1+A1+A2+A2。

工作小组2（M4）：A1+A1+A1+A3。

工作小组3（M7）：A1+A2+A2+A3（小组成熟度更高）。如图5-9所示。

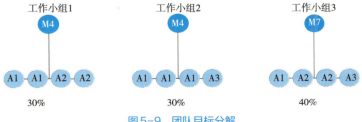

图5-9 团队目标分解

注意事项：

①达成一致。自下而上＋自上而下。拆解目标时，商圈经理要和 M\A 达成共识。鼓励工作小组／个人主动汇报，切勿指令性下达目标。

②可适当设置目标奖励。破蛋奖励，新员工较多；开单奖励，成熟团队；进步奖励，共性奖励。

（3）明确时间。门店按时间分解目标任务，如图 5-10 所示。

门店目标达成情况统计表，以月度业绩目标为例，见表 5-3。

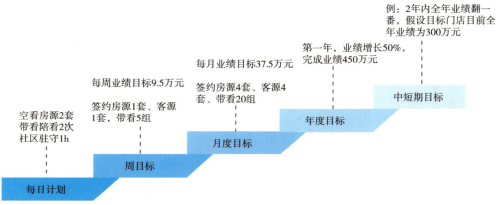

图 5-10　团队目标按时间分解

月度业绩目标达成情况统计表　　　　　　　　　　表5-3

业务指标	本月目标	第一周目标	第二周目标	第三周目标	第四周目标
业绩					
本月斡旋量					
本月面访量					
本月总带看／本月责任盘带看量					
本月陪看量					
本月新增房源量					
本月新增客源量					

案例 5-3　目标拆解

新时代店面商圈经理制定了 75 万元的月度业绩目标，根据各业务模块的可实现情况进行了如下分配。

奇妙等式：总目标 75 万元 ＝ 二手 45 万元 ＋ 新房 22 万元 ＋ 租赁 8 万元

A 问：若二手业绩目标 45 万元，将目标做进一步拆解，则需成交多少房源和客源呢？成交这些房源和客源需要多少业务动作量（以带看为例）呢？

答：通过资源盘点，接近成交的房客源情况如下：

客源端接近成交 3 人，预计成交额分别为：500 万元、600 万元、400 万元。

房源端接近成交 4 套，预计成交额分别为：600 万元、400 万元、500 万元、500 万元。

带看量化：房源带看均已接近 50 组，客源带看均已接近 30 组。

假设房源带看成交比为 59 次，客源带看成交比为 36 次，则房源客源均还需 10 组带看。

所以为完成 45 万二手房业绩，需要具体的措施拆解为：二手房源签单 3 套，二手客源签单 4 套，客源带看、房源带看各 10 组。（奇妙等式明确到事）

B 问：若二手业绩目标为 45 万元，每个工作小组房客源签单量是多少？每个工作小组的合理性业绩是多少？

答：资源盘点（1）：业务盘点制定小组合理性业绩目标。

工作小组 1（M4）已有资源：两套房源（9.5 万元）。

工作小组 2（M4）已有资源：一个客源、一个房源（13 万元）。

工作小组 3（M7）已有资源：两个客源、一个房源（19 万元）。

资源盘点（2）：人员盘点制定小组挑战性业绩目标。

根据二手业绩目标为 45 万元，合理性业绩为 40.5 万元，计算出挑战性业绩目标为 4.5 万元，进行小组人员盘点：

工作小组 1（M4）：A1+A1+A2+A2（30%=1.35 万元）。

工作小组 2（M4）：A1+A1+A1+A3（30%=1.35 万元）。

工作小组 3（M7）：A1+A2+A2+A3（40%=1.8 万元）。

加和得出各小组的业绩目标：

工作小组 1=9.5+1.35=10.85 万元。

工作小组 2=13+1.35=14.35 万元。

工作小组 3=19+1.8=20.8 万元。

C 问：若工作小组 1 需每个月完成 10.85 万的业绩，则每周需要完成多少工作量？

答：如图 5-11 所示。

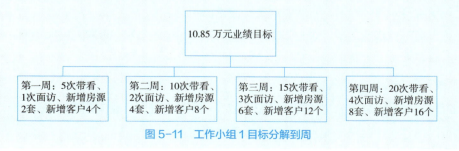

图 5-11　工作小组 1 目标分解到周

5. 目标的落实与跟进

门店制定好目标计划，并进行目标分解后，要立即进行目标的落实与跟进。

（1）认识目标跟进的重要性。一个好的目标跟进有三个重要作用：

一是有助于经纪人找准工作方向，确保目标达成，如图 5-12 所示；

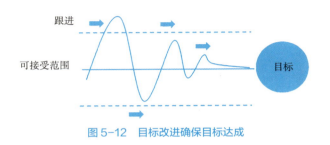

图 5-12　目标改进确保目标达成

二是有助于提升经纪人的工作效率；

三是有助于打造良好团队氛围，增进团队融合，团队整齐划一。

比如：一个经纪人一天内要打 50 个回访电话，这是个可量化的目标，但在第一天，经纪人一个都没有完成，就需要跟进，看是经纪人心态出了什么问题，还是在跟进过程中不知道方式方法，然后才能去辅导，帮助经纪人获得成长。

（2）预防目标跟进的误区

误区一：认为跟进不重要，辅导经纪人作业做得到、做得好，做到让消费者满意，认为跟进浪费时间，认为跟进是对经纪人工作能力的不信任。

误区二：频繁跟进经纪人。过度跟进，时常批评，容易在目标实现过程中出现误差。

误区三：只跟进部分经纪人。只跟进表现好的经纪人和表现差的经纪人。

误区四：只关注结果不关注过程。容易贻误经纪人成长。

（3）采用科学的目标跟进的方法

1）线上跟进经纪人结果指标。要求经纪人每天上报活动量完成情况，如今日带看量、沟通量等。

①可以通过系统查看经纪人的活动量：显示店面昨天整个买卖序列、租赁序列、衍生业务板块整体的带看量，包括跟业主交流量的积分。

②可以通过目标达成统计表积累 M+A 的目标完成情况：以时间维度跟进，可促使经纪人在时间完成上有紧迫感。

2）线下跟进经纪人业务过程

①可以针对不同分级，定期陪同经纪人带看，面访等业务，检查服务质量。

②可以通过回访客户、业主检查经纪人业务质量。

3）定期组织集体会议跟进总目标

①可以通过资源盘点会，进行房源、客源、重点客户跟进。可以通过房源聚焦会，对预成交房源进行聚焦拆解。

②可以通过重点客源推进会跟进。如19组带看中有一个客户就占15组带看，那么这个客户就属于重点客源需着重跟进。

③可以通过联动盘房源交流会跟进。在存量房时代，客户和业主的选择多，要注重盘与盘之间的合作，一个组织的效率就来源于合作，交流会有助于保证门店的合作质量。

④可以通过低量化集中邀约会跟进。低量化人员一般分为两类，一类是年限比较高，属于意愿问题，一类是新员工，可统一安排统一动作，有助于提升工作效率。

（4）开展目标辅导

1）对阶段性目标未达成经纪人的辅导。先检查业务过程动作量，客户端的IM聊天记录、邀约记录，房源端的房源维护记录、房源跟进记录、业主面访跟进情况。根据检查情况面访辅导。

如果业务过程动作量合格，就对薄弱业务进行指导并且亲自陪同指导，鼓励其与优秀经纪人合作，每个人擅长的领域不同，请教经验，善于吸取他人经验。

如果业务过程动作量不合格，就要进行心态开导、业务指导，要求其增加目标跟进的频率。

2）对阶段性目标已经达成经纪人的辅导。实施阶段性目标奖励，包括开单奖兑现等，同时，对下一步目标实现进行引导，增加其使命感，如图5-13所示。

（5）进行目标反馈。开展阶段性目标结果反馈，以肯定经纪人优点为主，鼓励他延续。采用一对一或者一对多面谈反馈，面谈频率要把握度。

1）对经纪人反馈。如果是高级别、经验足、积极性高的经纪人，频次要低，要更多按照目标达成结果进行反馈和辅导，肯定成绩，给予奖励、支持、授权。

2）对商圈经理反馈。与门店经纪人关系越密切反馈频次越低，如自己的徒弟或一直带的经纪人，关系越密切反馈频次需要降低。对于能力差的经纪人要每天关注，对业务进行指导。

3）做好反馈面谈准备。一是熟悉面谈对象的近期目标数据，如房源新增差、

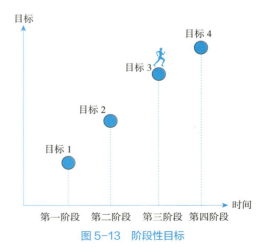

图5-13　阶段性目标

客源带看差等；二是熟悉面谈对象个人生活情况，要由内及外的沟通；三是至少提前一天通知面谈对象，给予心理准备。

6.目标复盘

门店开展目标计划的落实与跟进，需要复盘进行效果评价。复盘的目的就是传承经验、提升能力、总结规律、固化流程。

（1）预防目标复盘的误区

1）片面关注。只关注好的方面，容易变成欢庆会；只关注不好的方面，容易影响团队士气、团队氛围。

2）推卸责任，归罪于外因。

3）追究责任，开批评会。没有对成功经验进行总结，也没有对失败的经验进行复盘。

（2）明确目标复盘原则

1）开放心态。需要所有的经纪人都说出自己的看法和做法。

2）集思广益。群策群力，全员参与，能够把好的方面进行保持、总结、固化、标准化，对于不好的方面找出原因，进行突破。

3）反思自我。不能把所有的事都归责到外因，应反思自己有哪些方面做得不到位。

4）实事求是。以数据为依托，以实际发生的结果为要素，而不能以臆想做决定。

5）坦诚表达。不能批评别人，不能把不好的结果都归责一人，坦诚沟通。

（3）四步走开展目标复盘

1）回顾目标。团队目标是什么？是否沟通到位，形成统一。分解到工作小组和个人的目标是什么？合理分解。为实现目标的行动计划是什么？把目标拆解成为具体的举措措施，关注每一个业务动作。

2）评估结果。结果如何？是否达成目标？遇到了什么难题？哪些地方做得好？哪些地方做得不好？进行整体全面总结，不片面。

3）分析原因。做得不好、失败的因素有哪些？哪些是根本原因？做得好、成功的关键因素是什么？有哪些关键业务动作？做得不好的要素，如：人员成熟度，动作质量是否到位等；做得好的要素，如人员能力强，资源动作到位，团队执行效率高等。分析原因需要辩证、全面、透析、坦诚。

4）总结经验。①我们从中学到了什么？是管理方面还是业务方面？比如：业务经验——给客户一个交付物；管理经验——在目标述职过程中能让工作小组充分认识到自己应当承担的工作业绩，并且上下同意分配方式。②如果有人遇到同样的情况，会给他什么建议？总结经验可复制。③下一步的目标如何制定？下一步的行动方案是什么？总结经验能减少在目标推进过程中的误区波动，保证目标更准确，关键指标拿捏更准，数据制定更好，推动更高效。

7. 撰写门店目标管理方案

集成上述 2~6 内容，形成门店目标管理方案。

2.4　必备业务知识

1. 目标管理

（1）目标管理，是以目标为导向，以人为中心，以成果为标准，而使组织和个人取得最佳业绩的管理方法。是以目标的设置和分解、目标的实施及完成情况的检查、奖惩为手段，通过员工的自我管理来实现企业的经营目的。

（2）目标管理的基本内容，是动员全体员工参加制定目标并保证目标实现，由组织中的上级与下级一起商定组织的共同目标，并把其具体化展开至组织各个部门，各个层次、各个成员。

（3）目标管理的具体做法，分三个阶段：目标的设置；实现目标过程的管理；测定与评价所取得的成果。

2. 门店目标分解

（1）目标分解就是将目标转化为行动计划，目标分解也叫目标拆解，是门店管理的重要内容。

（2）目标拆解是明确目标责任的前提，是总目标得以实现的基础。

（3）目标拆解的三要素。可以用三个 W 概括：

1）What——完成什么事情？什么工作？规则到事；

2）Who——谁？规则到人；

3）When——什么时候？规则到时间。

2.5　必备业务要领

1. 经纪人每日作业动作拆解

经纪人明确目标设定的重要性，还要落地到每一天的行程量。经纪人能够做好每一天的事情，日积月累自然就能养成好的作业习惯，提高自己的工作效率。在日常门店管理当中，经纪人每日的有效时间平均在 3~4h，但经纪人每天的工作时长一般在 10h 左右。所以，需要给经纪人制订行程量，辅助经纪人养成良好的日常行为规范，提升人均效率，从而达成目标。经纪人业绩主要来源于出房业绩和收房业绩，也就是客户成交和房源中盘。可以从客户成交和房源中盘两个维度，拆分这两个来源的业务动作。

（1）出房业绩主要来源于客户和带看

1）客户渠道主要来源于贝壳展位的 400、IM 进线、VR 展位进线、外网端口进线、店面接待、社区开发、资源再利用、转介绍等渠道。

2）带看前准备动作主要有：需求挖掘、线上 VR 带看澄清需求、集中邀约、全天约看、提前踩盘、提前确认业主客户需求和信息、确定看房时间、准备带看工具包以及提前带看策划等。

（2）收房业绩主要来源于房源委托、实勘、钥匙。

1）房源委托渠道主要有网络开发、老业主转委托、线上委托、连环单委托等，其中也包括独家委托，主要来源于带看后回访、新增房源回访和维护、议价等动作。

2）实勘主要来源于房源开发后实勘、房源信息了解后实勘，这里包括 VR 讲房所占角色的展位获取，也可以在保护期过后给拍实勘。

3）钥匙主要来源于带看后回访业主、租转售业主、了解最新房源后获取钥匙、老客户委托钥匙等渠道。

明确业绩背后的量化动作后，会发现业绩的背后是量化，量化的背后是行程，只有管理好经纪人的业务动作后，才能更好地做资源转化，而经纪人每天的动作也是围绕着这些行程量展开的。优化经纪人一天的行程量，做好业务动作的管理，让经纪人行程更加高效。

2. 商圈经理或门店管理者动作分解

商圈经理或门店管理者，要以身作则，比经纪人早到一点，如早 15min 左右到岗，要求值班经纪人提前播放音乐，站在门口问好。店组长或者经纪人轮班主持晨会，让经纪人锻炼公开场合演讲的能力，提前让经纪人准备晨会内容，制定固定的晨会流程。例如门店内一天的工作安排如下：

（1）一次晨会的时候，大声问好，也可以唱一首激情澎湃的歌，也可以跳一段舞蹈，也可以组织玩一个小游戏。晨会主要以鼓舞士气为主，做开单分享，主持人讲一段提前准备好的有意义的故事，也可以对前一天的好人好事以及标杆进行表扬和分享。然后进入房源聚焦盘点环节，每人说一套优质的房源，可以是新增的，也可以是自己维护的比较优质的房源的最新动态。也可以安排一个人讲盘：每天固定讲解一个二手楼盘，以及一个新房楼盘，做经纪人的基础知识的储备工作，让经纪人参与进来，每天感受到成长。接下来对一天的工作做安排，经纪人播报自己提前一天想好的工作安排后，商圈经理做总结和重点工作的宣导和梳理，有新的政策政令以及公司的最新通知也可以在晨会上做宣导。最后，商圈经理或者主持人带领所有小伙伴做一个内容的回顾和集体喊门店口号和业绩目标。一次晨会预计 30min 左右完成即可，也可以控制在 45min 以内。

（2）二次晨会，主要是店组长带领组员将商圈经理布置的工作做好落地和细化，和所有伙伴们将当天的行程安排好，比如电话量、社区时间安排等，今天的带看安排和人员配备，意向单的盘点和签约的提前策划。没有带看和有效量化的伙伴要合理安排好辅助量，做好开发动作。经纪人如果有自己的时间安排，要看是否合理，不合理要给予及时的纠正，让经纪人当天的行程量饱满一些，并制定出当天的考核标准，在晚上复盘。二次晨会结束的时候也可以喊出本组的口号和目标，鼓舞士气，给团队贴个标签。一旦涉及考核，经纪人就会紧张起来，不敢懈怠，这时间大概在 15 分钟到 30 分钟内即可，因为每天都要开二次晨会，所以经纪人都会养成习惯，做好提前的工作思考和安排。

（3）10 点左右二次晨会结束后，经纪人开始紧张忙碌的工作。经纪人开始查看最新新增房源，将自己的贝壳网房源点评全部完成，梳理自己的展位以及对外网房源帖进行更新。如果房评和展位 30min 内梳理完，可以将自己名下优质的维护房源第一时间传递给同区域不同门店的群里，也可以让店组长和经纪人们以及商圈经理一起做宣传或者组织下午的集中空看。将自己的房源做好最新的回访，并把业主的情况及时写进跟进，同步给所有平台同事。也可以对自己名下的客户做微信或者电话的沟通，开始邀约当天的带看。

（4）如果确定今天已经约好了带看的客户和业主，提前做好当天的带看计划，给已约好带看的业主和客户分别去电话或微信确认时间地点，将自己的带看材料和行程路线提前确认好。如果有最新的意向客户，电话回访昨天带看客户的意向情况，若意向强烈，第一时间和店组长或者商圈经理求助，争取第一时间的成交；若意向不强，了解原因，并获悉客户更多的需求信息，重新匹配，邀约二次带看时间。

（5）如果没有当天的带看，则可以将晨会聚焦出来的优质房源第一时间整理推荐给库存的有需求的客户，争取第一时间约出来看房。对自己名下的客户进行模糊匹配，也可以对房源进行带看回访、维护和议价，以此获取最新的业主信息。如果客户时间不方便，可以组内共享或者店内共享和互换，集思广益，把客户信息最大化呈现，高效利用。

（6）对自己名下的在途单做梳理，提前告知所有时间、人员和材料安排。给已经成交双方更好的售后服务体验，并准备好材料到对应的匹配点进行按揭贷款、交税过户或者房屋交接等手续的办理。

（7）下午 1 点半左右可以把没有业务的小伙伴召回门店，做一下轻松的游戏或者唱几首歌，目的就是提振经纪人的精神。适当地把上午工作简单总结下，下午的工作继续追踪一下，20min 内结束即可。

（8）下午 2 点以后，可以组织经纪人去空看 3 套优质房源，或者做资源的开发以及社区的驻守。有带看的经纪人可以找人陪看，以及督促做好门店的接待，所有经纪人的行程都在群里报备外出，让在店没事的小伙伴看到也能紧张起来。如果有区域的喜报信息或者本店的开单伙伴的喜报以及分享，要及时传递出来，让大家看到标杆的力量以及市场的热情。要做好群管理动作，将门店的氛围时刻营造起来。

（9）下午是很好的资源开发的时间。社区驻守是经纪人和社区友好接触的最关键场景，居民喜欢下午出来活动，社区驻守的时候携带好房源派报以及人字板（看所在城市是否允许）在小区内固定点驻守或者走动社区。让社区的居民看到识别度很高的司徽和领带以及携带好名片，及时和有意向的业主客户进行交互。随时也要携带好可以随时看的优质房源钥匙，最好就在该房源楼栋下面驻守，有客户可以当即带看。把带看工具包拿着，同时做好联系方式的留存，做好接待的商务礼仪以及需求挖掘的过程。

（10）下午针对当天没有带看的小伙伴组织店的集中邀约 1h，有助于调动经纪人的工作积极性。经纪人白天的工作内容都是围绕着资源开发获取委托，维护房源，开发客户，匹配客户需求以及促成意向，将白天的行程合理地坚持下去。

（11）吃完晚饭后，开始对当天的带看进行业主反馈。这也是在维护业主、找到业主最新的匹配信息。当把一天的工作量完成以后，大概在下班前，组织开店组的夕会，将白天布置的工作进行汇总和检核。并且协助意向的客户做下一步动作的安排，及时跟进意向单，解决业主客户的最纠结的关键点。商圈经理在店组长开会后，简单和店长汇总一下今天的行程量和经纪人的反馈以及第二天的行程安排，最主要的还是意向单的节奏安排。商圈经理重视门店的意向单，经纪人也会重视自己的资源，并全力以赴促成。

由上可见，面对经纪人的行程安排要和业绩相关，又要合理安排量化，让经纪人在行程上做更多动作。关注员工之间的合作，经纪人自己良好习惯一旦养成，开单就不是难事。

3. 门店目标辅导与反馈面谈技巧

（1）引导。提问和鼓励经纪人发表自己的看法，有正确的输入。

（2）倾听。积极倾听经纪人的感受，使用同理心进行善意回应，找到关键点进行辅导。

（3）赞赏。对经纪人的建议给予及时肯定与赞赏。

（4）分享。针对经纪人的疑惑和不足分享和补充自己的经验，对他进行指导。

（5）强调。强调完成目标的重点和难点。

2.6 任务拓展

1. 经纪人日常工作场景及启示

（1）经纪人日常工作场景

1）上班经常卡点，领带没系，胡子没刮，匆匆忙忙跑进了门店，看见同事正要开晨会，灰溜溜地跑到最后面。

2）晚上休息不好，开晨会哈欠连天，精神状态不佳，会议内容都一个字没听进去。

3）晨会结束后，吃早餐、闲聊、休息等，很快就到 10 点半了。

4）上午坐在电脑前，翻翻聊天信息，玩会手机，帖子没发，点评没写完，又到了 11 点半，该吃午饭了，午休时间玩会游戏，一眨眼又到了下午 1 点半。

5）商圈经理组织开午会，批评经纪人不好好工作，于是让经纪人打电话回访客户和业主，打几个电话，经纪人就开始抱怨，这客户怎么不准啊，业主怎么不诚心卖？出去休息一下吧，一下午又过去了。

6）经纪人今天一天量化行程没完成，9 点才能走，又得加班，耗着耗着下班了。

7）带着空虚的心回家，今天又没有收获，心想到底什么时候能开单啊？

（2）启示：这些场景不少人都经历过，这样的经纪人在现实中不在少数。所以，必须合理安排经纪人的一天行程，让经纪人高效利用时间。门店目标管理，就是要给经纪人制定合理的工作量和考核项目，这样经纪人才能被驱动做事。

2. 门店目标管理的常见场景及启示

（1）门店目标管理的常见场景

1）每月底制定下个月目标时，根据其他人报的 50 万元、60 万元的目标，于是我也报了 50 万元，可实际每个月平均只能做 20 万元左右的业绩，目标经常翻倍，可是没有一次实现过，回去店里再偷偷根据经纪人制定的目标，降低标准，50 万元的目标只是空口喊一喊无法实现。

2）每次制定目标，往往只制定业绩目标，从没拆解到业务指标上去，每天催着经纪人做业绩，要业绩，以结果为导向，压力很大，却从来没有实现过。

3）定目标往往只定月度的，月初信心满满没问题，月中心有余悸没关系，月末黔驴技穷没办法，一月又一月业绩平平，不懂得如何制定具体的落地举措。

4）经营者、管理者不会定目标，导致店组长、经纪人也不会定目标，年末结算结果未达预期。

5）学习了制定目标的拆解动作，从年度到季度再到月度以及周度和每天的具体行程量方法，在执行中也会出现诸多的问题，不知该如何解决。

（2）启示：这些场景不少门店都经历过。所以，目标管理不能只抓目标计划和目标分解，还要有目标的落实与跟进，及时进行目标复盘，这样才能实现门店目标。

任务 3　门店业务管理

3.1　任务分析

门店业务管理任务内容主要有 2 项：

（1）资源管理；

（2）业务聚焦管理。

3.2　任务流程

门店业务管理任务流程有 6 个步骤：

（1）工作准备；

（2）攻盘；

（3）业务聚焦管理；

（4）资源述职；

（5）门店客户管理；

（6）撰写门店业务管理方案。

3.3　任务实施

1. 工作准备

（1）社区调研与分析报告。

（2）商圈跑盘信息与门店开设方案、目标管理方案。

（3）办公电脑及相关软件系统。

2. 攻盘

攻盘，顾名思义就是如何拿下楼盘的市场份额，提高所在门店在该小区交易量的占比。管理楼盘是门店业务管理的重要内容，而攻盘又是重中之重。可以采用"九要素"结合经纪人的业务动作强化楼盘系统管理。超过 50% 的市场占有率是比较理想的状态。"九要素"就是 9 个关键要素，也称"攻盘九要素"：

（1）利用业主客户的心态攻盘

根据上行、平行、下行市场来判断业主的心态变化。要分析 3 种市场下的心态。

在房地产的交易结构中，所有的业主都是客户，客户基本上也是业主。房客比、业主的心态、客户的心态和市场供需比都有关系。

1）利用好上行市场业主客户的心态攻盘。

①上行市场业主普遍看涨，会随行就市。要根据小区内1居、2居、3居和大4居室的不同库存，以及客户对本小区各个户型的需求量即带看量来判断符合当下市场的成交主流户型是什么。比如大户型在任何市场下的价格波动都不会太大，价格比较稳定。市场上行，刚需客户永远都跑在最前面，一居室客户撬动了两居室业主，两居室业主购买了三居室改善，改善后又带动大改善或者品质改善，交易连环单的闭环就会形成。上行市场一般不适合改善，这时改善的成本最高。如果必须要改善，建议先买后卖，可以先买在低点，卖在高点，前提是周期允许。业主这时如果不是非改善不可的话，一般也会惜售或者涨价出售，这时的业主比较难议价，属于典型的卖方市场。

②上行市场客户心态一般比较着急。因为首付在手里，钱数有限，一旦市场上涨就容易造成恐慌情绪产生，要不只能面积越来越小或者越买越远或者月供越买越高，这是客户比较在意的。所以这时客户的决策周期会比较短，全款和付款周期较短的客户比较有优势。这时经纪服务人员一定要多带看，多开发房源，确定诚心卖房源的业主情况，及时做推荐，并第一时间约谈，看好了及时协助客户做决定。

上行市场比较典型的现象是房少客多，业主惜售，客户恐慌入市，这时的房客比是房少于客。经纪人要做的攻盘动作是：多开发优质房源，做好业主维护，提炼诚心业主；多找客户并协助其尽快做决策。

2）利用好平行市场业主客户的心态攻盘。

①平行市场业主售房周期明显加长，随着购房群体年龄段的增加以及业主换房心态的普遍性，这时业主也是客户，客户也是业主现象比较明显。业主普遍报盘量会提升，客户购房比较理性，而业主的心理价位也会比较高，处于博弈期。能成交的房源一般是先降价的，所以看本小区的报盘量，从同户型中筛选出最先降价的诚心业主进行售卖，选出A级房源进行推广。这时经纪人采取的主要业务攻盘动作是：面访和聚焦，将A级房源集中推广。

②平行市场客户主要以刚需和改善为主，购房者购房心态比较平稳。市场也没有利好政策出台，银行利率一般上浮，但客户的可选择性比较强，可以多看，可能有更好的房源出来，不着急下决定，价格一般在市场价左右即可出手。这时的购房成本会比较高，入手的基本是刚需客户和硬性改善客户。这时换房成本低，比较适合改善，能挑选到好户型和性价比较高的房源。

平行市场属于房多客少的市场，这时门店主要做的攻盘动作是：议价，找出着急卖的业主优先推荐，幅度虽然不大，但是可以拉开小区内的价差，吸引到观望已久的刚需客户和改善客户群体，多做面访和聚焦议价，就会有成交。

3）利用好下行市场业主客户的心态攻盘。

①下行市场业主着急卖。这时客户因为政策，比如限购限售、利率大规模上浮、税费调整等影响，符合购买条件的会大规模减少，对业主来讲就是没人购买，房子卖不出去。着急卖的业主会选择抓紧套现，降价出售，让前段时间想买的客户先购买，条件比较容易谈。后面就是大幅降价才可能有客户会买，但是买的肯定也是刚需客户。需求依然存在的情况下，业主降价的幅度也是有限的。除了房贷压力，大幅降价的可能性不太大，因为购房成本较高，加上贷款的利息，所以会选择让利的情况下尽快出售。

②客户看到房价触底后，在自己的预算内也会出手购买。这时业主客户博弈会更加剧烈，房子报价和成交价之间的差价也会比较大。房多客少，业主因为长时间卖不出去会选择售转租或者直接下架，等市场价格恢复到自己心理预期再挂牌出售。

下行市场，客户的心态不着急，持币待购的客户会看更多的房子。这时换房的业主最好是先卖后买，可以买得更便宜点，换房也是成本最低的，而购房群体也以刚需为主。如果发现房价长期稳定在一个区间，这时购房也是成本最低的。主要以三个月的房价走势来判断下行期是否进入平行期。这时门店应该做的攻盘动作就是：聚焦议价和聚焦面访，找出 A 级房源、A 级客源做筛选，优先成交。

综上，房多客少以及房少客多都是经纪人了解业主客户心态的很重要的标准，经纪人也要及时采取有效的业务动作去执行攻盘，在适合的阶段做出适合的攻盘动作。总的来讲，影响房价主要的因素有两个，一是市场的供需比，另一个是银行利率。

（2）利用成交周期攻盘

1）根据楼盘长时间的交易情况，将小区内的 1 居室、2 居室、3 居室以及别的房源做好分类管理。

2）成交周期长的攻盘。比如大户型成交周期一般比较长，这些房源要经常做面访，寻找购买群体。对有大户型需求的客户做分析，改善客户多，一般这种群体要求的周期比较长。经纪人要对业主进行提前铺垫，让业主报价合理，多做面访和维护。

3）成交周期短的攻盘。小户型成交周期一般较短。要注意小区的客户群体有哪些，房源的业主是什么情况，做好匹配。2 居室一般是主流户型，比较适合小区内部改善，连环单的情况会比较多。

4）对于不同周期的房源要采取不同的业务攻盘动作，以此保证小区内稳定的交易量。

（3）利用替代性攻盘

1）经纪人对小区的品质及户型与上下游盘哪个可以做替代，要心中有数。一般相似总价和相似配套的房源，都是客户参考的对象。

2）对替代楼盘进行竞品分析。客户可以考虑的范围会伴随着客户核心需求的变化而发生变化。这里的核心需求就是价格和面积。

3）盘点所有本小区业主的去向和替代楼盘，避免客户到别的门店成交，将自己带看半径最大化，保证成交的概率。

（4）利用渠道攻盘

1）房源的成交渠道一般有三个：一是线上展位，比如钻石展位、商业小区吊顶展位、VR 讲房展位等；二是线下的社区驻守展位；三是外网展位。

2）利用渠道攻盘要关注客户来源于哪个方向。比如周边的小区业主置换，那么就要了解本小区的上游盘 A 盘和本小区的下游盘 C 盘。可以将本小区房源往 A 盘定点推送，产生带看量和成交量。C 盘是本小区的改善盘，本小区的业主可能要去 C 盘购买，也可以给在售的和有潜在改善需求的业主进行推送，这样产生 C 盘的带看量以及本小区的报盘量。

（5）利用交易集中度攻盘

1）门店附近小区的户型一般有主流的成交户型。2 居室和 1 居室，一般是强一线城市的主要交易集中户型。交易集中户型的特点是首付低，月供低，置换频率高。

2）业主方面，如果房子降价或者平稳期，只要房价不涨就是降价，因为月供也是成本。这种交易集中度很高的户型，也是经纪人业绩的主要来源。

（6）利用对经纪人的依赖度攻盘

1）一般公房社区业主群体年龄偏大的居多，这种业主对经纪人的依赖度不是很高。交易比较活跃，主要靠客户量。

2）中高端社区业主对经纪人依赖度比较高。如业主经常出差，在家时间不多，特别是投资业主和在异地的业主，对负责本小区的经纪人特别依赖。所以，有信任基础的经纪人会成为这样业主的代言人。要持续维护这样的业主，但不要频繁打扰他们，做到高效维护。

3）要区分社区业主的特性，做出适当的攻盘维护动作。对于依赖度高的业主，要用数据汇报的形式沟通，及时反馈给业主，而依赖度低的就是线下勤沟通并及时找到购房客户。

（7）利用业主客户构成攻盘

1）小区业主群体可以分年龄和属地。主要看业主的年龄段来判断他们的收入以及工作时间，这样较易找到时间和业主进行沟通。根据不同年龄段的购房预算及计划，判断小区业主的置换想法。

2）租户比较多的小区，那么租户就是未来购房的主体。要做好租赁业务和维护动作，刚需客户就以小区为主。

3）看小区购房群体的年龄层和收入阶层，继而做好圈层的维护。如果经纪人掌握了一个阶段的群体，那么匹配的时候也更容易掌握对方的心态，成交就更容易。这也是做楼盘精耕的原因。

（8）利用租售关系攻盘

1）经纪人可以通过小区的亮灯率判断小区的入住率，也可以和物业沟通交物业费的比例，然后从小区租赁报盘的数据看出租户数量，从业主售房的全年成交量看出业主售房趋势。

2）如果租赁多，那么小区的刚需群体就多。经纪人要做好租户维护。租赁少的小区，一般置换的也少。

3）租和售都可以相互转换。市场上行，租转售的多，市场下行，售转租的多。适当地和业主跟进，做好维护，及时把握第一手信息，掌握一手资源。

（9）利用竞争对手分析攻盘（竞争对手一般指同业）

1）了解竞争对手日常做的业务动作有什么。比如驻守社区的点、联系业主的周期、和业主的沟通信息是否有误差、外网呈现的价格是否真实等，都需要及时关注并做好业主的反馈工作。

2）当和同业一起维护同一个业主时，就是体现差异化服务的时候。在服务上有带看必反馈，周度总结汇报。有带看必陪看，经常面访业主，说真实数据，并提供诚实的承诺给业主，做客户的客观分析。

3）差异化的服务是与竞争对手拉开差距最好的方式。做好排他行为并不是指诋毁对手，而是在服务上赢得业主的信任，从细节出发。

3. 业务聚焦管理

高级经纪人不仅要掌握实操的环节，更要掌握行业的知识体系，建立个人的知识体系，然后灵活地运用。知识的整合和运用可以提高整体的工作效率，在有限的精力下如何分配业务动作和管理，有一个原则就是聚焦管理，重要的事情先做。高级经纪人日常需要做好 6 个聚焦管理动作：

（1）聚焦带看。带看是经纪门店最主要抓的量化指标，带看聚焦有以下两个方式：

1）一带三看。就是带看三套房源，是聚焦带看的房源主推方式。比如二手带看的 BAC 法则就是带看 B、A、C 三套房源，从而主推 A 房成交的一种方式。在新房带看中一般也会采取 CBA 或 BCA 的法则。结合新房项目较远，且不便于再次回到项目的情况，通常也会采取将最优质的项目放在最后一个环节的方式去做。所以，聚焦 A 房或项目进行成交是带看中常用的一种方式。

2）集中带看管理。也是聚焦带看的一种方式，做集体组织的大规模邀约方式，是做好聚焦带看的管理方法之一。集中带看是快速成交优质房源很好用的方法，而这种方法也广泛用在了新房的项目案场销售中。往往新房销售某个楼盘会释放特价房固定的数量，然后集中城市或者特定区域做集中带看。线上 VR 售楼部或者现场靠营造氛围也会给购房者营造非常火爆的项目案场氛围，让购房者轻松下定，从而很快认购。

（2）聚焦议价。议价是区分房源是否急售最好的方法，通过不断与业主沟通，把 1 居室、2 居室、3 居室中的所有房源进行聚焦议价，将最诚心卖的房子挑出来。做电话带看后反馈、陪看、面访和微信沟通等。小区内房源开始出售，最接近市场成交的房源就会被知晓，在网络上也会做出系统高分房源的呈现，那么在网上就会有更多咨询量，促成成交。

（3）聚焦面访。面访是经纪人日常作业中非常重要的一个动作。日常维护自己名下的房源动作中，第一个动作就是面访。去业主家里拍照片，查看房屋证件，签署三方委托等都是面访动作的一部分。优质房源的面访动作，主要通过规范这些动作让业主更加信任经纪人。如在房源需要带看时，要求逢带看必陪看。这么做的目的在于创造和业主经常见面的场景，让业主知道他的房子有一个代言人。经纪人对带看的客户是比较重视的，也会将业主传递过来的所有信息给客户做专业和全面的介绍，让业主看到经纪人的专业度和职业素养。要让业主客户多了解自己。当自己信息越透明，业主的信任就会更多。除了陪看以外，还可以将相关的数据整理好给业主，以及每次带看后的反馈动作，做足了这些小事，面访就会更有价值。掌握的信息越多，匹配得也就越精准，所以这样的面访定是最接近成交的，做这种高频次的动作，一定会被业主所认可。

（4）聚集房源。每周一资源述职时，要盘点出来门店的 5 套房源（5 房）。这 5 套房源是商圈经理和经纪人一起重点跟进，且要争取本周转化成交的房源。

1）5 房的条件：

一是房主诚心卖；

二是价格已经是小区内同户型价格较低的；

三是业主配合度比较高；

四是具备性价比的房源。

2）做好一周每天的日常反馈。可以建群维护，每天反馈带看后的信息，如果没有带看就给出建议。可以通过大区传递，朋友圈传递，驻守派单，打扫卫生，区域内各门店的销讲，以及做集中空看和讲房动作将房源进行销售。同时及时反馈这些动作给业主，让业主知道工作进度，从而获得业主的信任。

3）将优质房源第一时间进行客户的集中邀约，做优质房源的模糊匹配。通过大规模的邀约能够有足够的带看。如果本周确实没能卖出去，通过大量的带看和反馈也能给到业主适当的建议，并制定下一步的销售计划。

（5）聚焦客户。周一做资源盘点时，每天的夕会，都是跟进优质客户的时间。集中所有优势资源，比如商圈经理、店长和能力较强的经纪人，一起把客户的需求弄清楚。整个门店甚至大区都可以帮助匹配客户的优质房源。这种聚焦的思维，会让经纪人做好客户的分类，把握 A 客，并第一时间成交。

（6）聚焦新房项目。根据经纪人手中掌握的客户画像，匹配到对应的项目上。由于新房的带看成本比较高，路途较远，所以聚焦 3 个项目集中带，这样的带看效率会快速得到提升。

1）将选好的楼盘做好集中踩盘、通关、讲房和邀约，并对经纪人的工作量做好要求，定时定点定量地要求把客户邀约到案场中来。

2）也可以做现场的集中邀约动作。其他经纪人看到现场成交的火热景象，也能更好地熟悉项目并做好邀约动作。新房的喜报也会快速在门店群和朋友圈转发，这种被刺激的潜在需求就是门店聚焦的效果。

3）线上 VR 新房售楼部的技术运用，实现足不出户看遍城市所有新房项目。这样更加缩短了客户的决策周期、线下的时间和空间成本，重构了门店的线上带看流程。线上筛选线下复访核实认购，效率大大提升，带看量和客户量也大大提升，成交周期更短，效率更高，经纪人做高业绩的可能性也越大。

4. 资源述职

面对庞大的资源系统，上述梳理聚焦是必要的。同时，最主要的是，开展固定时间周期的资源述职动作。资源述职是经纪门店做得最多也是效率最高的一件事情。做资源述职的方法：

（1）固定时间段进行述职，定时定点定人

1）单店述职。门店 20 人以内，管理者亲自述职，梳理房源和客源以及展位；门店内 20 人以上，可以分组梳理资源，提高效率。

2）多店述职。分两个场合做资源述职：首先是店面商圈经理对资源进行梳理，然后由商圈经理在公司周例会上对资源进行梳理述职，以便公司能对意向单进行督促，然后对有效资源做提纯和辅助动作。

3）述职时间点及场所。周一对前一周的所有资源做盘点，库存复盘。资源述职的场所最好是培训教室或者在办公区全员参与，最好是密闭的场合，避免业务的进行被打扰。资源述职也是培训的时机，所以门店要善于把握会议的形式和效果。

（2）房源述职的关键流程

1）分组述职。组别人员依次述职。通过述职可以检查店组长的工作是否到位。在一个店或者公司，人的能力可能有差别，彼此精进，团队才会向上。考核是为了保留优秀人才，而不是妥协导致伤害优秀人才，这也是提升执行力的最好办法。

2）用系统述职。这是最简单和最直接的方式，打开每个人的操作系统，梳理房源，管理者发现问题和分析问题以及解决问题。房源述职中一般会提出的具体问题：

①这套房的实勘什么时候拍？VR什么时候讲房和拍摄？最近的VR讲房有几次？

②房源基本信息要第一时间完善，第一时间在外网呈现出来。有用的信息是吸引客户的最有效保证。

③房源跟进频次要保证一周至少一次，要写真实有效的跟进。这是和同事建立良好沟通的基础，也是房源能第一时间消化的保证，好口碑会带来更多的资源和合作。

④最近带看次数不多。价格很久没有下调了，下一步要在近日与店长一同携带面访工具前去面访。

⑤先来看下这个城市最优秀的房评和标题是怎么写的，再看下自己门店最优秀的房评和标题是怎么写的。一套房子最容易卖出去的关键因素应该就是展位和价位，所以要不断地去获得前二展位和降低业主价位。当这套房子的价位是同户型最低的，也是最接近上一套成交价的时候，这就会最接近成交了。

⑥上周门店成交的房源有哪几套。让这几位经纪人分享做了哪些具体的动作。

⑦上周门店一共新增了几套房源，每个人新增了多少套房源。新增最多的经纪人采取了哪些标准动作，让他来进行分享。房源的持续开发和新增以及持续的维护是保证房源中盘量的基础。

3）用资源述职表述职。多店可用5房5户表来检查工作。商圈经理梳理每套房的具体动作，以及下一步的推动动作。商圈经理检查门店的经纪人，可以使用2房2户表，做周度的跟进。

（3）客源述职的关键流程

1）作业动作检查。贝壳的A+系统是一个具备业务管理逻辑的业务系统，经纪人只要用好了系统的功能，基本就掌握了这个行业的业务逻辑，养成很好的作业逻辑习惯。所以依靠系统作业是作为管理者管理门店最好的管理工具。平时要求经纪人把所有客户都导入客户系统当中，通过系统的电话来维护客户和业主。这样有录音的情况下，管理者方便检查经纪人的工作以及业务技能，及时地给予纠偏。

2）客户检查。主要看跟进的时间和需求是否挖掘清楚，然后集齐所有人力帮助客户维护人进行匹配和推动下一步动作。主要是需求挖掘和匹配的问题，可以借助店组长和商圈经理合作完成下一步意向的动作，根据销售漏斗来管理客户的进度。

3）客户聚焦检查。一周进行2个客户重点跟访和推进意向，门店聚焦5个客户进行协助跟访和推进签约。

（4）持续跟进，只有坚持才能通过资源述职和对手拉开差距

1）要坚定地实施，不断地进行宣导。就地取材，统一门店的管理语言和业务语言，门店协作就会越来越轻松。

2）资源述职就是这种持续复盘的过程，聚焦自己的精力在有限的工作上以及重点的工作上。做好房源、客源和展位的梳理，让经纪人对优质资源足够地敏感，就会更加接近成交。

3）资源述职第一次和第一个月是最困难的，但是日积月累下去，经纪人都会自动会形成这种资源梳理的习惯，管理自身资源的能力就加强了。

5. 门店客户管理

从资源角度而言，5房5户的管理方法，能发挥资源最大的价值。但是，从客户角度而言，还需要全面加强客户管理。

（1）管理门店的客户资源

1）高度认识经纪人的资源就是门店的资源。经纪人经常有种误区，自己开发出来的客户，自己有独立处置权。这个观点是错误的。员工在职期间，享受公司正常给予的福利待遇和提佣、培训等，在工作期间的所有工作内容都受公司的规章制度约束，所以员工在职期间，开发出来的客户和业主属于公司的资产。员工有义务进行维护和转化，从而赚取佣金，按照相应的提成比例获得对应的薪资。这是员工和公司之间的合同约定，所以不存在资源属于员工单独所有和具备独立处置权的说法。基于以上观点，作为门店的经营者或管理者，有权对员工的低绩效资源进行分配和处置。但是也应注意员工的感受，有些员工可能会感觉自己的资源不能得到保护，从而缺少安全感，进而排斥公司的做法，这就需要门店制定合理又体现人文关怀的客户制度。

2）定时定点回访系统中客户。每周固定一日为客户回访日。经纪人需根据客户的情况作出更积极的维护动作。对客户定时定点的回访是所有规章制度底线要求。对客户进行分类，ABC分类是最基本的分类。库存客户有上限，但是线上加上线下的维护，经纪人的客户资源会伴随着职业生涯的延续而增加，不再缺少客户资源。经纪人的获客渠道也不再会是普通的门店接待和线上获客，优秀的经纪人已经实现了从成熟人脉

圈获客，业绩稳定且高产。

（2）建立客户管理机制

1）建立销售漏斗表管理。销售漏斗的表格比较形象，更像门店工作地图，如图5-14所示。销售漏斗表管理，还需要配合使用门店管理系统软件相关功能。销售漏斗表管理首先需要记录全部可量化的环节，并跟进进度。销售漏斗表格有两个作用：一是积累所有客户资源并做好详细的跟进和备注，方便后期的查看；二是做好转化率。

图5-14 销售漏斗的形象表

①根据客户行为可将客户群体分为7个环节：A. 首看；B. 二看；C. 多看；D. 意向金；E. 谈判；F. 签约；G. 收佣。该漏斗中不存在开发及邀约用户。故在表格前面还要记录客户的基本信息，主要有经纪人名字、客户姓名、电话、推荐楼盘、阶段、客户来源、价位区间、预估成交时间这8个维度。

②发挥销售漏斗表7个环节的作用。A. 知道客户处于哪个阶段，每一阶段把客户最新的状态写进表格，就可以判断客户下一个阶段的抗性点，然后针对性地解决。B. 带看是最主要的步骤，可以通过看房的次数，发现客户的诚意度，一般客户跟经纪人保持2次以上的带看，基本可以确认客户的黏性是足够的，客户对经纪人相对信任，作为管理者从旁协助的机会就大，成交的可能性也大。C. 单个数据不好判断经纪人存在的不足，如果客户量足够大，或者门店的客户量足够大，管理者就可以判断，个别经纪人在从首看到收佣这7个环节中存在的主要问题，就能针对性地对员工进行辅导，解决单点问题。D. 当经纪人离职后，离职前经纪人的资源也要强制保留到门店，这样门店的资源才能得到保留，经营时间越长，沉淀的资源就越多。当新员工来到门店或者当下经纪人缺少资源时，就可以适当地分派。

③完善与用好 7 个维度的基础信息：

一是维护人名字。为了方便离职经纪人后的分析，根据之前的印象判断维护方式有哪些，便于做切入动作，还有新员工接触之前的资源时，有衔接对象。

二是客户的名字。最好是全名，容易识别和记住。

三是客户的电话。这是联系的唯一信息，联系方式越多越好。

四是推荐的楼盘信息。可以大概判断之前客户的需求，客户成交在这个楼盘里面，那就从客户成了维护业主。购房和换房的需求，会随着角色的转换和年龄的增长产生不一样的需求，他始终会是客户。这也会伴随着门店的经营和商圈经理以及经纪人的从业时长越来越长，服务社区的时间越来越长以后成为门店最珍贵的资源。

五是客户来源。这是判断经纪人在某个维度擅长与否的关键因素。来源渠道越专一，说明经纪人能力就越不综合。越多元化就说明遍地开花，肯定不缺资源，当然一定会有排名第一的渠道，这就是需要巩固和加强的，而其他渠道也可以去尝试。

六是价位区间。说明客户在当时的消费水平和家庭水平，经纪人分档维护后，下一个阶段推荐什么产品进行改善就有了很好的依据。

七是预估成交时间。就是对当下客户的需求做预判，需要四季播种四季都有丰硕的果实采摘。在对应的时间节点做对应的事情，收获源源不断的业绩。

2）搭建门店客户合作制度。针对离职人员资源的保有，应通过搭建合理的合作制度促进资源的合理利用，而不是强制地收回资源。转化成门店的业绩和未来的潜在资源才有价值。搭建好的合作制度，大家心甘情愿地合作，效率才会更高。

①租赁资源短平快合作。让租赁资源在组内高速流通，但凡租赁客户被组内其他人员邀约成功并成功签约，成交可分 20% 业绩给原来的客户共享方。

②新房资源合作。以获取到客户为主，后期的带看和新房项目讲解主要是以项目案场为主，建议分给客户共享方 60% 业绩，这样作为门店的经纪人才有动力把新房客户给到新房作业人员。人的精力是有限的，不可能既做二手又做租赁也做新房。从行业内成功的经纪人身上来看，做专做强一个领域，反而会有更高且稳定的业绩产出，所以合作也是门店管理势在必行的。

③二手房的客户合作。二手房交易服务后续手续时间长，也比较复杂，对于邀约带看、后期谈判以及后期售后的成交人来讲，工作量也不小。二手房的合作比例约 20% 较好，也不用担心售后的事情。

④客户强制合作。周内新增客户没有带看可以强制组内合作；超过 15 天没有约出来首看的客户可以店内合作；可以按照组的情况，先组内再组外进行分配合作，一旦成交就必须分配相对应的业绩。

3）客户聚焦管理。所有的管理都应该聚焦，客户管理也是一样的，聚焦事半功倍。一定要学会聚焦的能力，先把主要矛盾解决，抓好重点工作，成交概率更大，就能取得事半功倍的效果。

6. 撰写门店业务管理方案

集成上述 2~5 内容，形成门店业务管理方案。

3.4　必备业务知识

1. 房地产销售漏斗管理

（1）销售漏斗管理（也叫销售管线）是科学反映机会状态以及销售效率的一个重要的销售管理模型，如图 5-15 所示。通过对销售管线要素的定义，如阶段划分、阶段升迁标志、阶段升迁率、平均阶段耗时、阶段任务等，形成销售管线管理模型；当日常销售信息进入系统后，系统可自动生成对应的销售管线图，通过对销售管线的分析可以动态反映销售机会的升迁状态，预测销售结果。

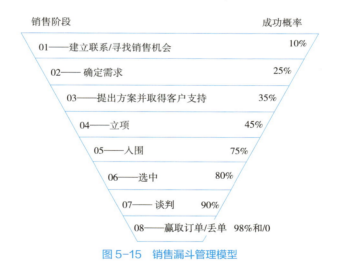

图 5-15　销售漏斗管理模型

（2）房地产销售漏斗管理模型，如图 5-16 所示。

2. 开展房地产资源述职原因

开展资源述职前，必须分析掌握资源述职的原因。以日常工作中出现的情况为例，分析掌握资源述职原因：

（1）经纪人对自己的资源不熟悉，只关注最新资源。随时间推移，遗忘了一些老客户、老业主，这是一笔很大的资源。

（2）管理者不接地气，不了解房源，不追踪客户。经纪人问到商圈经理，也茫

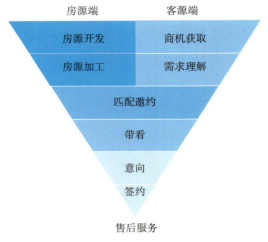

图 5-16　房地产销售漏斗管理模型

然失措，经纪人很无助。管理者失去威信，经纪人不依赖管理者，不服从管理，效率大大降低，人也流失了。

（3）店里每天都很忙，经纪人跟着客户跑，管理者跟着单子跑，事情安排人，而不是人来安排事情。

（4）管理者不知道如何检查经纪人的工作情况。经纪人不愿意告知自己的有效资源，可能产生走私单或能力不足签单的情况，业绩损失惨重。

3.5　必备业务要领

1. 日常经纪人作业场景及聚焦管理对策

（1）日常经纪人作业场景

1）经纪人每天都很忙，带看也很多，有的客户和经纪人看了不少于 10 次房子，但始终没有成交，效率太低。

2）小区房源太多，接近 200 套，不知道给客户推荐哪套房源，价格也差不多，哪套靠谱卖呢？

3）每天店里事情很多，总是在忙，可就是没开单，不知道为什么？

4）最近新房项目太多，佣金高，项目好，客户看了很多可仍然没有成交。

5）系统上客户有 100 个，房子有 30 套，每天看别人业绩高，自己怎么就资源这么多还是不开单呢？

（2）对策。从上面作业场景可以发现，经纪人每天忙忙碌碌，抓不住重点，精力都分散了，一项业务也做不到位。可以采取的对策是，深入开展聚焦管理。通过聚焦带看、聚焦议价、聚焦面访、聚集房源、聚焦客户以及聚焦新房项目，大幅度提高工作效率。

2. 日常经纪人作业场景及客户管理对策

在日常门店管理中经常会出现以下场景：

（1）经纪人每天都在找新客户，客户资源很多，经纪人因为不会转化资源，只会开发、接待，需求挖掘、邀约、带看等一系列动作都不会，资源都浪费了。

（2）新来的经纪人有资源，但是店里的老员工不和他们合作，没有很好的合作机制，经纪人之间的资源利用效率太低。商圈经理每天都在抓意向单，一些初级优质的客户没利用，精力不够。

（3）客户跟进的周期不固定，什么时候跟进，什么时候写什么内容，跟进沟通什么内容，经纪人不知道，新员工来了留不住，老员工时间久了，能力也没长进，资源都被浪费了。

（4）经纪人没有能力把客户分类，不会判断客户所处在的环节，不具备推进下一步的能力，资源转化段出现了很大的问题。

（5）每天做很多基础工作，手里没客户，让经纪人约带看，经纪人只能无奈地说，没客户，管理落地难。

（6）对策。从上面场景客源看出，经纪人平时每天都在找客户，但并不会真正利用好客户。所以，应该采取的对策是从客户角度出发加强客户资源管理。

3. 利用业务漏斗推进门店管理

业务漏斗推进是门店管理的重要抓手，如图5-17所示。可以通过分析业务漏斗的关键指标数据，优化管理动作，推升门店业绩。

管理动作	关键指标	房源端	客源端	关键指标	管理动作
社区活动量	报盘率	房源开发	商机获取	商机量	电话量、IM回复
维护人管理 独家/VIP	聚焦好房数量 聚焦准确率	房源加工	需求理解	商机转委托率	商机管理系统 及时检查
面访和议价	面访覆盖率		匹配邀约	二看率	集中邀约
带看反馈	建群维护覆盖率		带看	带看量	人均带看
	回店率		意向	回店率	带看后回店
房源传递 带看压强	聚焦成功率			带看成交比	一带多看 带看反馈
带看	连环单覆盖率		售后服务	成交档案	成交档案记录

图 5-17 业务漏斗推进门店管理

4. 用好业务漏斗的关键业务动作

利用业务漏斗可以推进门店管理，用好业务漏斗的关键是需要掌握关键业务动作和相关技能，如图 5-18 所示。

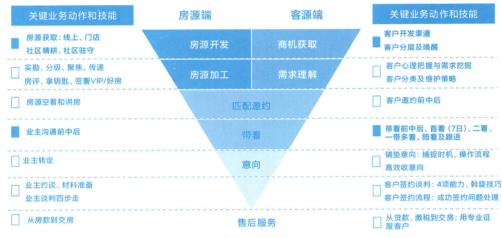

图 5-18　业务漏斗的关键业务动作和技能

3.6　任务拓展

客户和业主两者是可以相互转换的。

一般而言，城市里的客户第一环是刚需客户群体，这个群体以大学毕业生为主，假定刚需客户群体 A 购房年龄是 25 岁，那么他们在强一线城市会以购买 1 居室 $50m^2$ 左右的房源为主，基本上购房的群体以单身为主。

随着年龄的增长，A 会结婚生子，当夫妻加上一个小孩时，A 会开始考虑买 2 居室 $80m^2$ 左右做置换，以满足有孩子以后居室的要求。A 买了两居室的房源后，孩子 3 岁以前通常和父母住一起，3 岁以后自己独立住一个房间，而现在工作、生活压力比较大的情况下，孩子需要家人来照顾，2 居室可能就只能满足孩子 6 岁以前的需求。

等结婚几年以后，攒的钱加上 2 居室的房价涨幅可以再凑首付或者高首付购买一个三居室 $110m^2$ 左右，满足孩子上学后写作业以及独立空间的需求，老人继续照顾孩子，夫妻正常上班，基本上三居室就可以满足需求。

另外，夫妻二人也可能就近购买一居室给老人居住，解决孩子上学以及照顾孩子的问题，且随着父母年迈，也需要考虑养老问题，需留在子女身边。

当孩子 18 岁以后或大学毕业以后，又要考虑就业问题，于是孩子进入社会差不多也是 25 岁，又要开始考虑购房结婚的刚性需求。

所以市场上的购房问题，其实就是现实生活中大部分普通家庭各个阶段的需求问题。住作为中国居民头等大事，成了所有家庭的核心问题。因为标的大，资产要求高，购买房屋不是一件容易的事情，所以了解业主客户的心态是作为经纪人需要随时掌握的能力。

任务 4　门店量化管理

4.1　任务分析

门店量化管理任务内容主要有 2 项：

（1）制定量化管理的标准；

（2）开展交易服务量化管理。

4.2　任务流程

门店量化管理任务流程有 9 个步骤：

（1）工作准备；

（2）制定量化制度的标准量；

（3）量化管理与人员管理相融合；

（4）量化的平均分管理；

（5）新房买卖服务的量化管理；

（6）房屋租赁服务的量化管理；

（7）新房租赁交易服务量化的加分与减分；

（8）二手房买卖服务量化管理；

（9）撰写门店量化管理方案。

4.3　任务实施

1. 工作准备

（1）社区调研与分析报告。

（2）商圈跑盘信息与门店开设方案、目标管理方案、业务管理方案。

（3）办公电脑及相关软件系统。

2. 制定量化制度的标准量

（1）把握量化本质。房产经纪门店管理，一定有量化才会有业绩。业绩的背后是量化，量化的背后是行程。这是业务的底层逻辑，带看量和成交存在转化比，比如新房大概是 10∶1，二手大概是 30∶1。伴随着业务线上化的普及，效率也大大提升，线上 VR

带看量的指标会更大。所以在制定量化标准时，一定要结合线上指标和线下动作做双重考核。只有让经纪人明白这个道理，才会有动力完成量化，不断提高自己的转化比。

（2）制定基础量、提升量、卓越量。合理的量化标准，是能有效驱动经纪人做好自己该做的量化，从而达到一定量化的转化比。门店管理中没有持续稳定的高业绩产出的原因是经纪人的量化不稳定。所以，要制定合理的基础量、提升量和卓越量。

1）制定基础量。只有达到了一定的量化才能达到固定的产出比。如何维持量化的基础量，是门店生存线的合格值。让所有经纪人都能达到这条生存线，也就是合格利润值的标准，那么就要把基础量考核设定在合理的比值。销售漏斗管理每一个层级都有自己的转化比，可以根据以往数据拆解、制定合理的基础量。比如：经纪人一个月可获取的客户是 50 个 IM 咨询量，转化比是 20%，那么就有 10 个录入的客户。10 个录入客户转化到带看的比值是 50%，那么就有 5 个带看。按常规二手的带看要达到 30：1 的平均值才能产生一单，如果 IM 作为经纪人唯一的上客渠道，想开出一单买卖单需要 6 个月时间。可以看出，经纪人如果想要开出更多的单，就需要从两个方面提升：一是资源的获取量，另外一个是资源的转化比。经纪人的获客渠道有很多，转化比也不太一样。所以要将所有渠道都用起来，这样才能提升经纪人的开单量。

2）制定提升量。提升量一般为基础量的 10%~30% 不等。当经纪人完成基础量时，也就是能达到门店一定的盈利点后，就要为他们制定提升量，需要对团队进行人员的分级考核，以此来提升业绩，达到提升量的目标。提升量是当团队的平均分都在 60 分时，而有部分人可以达到 70~80 分，这部分人就是要提升的对象。对他们提出更高的要求，设置更好的激励措施，比如开单奖、出游计划等，以此来激励，达到要求的提升量的标准，他们往往是门店的中流砥柱。

3）制定卓越量。卓越量一般为基础量的 30%~50% 不等。为了达到更高的业绩标准，就要制定卓越量。达到卓越量可以从两方面着手，扩大门店的规模和提高人均效率。效率的提升和从业时长有关系，一般从业时长较长的门店，店面的人均效率更高，产出也更稳定。但是当人效增长较慢时，最好的办法就是提升店面规模，以此来达到卓越量的要求，从而实现高业绩目标达成。

3. 量化管理与人员管理相融合

人员管理讲究分类管理，量化管理也需要做分类管理的。

（1）量化执行靠人员。学习力和执行力更强的员工，在业绩上和量化上都会更高。学习力和执行力强的员工通常是 WI[①] 分管理中的 B11 人员（双第一），WI 分统计表截

---

① WI，即 Workload Index 工作量指标，是对经纪人每天业务动作的量化指标。

门 店 经 纪 人 WI 分 统 计 表

年　　月

类别	房源端						客源端			线上		
	新增房	新增实勘	VR实勘	新增委托	新增钥匙	面访	新增客	带看量	一带多看 (二手:一带3看 新房:一带2看)	IM转录入	VR带看	APP渗透量
买卖												
租赁												
新房												
上限分	售20/租60						售30/租50			售10/租10		上限10分
上限量	售5/租30						售30/租50			售10/租10		上限10个
姓名	1　2　3	4　5　6	7　8　9	10　11　12	13　14　15	16	17　18	19　20　21	22　23　24	25　26	27　28	29　30　31

图 5-19　WI 分统计表截图

图如图 5-19 所示。楼盘管理有 B11 楼盘，人员也有 B11 人员，也就是业绩量化双高人员。通过 WI 分九宫格表，通过量化分值和业绩的曲线，识别出每个月的高绩效和低绩效人员。做得好的是标杆人员，做得不好的是要关注甚至是被淘汰的人员。

（2）一般门店量化高的人员不一定是高业绩产出人员。业绩的产出和经纪人个人的转化能力有关系，当然转化能力强的人员不一定也是高量化人员，可能这个人没有做好前期的资源开发。所以，要通过 WI 表第一时间识别出这种意愿强、能力强且量化又很高的人员，并对他们进行培养。量化和人员结合的点是 B11 人员，他们一定是门店的标杆。

（3）对于低量化人员，需加强培训和增加更多量化的考核，尽快让其达到及格线水平。

（4）量化管理和人员管理的本质是因人施策、精准施策，确保没有掉队。对弱小的伙伴进行帮扶，对强大的人进行牵引，从而保证团队的综合实力不断提升。

4. 量化的平均分管理

量化管理的依据是积分，积分考核制度背后的逻辑是平均分管理。

（1）经纪人平均分管理。常常说如果经纪人能都达到 70 分就赢了，这里的 70 分，其实是综合实力平均分，维度包含很多，比如平均业绩、平均量化、博学分数、知识储备、价值观、时间管理、交易流程等都可以作为管理对象。这里的平均分不是单指一项指标，而是综合指标，可能每项指标都有分值的占比，最后总分加在一起是100 分，这就是平均分的管理。

1）高于平均分、但团队合作差的经纪人。团队中往往有这种人，业绩很高，但不注重合作，做事情独来独往。因为业绩高，会被其他人效仿，这种人群带来的管理难度增加以及破坏力是相当惊人的。对这类人群要严格管控，如果不能引导为合作的伙伴，也不能走进团队，就必须将其坚决清除出团队。

2）高于平均分，且团队合作好的经纪人。他们价值观正向，注重合作和分享，业绩和量化双高。这类优秀人群在组织内会带来非常积极正向的影响，他们处处都能作为团队的标杆。

（2）门店平均分管理。门店经营分为三个阶段：亏损、保本、盈利。平均分的管理，是让门店的经营一直处在保本线以上且在一定盈利合理值之上的非常好的方法。平均分管理是制定最佳绩效的第一步参考准则。

例：

门店的保本业绩是 15 万元，二手单均标的在 3 万元业绩一套入账的前提下，那么实现保本业绩至少开 5 单。按照二手带看量的平均转化比（30∶1）就是 150 组二手带看。10 名经纪人的团队，人均一个月至少有 15 组二手带看，那么 15 组就是人均带看量的最低值。门店的目标值一定要高于人均 15 组才能完成。按照 50% 邀约成功率，1 组带看至少需要 30 个新增客户才能完成。如果设定 IM 为唯一获客渠道，IM 按照 20% 的转录入率，那么就需要 150 个 IM 咨询量。如果 10 个人的话就需要 1500 个 IM 进线咨询量，这种情况下，一个门店对 IM 进线要求就会非常高。按照这个获客渠道的管理，那么每天 IM 咨询客户量不能低于 5 个，要有 IM 的咨询量就要购买展位和获得贝壳币以及开发资源。把整个销售漏斗逆推了一遍，会惊奇地发现，门店的业绩达成是靠量化的逐级管理达成的。设定量化指标的管理，其实就是各个销售环节的逐级往下漏的过程。要扩大入口、降低斜率、提高转化率，才能达成业绩。推算出设定的最低完成值，就是经纪人每个月要完成的最低量化分值，只要达成了最低的量化分值，就可以达成业绩目标。

（3）管理者平均分管理。管理上对管理者也有平均分要求，每个月是否有稳定且高产的业绩非常重要。如果商圈经理每个月的业绩都在亏损边缘，每个月对重点的房客都不能做到及时转化，那么就不是一个合理的管理者。业绩来源于两个方面，一个是中盘，一个是客户方成交。每周要求的 5 房 5 户聚焦能很好地解决业绩来源的问题，一周转化 5 套房源，成交 5 个客户。坚持聚焦房客，必然能不断提高业绩。每周做好 5 房 5 户，一个月就是 20 套房源和 20 个客户。此外，管理者要针对新增资源和库存资源，不断做出精准的房客展位的述职工作，反复筛选，逐步落地到具体的量化考核。

5. 新房买卖服务的量化管理

新房交易服务指标和二手房交易服务指标大部分相同，新房买卖服务特有的主要量化指标：

（1）带看量化指标。新房带看流程主要是线下案场做讲解。

随着线上VR售楼部的出现，在新房带看的环节中，VR售楼部的线上VR带看成为必经环节。客户获取后，经纪人可以线上对带看做讲解。线上化让经纪人置业顾问化，要求经纪人具备新房顾问的讲解能力和项目的熟悉度，才能面对大量的新房带看。因为线上的便捷性，新房案场经纪人的接待能力在短时间内难以承受，那么经纪人就要自己学会并掌握所有线上的流程，到最后的促定认购环节要和新房置业顾问一起确认下定，再到线下做复核认购、付首付等环节。

线上帮助新房客户对项目做足够的讲解，可以有效避免跑错楼盘增加费用成本和精力成本的浪费。新房基本都在远郊，时间成本和人员成本较高，所以线上带看即将在未来成为客户购买新房的必经之路，经纪人也要在新房接待能力和专业度上多做演练和实操。尽管线上VR带看占比会增加，但是线下带看也不可替代。线上筛选线下复核认购，加速成交成为必然。

根据上述分析，可设定线上带看一带三看项目3分，线下带看一组3分。这样就能让经纪人多带看项目，为客户匹配最优质合适的项目进行成交。

（2）400、IM和VR转录入客户量化指标。线上获客转录入系统，不重复算1分。

（3）陪看量化指标。陪看和二手房买卖相同，这里指的是线下陪看，线上陪看不算分值，还有线下合作，如开车陪同等，陪看设定分值1分。

（4）空看和踩盘量化指标。由于新房项目踩盘需了解内容较多，可增加考核项，在踩盘后必须进行一对一的店内通关。所以踩盘及通关新房楼盘设定分值2分，并且要求外出踩盘一次需踩盘3个及以上，最好在项目现场通关打分，并交付项目通关表一张，拍照发工作群，带回店内由商圈经理检查，或者由商圈经理组织店内夕会通关聚焦项目。

（5）圈存和认购量化指标。新房的签约不需要经纪人操心太多，所以经纪人和新房置业顾问或者由商圈经理陪同促定也很有必要合作。特别是线下认购火爆时，营造氛围以及线上喜报的频频出现，更能让客户做决策。伴随着线上成交越来越频繁，线下复访，7天到15天甚至一个月无理由退房的活动也越来越多，这样更容易让客户放下提防，快速下定。

1）交定金，和签约数量分值一样，设定4分分值。

2）认购就是真实成交，设定5分分值。新房成交速度快，客户做决策周期短，新房要注重时机，项目卖完了就要转推其他项目。但是二手房可能是出了一套，还有下一套同小区户型，所以这段时间新房活跃的时候，要鼓励做新房的动作，所以分值也会更高。

6. 房屋租赁服务的量化管理

租赁是一切资源的入口，千万不要忽视租赁的重要性。新员工刚入行，对行业标的和人群心存恐惧，做租赁最能锻炼能力。租赁成交节奏快，标的小，经纪人上手快。经纪人在租赁阶段把能力锻炼好，储备更多的资源，起步稳就后面也走得稳。

（1）带看量化指标。虽然租赁的标的和业绩与二手房和新房不能比较，但租赁的带看过程和二手房、新房一样的艰辛，能力要求也相同。可以把分值设定和二手房相同，1带3看以内设定1.5分，1带3看及以上设定2分。

（2）录房量化指标。租赁的房源开发相对简单，外网资源或者到期租赁房源在楼盘里数量很高，也高频率出现。最短周期可能一个月，长则一年甚至多年，所以可要求租赁的录房一定要录入维护盘以内的房源，而且给的分值较低，设定1分。

（3）400、IM和VR转录入客户量化指标。客户录入还是只考核线上进线客户转录入，设定分值也是1分一个。

（4）钥匙量化指标。租赁资源有钥匙的出租率会极高，而且业主对于租房资源不像卖房一样那么重视，可设定分值1分/把。

（5）实勘、VR量化指标。租赁资源可直接使用手机拍摄，满足一定的拍摄标准是可以即时拍摄上传的，包括新上线的VR租赁房源的拍摄，将大大提高租赁房源的成交率。实勘或VR拍摄可设置0.5分一个。

（6）陪看量化指标。租赁陪看比较少，且租赁经纪人上手快。如果是新员工，师傅陪看可以加分值，1分/个，其余陪看不加分。

（7）签约量化指标。租赁签约过程简单，所需人员较少，签约可设置3分，根据业绩考量做分值确定，如果有需要，陪谈陪签人员也可以加0.5分。

（8）备件量化指标。现在租赁房源也需要三证才可以呈现，难度和买卖房源一样，故同样设置1分，如果在开始阶段可以增加到3分。

7. 新房、租赁交易服务量化的加分与减分

（1）通用加分项量化指标。通用加分项是对以上业务类型的补充条款。

1）收取意向金量化指标。租赁、买卖交易中一般会涉及意向金协议的签署，提前确定客户意向是很有必要的，可以降低成交难度。所以设定分值为2分。

2）三方面谈量化指标。三方面谈在转化端有很重要的作用，特别是转化率较低和市场上行时。三方面谈是真正距离成交最近的一步。可设定的三方面谈3分，成交4分。每次约谈前和商圈经理提前做好策划，珍惜每一次机会，也能锻炼经纪人实战能力。

3）物业交接量化指标。物业交接时间不会太长，但也要给予加分，设定的分值

是 0.5 分。

4）议价量化指标。议价是常抓不懈的指标，价格降下来后进线量和成交概率都会更好。议价系统下调 5% 以上设定 2 分，5% 以下设定 1 分。

5）社区驻守量化指标。社区驻守是距离业主客户最近的一环，是呈现品牌的最好机会。社区驻守是一种邻里之间的互动，主要增加熟悉度。可设定为 1.5 个小时以上的社区时间增加 1 分。

6）电话量量化指标。业务动作中，尽管电话量不是主要考核指标，但要达成各项指标，电话量是必不可少的部分，不能考核数量，主要看通话时长。标准可为：50 个有效接通电话 1 分，150 个及以上电话 2 分，交付物是电话截图或者录屏，需要体现电话时间。

（2）通用减分项量化指标。通用减分项是对以上业务类型的补充条款。

1）房源超 13 天未维护量化指标。房源如超过 13 天未维护，针对每个超期维护房源扣除 2 分处理。

2）周一分钟响应率低量化指标。由于线上资源越来越重要，线上一周 IM 一分钟回复率低于 90% 扣 5 分，低于 85% 扣 10 分，低于 80% 扣 20 分。

3）400 未接听量化指标。400 进线要求是 100% 接听并录入系统，未接听一个扣除 5 分，除去特殊情况比如在 VR 带看中的情况。

4）未语音跟进房源量化指标。伴随着大部分动作都线上化了，门店依赖平台和系统的时间也更多。贝壳的 A ＋系统本身就是一整套自运转的线上化逻辑方法论的系统，这是门店每个人都应掌握的，周内没有一次语音跟进业主维护房源的扣除分数是一套 1 分。

5）客户 7 天未系统跟进量化指标。客户维护的逻辑同房源维护相同，一周需系统跟进客户至少一次并且写好跟进，未做到的每个客户扣 1 分。

8. 二手房买卖服务量化管理

二手房买卖服务量化管理涉及 10 个方面：

（1）带看量化管理。现在线上 VR 带看特别方便，带看的路径发生了很大变化。二手房带看，一般采用先通过线上 VR 发起带看，尽可能减少客户的时间成本和空间成本，线上做好筛选后，再到线下进行复核，从而缩小客户的意向选择范围，同时大大减少经纪人的时间成本和空间成本，给买卖双方以及经纪人带来便利。

1）线上 VR 带看量化管理。能做到高质量的带看一定得做到脑中有房、手中有户、电话量足、约看有法。在和客户线上沟通时，经纪人必须具备随时接待和服务的能力。以前一个经纪人平均每个月有 10 组带看就很不错，一天带看 3 组就精疲力尽。现在，一天带看 30 组房源以上都是可以在店内完成的，效率大大提高，帮客户把选择的范围从大到小地进行筛选，随时随地带看，简单快捷。决策的周期缩短，成交的概率提升。线上化的普及应用，倒逼经纪人的能力提升。VR 带看设定的分值：1 带 3 看以下，带看一组算 1.5 分，1 带 3 看以上算当天分值 2 分。

2）线下门店带看量化管理。线下带看，经纪人要做到更多的服务细节，线下带看一定会存在且不可替代。未来大多数的带看可能是先线上发起，再到线下复核成交。伴随的就是经纪人职业素养要越来越高，对高科技产品的使用越加的娴熟。线下考核经纪人带看的分值和线上 VR 分值一样，也设定为 1 带 3 看以下是 1.5 分，1 带 3 看及以上是 2 分，作为当天量化的考核指标。

（2）录房量化管理。录房作为所有资源获取的前提条件，是经纪人每天要做的一项重点工作，房地产经纪服务作为服务行业，没有房源就没有产品，每天保证一定的房源新增量就保证了业绩的增量，现在伴随着 ACN① 规则的慢慢接受和普遍遵守，房源在同一个城市内已经不是什么秘密。房源的消化速度取决于核心的房价以及业主诚意度，所以做好房源的开发是前提。开发同片区维护盘房源是最主要的考核范围，经纪人也只有更加熟悉本片区资源，维护并消化本片区资源才能深耕片区，真正成为一名社区专家。经纪人在门店覆盖片区的从业时长越长，业绩就越稳定，时间越长业绩也会越高，这是正循环。资源是伴随着人员流动的，一旦人员流动，资源就得重新积累，这种损失是巨大的。根据以上的分析，经纪人每天录入本维护盘范围的房源为主，外区房源为辅。一个门店是否能成功，基本上取决于本门店可销售的房源存量。录入本片区买卖房源可获得 1.5 分，外区买卖房源 0.5 分。

（3）400、IM 和 VR 转录入客户量化管理。根据贝壳找房统计，线上获客的占比在 2019 年已经达到了 45%，甚至在远郊区的门店占到了 90% 以上，线上的客户获取越来越重要。400、IM 和 VR 展位获取客户只要转录入系统都算分值 1 分。这么做是为了引导经纪人多关注线上获客渠道，并熟练掌握和运用平台的线上展位。

（4）收钥匙量化管理。新冠肺炎疫情带来的无接触行业的发展变好，特别是 VR 技术的普及应用，让带看更简单。收钥匙的业务动作加大，因为业主可能不愿意接触陌生人，客户也尽可能减少接触，再加上客户频繁带看等时间成本越来越大，诸多因素可促使经纪人收取钥匙更为方便。可以制定收钥匙分值是 1 分。通常，带钥匙房源的带看量最大，成交也最快。配合拍摄 VR 的房源，线上的浏览量也会大大增加，优质房源带看次数更多，

---

① ACN (Agent Cooperate Network, 经纪人合作网络)，指在遵守房源信息充分共享等规则前提下，同品牌或跨品牌经纪人之间以不同的角色共同参与一笔交易，成交后按照各个角色的分佣比例进行佣金分成的一种合作模式，是共生经济在居住服务领域的首个落地模式。

特别是性价比高的房源，关注度会明显提升。但是要注意管理好钥匙，最好是经纪人自己携带钥匙开门，保证屋内的整洁，并及时向业主反馈带看情况。

（5）实勘、VR量化管理。线上带看的前提是要有VR，贝壳网上呈现的房源数量决定了门店的进线渠道的数量。所以经纪人在日常做的比较难实施的VR拍摄，是日常作业中最重要的一环。当然也有不适合拍摄的房源，所以有照片是第一步，有VR是最好的呈现方式，一定要更加关注房源的呈现质量。房评、实勘、VR都务必做好检查，保质保量地完成。VR量化设置分值为1分。

（6）陪看量化管理。陪看分值可以是1分，鼓励维护人和师傅陪看，这样的转化效率会更高，更加促进店内外合作，也可以塑造门店的口碑。

（7）二手房业主面访量化管理。面访的目的是促进维护人和业主的黏性，让维护人获得业主的信任，产生差异化的竞争优势。做一次面访要提前准备面访工具包，面访后要给商圈经理报备，反馈业主的最新情况。带着目的去面访，可以给到业主最真实的建议，并且对房源的下一步销售有推动作用。携带资料和销售方案给业主，是最正式的面访形式。二手房业主面访可设置1.5分/次，鼓励多面访。

（8）陪谈陪签量化管理。谈判签约时，一般会设有配合的主谈判手、客户维护人、业主维护人、打印合同以及陪同小孩的伙伴，除去商圈经理外的伙伴，都是尽全力帮忙促成这笔交易的合作伙伴。这种分工协作为增强团队的凝聚力起到了不可磨灭的作用。所以陪谈陪签也可给1分。

（9）备件和VIP量化管理

1）备件量化管理。随着房地产行业的管控越来越严格，市场越来越规范，签署房源三证委托备件是经纪从业者义不容辞的责任。但是很多业主客户对此会有防范，可能是因为不理解政府的政策，或者因为经纪公司作业不严谨，导致很多不信任从业者的事情发生。信息的泄露问题在业内是普遍需要关注并解决的事情。有三证委托的房源可以给客户带来很多信任，作为中间方也可以提前核查房屋的信息情况，避免风险，对于同事们也可以起到放心售房的作用。不再有虚假房源，使真的房源真正得到流通，良币驱逐劣币，生态也会越来越好。这是一件对业主客户以及经纪行业三方共赢的事情。签署备件设置1分的分值。

2）VIP量化管理。VIP是快速销售的意思，业主只委托给一个平台销售，说明业主对这个品牌以及个人的信任。基于这种强大的信任关系，作为房源维护人有义务帮其快速销售出去。VIP签署后，必须采取一对一服务的严格要求。需要维护人的用心维护，减少对业主的打扰，为业主提供优质的售房方案，并做好相对应的营销推广。签署VIP设置3分的分值。

（10）空看和踩盘量化管理。以门店为基础，空看是对二手房源空看，踩盘是对新房项目踩盘。

1）二手房房源空看主要集中在店面覆盖的 3km 以内的作业范围，分为维护盘和责任盘。对责任盘的房源烂熟于心，除了记住房源数据外，还需到房源里真实感受，感受房源的优点和优点。始终以客户的视角感受总结房源的特点，并把这些信息真实地反馈给客户。除了房源还要感受社区、邻里、小区环境、配套设施等信息，不能因为只看了一次或者看过同户型就不再去踩盘在售房源。

2）二手房经纪人也可以带看和销售新房楼盘，踩新盘和二手房有很多的不同。新房的踩盘成本高，二手一般是就近的楼盘，半个小时内就可以往返。虽然现在有线上讲盘以及 VR 技术的应用，但新房周边的配套、交通路线的感受、沙盘的讲解、样板房的实际感受和商圈的前世今生等只有实际参与其中才能感受。

3）线上空看踩盘和线下踩盘有着很多的不同，线上确实让经纪人的踩盘更加高效。线上踩盘和线下踩盘都给分值设定，可设置二手空看三套 0.5 分，新房踩盘三个楼盘 1 分，线上踩盘统一 0.5 分。

9. 撰写预测报告

集成上述 2~8 内容，形成门店量化管理方案。

4.4 必备业务知识

1. 量化管理与积分制管理

（1）量化管理，指以数字为基础，对关键决策点及操作流程，实行标准化操作的管理模式，是一种从目标出发，使用科学、量化手段进行组织体系设计和为具体工作建立标准的管理手段。量化管理体系的各个部分互相关联，互相制约，共同组合成一个有机的量化管理图表整体，使企业管理系统像一部精密的机器一样有效地运作。量化管理的优越性如下：

1）紧密围绕企业的目标，依据企业的工作项目设计企业的组织体系，保证了组织体系的系统性；

2）在量化设计过程中，全面应用项目管理和量化管理理论，保证了资源配置的科学性；

3）从企业目标出发，确定工作项目，将项目分解落实到部门和岗位，使部门目标、岗位职责与企业目标紧密结合，保障了设计工作的全面性；

4）以量化管理理论为指导设计的部门编制和岗位编制，保证了系统效率的最优；

5）依据项目的专业性确定部门分工，依据任务的技术性确定岗位设置，保证了组织体系的合理性；

6）对工作流程的量化设计保障了对工作项目和任务的监控和考核；

7）对任务的量化管理过程强化了系统的稳定性；

8）保证了评价标准的科学性和工作的规范性；

9）以任务为单位的设计思想减少了组织内部的冲突。

（2）积分制管理，也叫积分考核制度，是一种颠覆传统的绩效模式，赋予考核文化属性的员工激活系统。具体来说，积分管理就是企业在绩效管理的基础上，对员工的个人能力、工作和行为通过用奖分和扣分的形式进行全方位的量化考核，搭配积分软件使用，并与奖金池关联，从而实现最大化地调动员工的积极性。

2. 400 电话与房地产 IM

（1）400 电话，是一个由 10 位数字组成的号码，是电信运营商专为企事业单位设计的、强大的虚拟电话总机。所有拨打 400 电话总机的来电均被转接至预先绑定的实体电话，如座机、手机上接听，实现企业对外宣传统一性、规范性。400 电话话费由企业和拨打 400 电话的用户分摊，用户无需支付长途费用，体现了企业用户至上的服务意识，也是企业信誉和实力的象征。400 电话号码简单易记、话费分摊，同样是广告投放，用户更愿意拨打 400 电话，有效增加来电数量以及沟通时间，广告投放效果提升 30% 以上。正规的房地产经纪公司一般都使用 400 电话。

（2）IM，是 Instant Messaging 的缩写，为即时通信，指能够即时发送和接收互联网消息等的业务。近几年即时通信的功能日益丰富，逐渐集成了电子邮件、博客、音乐、电视、游戏和搜索等多种功能。

（3）房地产企业 IM 的优势

1）提高工作效率，在与业主客户沟通时能够达到提高工作效率的目的；

2）快速解决沟通问题；

3）可以迅速知道对方是否在线；

4）与邮件、移动短信结合效果好。

4.5 必备业务要领

量化痛点及对策：

（1）量化痛点。

1）作为管理者，每天都在管理各项指标，但是指标太多，不知道从何下手。

2）经纪人作业行程不饱和，产出低，基本上只有几个人出业绩，其他人业绩不高，不知道如何安排量化指标。

3）店面业绩持续不稳定。

4）经纪人工作意愿较好，但往往只做简单容易完成的量化指标，比如带看和展位获取都比较难完成，每天拍实勘打电话，做社区，但是效果甚微。经纪人只做低效的事情，自然业绩就低效，怎么办？

5）量化制定高了，经纪人达不到就放弃，量化制定低了，每个月的薪资成本和店面收入不成正比。

（2）对策。以上这些问题都可以从一份合理的制度开始，不仅可以提高效率，还可以驱动经纪人做出更高的业绩。那么，如何制定合理的类似KPI考核的量化标准？基本原则：量的积累，质的突破。针对制定绩效考核做的KPI管理，制定合理的量化标准，能够有效驱动经纪人做好自己该做的量化，从而达到一定量化的转化比。具体的对策是把量化管理与人员管理相融合，采用量化的平均分管理，推进新房买卖服务的量化管理、房屋租赁服务的量化管理以及二手房买卖服务量化管理。

4.6　任务拓展

IM营销：

（1）IM营销，又叫即时通信营销，是企业通过即时工具IM帮助企业推广产品和品牌的一种手段。企业以各种IM工具为平台，通过文字、图片等形式进行宣传推广的活动，称为IM推广。

（2）IM营销常用的主要有以下两种情况：

1）网络在线交流。企业建立了网店或者企业网站时一般会有即时通信在线，这样潜在的客户如果对产品或者服务感兴趣，自然会主动和在线的商家联系。

2）广告。企业可以通过IM营销通信工具，发布一些产品信息、促销信息，或者可以通过图片发布一些网友喜闻乐见的表情，同时加上企业要宣传的标志。

4.7　综合实训

1. 实训名称

门店开设与数字化管理综合实训。

2. 实训内容

演练1　门店开设与数字化管理；

演练2　门店目标管理；

演练3　门店业务管理；

演练4　门店量化管理。

3. 实训作业文件

门店开设与数字化管理方案。

 小结

　　门店开设与数字化管理工作领域主要有 4 个工作任务。任务 1 "门店开设与数字化管理"的任务是门店选址、门店开设；根据任务内容设计了任务流程；根据任务流程逐步开展任务实施；介绍了门店开设必备的业务知识和必备的业务要领，并围绕门店开设任务拓展了相关知识、技巧和经验。任务 2 "门店目标管理"的任务是制定门店目标计划、落实门店目标管理，设计任务流程，开展任务实施，介绍了必备的业务知识和必备的业务要领，并拓展了相关知识、技巧和经验。任务 3 "门店业务管理"的任务是资源管理、业务聚焦管理，设计任务流程，开展任务实施，介绍了必备的业务知识和必备的业务要领，并拓展了相关知识、技巧和经验。任务 4 "门店量化管理"的任务是制定量化管理的标准、开展交易服务量化管理，设计任务流程，开展任务实施，介绍了必备的业务知识和必备的业务要领，并拓展了相关知识、技巧和经验。最后，安排了门店开设与数字化管理综合实训，形成最终的门店开设与数字化管理方案。

思考题

1. 如何进行门店开设？

2. 如何开展门店目标管理？

3. 如何开展门店业务管理？

4. 如何开展门店量化管理？

5. 如何撰写门店开设与数字化管理方案？

06

工作领域 6 交易促成与管理

 工作领域描述

　　房地产交易服务是数字化经纪服务的重要业务，交易促成与管理是做好交易服务业务的核心。交易促成与管理是房地产经纪服务的关键，特别是交易促成流程、方法、技巧、客户经营维护与纠纷处理不仅是确保房地产经纪服务品质的基础工作，也是核心工作之一。所以，交易促成与管理是房地产交易服务的核心业务环节，是经纪服务人员的重要工作领域，需要具备相应的工作技能。

 工作领域内容

　　1. 存量房交易促成；

　　2. 新房交易促成；

　　3. 客户经营维护与纠纷处理。

 工作技能要求

　　1. 能够理解房地产经纪服务职业标准和工匠精神；

　　2. 能够分析影响交易达成的因素；

　　3. 能够促进存量房交易达成；

　　4. 能够促进新房交易达成；

　　5. 能够进行交易合同编制；

　　6. 能够进行客户经营与维护；

　　7. 能够处理房地产交易纠纷；

　　8. 能够撰写交易促成与管理总结报告。

任务 1　存量房交易促成

1.1　任务分析

存量房交易促成任务内容主要有 2 项：

（1）买卖交易促成；

（2）租赁交易促成。

1.2　任务流程

存量房交易促成任务流程有 5 个步骤：

（1）工作准备；

（2）分析影响存量房交易达成的因素；

（3）用好存量房居间业务促成技巧；

（4）存量房交易促成；

（5）撰写存量房交易促成总结报告。

1.3　任务实施

1. 工作准备

（1）社区调研与分析报告。

（2）商圈跑盘信息。

（3）办公电脑及相关软件系统。

2. 分析影响存量房交易达成的因素

分析影响交易达成的因素有助于采取针对性的措施，促成交易。影响交易达成的因素主要有 6 个：

（1）分析房屋本身及周边配套。房屋本身的好坏以及周边的配套是客观存在的，但客户对它们的印象却是主观的，客户认可则容易成交。因此，分析了解房屋本身的好坏以及周边的配套的特色，并加以充分展示，则可以促成房屋成交。

（2）分析房屋产权。房屋是实物与权益的结合体，房屋交易的实质是房屋产权的交易，产权清晰是成交的前提条件。因此，为避免成交后的纠纷，应注意分析房源的产权问题，要重点分析 5 种情形：

1）有房屋未必就有产权。单位自建的房屋、农村宅基地上建造的房屋、社区或项目配套用房、未经规划或报建批准的房屋等，都有可能不是完全产权，容易导致成交困难。

2）有"房地产证"未必就有产权。房地产证丢失补办后发生过转让的情形，原房地产证显然没有产权。有房地产证而遭遇查封甚至强制拍卖的情形，原房地产证也就没有产权了。当然还有伪造房地产证的情形。

3）产权是否登记。预售商品房未登记、抵押商品房未登记是比较常见的情形，仅凭购买合同或抵押合同是不能完全界定产权归属的。

4）产权是否完整。已抵押的房屋未解除抵押前，业主不得擅自处置。公房上市也需要补交地价或其他款项，符合已购公有住房上市出售条件，才能出售。

5）产权有无纠纷。在拍卖市场的房屋可能存在纠纷，这是因为债务人有逃避债务导致的。涉及婚姻或财产继承的情况也会让产权转移变得复杂。租赁业务中比较多的情形是，依法确定为拆迁范围内的房屋被产权人出租。这些问题必须搞清楚，产权不清晰的，根本没法成交。

（3）分析卖主与房主。影响房地产成交的原因还有卖方或出租方即房主的原因。卖主不一定是房主，卖主和房主是不是同一个人。有的房主不一定有权交易房屋，房屋可能有多个产权人。房主的出售或出租的交易意愿不坚定，有可能只是观望而已。卖主是房主，但如果不是决策人也难以交易。

（4）分析买主与租客。主要分析判断买主是否有购房资质和购房能力，分析买主与租客的需求欲望，分析买主与租客的具体想法。无购房资质和购房能力、需求欲望小，需求内容不详，则交易很难达成。

（5）分析房地产经纪企业。主要分析房地产经纪企业的形象口碑、管理规范性、服务收费标准等因素。不良的社会形象，服务不规范、收费不合理的经纪企业，其服务的房地产交易则很难达成，或者说成交效率极低。

（6）分析房地产经纪人。房地产经纪人也是达成房地产交易的重要因素，着重分析经纪人的素质。同样的房地产经纪业务，不同素质的经纪人，其服务的质量和绩效是不同的，甚至相差很大，有的快速成交，有的拖了很久才成交或者最终也没有成交。

3. 用好存量房居间业务促成技巧

（1）获取委托技巧

1）礼貌收集物业资料。收到业主的电话或当面委托售卖或出租其物业，经纪人员应根据拟定好的物业资料表格，尽力向业主收集物业资料，包括如下事项：物业名称、地址；业主姓名；建筑特点；法定用途；使用现状、使用年期；间隔布局；管理费；有无损毁；附送设备。上述资料可通过向业主问询了解或直接索取房地产证等权利文件，并及时填妥资料表格让业主签名确认。

2）明确委托关系。经纪人接受放盘委托时，应与业主签署书面委托协议或以物业资料表格向业主索取其委托的书面确认，也可线上确认，并明确经纪服务条件及佣金标准。委托关系确立可避免以后纠纷，具有推广资格。

3）提供个案参考资料。当业主向经纪人征询售价或租金建议时，应提供近期可比案例或其他放盘资料供顾客参考。但不可声称自己是专业估价师，应尊重顾客自行决定物业叫价或征询专业估价师。

（2）房屋调查技巧

根据委托人的陈述和提供的资料，需要到现场进行房屋调查。重点调查房屋的权属来源，如继承、购买、受赠、交换、自建、翻建、征用、收购、调拨、价拨、拨用等，房屋权属界线示意图，房屋权属登记情况。调查房屋的位置（包括房屋的坐落、所在层次）、数量（包括建筑占地面积、建筑面积、使用面积、共有面积、产权面积、总建筑面积、套内建筑面积等）、质量（包括层数、建筑结构、建成年份）和房屋利用现状（指房屋现在的使用状况）。

（3）房源发布广告宣传技巧

1）发布房源常用房源标题短词。南北通透、次新小区、黄金地段、楼层好、采光很棒、性价比高、成熟小区、视野开阔、闹中取静、双南户型、房东急卖、品质小区、地位象征、经典温馨、稀有好房、得房率高、园林住宅、购物方便、格局方正、户型正气、成熟地段、升值空间大、高档国际社区、经典单身公寓、名宅新境界、小区唯一在售房源、投资潜力大、投资过渡首选、出行便利、房型佳、醇熟配套、生活流光溢彩、轻松掌握、唯美品质、生活豁然敞开、美景集结、人文理念、构筑时代经典、惬意生活、相互融合、气质洒脱、彰显醇厚底蕴、三房朝南、极致阳光、自在空间、飘窗阳台、风景宜人、精致两房、实用高效、客厅主卧朝南、阳光南北通透、动静分离得宜、尽享优雅品质、拓展室内空间、经典精致三房、品味灵性生活、布局科学、尊贵优雅、轩敞设计、户型各区功能明晰、实用高效、个性十足。

2）广告宣传主要媒体。根据接盘情况，寻找客源（购房或租房客户），主要广告媒体有：①互联网广告（含 APP、自媒体）；②电话访问；③门店广告；④路牌广告；⑤报纸广告，直接接触寻找。房地产经纪公司常用的且较理想的、成本也较低的广告是门店广告和网络广告，被许多经纪公司所采用。

（4）客户配对看房技巧

根据接盘情况进行客户查询，寻找合适的客源，即可接收委托、客户配对。房地产经纪人要通过带看过程赢得客户的信任，服务和专业非常重要，要安排好每一个细节。

1）了解客户的需求。查询到合适的客户，配合客户的需求，推荐合适的房地产，提供真实、准确的资料，及时说出专业性的参考资料。一般按照客户的大致需求，给客户介绍 3 套左右的房子。让客户从感觉上判断哪个房子更符合他的要求，然后带客户去看他相对满意的房子，这样既缩短了无用的看房时间，也提高了看房效率，增加成单几率。

2）约客户前的准备。约客户看房前，要仔细了解房屋的优缺点并准备相关话题；根据房屋的具体情况，和客户约看房时间，例如：中午采光好，早上空气清新，晚上热闹，早晚堵车。路线安排：经过学校、公园、绿地、超市等便捷生活设施。房屋较脏乱，可预先安排保洁清理。采光或通风较差，可预先开灯开窗。准备《经纪合同》《看房确认书》、公司资料及其他展业工具。看房前要签看房确认书，制约客户，避免跳单。

3）线上线下沟通约看。描述标的物；讲解推荐原因；激发兴趣；推荐房源，讲解推荐原因；确定见面地点，时间，联络方式。沟通自己和客户的体貌特征；提醒业主带上产权证原件。防止跳单：提醒客户业主不要直接谈价，解释交易的安全性，不签约不收费；私下交易无保障，无人对交易负责；公司还会追究法律责任。约见地点，选在人流少、有明显标志物的地点见面；引导客户以最便捷的方式到达。

4）首次看房要提前半小时到达，先找到房屋准确地点，了解房屋周边环境以及市政配套设施、学校及交通状况，并确定到达房屋的最佳路线；准时到达约定地点迎接客户，自我介绍并主动递名片；向客户介绍周边环境以及市政配套设施、学校及交通状况；让客户对标的房屋有切身感觉，引导客户买到合适的房屋，通过看房了解客户的真正需要，进行面对面的沟通与交流，为下次帮客户找到合适房源做好准备工作。

5）按选择好的路线带客户到达所看房屋。征得业主同意进入房间，向业主自我介绍并主动递名片，向业主介绍客户，力求开始就有一个良好的气氛；如果第一次看房，进门后迅速对房屋的要素进行判断，如照明、噪声、装修、格局，并根据这些判断引导客户逐一看房屋的组成部分——客厅、卧室、厨房、卫生间、阳台，并对每一部分的面积有大概的估计。在这个过程中注意要引导客户的视线和思维；要替客户问业主一些客户关心的问题，如房屋年代、结构、邻里关系、物业、供暖、停车、环境等；看完房后向业主致谢告辞。

6）看房介绍技巧。在引导客户看房时，应该将房屋之优缺点尽数列在表上。①注意安排客户在某一较集中的时段看房（如周末时间宽裕），可以营造购房气氛，加快成交速度及提高成交价。②当引领客户进入房屋后，除介绍房屋本身的特色外，还可介绍环境、学校、公园、周边行情、邻里关系等，尽量避免冷场。③看房顺序安排上，应先看优点再看缺点。④根据客户背景，如职业、家庭人口、受教育程度等，判断对方是否属于门店的目标客户。⑤注意了解客户购房关注的焦点问题，如果是居家用房，强调就近的学校、购物中心，如果是投资则强调增值远景。

7）提示与提问技巧。向看房客户介绍时，应选择适当的时机，向客户进行一些必要的提示与提问，逐步化解其心中的疑虑，并在此过程中不断发现新的问题，进一步化解。客户的信心就会不断地得到增强，购房的欲望也随之高涨。在进行提示与提问的过程中，注意从3个方面入手：①利用房屋的优势，展示你推荐的房屋能给客户带来较好的效用或利益，让他们对其优势及能带来的利益感兴趣。②要不断排除客户所担心的风险。客户对经纪人推荐的房屋已经满意，但仍然迟迟不作出购买决策，这是客户常见的一种求稳、求安全的心态。针对质量可能不可靠的疑问，经纪人可以采取：一是销售证明，有选择性地请老客户向新客户介绍；二是利用媒介报道来证实，各种大众媒介的宣传、报道、评论、文章等资料都可能成为证实的材料，利用开发商的知名度和本经纪公司的可信度，树立和增强客户对经纪人的信任，避免或减少对所推荐房屋风险的担心。③经常向客户提问，更有效地和客户进行交流与沟通，能够得到必要的信息反馈，根据不同客户采用不同的介绍形式，以便对症下药。

（5）解决客户异议技巧

客户异议发生最多的时候，一般是在介绍说明与协商谈判这两个阶段之间，要能及时化解。对于客户可能会提出的问题，都尽可能事先做到心中有数。要清楚问题的产生，然后就要及时处理，如果能够为客户解决这个问题，就意味着业务的进展有了希望。提出问题的人多数是买方，这些问题可以归纳为：①产权方面的质疑；②房屋质量的忧虑；③配套设施方面的期望；④开发商（或业主）、经纪人的背景与信誉；⑤物业管理服务的收费与服务质量；⑥相关手续的办理；⑦旧房的历史与未来的前景；⑧社区群体氛围；⑨价格行情；⑩房屋交付的问题等。经纪人处理异议的有效途径有两个方面：

1）主动与直接

①主动提出处理。经纪人与客户接触前预估客户可能提出的异议，与其让客户提出来，倒不如经纪人自己主动先提出来。经纪人事先作好充分准备，在最恰当的时间里提出处理。

②直接肯定答复。对于可以肯定的问题，经纪人要掌握分寸，恰到好处地给客户一个满意的答复，让客户产生信任感。

③直接否定答复。对于可以否定的问题，在客户明显要求确切答复时，经纪人直截了当地进行否定，但要注意分寸、不伤客户面子。

2）被动与委婉

①倾听客户的意见。客户的异议，如果经纪人仔细地、恭敬地倾听，客户会感激经纪人能严肃、真诚地对待他们的问题，有利于双方沟通。

②复述与提问。听完客户的异议，经纪人要对客户的主要观点进行重复，看是否搞清了客户担心的问题所在。复述异议时带有提问，客户会在听完经纪人的复述后，进行肯定或否定回答。常常就在这复述、提问、肯定与否定或进一步解释的过程中，大事化小，小事化无，不知不觉地把问题解决了。

③转折性否定。只要客户的异议稍有道理，经纪人都应该先对客户的观点予以肯定，然后提出不同意见，进行耐心解释。这种方法不仅表现出经纪人对客户的尊重，而且可以减少异议，创造和谐的气氛。成功的经纪人，要为委托双方的利益着想、考虑客户的需要、针对客户的疑惑点，要审慎回答、保持亲善、语言温和、态度诚恳、措辞恰当、巧妙应付，不要轻视或忽略客户的异议或直接反驳客户。对客户提出的问题进行相关解释，应求真求实，不应夸大、虚构，如果一时无法确定，需要进一步落实，可先进行委婉地解释，然后及时进行落实。有些问题涉及另一方客户时，应及时将信息反馈给对方，尤其是要做好交易双方的沟通与协调工作。

客户提出的有关问题都得到满意的答复后，会对经纪人推荐的房地产产生信赖，愿意进入实质性谈判阶段。

（6）洽商议价谈判技巧

成功地处理了客户的异议之后，随之而来的应该是促成交易，但开始的表现内容有可能是买卖双方就交易中的价格、付款条件、交房日期、违约责任等合同条款所进行的协商。这个阶段的焦点就是洽商议价，经纪人要善于在价格谈判中斡旋。在议价谈判过程中，坚持原则也是一种技巧，这将使对方对你更加信任，要坚持的原则有平等原则、互利原则、合法原则、信用原则和相容原则。但在谈判当中，要使原则性和灵活性有机地结合在一起，更有利于达到目的。

1）确立谈判目标。房地产交易的谈判，通常要经过多次协调才有结果。因此经纪人要做好谈判前的准备工作，对关键因素有充分了解，明确每次谈判的目标，做到心中有数，使谈判达到预期效果。要对谈判议程预先有所计划，便于在议程中采取主动权，有利的内容先谈，回避一些使谈判陷于僵局的不利因素。

2）摸清底牌。谈判前期，多听少讲，并从不同角度引导对方讲出自己的看法。当经纪人弄清了客户的真正需求和希望，然后比较自然地把谈判引入深处，逐渐进入实质性问题。

3）组织协商。买卖双方经常会因为一些具体的问题互不相让，比如价格问题，自然而然地使谈判陷入僵局。所以有必要进行组织协商，使谈判维持下去，创造一种新的谈判气氛，以期获得更好的成果。

4）谈判技巧运用。房地产经纪人要善于运用恰当的表达方式与客户交往，并有效地引导、提醒、协调、说服客户，才能最终促成交易。适当时机向交易双方提出建设性意见：

①在谈判陷入僵局之后，经纪人应设法打破紧张气氛，进行圆场，提醒交易双方让情绪冷却之后再决策。

②尽量为交易双方着想，尊重各方。

③引导交易双方紧扣谈判主题。

④帮助交易双方适度妥协和让步。

⑤经纪人在房地产交易谈判中始终要注意自己所处的法律地位，公平、公正地表达意见。

（7）促成客户落订技巧

1）熟悉房地产经纪常用的促成客户落订技巧。促成落订是指经纪人在合适的时候采用有效的技巧使客户作出购买的决定，并与客户签订交易合同。在促成交易过程中，经纪人应当学会促成交易时机和地点的把握。促成落订的技巧主要有：

①直接促成法。经纪人应该利用各种成交机会提示客户，主动向客户提出成交要求，努力促成交易。

②让步促成法。经纪人采用让步优惠方法可以以较快的速度与客户达成协议，并且可以在较短的时间加速资金回笼。

③选择促成法。经纪人使客户回避"要还是不要"的问题，而让客户回答"要 A 还是要 B"的问题，尤其是客户面对多种选择拿不定主意时，采用此种方法有可能奏效。

④异议促成法。如果经纪人发现客户异议正是客户不愿意购买的理由，则消除这个异议就会带来促成交易的结果。

⑤从众促成法。经纪人利用客户的从众心理，促成交易成功。从众促成法适用于集中多套的住宅销售或大型商场散卖的销售。

2）时时警觉准备落订。当交易双方已经达成共识，经纪人必须时刻注意动向，随时抓住机会，帮助客户下定决心，促成交易。例如：当购房者已经看重某个物业，交易双方成交的条件与价格都已锁定，而购房款项或首期付款，甚至定金额数一时到不了位。为了锁定该物业的购买权，购房者愿意先付少量的保证金，一般每套房 2000~5000 元，在一定时间之内购房方必须前来履行下一步手续，否则保证金将被视为出售方及经纪人商机损失的补偿。

3）建立客户对你的信心。经纪人在与客户的洽谈过程中，通过自己的专业服务，建立起客户的信心，让客户感受职业能力及诚实操守。将产权清晰、屋况良好、房屋整洁等可控因素展露无遗，经纪人的讲解便可赢得客户信任。

4）对客户的需求和偏好熟记于心。强调房屋优点，抓住客户的心，如是否因为孩子上学近、上班方便或是格局及厨房家人比较喜欢等而选择。

5）议价有节，谨慎从事。客户满意时，及时要求落订，引导客户开出价格。客户不愿开价是常见的，通常要求中介或业主开出合理价格。这时可小额降价再次引导客户开出价位。

6）掌握气氛立即促成交易。成交机会瞬间即逝，当客户已经决定成交时，经纪人必须立即促成交易，收取定金，锁定客户。

（8）签约成交技巧

1）合同准备

①能编写合同并向客户描述解释合同主要的条款内容。一般情况下，签约使用的是统一的规范合同，但合同约定要尽量详细，包括房屋设施情况、付款（包括中介费）时间方式、过户时间、税费分担、物业交割、违约责任等。如果出售房源带有租约，确认承租人放弃优先承购权。

②掌握合同条款谈判技巧。

③通知买卖双方带好签订房屋买卖合同所需材料。核对签约所需相关证件资料。

2）签约过程技巧

①表现出经纪人的专业，让客户产生信任感，这样谈起来就会很容易。

②签单一定要坚持自己的立场，不要轻易做出让步。

③经纪人要善于引导买卖双方。

④尽量避免谈一些无关紧要的话题，要抓紧时间，时间拖得越久，可能出现的问题就会越多。

⑤在签单过程中，不要让买卖双方任何一方感到经纪人有偏袒，要保持客观，否则就可能会发生冲突。

⑥签单时要先签居间合同，再签房屋买卖合同。

3）签约圆满技巧

①在讨论合同条款时，对于一些较敏感的条款，应在适当时候说出来，过早提出，可能会使客户放弃，过晚提出，客户会感到恼怒。对迟迟不下决定、对合同条款有异议的客户，要议价有节、谨慎从事、慎重使用压迫措施。

②签约时经纪人应协助交易双方审查每一交易条款，明确细节，务必明确定金、总房款、尾款的数额及支付时间，贷款情况、税费负担也要交代明白。正确无误后签字盖章，收好合同，并对交易双方进行祝贺。

③交易双方一旦签订房地产买卖合同，就代表成交，经纪人应及时进行佣金结算。

④房屋买卖合同签订后要送至房地产交易中心备案登记。

⑤能按照流程进行合同的申报、审批、建档和查询。

4. 存量房交易促成

用好上述 8 个存量房居间业务促成技巧，可以加速交易促成。

（1）充分展示房屋本身及周边配套促成交易。

1）要创造有利于成交的展示条件。建议房主修复缺陷，如打扫、补漆、修补裂缝渗漏、电灯更新、暗处使用玻璃补光、歪斜处摆放饰品、家具等；留意通风采光，常开窗通风，避免客户看房时呼吸不适；建议对房屋加以整修，甚至装潢，提升房屋的格调；清理家具，体现家的温馨和人的精神；预备赠送家具电器提前列出清单，贵重家具如不想赠送，则宜提前搬出，免生异议；通知业主提前准备房屋室内平面图，物业管理公约及其他文件。这主要是化解房屋缺陷，表现房屋优点，让客户容易接受。

2）正确引导客户看房。言行得体，客观展示房屋，将房屋的优缺点尽量列在表上。客户提出缺点，要胸有成竹，立即作答，合理解释。当引领客户进入房屋后，除介绍房屋本身的特色外，应全面介绍环境、学校、公园、周边行情、邻里关系等；提起客户背景话题，如职业、人口、教育程度，可以判断对方是否为本房屋目标客户；注意了解客户购房动机，对自用的客户，可强调周边学校、购物中心等，对投资的客户，可强调增值远景、当前房屋价值高于价格等。

（2）快速确认房屋产权和说服卖方促成交易。

1）确认房屋产权。交易的房屋要有完全产权、产权完整、产权无纠纷、无查封或者强制拍卖的情形，彻底排除上面分析的影响交易的房屋产权因素。

2）资格甄别。看看卖主和房主是不是同一个人，如果不是，卖主要有房主的委托公证书。

3）判断房主真实意愿。是否出售或出租，不能仅根据客户的口头陈述，填写委托书才是检验真实意愿的手段。将委托书制作成比较严格的合同文本，放盘委托书宜简明扼要。

4）把握房主需求内涵。出售房屋往往想要达到一个好价格，有的卖主关心单价，是跟买入价比或跟行情比，有的卖主关心总价，想买新房或用于别的投资，甚至还有的卖主在意成交速度或付款方式。而出租房屋时，更多房主会关注押金、租期、续租事宜，也有人对租客特别挑剔，如是否有正当职业等。

5）判断决策人。夫妻俩的房子、单位的房子谁能决定，经纪人对这一点要敏感。

6）尊重和利用房主的顾问。卖方为了使交易对自己有利,或鉴于自己经验的局限，会请一些亲朋好友、业界帮手，房地产经纪人千万不可有对立情绪，要耐心听，以示尊重，增进沟通，力争使顾问成为促进成交的帮手。

（3）快速让客户成为真正的买主或租客促成交易。下列工作能够加快速度：

1）需求引导。单纯跟着客户的思想走，最终也可能帮不了客户；有的客户表述不清自己的需求，也有的客户生性就会模棱两可。因此，房地产经纪人必须进行需求引导，说出客户心中想表达的，建立起共识，减少误会以快捷成交。

2）能力判断。买主或租客愿意付出多少、能够付出多少，将决定向其推荐相关的房屋，也不可简单依据收入或存款推算，因为还有家庭其他支出、其他生意支出等综合因素的考虑。

3）了解出资人。父母给子女买房，子女给父母买房，都可能出现。在多数情况下，出资人的意见至关重要。

4）了解受益人。受益人的喜好也会决定买主或租客的选择方向。受益人可能是买空卖空主或租客的家人，也可能是公司的高级雇员。

5）与客户的律师友好沟通。买方选择律师做参谋会越来越多，律师通常严谨细致。房地产经纪人应学会与律师沟通，解决律师提出的问题。解决不了的问题，不妨直言相告，买方或许因为喜欢而放弃一些条件，也可增加成交机会。

（4）房地产经纪企业应努力赢得客户信任促成交易。房地产经纪公司应增强企业管理，做好3方面工作：

1）加强规范管理。最简洁的做法是在经营场所公开下列文件：①合法经营文件，如工商营业执照、税务登记证。②房地产经纪资质证书。③业务规章流程，重点是房地产经纪服务流程图。④服务取费标准，特别说明什么时候和什么条件下收取，哪种情况下不收取。

2）加强形象管理。房地产经纪公司开展形象建设工作，可以增强客户的信赖。应从店面的装修风格、室内的整洁、员工的统一着装、企业文化的宣传等方面，给客户留下深刻的印象，从而留住客户。

3）强化协作精神。房地产经纪服务事务繁杂，合作能增加成功机会。合作首先要真诚，努力付出并尊重同业工作价值。合作双方应各自负责其工作部分，并不得以减佣金或免佣金方式来争取客户，从而损害合作方的正常利益。

（5）房地产经纪人应不断提高自身素质促成交易。

1）注重外观形象。修饰外表是尊重客户也有益自身，客户对房地产经纪人的评价通常取决于第一印象。房地产经纪人的外观应清洁、稳重，办公用品的整齐摆放均能给客户建立清爽可亲的印象，必须勤加整理。房地产经纪人外表应打扮得和工作性质相称，更职业。

2）态度和蔼。亲切的态度与和蔼的笑容能拉近房地产经纪人与客户、房主的关系。前者是积极主动地接待，后者是善解人意的沟通。让客户感觉舒适，才有进一步达成协议的可能性。

3）了解、体察客户。房地产经纪人在服务客户时，不可因年龄、外表、服装、职业、消费能力等因素而对客户有差别对待，尽力提供满足客户要求或希望的服务品质。同时注意维护自尊，在服务过程中与客户也是平等互利的关系。房地产交易双方通常由于知识和经验缺乏，并不能确切描述或表达他们的期望，房地产经纪人要善于从电话问询、当面交谈、看房等服务过程中注意体察客户的希望。

4）不断提高技能，培养信心。房地产经纪人需要研究客户心理、接待方法、房地产知识和市场资讯。只有对专业的深入和良好的心理素质，才能自信面对客户。

5）增强服务意识。包括：①质价相称才是服务，减价并非服务；②以满足客户希望为宗旨；③让客户感觉好；④纠正免费服务的误区。客户往往误解服务是免费的，实际上百货商店售卖的商品价款中已包含了服务的费用。居间服务收费不宜纳入房屋价款中，否则有违公开原则。

6）坚持房地产经纪服务的原则。主要有：①平等化原则，在服务过程中与客户是平等的互利关系；②珍惜常客；③体察客户的希望。

5. 撰写存量房交易促成总结报告

集成上述 2~4 内容，形成存量房交易促成总结报告。

1.4 必备业务知识

房地产交易促成：

（1）房地产交易促成是房地产经纪人利用第一线接触客户的机会，采用多种专业服务的引导方式促使交易的完成。

（2）房地产交易促成不能单纯理解为快速交易，仅仅体现在成交时间上。房地产交易促成也包含有成功的意思，经纪人通过种种努力历经千辛万苦，使难以成交或交易停滞接近彻底失败的业务最终成交，如把总价高、卖点少、挂牌时间长的房屋最终销售出去。

1.5 必备业务要领

房地产交易促成的最佳时机。

房地产经纪人在交易服务过程要把握以下三个最佳时机：

（1）在客户最放松的时候；

（2）在介绍完房屋优点之后；

（3）在客户的异议被解决之后。

在上述三种情况只要出现其中一个情况，就要立即促成交易，一定会取得事半功倍的效果。

1.6　任务拓展

顾客购买的五个承诺层级。

促成交易的过程其实是不断推动顾客承诺层级升级的过程，顾客在决定购买问题上会有 5 个承诺的层级，分别是：

（1）顾客频繁点头、认真翻阅产品说明书，代表顾客对产品有兴趣；

（2）顾客嘴上说买，赞美产品，代表顾客对产品有认可；

（3）顾客签购买合同，代表顾客愿意为产品付费；

（4）顾客交了定金，代表顾客实际为产品付出了金钱成本；

（5）如果顾客全额付款，这就是对销售员最高的承诺。

任务 2　新房交易促成

2.1　任务分析

新房交易促成任务内容主要有 3 项：

（1）新房客户需求分析；

（2）新房精准匹配；

（3）新房交易促成。

2.2　任务流程

新房交易促成任务流程有 7 个步骤：

（1）工作准备；

（2）进行客户需求分析做好精准匹配准备；

（3）采用打动人心的新房项目讲解促成匹配；

（4）专业向客户推荐新房促成匹配；

（5）快速成交投资客；

（6）利用商务谈判技巧促成交易；

（7）撰写新房交易促成报告。

2.3　任务实施

1. 工作准备

（1）社区调研与分析报告。

（2）商圈跑盘信息与新房楼盘信息。

（3）办公电脑及相关软件系统。

2. 进行客户需求分析做好精准匹配准备

（1）查找新房客户的需求与楼盘匹配常见问题。常见问题主要有经纪人不能掌握新房客户核心需求，导致新房匹配出现偏差。经纪人配盘盲目，导致带看成交转化低。

（2）进行新房客户需求分析，明确新房楼盘匹配的特征与需求。

1）资金"紧缺"型客户需求分析。主要人群是刚走向工作岗位或步入职场，有一定的积蓄但是积蓄有限，有改善需求但成熟社区高出预算的，他们是刚需刚改购房，即有购房意愿，但是预算有限。在新房楼盘匹配前，要明确这类客户特征与具体需求：

①考虑楼盘的区位相对偏远或城乡接合部位；

②社区产品定位为都市白领、二人世界、远离喧嚣；

③资金支付要求可以贷款，首付比例比较低；

④楼盘年限上，拿地时间5年内，贷款时间不受影响，交房时间准时；

⑤交通配套上要便利上下班，已有公共配套线路。

可以看出，这类客户的需求对象是：前期投入较少，且能最大程度上满足居住性质的楼盘。

2）投资理财型客户需求分析。主要人群是企业高管、个体老板、独立投资人等。他们有自己主见，更看中升值及收益率，不一定关注的是房子本身的价值，他们追求价值＞价格。在新房楼盘匹配前，要明确这类客户特征与具体需求：

①考虑楼盘区位，在城市副中心、大型CBD、新兴卫星城等；

②考虑产品类型、圈层、产品定位；

③配套上有医疗配套，或者高端商业配套、高科技企业、产业配套；

④楼盘收益率，有升值空间，投资回报率高及有保值前景。

可以看出，这类客户的需求对象是：楼盘价格不一定是主要的参考指标，但价值一定是主要参考指标。

3）有房龄情结客户需求分析。主要人群是有"纯新房，无人居住"心理情结，他们对现有住房配套不满意，追求没人住过，注重楼盘品质等。在新房楼盘匹配前，要明确这类客户特征与具体需求：

①使用年限长，接近70年，剩余使用年限足够长；

②无人居住，自己是"第一任"，追责"有门"；

③服务升级，服务先于产品，理念先于内容，科技先于基础。

可以看出，这类客户的需求对象是：楼盘使用时间长，及时续期也相对晚，且升级服务目的明确。

4）政策性搬迁客户需求分析。主要人群是动迁、公司搬迁，如新城区建设、单位换址，购房有政策补贴、福利等。他们是被动型搬迁（以旧换新，回迁户）、范围明确，有居家型特点。在新房楼盘匹配前，要明确这类客户特征与具体需求：

①动迁被迫转移，因城市化进程，土地征用；

②随公司搬迁转移，如国企央企、跨国公司总部随迁、有人才优惠、购房补贴等；

③随新城区建设转移，如建大学城、高新产业园区、自贸区；

④楼盘区位在城乡接合地区，再造一座城，类似城中心，楼盘自建配套或规划市政已成熟并在建。

可以看出，这类客户的需求对象是：被动型搬迁倾向于楼盘在原住地附近，公司搬迁倾向于楼盘在新址周边，目的性很强，范围明确，有居家型特点。

5）旅居客户需求分析。主要人群是有度假需求、养老需求，有"候鸟"需求，品牌"粉"，可跨城市、跨省份品质居住。他们收入丰厚、资金充裕，有固定的住所，对自然及配套环境要求高。在新房楼盘匹配前，要明确这类客户特征与具体需求：

①在自然资源上，青山绿水，人杰地灵；

②在气候资源上，长寿之乡，天然氧吧，避暑胜地；

③养老资源，医疗配套密集且齐全，人文关怀完善，资产再配置产业链相对完整；

④品牌"粉"，居住惯性，品牌老客户。

可以看出，这类客户的需求对象是：楼盘居住资源丰富，带来高品质生活。

（3）进行新房楼盘相关属性分析。可以从5个方面加以分析，如图6-1所示。

图6-1　新房楼盘相关属性

1）楼盘产品定位及属性：如快销品（一、二居或小三居）、别墅。

2）楼盘的付款要求：如可组合贷款。

3）楼盘年限定义：住宅为 70 年，还剩余多少年。

4）楼盘的区位：市中心、副中心、城乡接合部。

5）楼盘的相关配套：如人文小镇，年轻人的乌托邦等不同人群不同配套。

（4）掌握匹配要点。

1）经纪人要脑中有房，房源作为产品，有更多的产品才可更好地推荐。

2）经纪人要了解客户需求，并能够在带看交谈中了解需求，而不是一味地追问。

3）经纪人要充满信心推进匹配。永远没有 100% 符合客户需求的房子，只有最适合的房子，通过每次的匹配带看总结客户的反馈，推进需求了解的深度，争取每次匹配的楼盘都能离客户的核心需求进一步，最快把握客户核心需求达成交易。

3. 采用打动人心的新房项目讲解促成匹配

（1）归纳提炼项目讲解的主要内容。

1）新房区域宏观信息，见表 6-1。

区域宏观信息　　　　　　　　　　　　　　　表6-1

区域位置	地段位置
地理位置：东南西北中，城市行政划分 （项目位于城市哪个方向，属于哪个行政区）	地段价值：老城方向（具有文化底蕴,配套成熟、生活便利）、新城方向（具有最新的规划理念,享受最新的配套设施）、度假旅游、近郊
城市规划：参考城市总规划 以成都为例，成渝双城的政策已经上升到国家层面，所以成都东面的区域是未来10年甚至20年的重点发展区域	地段定位特点：功能定位、地点特点、购房政策等
区域规划：区域重点利好政策 （通常新房所处的位置周边配套不够成熟，主要讲未来）	地段未来交通、学校、医院等

2）新房项目微观信息，见表 6-2。

（2）掌握项目讲解的方法。项目讲解关键是四要素：有逻辑、有重点、有依据、有画面。

1）有逻辑

第一步，将繁杂的信息分类简化。对同类信息集中讲解。将项目信息进行分类，结果如下：

①房屋信息——净高、层高、朝向、采光、建筑类型、楼间距、得房率、装修情况。

②楼盘信息——主力户型、总户数、物业、绿化率、容积率、车位、单价、开发商资质、首付比例。

项目微观信息　　　　　　　　　　　表6-2

资源配套	商业配套 （对于公寓项目有较高价值）	商场、超市、餐饮、银行、电影院
	绿化环境	公园、河流
	医疗	医院名称、医院等级
	教育（对学区项目有较高价值）	学校名称性质、费用、招生条件
	主干道	公交、地铁、快速通道路网、机场等
楼盘信息	开发商	名称、品牌/资质、优质项目等
	物业	名称、品牌/资质、优质项目、费用
	环境	绿化率、容积率、楼间距等
	建筑	建筑类型、户型、得房率等
销售政策信息	价格信息	单价、总价
	付款信息	分期付款、延期付款
	其他政策（能降低销售难度）	购房资格、降价回购、其他附加值赠送

③配套信息——学校、医院、商场、公园。

④交通信息——公交、地铁。

⑤区位信息——区位、地段价值。

第二步，将分类的信息有序输出。从宏观到微观的讲解顺序契合思维惯性和作业环境。售楼部场景下，项目讲解的逻辑顺序：开发商介绍—区域沙盘—项目沙盘—单体模型—样板间。

为什么选择这个区域？讲解区域优势。

买这个区域为什么选择这个楼盘？讲解项目本身的优势。

买这个项目为什么要买推荐的这套房？结合单体模型讲解优势和样板间带看。

区域沙盘讲解——从大范围到小范围，从宏观政策到微观配套。

项目沙盘讲解——从外到内，从四周到项目总体情况参数，从中庭到建筑，从地下到地上。

产品讲解——从总到分，从外到里，从左到右。

2）有重点

以项目最大卖点为切入点。不同的项目，卖点不同。例如：

①周边荒芜，但政策规划利好多——重点讲区域规划、落地政策、梳理逐步呈现中的配套。

②产品优质稀缺——重点讲产品，市场横向比较。

③总价单价优势——重点类比价格，把价格优势发挥到极致。

④区域购房政策优势或销售政策优势——重点分析政策。

3）有依据

言之有理，言之有据是建立信任的基础。

指标类：有数据，如绿化率、得房率、历史成交情况等。

非指标类：有案例、有对比、有类比，例如，开发商、区域发展、未来发展等。

从哪里获得数据和案例？

①关注内部传递的项目信息、房源纸。

②重点项目需要对周边竞品踩盘。

③现场踩盘多听置业顾问讲解。

④网络查信息，注意评论区。

4）有画面

项目讲解是语言的交流，当语言能让人产生画面，就能传递出的感同身受，才能打动人心。描绘真实的生活场景下，讲解出可以激发感同身受的画面。例如：

①此项目全户型均是全景落地窗设计，您以后每天在阳台都可以全景欣赏到小区漂亮的绿化景观。

②这个 89 户型是双卫设计，主卧有独立卫生间，您和父母同住的话也不用因为厕所使用而尴尬了。

③一街之隔就是 5100 亩山水融合的公园，周末您可以带上您的父母和小孩到里面骑车、赏花。

4. 专业向客户推荐新房促成匹配

（1）分析新房客户心理。经纪人推荐新房时面临的困惑是：客户更看重新房的哪些方面？怎么更有吸引力地讲解新房？所以，向客户推荐新房促成匹配前要分析新房客户心理。通常情况下，新房客户有两种心理：一是"占便宜"的心态；二是房子买得"值"，未来发展潜力大。

（2）针对客户心理推荐新房。要重点推荐客户会问的、客户在意的、房屋的亮点，即房屋的升值潜力、优惠政策以及房屋亮点。

①升值潜力 = 商业、交通、学校、医疗、公园景点；

②优惠政策 = 折扣 / 优惠、赠送 / 承诺、租金 / 奖励；

③房屋亮点 = 小区、户型、装修等。

其中，客户最在意的就是升值潜力，一定要把房屋的价值向客户讲清楚。对于投资客户来说，他们还比较在意房屋的租金是多少。

1）升值潜力。商圈升值依据是 5 大配套，分别是商业、交通、学校、医疗、公园景点。

"值"=可能是5大配套的某一个，或两个。经纪人要做的是，向客户把其中一个或两个讲透，体现房屋的"值"。

①商业。要记录下列的位置和名称：

A.大型标志性建筑，如写字楼、大厦、地标等。地标代表了某一地段的房价，如上海东方明珠广播电视塔周边的楼盘。

B.综合体、酒店、超市、商城。综合体，楼盘配套的综合体情况如何，足不出户就能解决生活需求。

C.未来发展。如武汉某远郊楼盘24h销售168套，因为附近有某购物平台华中最大的仓储基地，可以预测未来能带动超大的人流量、物流量。

②交通。要采集下面4组信息：

A.每个公交站点、地铁站的位置、站名；

B.各公交站点有哪几路车、地铁站通几号线及线路（起始点）；

C.高速名称，进出口位置，到核心区的时间；

D.尤其是未来地铁的规划，开车的时间都非常重要。

③学校。很多客户买房子是为了小孩上学方便，采集客户最关注的信息：

A.幼儿园、小学、中学；

B.招生条件（重点）；

C.规模、年纪、知名度、收费标准、放学时间、教学特色等。

④医疗机构。一般家里有老人的客户会特别在意医疗机构的信息，如果是年轻人首次置业，就不适合过多讲解医疗机构信息。采集大型医院、社区医院等信息包括：

A.医疗机构的名称、位置；

B.医疗机构等级、医疗特色、是否能用上社保。

⑤公园景点。这是家中有老人的客户最关注的，如湖景房、江景房等，价格通常比较高。采集信息包括：

A.公园、景点的名称、位置、收费情况、开园闭园时间；

B.园中、景点中有无特殊活动，如庙会。

2）优惠政策。优惠政策就是在客户觉得房子"值"的情况下做决策的催化剂。

①折扣优惠。房屋总价的独家折扣。

②赠送承诺。如买房赠送车位。

③租金奖励。买房之后有抽大奖活动。

3）房屋亮点：

①小区。小区环境的亮点，如小区里的风雨连廊对接到附近的地铁口，如果刮风

下雨，可以不淋雨地走到地铁站；小区有塑胶跑道，对喜欢跑步的客户有吸引力。

②户型。户型特点介绍清晰，描绘客户以后生活在这里的画面感。如户型动静分开，家里三代同堂，小孩有专门的区域玩耍，彼此互不干扰。

③样板间、装修呈现。例：朱先生，这个户型有一个特别大的阳台，如果你每天下班之后搬一把躺椅，沏一壶茶，看着远方的山水、小区里的花花草草，这是多么惬意的场景。

（3）掌握向客户推荐新房的逻辑。

1）针对"占便宜"心理的专业推荐——优惠政策的介绍，今天的优惠、折扣、抽奖等。

2）针对"值"心理的专业推荐——介绍升值潜力，5点的发展规划，加上未来画面感描述。

3）针对"亮点"的专业推荐——介绍房屋亮点、项目本身、户型、装修等。

前面所有的信息都要有数据支持，专业推荐有理有据，配合历史数据讲解促成匹配。

5. 快速成交投资客

房地产投资客主要通过投资新房获利，相比而言，投资二手房的量要少很多。

（1）抓住投资客最关心的问题。投资客的主要目的是投资。投资是在一定时间内期望在未来能产生收益而将收入转化为资产的过程。投资客最关心的问题就是买房子回报和出售房子，即：回报高不高？好不好出售，出售的同时能升值多少？抓住了投资客最关心的这两个问题，有针对性介绍产品，就能够实现快速成交投资客。

（2）向投资客介绍产品，重点介绍产品的回报。

1）介绍产品回报的内容。第一种，这个房子能升值多少钱，能带来多大的收益。第二种，这个房子购买之后，能出租多少钱。这就是通常说的"以租养贷"。如果是全款的客户，就是每个月收益多少钱。例如，如果客户投资100万全款买房，这个房子一个月能租4000元，那么对客户而言一个月的收益就是4000元，一年的收益是48000元，十年的收益就是48万。这就是收益或回报。

2）当经纪人介绍完房子的回报之后，客户还可能关心后期房子是否好卖？卖的话能升值多少钱？这种情况下，经纪人可以给客户介绍这个房子周边的配套，如学校、医院等，是很容易出售的，且后期升值也非常大。

（3）抓住投资客担心的问题并加以排解。如果经纪人能把客户关心的问题解释得很清楚，同时还能把客户担心的问题一一排解，那客户的工作基本算成功一半。经纪人既要了解客户关心的问题，也要了解客户担心的问题。投资客担心的问题是风险和成本。

1）分析投资客可能存在的风险。买完以后不好卖，不好租；买完之后房子会不会出现什么问题，如果是现房会不会漏水等，如果买期房，什么时间交房，交房的时候会不会出现问题。

2）分析投资客的成本。投资的成本是否可以收回。比如投资了50万元，出售的时候只回收了40万元，这样的投资就没有意义。

3）排解投资客的担心。投资客分为两类，一类是长投，看重长期收益；另一类是短投，看重赚快钱。

①对于长投的客户，通常可以推荐商铺，因为商铺有长期收益。购买商铺其次是推荐写字楼，可以租给公司，也是每个月都能有收入。最后是推荐住宅，购买之后出租，这样每个月也可以有收入。

②短投的客户，一般来说会推荐住宅房产，因为商铺和写字楼的交易费率比较大，如果300万购买一个商铺，其交易的税费等费用可能需要40万~50万元，就算350万元出售，减去税费，其实回报比较低。商品房的交易，涉及个税、契税等，和商铺相比，没有特别高的税费，这些税费和房子升值的差价相比，客户是能够接受的。

所以，如果经纪人能把客户关心的问题解释得很清楚，同时还能把客户担心的问题一一排解了，还能结合客户的需求推荐适合的产品，基本上算成功了。

6. 利用商务谈判技巧促成交易

商务谈判技巧既可用于新房交易促成，也可用于存量房交易促成。

（1）把握商务谈判过程

1）谈判准备要点

①首先确定谈判对象的身份、职务等信息；

②注意仪容仪表，男士西装领带，女士化淡妆；

③注意座位，门右手或对面座位为尊，应让给客方；

④明确谈判主题内容以及应对策略、目标等。

2）谈判之初要点

①言谈举止轻松、友好，第一印象很重要；

②双方互递名片；

③注意姿态动作，不乱打手势；

④认真听对方的需求，并给予回应。

3）谈判之中要点

①态度明确，开诚布公；

②关乎利益点冲突，需保持风度；

③解决问题，就事论事；

④处理冷场，转移话题。

4）谈判签约要点

①确认核心内容；

②合作达成，握手致意；

③合同签署。

（2）用好商务谈判技巧

1）重利益而非立场

①不要围绕立场讨价还价；

②双方共赢是谈判达成的基础。

2）将人和问题分开

①正确地提出看法；

②保持适当的情绪状态；

③进行清晰简明的沟通；

④少讲多听，留有余地，体现专业。

3）做好关系维护。包括情感维护和专业维护，如图 6-2 所示。

4）选择报价先后顺序

①先报价：利——先为谈判设定一个范围；弊——未知对方心理价位，容易缩小价格空间。

②后报价：利——知晓对方心理价位，容易达成我方心理预期；弊——谈判范围已圈定，易陷入被动。

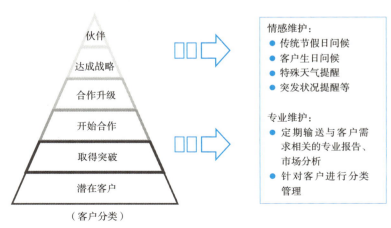

图 6-2　客户关系维护

5）控制谈判环节

①更高权威策略：在谈判过程中，对方提出新的要求，可表现出对方要求超出自己权限，需要跟领导请示才可决定。

②"黑脸白脸"策略：自己团队内分工。在多人谈判过程中，己方有人支持有人反对对方要求，测试对方可接受的程度。

③反复沟通打破僵局：抓住人、利益、平衡点等。突破僵局的方式主要有开诚布公地讲解，表述我的认为我的答复，转移话题，逐个击破等。

7. 撰写新房交易促成报告

集成上述 2~6 内容，形成交易促成总结报告。

2.4　必备业务知识

房地产商务谈判要素：

（1）商务谈判。这是买卖双方为了促成交易而进行的活动，或是为了解决买卖双方的争端，并取得各自经济利益的一种方法和手段。商务谈判是现代社会经济生活必不可少的组成部分。

（2）房地产商务谈判要素。房地产交易也离不开商务谈判，通过谈判反复磋商以求达成一致的协议。房地产商务谈判是一种满足各方需求的交易过程，同时也是一种具有竞争性的活动，即双方或多方为促成"交易"，取得各自经济利益的一种方法和手段，其要素有 7 个，如图 6-3 所示。

图 6-3　房地产商务谈判要素

2.5　必备业务要领

经纪人促成交易的商务谈判素养：

（1）坚守商务谈判原则：双赢原则、平等原则、合法原则、时效性原则、最低目标原则。

（2）不断自我优化：了解对方的文化；友善地入乡随俗；培养分析的能力；科学地抽丝剥茧；理性地追根究底；遏制问题的扩大；自我认知的能力；培养超人的耐心；诚

信信任与尊重。

（3）掌握谈判要领：合适的地点时间；充分的披露信息；善于当个好听众；积极地肯定对手；巧妙地否定对手；内外兼美地包装；行云流水地沟通。

2.6 任务拓展

经纪人与委托人相互配合促成交易谈判。

经纪人和委托人相互配合，可以尽量争取交易谈判成功。谈判学中有一种非常著名的策略叫"黑脸白脸"策略。例如，假设卖方声称房子底价是 100 万元，买方觉得价格很不错，试图再讨价还价，但又怕一不小心失去了这桩买卖，怎么办？如果买方委托了一位房地产经纪人，这位代理经纪人就可以参与谈判，经纪人可以给对方施加压力，最终由委托人出面打圆场，以令人愉快的方式达成协议。这种策略既可以有效地向对方施压，又不会导致激烈冲突谈判破裂。

很多房地产投资人都善于利用这个策略，一般先让房地产经纪人出面和对方慢慢谈价，谈到对方快要无法接受了，他才出面，然后让谈判及合作变得愉快、顺利。

房地产经纪人可以利用房地产专业知识和技能，与委托人配合实施各种各样的策略，帮助委托人清楚地表达各种利益，协调当事方的不同需求，提供和取舍备选方案，最大限度地实现委托人的利益促成交易。

房地产经纪人的身份和专业知识技能对交易谈判很有帮助。此外，在谈判成功之后签协议时，房地产经纪人还可以进行技术把关，让委托人规避很多风险。

任务 3 客户经营维护与纠纷处理

3.1 任务分析

客户经营维护与纠纷处理任务内容主要有 2 项：

（1）客户经营与维护；

（2）房地产交易纠纷处理。

3.2 任务流程

客户经营维护与纠纷处理任务流程有 7 个步骤：

（1）工作准备；

（2）刚需客户的经营与维护；

（3）改善型客户的经营与维护；

（4）养老客户的经营与维护；

（5）投资客户的经营与维护；

（6）房地产交易中的纠纷处理；

（7）撰写客户经营维护与纠纷处理总结报告。

3.3 任务实施

1. 工作准备

（1）社区调研与分析报告。

（2）商圈跑盘信息与存量房新房交易促成总结报告。

（3）办公电脑及相关软件系统。

2. 刚需客户的经营与维护

（1）分析刚需客户特征与需求。

1）客户群体特征：首次置业、青年置业、因婚置业。

2）有最基本的住房需求，不会接受过高的房价。

3）产品需求：短期内要有房可住，即现房或准现房。

（2）满足需求重点经营。针对上述分析，满足刚需客户需求，需要重点经营：

1）强调开发商实力，明确交房时间，满足客户基本居住需求。让客户明确地知道，自己买的房子是非常有靠谱的，自己大概什么时间可以入住。

2）推荐资金需求量比较小的户型产品。

3）推荐精装修的现房或准现房。

（3）刚需客户维护。保持高频次互动，经常和客户聊天沟通。

3. 改善型客户的经营与维护

（1）分析改善客户特征与需求

1）客户群体特征：事业有成就，有一定积蓄；追求生活品质；家庭成员增加。

2）产品需求：面积更大的户型；需要动静分区，更加宜居；品质考究，区域价值高。

（2）满足需求重点经营

1）推荐适合改善客户的户型产品，满足客户基本需求。

2）以项目周边配套及环境规划为主，突出未来的居住舒适度。

3）突出小区物业服务项目多且好。

（3）改善型客户维护

借助平台优势可建议改善客户卖与买同步进行。

4. 养老客户的经营与维护

（1）分析养老客户特征与需求

1）客户群体特征：

①有足够的经济实力，关心自己老年生活的退休老人；

②关心父母晚年生活的子女；

③注重退休生活品质的老年人。

2）产品需求：

①区域周边环境好，配套设施齐备；

②小区安全，环境优美；

③小区物业有委托代办和委托管理的人性化服务。

（2）满足需求重点经营

1）推荐小区环境好、周边医疗条件完善的项目产品。

2）推荐品质地产和优良健康管家服务的有机结合，如医养结合的社区。

（3）养老客户维护

日常沟通中以养生及老年人生活为话题。

5. 投资客户的经营与维护

（1）分析投资客户特征与需求

1）客户群体特征：

①家庭名下有房，无需购房居住的客户；

②事业成功，有丰厚资本的且有投资意向的客户。

2）产品需求：

①产品价格合适；

②地段好投资佳；

③投资回报率高。

（2）满足需求重点经营

1）强调区域价值、优势以及项目产品的未来升值空间。

2）以沟通理财为话题推荐产品，推荐不限购、不限贷的产品，以推荐商铺或好的商品房为主。

3）为客户制作项目产品的预估投资回报表，如出租、购买后出售的投资回报率。

（3）投资客户维护

低频次维护，根据客户时间来跟进。

6.房地产交易中的纠纷处理

（1）把握处理、调解房地产交易纠纷的基本原则

1）依法保护合法的房地产买卖关系，切实保护产权所有者的合法权益。

2）协助房地产管理部门或者法院，打击利用房地产买卖进行投机倒把、牟取暴利等违法活动。

3）不传递不正当情绪。

4）站在第三方角度，公平、公正处理。

5）时效内及时回复纠纷方。

6）维护好自身形象、品牌形象。

（2）制定纠纷产生后处理基本流程

1）针对纠纷，先用专业知识，给客户、业主一个大体解释。

2）告知客户、业主，答复纠纷的时效是多久。

3）及时联系直属上级、纠纷处理专员。

4）制定纠纷解决方案。

5）回复纠纷双方解决方案或情况、解决时效。

（3）分析交易纠纷的原因

导致房地产交易纠纷的常见问题主要有7个方面。

1）广告问题引起纠纷。商品房销售广告和宣传资料为要约邀请，即使未载入商品房买卖合同，亦应当视为合同内容，当事人违反，引起纠纷，应当承担违约责任。

2）预售合同问题引起纠纷。出卖人未取得商品房预售许可证明，与购房者订立的商品房预售合同，引起合同纠纷，应当认定无效，但是在起诉前取得商品房预售许可证明的，可以认定有效。

3）欺诈问题引起纠纷。有5种情况：①商品房买卖合同订立后，出卖人未告知买受人又将该房屋抵押给第三人。②商品房买卖合同订立后，出卖人又将该房屋出卖给第三人。③故意隐瞒没有取得商品房预售许可证明的事实或者提供虚假商品房预售许可证明。④故意隐瞒所售房屋已经抵押的事实。⑤故意隐瞒所售房屋已经租赁给第三人或者为拆迁补偿安置房屋的事实。

4）房屋质量问题引起纠纷。因房屋主体结构质量不合格不能交付使用，或者房屋交付使用后，房屋主体结构质量经核验确属不合格，发生纠纷，购房者请求解除合同和赔偿损失。

5）房屋面积"缩水""涨水"问题引起纠纷。出卖人交付使用的房屋套内建筑面积或者建筑面积与商品房买卖合同约定面积不符，发生纠纷。合同有约定的，按照约

定处理；合同没有约定或者约定不明确的，按照国家相关规定处理。

6）房屋权属证明问题引起纠纷。由于卖房人原因，购房者在合同约定期限届满前未能取得房屋权属证书，发生纠纷，购房者请求解除合同或赔偿损失。

7）按揭贷款问题引起纠纷。商品房买卖合同约定，购房者以担保贷款方式付款，因当事人一方原因未能订立商品房担保贷款合同并导致商品房买卖合同不能继续履行，发生纠纷，对方当事人请求解除合同和赔偿损失。

房地产交易过程中发生的纠纷远不止上述7个原因，但当纠纷发生后，经纪人不能回避，应把握一定原则，按照规范的流程方法加以处理、协调或者协助（引导）处理，圆满解决纠纷，让客户满意。

（4）处理房地产买卖纠纷

在上述原则指导下，处理房地产买卖纠纷的基本方法是：

1）审查买卖双方当事人的主体资格是否合法。这是正确处理房地产买卖纠纷的前提条件。要审查卖方是否有权出卖，买方是否有权购买。例如：出卖人是不是该房地产的权利人，出卖的房地产是个人所有还是几人共有或共同共有，其他共有人是否同意出卖。如果出卖人不是该房地产的权利人，就要查明出卖人对所卖房地产是否有法定的或委托的处分权。如果经过审查，这些问题的答案都是肯定的，则可以认为卖方当事人主体资格合法。对于房地产的购买人，则要审查他们是否有购买权，是否是合格的当事人等。

2）审查买卖双方的意愿表示是否真实。在买卖合同中能否表示双方当事人的真实意愿，是能否产生买卖纠纷的重要原因。在处理中要认真审查一方对他方是否有欺诈、隐瞒、胁迫，或乘人之危而使对方在违背自己真实意愿的情况下进行房地产的出卖或购买行为；房地产买卖合同是否显失公平；当事人一方对合同是否有重大误解等。

3）审查房地产买卖合同的形式要件是否具备。一是看房地产买卖是否采取了书面合同的形式，主要条款是否齐备；二是看是否按照国家有关法律法规、地方人民政府的有关规章的规定到房地产管理部门进行了产权转移登记。对城市私有房屋的买卖应区分《城市私有房屋管理条例》生效前后的具体情况，区别对待。

4）审查房地产买卖活动是否有违反法律规定的行为。如买卖双方当事人是否有以房屋买卖的合法手段掩盖非法目的的行为；是否维护了同等条件下的优先购买权；出卖享受政府或单位补贴、优惠购建房屋的是否已满禁卖期限；是否侵犯了原产权单位的优先购买权。凡经过合法手续确立了买卖关系的应予维护；非法买卖他人的房地产的，其买卖关系无效。

对房地产买卖纠纷，有的由行政主管部门处理，有的由人民法院审理，经纪人应该积极引导和配合。为保证买卖纠纷的妥善处理，经纪人应积极协助有关当事人向处理纠纷的行政主管部门或审理纠纷案件的人民法院提供以下证件：

①房地产买卖合同，买卖中介人的姓名、年龄、地址及与当事人的关系，已办理了产权转移的应提供房屋所有权证和土地使用权证。

②买卖共有房屋的应提供其他共有人同意的证明书及包括承租人在内的放弃优先购买权的凭证。

③买卖双方付、收款的凭证。

（5）房地产交易纠纷处理方式

1）协商解决纠纷。买卖双方当事人行使自己的合法处分权，在法律规定许可的前提下，互谅互让，协商解决纠纷，提出一个双方都满意的解决方案，并就此达成一个纠纷解决协议。在经纪人的斡旋下，由双方协商解决纠纷，对购房者和开发商（或卖房者）来讲都是最好的解决纠纷的方式，因为这种方式既省时、省力，又省钱。

2）调解解决纠纷。这是指在非仲裁机关和诉讼外的第三人主持下，通常是经纪人充当主持人，房屋买卖纠纷的当事人达成协议解决纠纷。

3）仲裁解决纠纷。买卖双方当事人依据他们事先或事后达成的协议，自愿将其争议提交给双方同意的仲裁机关，由该仲裁机关依据有关法律和事实作出裁决，以解决纠纷。仲裁解决是终局的，对双方当事人都有约束力，不存在当事人上诉的问题，加上仲裁简单、灵活，因此它能比诉讼更迅速处理纠纷，同时费用更低廉。但是发生纠纷的双方中如有一方不愿意，则不能采用仲裁方式来解决纠纷。以下几种情况不可以申请仲裁：人民法院已经受理或者审理办结的房地产纠纷；涉及离婚、收养、监护、继承、析产、赠与的房地产纠纷；涉及落实政策问题的房地产纠纷；依法应当由行政机关处理的房地产行政争议；经过公证机关公证后发生争议的房地产纠纷；机关、团体、企业、事业单位内部分房的房屋纠纷；驻军内部的房屋纠纷。

4）诉讼解决纠纷。买卖双方当事人依法向人民法院提起诉讼，由人民法院依据有关法律和事实作出判决以解决纠纷。人民法院经过审理后，就双方之间的纠纷作出解决。由于我国实行的是二审终审制，当事人对一审法院作出的判决不服的，可以向上一级人民法院上诉。

（6）制定可能出现的纠纷预防措施

1）在合同签署前，书面列出交易过程中的时效承诺、签约节点、客户业主。

2）及时反馈需要反馈的信息及时间节点，并让客户、业主签字确认。

7. 撰写预测报告

集成上述 2~6 内容，形成客户经营维护与纠纷处理总结报告。

3.4　必备业务知识

1. 客户经营

（1）客户经营。从字面上讲就是筹划和管理客户，"经营"高于"营销"。"经营"包含但不仅限于"营销"。营销客户的目的是将产品销售给客户，经营客户的最终目的是长期维护客户，不断提高客户的忠诚度，从而使客户主动购买、重复购买公司产品与服务。经营客户强调的是长期维护和客户的共同参与，追求的是公司与客户的互利共赢与发展。

（2）客户经营是商业模式的全面创新，是从产品经营到客户经营的重大转型。客户经营实际上是一个经营理念，同时也是一个经营体系，企业必须把自己视为一个创造客户和满足客户的有机体。管理层不能认为自己只是在制造产品，而是要以提供能让客户满足的价值作为己任，这实际上是我们客户经营思维的基础。要对客户的经营由这种阶段性经营转向客户的全生命周期的经营，由只是产品经营转向客户的全面经营，由客户的被动经营转向主动经营，由对客户的浅度经营转向深度经营。

2. 客户维护

（1）客户维护，指维持已建立的客户关系，使自己的客户购买其推销的产品或服务的过程。

（2）客户维护对企业竞争力有重要的战略意义。企业要对现有客户进行细分，将客户数据纳入信息化管理，动态跟踪，有的放矢，以增加客户价值为基础，努力提高客户的满意度，谋求客户信任，最终赢得客户忠诚，进而扩大与客户的交易量，实现公司与客户的双赢。

3. 房地产买卖纠纷

（1）房地产买卖纠纷是指围绕房地产买卖而发生的房地产权益争执。

（2）房地产买卖纠纷主要原因包括：买卖手续不齐备；一方反悔不履行合同；第三者申明产权要求废除买卖契约等。

3.5　必备业务要领

1. 客户经营的方法

（1）获得客户。获得客户有两种途径：一种是主动出击，先想办法找到客户，然后想办法说服他们购买企业的产品或服务；另一种是通过有吸引力的产品或服务、有吸引力的价格、有吸引力的促销以及购买的便利性，让客户自己上门来购买企业的产品或服务。

（2）让客户满意。客户只有对自己以往的购买经历感到满意，才可能重复购买同一家企业的产品或者服务。随着市场竞争的加剧，客户拥有了越来越多的选择空间，因此，企业竞争的关键是比较哪家企业更能让客户满意。谁能更好地、更有效地满足客户的需要，让客户满意，谁就能够占据竞争优势，从而战胜竞争对手、赢得市场。

（3）让客户忠诚。随着科学技术的发展，企业之间提供的产品和服务差别越来越小，客户的流失变得很容易，客户的保留却是越来越难。客户忠诚可以节省企业开发客户的成本，同时降低交易成本和服务成本，还可以使企业的收入增长。客户忠诚还可以降低企业的经营风险并提高效率，还可使企业获得良好的口碑效应和客户数量的增长，从而壮大企业的客户队伍。促进客户忠诚的措施：

1）努力实现客户满意。客户越满意，忠诚的可能性就越大，而且只有最高等级的满意度才能实现最高等级的忠诚度。

2）奖励忠诚。要对忠诚客户进行奖励，奖励的目的就是要让客户从忠诚中受益，从而使客户保持忠诚。

3）提高转换成本。可以让客户在更换本企业品牌时感到成本太高，或客户原来所获得的利益会因更换企业品牌而损失，或者将面临新的风险和负担，来加强客户的忠诚。

4）增加客户对企业的信任与情感牵连。建立客户忠诚，说到底是赢得客户的心。因此，企业在与客户建立关系之后，还要努力寻找交易之外的关系，加强与客户的情感交流和感情投资。

5）提高服务的独特性与不可替代性。要为客户提供独特的、个性化的、量身定做的、不可替代的产品或者服务，成功地与竞争对手的产品和服务相区分，有效地抵制竞争对手对客户的诱惑，增加客户对企业的依赖性，从而达到增进客户忠诚的目的。

6）建立客户组织，稳定客户队伍。建立客户组织可以使企业与客户的关系更加正式化、稳固化。建立客户组织是巩固和扩大市场占有率、稳定客户队伍的一种行之有效的办法，有利于建立长期稳定的主顾关系，如很多公司组建的客户俱乐部等。

2. 客户维护的方法

（1）保持真诚和用心。不管用什么方法，真诚和用心是必不可少的，并且要让客户感受到。

（2）专业技术取胜。维护客户还需要以专业技术取胜，不管是知识层面，还是技能技巧方面，都需要做到足够专业，可以为客户解决问题。

（3）保持礼貌和微笑。维护客户，需要做到尊重客户，见到客户的时候要保持最基本的尊敬，要保持礼貌和微笑，保持职场中的礼仪等。

（4）友好询问客户。维护客户，还需要做到让客户多说，自己多听，询问客户的需求，了解客户的想法。

（5）换位思考。懂得站在客户的角度去思考问题。和客户的交流过程中，换位思考也可以让我们维护住客户，会让客户对我们更放心，留住更多有价值的客户。

（6）不断创新和升级。不管是产品方面，还是服务方面，都需要有创新精神，需要不断升级，为客户带来更好的产品、更优质的服务以及更好的体验。

（7）和客户保持联系。维护客户还需要与客户定期进行沟通与交流，线上线下的互动都要有，并且要掌握更多的沟通技巧和方法，让客户愿意和自己接触，愿意和自己交朋友。

（8）形成自己的待人处事风格。不能人云亦云，也需要适当拒绝客户，不能一味满足客户的无理要求。其实与人相处是一门学问，不管是维护客户，还是处理其他的关系，都要有自己的风格和特点。

3.6 任务拓展

房地产交易纠纷案件3个常见问题。

随着人们生活水平的不断提高，房地产逐渐成为一个重要的消费热点，因房地产买卖而产生的纠纷也随之增多。在对房地产纠纷案件进行申诉审查的过程中，一些法官会面临3个常见问题：

（1）交易习惯的认识问题。在房地产买卖合同纠纷案的判决书中，法官在判决理由中经常会涉及交易习惯，交易习惯时常会成为法官判决的理由之一。比如，在某楼盘期房的买卖纠纷中，当事人双方在订立预售合同时没有正式确定购房价格，价格条款遗漏了。而期房在几年后交付时房价已涨了许多，卖方主张按交房时价格确定房款，买方则主张应依据《中华人民共和国民法典》规定，按订立合同时的市场价进行履行。为此，双方发生争议。法官审理时认为，房价应按《中华人民共和国民法典》中有关的交易习惯来确定，交易习惯即期房的房价应在交付时确定。

（2）关于善意第三人的问题。在商品房纠纷案中，经常会有善意第三人出现，原本只出现在动产交易中的善意第三人，现在随着不动产交易的增多，善意第三人也经常出现在房产纠纷中。但是在不同的法官眼里对于善意第三人身份的确认却有很大的差异。有的法官对"善意"的认定标准比较宽泛，不知者即为善意，只要这个第三人主观上不知道真正的权利人是谁，只要是签订了房屋买卖合同，即使没有过户，也应作为善意的第三人来看待，使其真正享有物权。有的法官对"善意"的认定标准较高，注重从客观实际和履行手续上来确认，在房屋没有履行过户登记手续之前，不能认定为善意第三人，不享有对所买房屋的所有权，只能是普通的债权人而已。

（3）对房产开发商开具的收据的性质认定问题。少数房地产开发商在未取得商品房预售许可证时，往往便开始预售商品房，要求认购人交付一部分订房款，在收到订房款后，以收据形式交付给购房人，收据上写明当事人的名称、交付的具体金额以及所购房屋的具体门牌号码。根据我国相关规定：未取得预售许可的商品住房项目，房地产开发企业不得进行预售，不得以认购、预订、排号、发放 VIP 卡等方式向买受人收取或变相收取定金、预定款等性质的费用。但在现实生活中，仍有少部分企业以各种形式突破这一规定。在双方当事人出现纠纷后，这份收据就会出现两个问题：一是这张收据是否具有协议的性质？二是购房人所交付的房款是什么性质（定金或预付金）？法官在审理时对收据和已付价款的认识，可能不完全一致。

3.7　综合实训

1. 实训名称

门店交易促成与管理综合实训。

2. 实训内容

演练1　存量房交易促成；

演练2　新房交易促成；

演练3　客户经营维护与纠纷处理。

3. 实训作业文件

交易促成与管理综合报告。

 小结

　　交易促成与管理工作领域主要有 3 个工作任务。任务 1 "存量房交易促成"的任务是买卖交易促成、租赁交易促成；根据任务内容设计了任务流程；根据任务流程逐步开展任务实施；介绍了交易促成必备的业务知识和必备的业务要领，并拓展了相关知识、技巧和经验。任务 2 "新房交易促成"的任务是新房客户需求分析、新房精准匹配、新房交易促成；根据任务内容设计了任务流程，开展任务实施，介绍了必备的业务知识和必备的业务要领，并拓展了相关知识、技巧和经验。任务 3 "客户经营维护与纠纷处理"的任务是客户经营与维护、房地产交易纠纷处理，设计了任务流程，开展任务实施，介绍了必备的业务知识和必备的业务要领，并拓展了相关知识、技巧和经验。最后，安排了门店交易促成与管理综合实训，形成最终的交易促成与管理综合报告。

思考题

1. 如何分析影响交易达成的因素？

2. 如何促进存量房交易达成？

3. 如何促进新房交易达成？

4. 如何进行客户经营与维护？

5. 如何处理房地产交易纠纷？

07

工作领域 7　数字化应用

 工作领域描述

    数字化应用可以大大提高房地产经纪业务效率，是房地产经纪人的好帮手。数字化应用是确保房地产经纪服务品质的基础工作。门店数据分析可以进行用户交互数据分析、门店业务数据分析、经纪人工作数据分析，提高交易服务质量。数据建模与门店数据化运营可以通过分析数据找出问题，推进门店管理。关键指标数据分析可以聚焦管理指标，提升房地产经纪服务水平和效率。所以，数字化应用是房地产经纪服务人员的翅膀，需要具备相应的工作技能。

 工作领域内容

1. 门店数据分析；
2. 数据建模与门店数据化运营；
3. 关键指标数据分析。

 工作技能要求

1. 能够理解房地产经纪服务职业标准和工匠精神；
2. 能够进行门店数据分析；
3. 能够进行数据建模；
4. 能够开展门店数据化运营；
5. 能够进行关键指标数据分析；
6. 能够撰写数字化应用综合报告。

任务 1　门店数据分析

1.1　任务分析

门店数据分析任务内容主要有 3 项：

（1）用户交互数据分析；

（2）门店业务数据分析；

（3）经纪人工作数据分析。

1.2　任务流程

门店数据分析任务流程有 7 个步骤：

（1）工作准备；

（2）门店数据分类；

（3）确定线上数据分析方法；

（4）以贝壳找房为核心的用户交互数据分析；

（5）以房和客为核心的门店业务数据分析；

（6）以经纪人为核心的个人工作数据分析；

（7）撰写门店数据分析报告。

1.3　任务实施

1. 工作准备

（1）认知数据化运营的逻辑。数据化运营的逻辑：描述—衡量—管理。

1）描述。用数据去描述门店经营状况。例：××门店这个月业绩是 2.5 万元。

2）衡量。数据的问题是比出来的。例：截至本月 20 号，一共才有 1.5 万元的业绩，上个月 20 号已经都 8 万元业绩了。

3）管理。通过对影响数据的因素进行分析，找到产生问题的节点进行改进，提升工作质量。

（2）认知数据化运营。数据化运营是借助数据，分析经营中的问题。管理动作跟着数据显现的问题走，进而达到经营效率的提升与经营数据的提高。数据化运营的益处包括：

1）决策有依据，判断更精准。

2）对症下药，改善门店经营问题。

3）业务管理提高资源转化率。

4）管理更细致，方向更明确。

2. 经纪业务作业及管理中的数据类型——以贝壳找房为例

房地产经纪门店的数据有业绩、报盘率、电话量、房源量等。不同数据，呈现不同的门店问题。按照门店管理者的经营管理需要，可以将经纪业务作业及管理中的数据分为以下 3 个类别：

（1）以贝壳找房网络平台为核心的用户交互数据。

（2）以房和客为核心的门店业务数据。

（3）以经纪人为核心的个人工作数据。

3. 确定线上数据的分析方法

（1）细分分析。细分分析是分析的基础，单一维度下的指标数据的信息价值很低。细分方法可以分为两类：一类逐步分析，如来自北京市的访客可分为朝阳、海淀等区；另一类是维度交叉。

（2）对比分析

1）对比分析主要是指将两个相互联系的指标数据进行比较，从数量上展示和说明研究对象的规模大小、水平高低、速度快慢等相对数值，通过相同维度下的指标对比，可以发现、找出业务在不同阶段的问题。

2）常见的对比方法包括：时间对比、空间对比、标准对比。

3）时间对比有三种：同比、环比、定基比。例如本周和上周进行对比就是环比；本月第一周和上月第一周对比就是同比；所有数据同今年的第一周对比则为定基比。通过 3 种方式，可以分析业务增长水平、速度等信息。

（3）漏斗分析。漏斗分析是基于业务流程的一种数据分析模型，也就是说一定是存在着业务的前因后果、前后关联关系的，它能够科学反映用户行为状态以及从起点到终点各阶段用户转化情况，进而可以定位用户流失的环节和原因。最常见的是把最终的转化设置为某种目的的实现，最典型的就是完成交易。如图 7-1 所示。

（4）聚类分析。聚类分析是指将数据对象的集合分组为由类似的对象组成的多个类的分析过程。聚类分析具有简单、直观的特征。用户聚类主要体现为用户分群、用户标签法；页面聚类则主要是相似、相关页面分组法；来源聚类主要包括渠道、关键词等。

（5）AB 测试。AB 测试是为 Web 或 APP 界面或流程制作两个（A/B）或多个（A/B/n）版本，在同一时间维度，分别让组成成分相同（相似）的访客群组（目标人群）随机地访问这些版本，收集各群组的用户体验数据和业务数据，最后分析、评估出最好版本，正式采用。例如：你发现漏斗转化中间有漏洞，假设一定是商品价格问题导

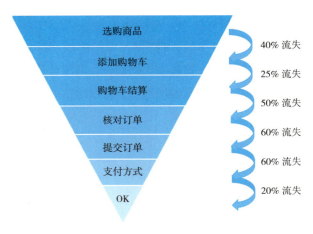

图 7-1 转化漏斗分析

致了流失，你看到了问题——漏斗，也想出了解决办法——改变定价。但解决办法是否正确，要看真实的用户反应，于是采用 AB 测试。

A 为对照组——一部分用户还是看到老价格；

B 为实验组——一部分用户看到新价格。

若解决办法有效，新价格就应该有更好的转化，若是如此，新价格就应该确定下来，如此反复优化。

（6）来源分析。传统分析工具——渠道分析仅有单一维度，要深入分析不同渠道不同阶段效果，付费搜索等来源渠道和用户所在地区进行交叉分析，得出不同区域的获客详细信息，维度越细，分析结果也越有价值。

（7）用户分析。用户分析就是根据各种关于客户的信息和数据来了解客户需要，分析客户特征，评估客户价值，从而为客户制订相应的营销策略与资源配置计划。用户分析常用的分析方法包括：活跃分析、留存分析、用户分群、用户画像、用户细查等。可将用户活跃细分为浏览活跃、互动活跃、交易活跃等，通过活跃行为的细分，掌握关键行为指标。通过用户行为事件序列，对用户属性进行分群，观察分群用户的访问、浏览、注册、互动、交易等行为，从而真正把握不同用户类型的特点，提供有针对性的产品和服务。

4. 以贝壳找房网络平台为核心的用户交互数据分析

（1）以贝壳找房网络平台为核心的用户交互数据，如图 7-2 所示。主要数据：

1）商机数据。包括 400 和 IM。

2）商机转化数据。包括：带看，如客户渗透率、带看转化率、成交占比；约看，如线上、约带看；客户委托，如客户转委托率。

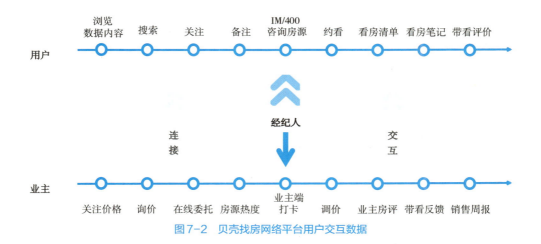

图7-2 贝壳找房网络平台用户交互数据

3）展位数据。包括：录房录带看，如报盘率、三证完备率、业主渗透率；评论，如评论及时率、评论质量；展位高排序，如展位数量。

（2）贝壳找房为核心的用户交互数据，是衡量门店贝壳网使用健康状况的风向标，如图7-3所示。

（3）通过贝壳找房为核心的用户交互数据查找问题。以A门店为例。

1）A门店7日商机量及转化。A门店7日商机量，见表7-1。A门店7日商机转化，见表7-2。

2）通过这组数据，可以看出A门店的7日商机量不算少，问题出在商机的转化。那就需要去看400质量与IM质量数据，见表7-3、表7-4。

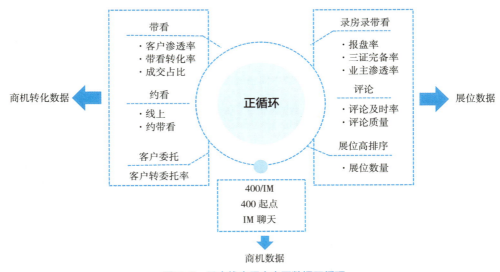

图7-3 贝壳找房用户交互数据正循环

A门店7日商机量　　　　　　　　　　　表7-1

组织	商机量	商机用户	400量	400用户	IM量	IM用户
A门店	42	37	2	2	37	32

A门店7日商机转化　　　　　　　　　　表7-2

组织	商机量	7日内商机转委托率	7日内商机转带看率	30日内商机转成交率	7日内商机未委托量	7日内商机转委托量	7日内商机转带看量	30日内商机转成交量
A门店	42	9.52%	2.38%	0	38	4	1	0

A门店7日IM质量　　　　　　　　　　　表7-3

组织	会话数	0~1min响应率	1~3min响应率	3~5min响应率	对话比	客户平均消息数	次日复聊率	3日内复聊率
A门店	35	85.71%	5.71%	5.71%	1.57	10.07	8.6%	11.4%

A门店7日400质量　　　　　　　　　　表7-4

组织	来电量	接听率	接通率	平均通话时长（min）	30min未接听回拨率
A门店	2	100%	100%	7.06	—

从表7-3、表7-4中的数据可以发现：

①这组数据可以看出A门店的IM的响应数据无问题；

②商机的二次利用存在问题，次日复聊率和3日内复聊率偏低；

③店经理需要提醒经纪人进行二次沟通，店经理还需要关注沟通质量。

3）IM交互管理中问题梳理及解决方案。见表7-5。

IM交互管理中问题梳理及解决方案　　　　表7-5

IM交互管理	响应	互动质量	转录入、带看
存在的问题	响应慢； 不会回答、不敢答	一问一答，不主动； 答非所问，不专业； 需求不清，不挖掘； 房源卖点，不提炼； 自我介绍，不亮眼	不能有效地留电话； 引导客户实地看房
解决的方案	手机设置自动回复、常用语； 培训、暗访； 抽查IM回复质量	标准开场白、解答、挖掘需求、替代房邀约、铺垫一次服务、交换联系方式、标准语结束、唤醒日	优秀地分享； 培训通关

5. 以房和客为核心的门店业务数据分析

（1）门店业务数据以房和客为核心，主要是房客源成交转化，如图7-4所示。房客源转成交的效率，是门店作业力量最直观的体现。

（2）门店房源转化过程中的数据指标分析。以B店为例进行房源转化分析，见表7-6、表7-7。

从表7-6、表7-7可以发现，B店新增房源不少，经纪人有外网录入房源的习惯。但是对于房源的转换管理数据差，A类房源占比少，需要在管理上加强房源的维护与面访。

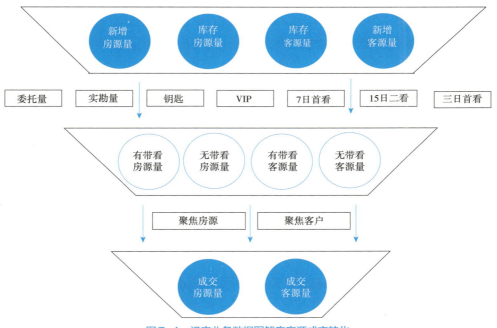

图7-4　门店业务数据图解房客源成交转化

门店一周房源新增　　　　　　　　　　　表7-6

组织	新增量	3日内首看率	7日内首看率	3日内首看率	3日内钥匙率	3日内实勘率	3日内三证两书	7日内三证两书	挂牌单价
B店	58	0	0	0	0	0	0	1.2万元

门店一周库存房源　　　　　　　　　　　表7-7

组织	库存量	外网呈现	VIP	A级房源量	B级房源量	C级房源量	A级占比	C级占比
B店	263	258	0	8	233	22	3.04%	8.37%

（3）客源转化过程中的数据指标分析。以 B 店为例进行客源转化分析，见表 7-8、表 7-9。

门店一周新增客源 表7-8

组织	新增客	3日首看率	7日首看率	15日内二看率
B 店	8	12.5%	25%	0

门店库存客源 表7-9

组织	库存客	库存客首看量	库存客二看量	近30天无带看客源量
B 店	138	88	53	106

从表 7-8、表 7-9 可以发现，B 店新增客源少，在客源的开发上存在问题。门店库存客源 138 人，近 30 天无带看的有 106 人，说明在客户的跟进和转化效率上需要有管理动作。

6. 以经纪人为核心的个人工作数据分析

（1）门店所有的工作推进最终离不开经纪人，经纪人个人工作数据是店经理科学管理经纪人最好的参照。所以，以经纪人为核心的个人工作数据分析主要分析经纪人的业绩数据和行程量数据。

（2）业绩数据分析。主要分析经纪人的作业结果指标，如租赁成交量、买卖成交量。

（3）行程量数据分析。行程量是经纪人的工作过程指标。

1）行程量主要数据。包括：

①录入。经纪人录入房源的数量、经纪人录入客源的数量。

②委托。获得房源委托的数量、获得客源委托的数量。

③带看。经纪人带看的数量。

④实勘。经纪人进行房屋实勘的数量。

⑤钥匙。经纪人获取钥匙的数量。

⑥签约。经纪人完成签约的数量。

⑦面访。经纪人面访业主的数量。

⑧空看。经纪人完成房屋空看的数量。

2）通过分析经纪人行程量，店经理可根据指标判定经纪人的工作状况，见表 7-10。

从表 7-10 可以发现，三个经纪人的行程量差别很大，后面（表 7-11）给出详细分析。造成经纪人行程量数据差别的原因主要有两个：

①经纪人的工作喜好。工作喜好会决定行程量指标，经纪人应该克服不良喜好，全面改善行程量指标。

经纪人行程量 表7-10

经纪人	房源	客源	带看	实勘	钥匙	跟进	二看量	一带二看	面访
张 ×	5	20	3	1	1	10	1	1	1
李 ×	3	10	5	2	2	35	2	3	3
王 ×	6	7	0	0	0	0	0	0	0

②经纪人的能力。能力会决定行程量指标，经纪人应该不断提高业务能力，全面改善行程量指标。

行程量指标是店经理管理经纪人的重要参考。门店应该根据经纪人行程量指标的不同表现，有针对性地开展培训和业务支持，全面提升行程量指标、改善门店业绩。

7. 撰写门店数据分析报告

集成上述 2~6 内容，形成门店数据分析报告。

1.4 必备业务知识

数字化应用：

（1）数字化应用，是运用分析工具对客观、真实的数据进行科学分析，并将分析结果运用到生产、销售、管理等各个环节中去的一种方法。

（2）数据分析工具，主要有 Excel、SAS、SPSS、Matlab 等。

1.5 任务拓展

房地产经纪行业痛点与贝壳数字化解决之道：

（1）行业痛点。主要有：客源短缺；房客匹配难；门店效率低；交易太复杂等。

（2）数字化解决之道。贝壳 A+ 可以帮助快速解决行业痛点。A+ 是贝壳面向房产经纪行业的全流程作业管理系统，主要特点：

1）通过领先创新的 ACN 经纪人合作网络打破行业壁垒；

2）实现人房客的高效匹配；

3）全面覆盖经纪人 – 店东 – 品牌主线上线下的多元化作业场景；

4）签约交易、经营管理、职业成长等六大服务支持；

5）根据客户看房路径深度解读购房需求；

6）19000000 ＋套真房源、300+ 城市、317 个字段，是全国最大的不动产数据库，为 A+ 每一套房源建立了唯一的身份证；

7）A+ 房源管理是全面优质的房源共享和信息流通数据平台，接入 A+ 即可共享平台内所有真房源；

8）为 200000 多家门店提供专业的数据分析、问题诊断等服务；

9）通过定制化的财务、人事等经营管理工具帮助近 200 个新经纪品牌实现科学化的管理模式；

10）A+ 以线上化、智能化、网络化的服务打造智慧新居住服务平台。

任务 2　数据建模与门店数据化运营

2.1　任务分析

数据建模与门店数据化运营任务内容主要有 3 项：

（1）数据建模；

（2）分析数据找出问题；

（3）推进门店管理。

2.2　任务流程

数据建模与门店数据化运营任务流程有 9 个步骤：

（1）工作准备；

（2）数据建模；

（3）制定门店数据化经营步骤；

（4）善用工具整理数据；

（5）分析数据找出问题；

（6）针对问题制定管理策略；

（7）推进落地管理；

（8）数据衡量管理效果；

（9）撰写门店数据化运营报告。

2.3　任务实施

1. 工作准备

（1）认知数据化运营；

（2）门店数据分析报告。

2. 数据建模

（1）数据建模，就是通过建立数据科学模型的手段解决现实问题的过程。数据建模也可以称为数据科学项目的过程，并且这个过程是周期性循环的。

图7-5　数据建模的基本步骤

（2）数据建模的基本步骤。如图7-5所示。

1）制定目标。制定目标的前提是理解业务，明确要解决的商业现实问题是什么？

2）数据理解与准备。基于要解决的现实问题，理解和准备数据，一般需要解决以下问题：

①需要哪些数据指标，即特征提取？

②数据指标的含义是什么？

③数据的质量如何？如：是否存在缺失值？

④数据能否满足需求？

⑤数据还需要如何加工？如：转换数据指标，将类别型变量转化为0-1哑变量，或将连续型数据转化为有序变量。

⑥探索数据中的规律和模式，进而形成假设。需要注意的是，数据准备工作可能需要尝试多次。因为在复杂的大型数据中，较难发现数据中存在的模式，初步形成的假设可能会被很快推翻，这时一定要静心钻研，不断试错。数据建模后需要评估模型的效果，因此一般需要将数据分为训练集和测试集。

3）建立模型。在准备好的数据基础上，建立数据模型，这种模型可能是机器学习模型，也可能不需要机器学习高深的算法。选择什么样的模型，是根据要解决的问题（目标）确定的。当然可以选择两个或以上的模型对比，并适当调整参数，使模型效果不断优化。

4）模型评估。模型效果的评估有两个方面：一是模型是否解决了需要解决的问题，是否还有没有注意和考虑到的潜在问题需要解决；二是模型的精确性，误差率或者残差是否符合正态分布等。

5）结果呈现。结果呈现主要关注以下3个方面：

①模型解决了哪些问题？

②解决效果如何？

③如何解决问题？具体操作步骤是什么？

6）模型部署。通过大量数据解决了一个或多个重要的现实问题，需要将方案落实下去，一般情况下需要通过线上技术环境部署落实，从而为后面不断优化模型、更好地解决问题打下基础。

3. 制定门店数据化经营步骤

门店数据化经营，主要有 5 个步骤：

（1）善用工具整理数据。用系统中的数据工具，解决数据整理的问题。

（2）分析数据找出问题。找到问题数据，分析数据背后的问题。

（3）制定管理策略。针对分析出的问题，做改进的计划。

（4）推进管理落地。持续地做管理动作，保证管理策略的执行与落地。

（5）数据衡量工作效果。改进工作推进后再次观测数据，衡量工作质量。

4. 善用工具整理数据

最原始的方式是通过 Excel 表格进行统计，现在随着数字化工具的应用，门店管理者有了更多的管理工具，A+ 的 PC 端与 APP 端均有相应的数据管理工具。

5. 分析数据找出问题

数据是问题的外在表象，数据分析可以通过 3 个步骤找出问题。

（1）找到问题数据。问题数据主要指：

1）明显过低的数据。分析表 7-10 中数据，经纪人王 × 的多项 0 数据。见表 7-11 所圈。

圈出异常数据　　　　　　　　　　　　　　　　　表7-11

经纪人	房源	客源	带看	实勘	钥匙	跟进	二看量	一带二看	面访
张 ×	5	20	3	1	1	10	1	1	1
李 ×	3	10	5	2	2	35	2	3	3
王 ×	6	7	0	0	0	0	0	0	0

2）对比明显的数据。对比表 7-10 中的"带看"数据，张 ×、李 × 都有带看，王 × 则一次也没有。见表 7-11 中所圈。

3）明显过高的数据。分析表 7-10 中的"跟进"数据，李 × 为 35 明显过高。

（2）分析异常数据影响要素。从表 7-12 中圈出，王 × 的带看量是零，这是表象，影响王 × 带看量的要素是什么呢？仔细分析可以发现，影响王 × 带看量的要素有：

1）上游数据。如库存客户数量、库存房源数量等，王 × 的库存客户数量太少。

2）经纪人个人组织能力。如经纪人邀约能力、经纪人带看能力、经纪人业务推进能力、经纪人对房源熟悉度等。

（3）明确问题原因。仍然以经纪人王 × 为例，找出影响王 × 带看量的要素后要

圈出经纪人王×异常数据　　　　　　　　　　表7–12

经纪人	房源	客源	带看	实勘	钥匙	跟进	二看量	一带二看	面访
张 ×	5	20	3	1	1	10	1	1	1
李 ×	3	10	5	2	2	35	2	3	3
王 ×	6	7	0	0	0	0	0	0	0

圈出经纪人上游客源数据　　　　　　　　　　表7–13

经纪人	房源	客源	带看	实勘	钥匙	跟进	二看量	一带二看	面访
张 ×	5	20	3	1	1	10	1	1	1
李 ×	3	10	5	2	2	35	2	3	3
王 ×	6	7	0	0	0	0	0	0	0

逐一分析，明确王 × 带看量为 0 的问题原因。

1）分析影响王 × 带看的上游数据。见表 7–13，可以看出王 × 客户少。

2）分析王 × 个人组织能力。王 × 平时没有拨打房源电话的习惯，对房源熟悉度不高。进一步通过观察，发现王 × 最近的工作状态比较消极。

6. 针对问题制定管理策略

结合现状给王 × 提供价值，管出一个带看，而非"压"出一个带看。

（1）脑中有房。主要策略：

1）第一时间空看，空看房中约看；

2）记住房（默写）；

3）店经理帮助房源分类、上下游及联动房整理；

4）多打房源电话贴近业主，多拿钥匙。

（2）手里有客。主要策略：

1）利用贝壳网进行评论、业主自荐、约看、IM 聊天、400 接听等；

2）资源共享、商机提供；

3）开展业主转客，给出换购建议。

（3）匹配。主要策略：

1）聚焦议价、聚焦急攻；

2）约看聚焦房；

3）店经理的 5 房 5 客，给予王 × 倾斜；

4）给王 × 找一位搭档；

5）开展带看面访、数据面访，多反馈专业、少反馈辛苦度。

（4）首看。主要策略：

1）带看陪同；

2）店经理回访介入。

（5）带看。主要策略：

1）一带多看是策划出来的，充分准备好新房物料、测距仪、房源纸、店经理签字、带看策划表等；

2）路上 10min，不是单纯带路的，要做专业顾问，路上重点介绍"商圈 + 户型排名"；

3）房里 10min，给客户带鞋套，房里要熟练并专业介绍"房子 = 地段 + 配套 + 户型"；

4）回店 10min，带看总结，播放房屋交易风险视频，为二次匹配做准备。

7. 推进落地管理

（1）晨夕会管理

1）晨会默写房源；

2）当日工作目标制定；

3）行程设定与管理；

4）门店培训。

（2）述职管理

1）房源述职；

2）重点客户述职。

（3）座谈

1）一对一沟通；

2）门店工作质量改进。

8. 数据衡量管理效果

（1）阶段复盘

1）当管理工作推进一个阶段后看里程碑；

2）以周为单位开展复盘工作。

（2）周期衡量

1）以月度为单位去衡量工作指标，数据要看长；

2）要与之前的数据进行对比，确定管理效果。数据化运营成功的标志：

①以量衡量指标的正向提高；

②以率衡量指标的正向提升；

③以能力衡量，在不断的管理循环中，门店经纪人的能力不断增强。

9. 撰写门店数据化运营报告

集成上述 2~8 内容，形成数据建模与门店数据化运营报告。

任务 3　关键指标数据分析

3.1　任务分析

关键指标数据分析任务内容主要有 3 项：

（1）数据收集处理；

（2）关键指标数据分析；

（3）聚焦管理指标。

3.2　任务流程

关键指标数据分析任务流程有 10 个步骤：

（1）工作准备；

（2）指标解读；

（3）数据分析流程；

（4）数据收集；

（5）数据处理；

（6）数据对比分析；

（7）数据趋势分析；

（8）数据占比分析；

（9）聚焦管理指标；

（10）撰写关键指标数据分析报告。

3.3　任务实施

1. 工作准备

（1）门店数据分析报告、数据建模与数据化运营报告。

（2）认识关键指标分析的价值。经纪业务数据指标很多，处理不好就会导致每天手忙脚乱。所以，要克服手忙脚乱，就必须学会抓关键指标，明确管理指标对门店的价值，能够学会数据分析的方法，能够基于数据分析聚焦管理指标，完成业绩目标。

2. 指标解读

（1）指标——经纪人流失率。

1）指标说明

①经纪人流失率＝月流失经纪人总数／月日均经纪人人数

举例：A 店为联网门店，3 月日均实名经纪人 10 人，离职 2 人，则经纪人流失率为 20%。

②计算口径。分子是统计周期内离职的联网门店实名认证经纪人数；分母是统计周期内日均联网门店实名经纪人数。联网门店实名认证经纪人是联网门店在职且已通过实名认证的 AMS。

2）指标管理带来的价值和意义

①对平台的价值

A. 提升平台留存人的能力；

B. 提升人员平均从业时长；

C. 形成人才沉淀；

D. 提升经纪人从业信心。

②对店东的价值

A. 减少新员工招聘成本；

B. 提升店面业绩；

C. 人员流动性降低，形成人才沉淀；

D. 提升经纪人职业氛围和职业体验。

（2）指标——维护人跨店陪看率。

1）指标说明

①维护人陪看率＝维护人跨店陪看量／房源跨店带看量；

举例：A 店 3 月维护人跨店陪看量 12 组，房源跨店带看量 20 组，则维护人陪看率为 60%；

②计算口径

A. 分子——有维护人陪看的有效带看、带看人和陪看人不在同一门店；剔除当月关闭门店。

B. 分母——带看量指一天内同一经纪人带看同一客户，看同一个房子算一次带看，日粒度去重。

C. 带看人和陪看人不在同一门店；剔除当月关闭门店。

D. 带看以实际带看时间为准。以房源维护人角度进行组织归属，取带看当时的房源维护人，经纪人的组织架构按照当时的组织架构。

E. 去重过程中，如果维护人陪看的值同时存在既为"真"又为"伪"的情况，取"真"。

2）指标管理带来的价值和意义

①对平台的价值

A. 增强品牌，门店之间合作意识；

B. 提升平台各品牌门店及经纪人作业能力。

②对店东的价值：

A. 增强店面之间的联动；

B. 在合作中提升业主满意度，对本店销售起到积极的推进作用。

3. 数据分析流程

关键指标数据分析流程：数据收集—数据处理—数据分析。

4. 数据收集

（1）收集路径

1）现有数据收集路径。通过业务策略中心、CA（客户成功经理）工作平台收集。

2）未知数据收集路径。通过问卷星调研、人员访谈等路径收集。

（2）收集维度

1）按数据分类，收集：结果指标数据；明细数据。

2）按数据内容，基于目标，选择要使用的指标数据收集。

5. 数据处理

（1）明确计算口径。有公式，有范围，有标准，见表7-14。

（2）数据清洗。字段内容统一、清洗掉多余字段。

（3）数据加工。采用加和、求平均值、数据透视、Vlookup 匹配等方法。

关键指标计算口径　　　　　　　　　　　　　　　　　　　　　表7-14

工作项	指标说明
人均 GMV	GMV 实际达成值 / 加权人数
新房人均带看量	统计时间内，新增房源验真通新房带看总量 / 月日均联网新房经纪人（新房 + 买卖 + 综合）
经纪人流失率	月流失经纪人总数 / 月日均经纪人人数
维护人跨店陪看率	维护人跨店陪看量 / 房源跨店带看量

案例 7-1　某城市房源数据处理

某城市房源数据见表 7-15。

某城市房源数据　　　　　　　　　　　　　　　　　　　　　　表7-15

房源编号	委托类型	新增/库存	任务生成时间	A+验真任务状态	是否真房源	房源等级
1	买卖	新增	2018/4/16	面积变更	假房源	B级房源
2	买卖	新增	2018/4/17	超期未审核	假房源	B级房源
3	买卖	库存	2018/4/18	超期未审核	假房源	B级房源
4	买卖	新增	2018/3/19	主动核销	假房源	B级房源
5	买卖	新增	2018/3/20	主动核销	假房源	B级房源
6	租赁	新增	2018/3/21	主动核销	假房源	B级房源
7	买卖	库存	2018/3/24	任务取消，暂为真房源	真房源	B级房源

（1）数据处理目标：统计 4 月买卖新增房源的房源真实率，该如何处理？

（2）数据处理要点：首先需进行数据清洗、去除不相关的时间、买卖、新增；其次进行数据加工、透视。

6. 数据对比分析

（1）数据对比分析有横向比较和纵向比较。

1）横向比较。同一时期，不同角色的同一指标对比，即自己和别人比较。

2）纵向比较。同一指标，在不同时期的比较，即现在的自己和过去的自己做比较。

（2）应用场景。横向比较用于衡量指标所处位置时使用。纵向比较用于衡量指标变化趋势时使用。

（3）分析方法。

1）横向比较。与目标值、标杆值、平均值对比，看差距。

2）纵向比较。用环比，看变化。

案例 7-2　门店数据对比分析

关于某大区的 A 店 4 月相关数据，见表 7-16，请进行数据对比分析，并得出结论。

经过对比分析，大致可以得出结论：

A店4月相关数据　　　　　　　　　　表7-16

管理指标	A店指标数据 （4.1~4.7）	A店指标数据 （4.8~4.14）	A店指标数据 （4.15~4.22）	A店指标数据 （4.23~4.30）	大区4月 平均值	大区4月 目标值
人均GMV（万元）	3	5	7	30	28	35
新房人均 带看量	1.8	2.0	2.5	2.6	2.1	3
经纪人 流失率	4%	6%	7%	5%	6%	5%
维护人 陪看率	80%	85%	75%	73%	75%	80%

注：GMV为商品交易总额。

（1）人均GMV：第4周对比第1周，环比提升900%，数据持续上升。可进一步分析最后一周业绩剧增的原因；

（2）新房人均带看量：第4周对比第1周，环比提升44%，呈现持续上升趋势；

（3）经纪人流失率：4周对比第1周，环比增加25%，呈现阶段性增加趋势；

（4）维护人赔看整率：周对比第1周，环比下降9%，呈现下降趋势；

（5）整体看：管理已经取得成果的指标是新房人均带看量；接下来需要重点需要关注指标是维护人陪看率。

7. 数据趋势分析

（1）应用场景。趋势分析一般用于核心指标的长期跟踪。

（2）分析方法。

1）看整体趋势的上升或下降；

2）看数据是否有周期性；

3）看数据的关键拐点；

4）去分析数据背后的原因。

案例7-3　数据趋势分析

关于A店面新房人均带看量数据，见表7-17，你有哪些发现？

根据表7-17中数据，可以作出新房人均带看量图形，如图7-6所示。根据图7-6的曲线进行趋势分析，大致可以得出结论：

新房人均带看量　　　　　　　　　　　　　　表7-17

日期	新房人均带看量
4月1日	0.1
4月2日	0.1
4月3日	0.1
4月4日	0.8
4月5日	0.4
4月6日	0.0
4月7日	0.0
4月8日	0.1
4月9日	0.1
4月10日	0.1
4月11日	0.5
4月12日	0.5
4月13日	0.0
4月14日	0.0
4月15日	0.1
4月16日	0.1
4月17日	0.1
4月18日	0.5
4月19日	0.5
4月20日	0.0
4月21日	0.0
4月22日	0.1

图7-6　新房人均带看量

（1）从整体趋势看，4月4日，数据有一个明显的高点。需要调研原因所在，比如是否开了新盘或者提前做了集体踩盘通关。

（2）数据存在周期性，周一至周五数据比较平缓，周六、周日数据指标较高。分析是否因为周五做了集中约看。

8. 数据占比分析

（1）应用场景。占比分析用来聚焦主要影响结果的因素是什么。也就是符合二八原则，80% 的结果由 20% 的因素决定，通过占比分析找出 20% 的关键因素。

（2）分析方法。

1）找到影响目标结果的因素都有哪些？

2）计算各因素的占比数据。

3）将数据制作成饼状图。

案例7-4　人员流失率分析

关于 A 大区经纪人流失率，数据见表 7-18，你有哪些发现？

A大区经纪人流失数据　　　　　　　　　　表7-18

离职原因	次数	总量	占比
业绩不好	30	55	54%
结束实习返校	15	55	27%
感觉压力大	3	55	5%
工作时间长	2	55	4%
家庭原因	2	55	4%
自己创业	1	55	2%
店面氛围不好	1	55	2%
其他原因	1	55	2%

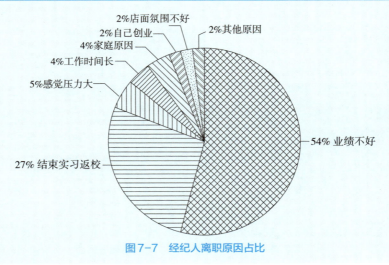

图7-7　经纪人离职原因占比

265

根据表 7-18 中占比数据，可以将数据制作成饼状图，如图 7-7 所示。根据图 7-7 的饼状面积进行分析，大致可以得出结论：

（1）影响经纪人流失率的因素有 8 项；

（2）离职原因占比最高的是因为业绩不好；

（3）占 80% 的因素的原因是业绩不好和结束实习返校；

（4）为了降低经纪人流失率，管理方向是如何提升经纪人业绩以及做好实习生的保留。

9. 聚焦管理指标

思考：聚焦管理指标时会选择多少个？从哪些维度去确定管理指标？

（1）聚焦管理指标——事情维度

1）聚焦的基本原则

①一般为 3 个，不超过 5 个；

②在每一个层级中聚焦，整体把控。

2）按照紧急性、重要性分别在每一个层级中找出 3~5 个指标进行聚焦管理。聚焦管理指标，如图 7-8 所示，从第 1 象限中找出最紧急、最重要的指标，作为需要聚焦管理的指标。

（2）聚焦管理指标——门店 / 人员维度

1）优秀的。让他成为标杆，给他荣誉。

2）中间的。选择 1 项，一段时间内攻克。

3）靠后的。聚焦 1~3 项，一段时间内重点攻克。

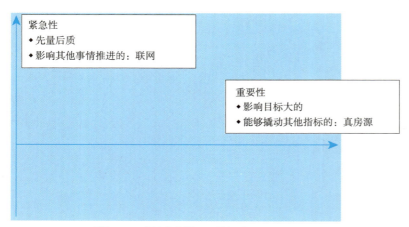

图 7-8　事情紧急性重要性维度聚焦管理指标

案例7-5　门店聚集管理

王总监管理8家门店，4项KPI，各门店数据见表7-19。他该如何制定管理计划，以达成自己的目标？

各门店数据表　　　　　　　　　　　　　　　表7-19

店面	人均GMV				新房人均带看量				经纪人流失率				维护人陪看率				综合排名	
	达成值	目标	目标达成率	权重	达成值	目标	目标达成率	权重	达成值	目标	目标达成率	权重	达成值	目标	目标达成率	权重	综合值	排名
B	41万元	35万元	117%	40%	4.4	5	88%	30%	7.5%	5%	150%	20%	85%	80%	106%	10%	114%	1
F	36万元	35万元	103%	40%	3.6	5	72%	30%	6.0%	5%	120%	20%	72%	80%	90%	10%	96%	2
E	30万元	35万元	86%	40%	3.4	5	68%	30%	5.5%	5%	110%	20%	67%	80%	84%	10%	85%	3
D	28万元	35万元	80%	40%	3.8	5	76%	30%	4.5%	5%	90%	20%	71%	80%	89%	10%	82%	4
G	22万元	35万元	63%	40%	4.2	5	84%	30%	5.5%	5%	110%	20%	68%	80%	85%	10%	81%	5
H	25万元	35万元	71%	40%	3.6	5	72%	30%	4.0%	5%	80%	20%	72%	80%	90%	10%	75%	6
C	19万元	35万元	54%	40%	3.0	5	60%	30%	4.5%	5%	80%	20%	71%	80%	89%	10%	65%	7
A	15万元	35万元	43%	40%	2.6	5	52%	30%	3.5%	5%	70%	20%	75%	80%	94%	10%	56%	8
整体水平	27万元	35万元	77%	40%	3.6	5	72%	30%	5%	5%	100%	20%	73%	80%	91%	10%	82%	

按照上述方法，对表7-19中指标，开展聚焦管理，大致可以制定管理计划，见表7-20。

聚焦管理计划　　　　　　　　　　　　　　表7-20

店面类型	店面	综合值	综合值	管理方向
优秀	B	114%	打造标杆店面	目标达成超过100%，且是数据最好店面
优秀	F	96%	新房人均带看量	未达标数据中权重最大
中间	E	85%	新房人均带看量	达成率最低，且对于GMV达成有促进作用
中间	D	82%	新房人均带看量	达成率最低，且对于GMV达成有促进作用
中间	G	81%	人均GMV	达成率最低，且占比最大
靠后	H	75%	人均GMV、新房人均带看量	达成率低、占比大
靠后	C	65%	人均GMV、新房人均带看量	达成率低、占比大
靠后	A	56%	人均GMV、新房人均带看量	达成率低、占比大

10. 撰写关键指标数据分析报告

集成上述 2~9 内容，形成关键指标数据分析报告。

3.4 综合实训

1. 实训名称

门店数字化应用综合实训。

2. 实训内容

演练 1　门店数据分析；

演练 2　数据建模与门店数据化运营；

演练 3　关键指标数据分析。

3. 实训作业文件

门店数字化应用综合报告。

小结

　　数字化应用工作领域主要有 3 个工作任务。任务 1 "门店数据分析" 的任务是用户交互数据分析、门店业务数据分析、经纪人工作数据分析；根据任务内容设计了任务流程；根据任务流程逐步开展任务实施；介绍了必备的业务知识和必备的业务要领，并拓展了相关知识、技巧和经验。任务 2 "数据建模与门店数据化运营" 的任务是数据建模、分析数据找出问题、推进门店管理；根据任务内容设计了任务流程，开展任务实施，介绍了必备的业务知识和必备的业务要领，并拓展了相关知识、技巧和经验。任务 3 "关键指标数据分析" 的任务是数据收集处理、关键指标数据分析、聚焦管理指标，设计了任务流程，开展任务实施，介绍了必备的业务知识和必备的业务要领，并拓展了相关知识、技巧和经验。最后，安排了门店数字化应用综合实训，形成最终的门店数字化应用综合报告。

思考题

1. 如何进行门店数据分析？

2. 如何数据建模？

3. 开展门店数据化运营？

4. 如何进行关键指标数据分析？

08

工作领域 8　团队建设

 工作领域描述

　　团队建设可以大大提高房地产经纪业务效率和服务品质。人员招聘是确保房地产经纪业务持续不断的基础工作。人员合理培训、动态优化配置可以提高房地产交易服务质量。人员绩效管理，可以推进门店管理，提升房地产经纪服务水平和效率。所以，团队建设是房地产经纪服务人员的加油站，需要具备相应的工作技能。

 工作领域内容

　　1.人员招聘；

　　2.人员培训与配置；

　　3.人员绩效管理。

 工作技能要求

　　1.能够理解房地产经纪服务职业标准和工匠精神；

　　2.能够进行人员招聘；

　　3.能够进行人员培训；

　　4.能够进行人员配置；

　　5.能够进行人员绩效管理；

　　6.能够开展绩效测评；

　　7.能够撰写团队建设方案。

任务 1 人员招聘

1.1 任务分析

人员招聘任务内容主要有 2 项：

（1）人员面试；

（2）人员录用。

1.2 任务流程

人员招聘任务流程有 7 个步骤：

（1）工作准备；

（2）树立正确招聘观念；

（3）把握招聘的四个阶段和四个核心环节；

（4）选择招聘渠道；

（5）做好面试前的准备；

（6）按步骤开展面试；

（7）撰写人员招聘总结报告。

1.3 任务实施

1. 工作准备

（1）熟悉待招聘岗位情况；

（2）认识人才招聘的重要性：

1）新鲜血液的加入直接影响团队的氛围和日后组织的健康可持续发展；

2）持续的人员招聘，可以积蓄力量，为新团队打基础；

3）可以在团队人员晋升后，为原团队减少人员调动压力；

4）招聘人员的后果影响团队日后的效能、影响团队的稳定性和人员管理成本。

2. 树立正确招聘观念

（1）择优选材。

1）招聘标准。如图 8-1 所示，有硬性标准和能力素质，其中重点是：

①衣着整齐，形象气质好；

②善于沟通，爱学习；

③有服务意识，有进取心；

④不频繁跳槽。

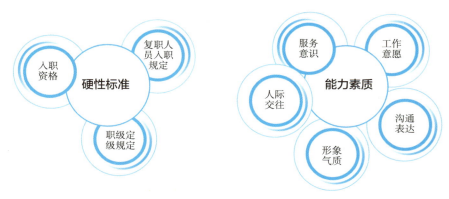

图 8-1　招聘标准

2）不可以根据自己的喜恶挑选人才。如：

①这个人和我挺聊得来，招进来吧；

②思维活跃的人不好管，这样的人不要；

③这个人是老乡，一定得招进来。

（2）宁缺毋滥。坚决抵制弄虚作假，欺骗和违反企业的价值观。拒绝以下应聘者：

1）不适合外勤工作者；

2）不适合服务客户者；

3）奇装异服，打扮举止异类；

4）过于娇气；

5）不注重自我形象。

（3）招聘工作要有规划。

1）门店新员工、老员工的配比平衡要恰当。保持老员工高比例，老员工业绩更好，如数据显示年度 1~10 月累积业绩前 50 的店面中经纪人平均在职时间 2~7 年。

2）升迁与淘汰同步并举。如年度 1~10 月累积业绩前 50 的店面中经纪人升级率保持 15% 以上。

（4）坚持持续招聘。

1）定完目标重复做，根据行业特性，门店的员工数量越多，门店业绩就越高；

2）招聘的过程是周而复始的过程，每天保持招聘为团队储备充足的人才。

（5）纠正招聘的误区。

1）过于激进。急于求成，想 1 个月招几十人；我就只招人不做其他管理工作。

2）不重视。喊着招聘却不行动；只做业绩不招聘等。

3）心态两极化。

①自大心态。夸大所聘岗位的作用。

②自卑心态。认为中介行业地位低，对求职者低姿态。

3. 把握招聘的 4 个阶段和 4 个核心环节

（1）人员招聘的 4 个阶段，如图 8-2 所示。从图 8-2 可以看出，人员招聘的最高境界是第四阶段。

图 8-2　人员招聘的 4 个阶段

（2）人员招聘是很复杂的工作，需要把握好 4 个核心环节。

1）招聘岗位需求分析。即决定招聘什么样的人？通过工作分析、编制各种岗位所需要的人员素质的说明书。

2）招聘渠道选择。即通过什么样的渠道招聘？可以通过网络、校招、店面、介绍等渠道招聘所需人才。

3）招聘环节设计。即通过什么样的环节开展招聘？可以设计正确的邀约、面试流程步骤来开展招聘。

4）招聘面试评估。招聘的过程是一个周而复始的过程，所以面试要总结，要评估得失，要不断改进，以提高后面的招聘效果。

4. 选择招聘渠道

房地产经纪人才招聘可供选择的招聘渠道有网络、校招、转介绍、门店等途径，如图 8-1 所示，各有其优缺点，需要加以分析来选择人员招聘渠道。房地产经纪行业现阶段招聘的主要对象是本科、专科毕业生，其中应届毕业生为主，目前招聘的大都是 00 后，他们的特点是先择业后就业。所以，从表 8-1 可以看出，房地产经纪人才招聘选择最合适的招聘渠道就是网络招聘和校园招聘，转介绍和门店招聘作为有益补充。

人员招聘渠道　　　　　　　　　　　　　　　　　　　　表 8-1

招聘渠道	优势	劣势
网络招聘	1. 方便快捷时效性强，可长期利用 2. 范围大，覆盖面广 3. 宣传力度强 4. 所需成本较少	1. 信息真实度较低 2. 信息处理难度大 3. 招聘成功率低
校园招聘	1. 招募人数较多 2. 学生认可度高 3. 信息真实度高 4. 学生选择面广	1. 维护周期长 2. 招聘短期成本较高 3. 受淡旺季影响大

续表

招聘渠道	优势	劣势
招聘会	1. 招聘经纪人最直接的方式 2. 直接和应聘者面对面交流	1. 人员匹配度较低 2. 成本较高
转介绍	1. 意向稳定入职率高 2. 成本低	需要人员基数大
门店	1. 意向稳定入职率高 2. 成本低	等待时间长
微信微博	1. 近几年比较流行的招聘渠道，信息传播速度快 2. 微信微博群体较大	对信息关注度较低
内部推荐	1. 内部员工对面试者会有一定的了解 2. 针对性也更强一些	1. 一般成功率较高 2. 稳定性最好

案例8-1 链家的人员招聘方法

链家的人员招聘有4个方向，其中转介绍贯穿始终。

（1）校招。

个人招聘方法：与校招HR一同进校并拜访相关老师，并与老师互换联系方式了解学生情况，进行渠道维护，形成人才输入渠道之一。

常规招聘方法：校招HR入校宣传并进行面试，用人部门也参与，参与面访、面试、人员挑选。

（2）网招。有两种主要方式：一是注册成为人才网站的会员，在人才网站上发布招聘信息，收集求职者资料，查询合适人才；一是在企业的网站上发布招聘信息，吸引人才。

（3）校招入职后转介绍。利用校招入职的人介绍其同学来应聘，相互信任度高，现身说法有说服力。

（4）同业人员跳槽。链家不吝啬岗位，持续跟进，给予行业内有竞争力的薪资及福利待遇。

5. 做好面试前的准备

（1）明确面试标准。主要看看应聘者能不能行，如形象礼仪、团队合作、分析思维、沟通协调、学习能力等；看看应聘者合不合适，如是否阳光、积极进取、踏实肯干、诚实可信、客户至上等；看看应聘者愿不愿意，动力适配性是否强。常用的面试标准，见表8-2。

常用的面试标准　　　　　　　　　　　　　　　表8-2

面试标准	行为拆解	行为事例
形象礼仪	五官端正，亲和礼貌，体态匀称	坐在椅子上，上体自然挺直，头正，表情自然亲切，目光柔和平视
团队合作	资源共享，求同存异，主动融入，大局意识	在他的学校经历或工作经历中，团队分工明确，资源信息能分享给大家，共同解决问题，最好有具体的事例
沟通表达	耐心倾听、及时反馈，逻辑清晰	能举出自己协调资源、说服别人统一意见的例子
阳光	阳光开朗，积极进取，抗压性强	在生活中遇到困难能够积极应对，不消极看待问题
价值观	有服务意识，诚实不夸大，守信用	即使遇到态度不好的客户，也能保持良好的服务态度
意愿	动力适配度问题	把销售作为工作选择之一，了解岗位的基本信息，对未来有明确的职业规划

（2）面试工具准备。面试工具有评分表、面试登记表、纸笔、有关信息表等。要提前阅览候选人简历信息，梳理准备问题，做充分准备。

（3）梳理准备面试问题。如通过工作经历、实习或兼职经历、参与或主导的项目、校园活动经历等梳理问题。

1）根据简历提前梳理问题，见表8-3。

根据简历梳理提问思路　　　　　　　　　　　　表8-3

简历提问点	提问思路
校园活动或学生干部经历	1. 参加了校园哪些活动 2. 是参与者还是组织者 3. 在活动中主要做些什么 4. 过程中有没有遇到困难 5. 结果如何，有什么收获 6. 参加了哪些实习或兼职 7. 什么时候去的
兼职或实习经历	1. 自己找的还是学校安排的 2. 在工作中自己主要都做些什么 3. 在工作过程中有哪些难点或创新点 4. 有何收获
过去的工作经历	1. 做什么样的工作 2. 职务是什么 3. 主要负责什么工作 4. 这些工作如何开展 5. 在工作过程中处理过什么样的问题，难点是什么 6. 结果如何 7. 为何离职
重大项目重要的工作事件	1. 项目或工作的目标是什么 2. 做了什么样的工作以达成这个目标，有何困难 3. 在达成目标的过程中个人起到了什么样的作用 4. 结果如何

2）分析简历漏洞。

①简历漏洞，主要有：

A. 时间空档；

B. 更换的工作没有任何相关性；

C. 简历填写留白多；

D. 字迹过于潦草。

②存在问题，主要有：

A. 岗位特性；

B. 隐瞒经历，了解不全；

C. 没有规划，不稳定；

D. 态度敷衍；

E. 做事不认真。

③弄清问题原因。通过后面多次提问，了解具体情况。

6. 按步骤开展面试

（1）阅读简历。认真阅读候选人的简历。

（2）面试开场白。如：您好，请坐。非常高兴您今天来参加我公司经纪人面试，先简单跟您介绍下面试的流程：

第一个环节，是1~2min的自我介绍；

第二个环节，我们会针对您的个人经历进行简单的提问；

第三个环节，是答疑环节。

（3）面试中答疑。应聘人员自我介绍（1~2min）后，进入面试官提问环节，根据Q&A情况和面试标准打分。面试中应用的方法：

1）STAR面试法。如图8-3所示。

问：请您描述一个您通过努力达成目标的例子？

图8-3　STAR面试法

反面回答描述案例：大一的时候想拿奖学金，通过努力学习，大二就拿到了。

正面回答描述案例：大一的时候，我没有拿到奖学金，看到有的同学拿到奖学金后的兴奋，我心里暗暗下定决心要在大二拿到奖学金。（ST– 背景任务）

为了实现这个目标，我付出了许多。上课时认真听讲，做好课堂笔记，课下认真做好老师布置的作业，有不懂的问题及时向老师和同学请教，考前做好复习。（A– 行动）

经过一年的努力，学习了经纪专业知识，并且在大二成功获得了奖学金。（R– 结果）

这个故事中，认真是自我管理技能，请教、获得是可迁移技能，经纪知识是专业技能。（分析）

2）万能提问技巧。一个问题 + 两个追问。

①有故事可讲：一个行为化问题 + 两个追问。

②没有故事可讲：一个情景化问题 + 两个追问。

3）面试 7 必问。见表 8–4。

面试7必问　　　　　　　　　　　　　　　表8–4

问题	序号	必问内容
针对所有人通用问题	1	为什么选择来我公司工作？
	2	你对这份工作的内容和工作时间有哪些了解？
	3	你对自己未来工作的规划是什么？
	4	最近在找哪些方面的工作？是否参加过面试？面试结果怎样？
针对应届毕业生	5	大学期间参加过哪些活动，担任角色是什么？遇到哪些困难？
	6	大学期间是否从事过兼职或实习工作？有哪些？你的收获是？
	7	为什么选择来本市发展？家人对于你在本市发展态度如何？
针对非应届毕业生	5	请介绍一下你上份工作主要负责的工作内容？
	6	你是怎么样开展工作的？过程中是否遇到困难？
	7	上一份工作的离职原因是什么？

4）面试中常问的三类问题。

①引导式问题：您觉得如果遇到一位态度不好的客户，我们是否依然应该保持良好的服务态度？

②理论式问题：您觉得做好销售应该具备哪些能力素质？

③行为事例问题：请您谈谈当时具体的情况是怎么样的？

5）采用 5W2H 追问技巧，见表 8–5。

（4）面试结束语。如：那么今天的面试就到这里了，感谢您的参加，我们会在 3 个工作日内通知您面试结果。如果您没有通过面试不是代表您不优秀，只是跟我们的

追问的5W2H　　　　　　　　　　　　　　　　　　　表8-5

内容	What	When	Where	Who	Why	How	How many/much
背景	发生了什么事情？	什么时候发生的？	发生在哪里？	谁做（负责）的？	为什么会发生？	—	—
任务	面临的任务什么？要解决的问题是什么？	—	—	—	—	—	—
行为	做了些什么？	什么时间开始/结束？	在哪里进行的？	哪些人参与了？你的角色是什么？	为什么要这么做？当时是怎么想的？	怎么做的？具体经过是怎样的？	花了多少钱？用了多长时间？
结果	—	—	—	—	—	结果如何？造成什么样的影响？	—

岗位匹配度不高，不要影响您之后找工作的信心。

（5）评价给出是否聘用结论。在面试评分表末位，记录完整的信息并进行评价，给出是否聘用结论。

7. 撰写人员招聘总结报告

集成上述 2~6 内容，形成人员招聘总结报告。

1.4　必备业务知识

1. 团队建设

（1）团队建设，是指为了实现团队绩效及产出最大化而进行的一系列结构设计及人员激励等团队优化行为。

（2）团队建设可以提升团队的快乐能量、向心力及更加优化的合作模式。团队建设得好坏，决定着一个企业后继发展是否有实力，是否有凝聚力和战斗力。

（3）团队建设内容。

1）建立共同的事业愿景。一个组织能否一起走得更远、更久，归结于这个团队是否有共同的愿景，也就是团队信念。团队信念是团队成员风雨同舟、上下同欲、取得胜利的前提。

2）确立团队发展目标。目标是有效的激励因素，是团队战胜困难、勇往直前的动力。要让每一个人看清团队的未来发展目标，让奋斗目标把人心统一起来。要确立团队销量目标、利润目标、品牌建设目标以及行业地位目标等，这个目标应该包括组织的长、中、短期目标，包括更小组织单位的阶段目标，比如每个门店、每个经纪人的目标。

3）拥有互补的团队成员。要想保证组织团队的有效有力，组织成员的组成非常关键，互补型的成员类型，才是"黏合"组织的基础。互补的团队成员包括团队成员的个性互补、能力互补，团队才能产生 1+1 大于 2 的效果。

4）建立合理的激励考核。人都有惰性，一个团队组织要想保持持久的动力与活力，就必须要引入竞争机制。同时，一个团队在从不稳定到稳定发展过程中，必须通过激励考核，优胜劣汰，奖优罚劣，来保持勃勃生机。

5）系统的学习提升。人最大的敌人就是自己，一个组织最大的敌人也是自己。当一个团队以经验作为工作的依靠时，这个组织就有可能陷入"经验主义"的怪圈，就有可能会陷入"僵化"甚至失败。一个组织要想保持基业长青，要想永葆青春活力，就必须要依靠系统的学习提升。

总之，团队建设是一个系统工程，不但包括选人、评人、育人，而且还包括如何使用人，以及如何增强组织凝聚力来留住人员。

2. 人员招聘

（1）人员招聘，是企业为了弥补岗位空缺，及时寻找、吸引并鼓励符合要求的人，到本企业中任职和工作的过程。它是人力资源管理的首要环节，是实现人力资源管理有效性的重要保证。

（2）人员招聘包括招聘准备、招聘实施和招聘评估三个阶段。招聘的实施阶段，主要包括招募、筛选（或称选拔、选择、挑选、甄选）、录用三个具体步骤。

1.5 必备业务要领

面试过程中的技巧：

面试技巧可以提高人员选拔的信度，从而提高招聘的效果。面试过程中的技巧包括：

（1）观察细节。面试环节是从求职者踏进公司的大门就已经开始了。在面试前要善于从细节去观察每个求职者在各个环节的表现。

1）面试前。观察在面试候试的人员中，是否有发布消极言论、抱怨等一些过激行为；跟周围的人谈话是否有礼貌和注意礼节，是否够谦卑。如果发现一来就发牢骚抱怨的，表示这个员工以后出现这种行为的几率会非常高，所以评分时要慎重备注清楚。

2）面试中。要注意求职人员的着装、礼仪；肢体语言，如：手姿、坐姿及小动作；表情、眼神及目光交流等。注意求职人员的服装搭配是否自然，衣领是否干净整洁，发型是否很整齐，皮鞋是否很光滑等，如果这些都不达标，就是一个自我管理非常差的求职人员，很难把经纪服务工作做得出色。

3）面试后。送出电梯，观察应聘者的交流。是否带走随时的垃圾，是否将桌椅推回原位等。

（2）仔细聆听。在面试的过程中：

1）多听，少说，按照7∶3原则。要让求职者多说，多从其发言中发现问题。

2）目光在适当区域活动，保持目光交流。

3）适当运用点头、微笑或用中性词语回应。

4）避免争论或抬扛。

5）注意把握与职位相关的敏感信息。要找出应聘者不连贯、冲突或不合理的答案；发现、评估符合拟聘职位所需的技能、素质项。

（3）善用提问。

1）行为事例问题。要求应聘者就行为表现提供具体的资料。代表词汇：如何……，怎么样……。例如：请您谈谈当时具体的情况是怎么样的？

2）引导式问题。使应聘者简单地通过是非判断或选择进行回答，或提供他认为面试官期望的答案。代表词汇：是否……，有没有……？例如：你是否擅长解决矛盾或冲突，有没有相关经历？

3）理论式问题。只能获取理论、意见或一般性的行为。代表词汇：一般说来……，大多数会……，你会怎样……？具体要提问什么问题，要以具体情况分析，目的只有一个，了解到应聘人员更多的信息。例如：你会怎样对付难以管理的员工？

4）提问的注意事项：

①多应用开放式问题，慎用假设性问题；

②先易后难，循序渐进；

③提问时注意以中性立场，避免争论；

④注意把握敏感点；

⑤善于运用正反问题；

⑥善于运用沉默；

⑦把握脉络，由大至小，逐步分析实证。在问题没有得到澄清前，不要轻易放弃。

（4）刨根问底。把握追问的时机，只要无法根据当前所获得的信息对应聘者的能力素质作出判断时，就有必要进行追问。

1）详细了解事情的细节，直至脑中可以描绘出应聘者当时面临问题的整个景象。学会换位思考，他工作中发生了什么事？为什么没做成？必须弄明白为什么那样处理问题？

2）充满好奇地问"什么""如何""告诉我更多"。如：接下来呢？后来呢？再给我讲讲？

1.6　任务拓展

贝壳公司与人才共拓有关"住"的未来。

贝壳公司注重对专业人才的培养和激发个人潜质，为优秀人才提供广阔的职业成长机会，共拓有关"住"的未来。

（1）面向平台（产研／运营）：用技术赋能产业，前沿科技引领产业，成就未来。

（2）面向行业（城市／经纪人）：以成熟的经验与洞见不断改变，规则化促品质，推进行业成长。

（3）面向社会（用户／学生）：打造好房好服务，重塑体验，引领新居住，新进程充满机遇和挑战。

任务 2　人员培训与配置

2.1　任务分析

人员培训与配置任务内容主要有 2 项：

（1）人员培训；

（2）人员配置。

2.2　任务流程

人员培训与配置任务流程有 7 个步骤：

（1）工作准备；

（2）人员培训；

（3）遵循人员配置原理；

（4）掌握人员配置原则；

（5）动态开展人员配置；

（6）用好人员配置技巧；

（7）撰写人员培训与配置总结报告。

2.3　任务实施

1. 工作准备

（1）熟悉组织结构和待招聘岗位情况；

（2）人员招聘总结报告。

2. 人员培训

（1）团队人员培训。采用师徒带教的方法。

阶段一：工作认知期（在职 0~0.5 个月）。员工进公司 2 周内离职，与工作认知有关。

阶段二：资源积累期（在职 0.5~3 个月）。新员工入职前 3 个月各项资源逐步增长，3 个月之后逐步稳定。

阶段三：厚积薄发期（在职 3~6 个月）。新员工入职前 6 个月业绩逐步增长，6 个月之后趋于稳定；新员工离职率前六月逐步增高，之后逐步降低。

（2）阶段一带教。

1）设定成长计划。工作项为入职 0~0.5 个月新员工应快速掌握的基础技能。

2）言传身教。师傅带着新员工做，传递做事的方法和态度。

3）通关培训。通关保证技能，培训传递知识。

案例 8-2　帮助信任设定成长计划

工作项——跑盘。

工作项明细：

（1）明确跑盘范围；

（2）掌握楼盘信息；

（3）熟悉商圈六要素；

（4）认识店面及同事。

带教动作：

（1）陪同跑盘（0.5 天）

（2）跑盘分享

考核方法：

（1）手绘商圈图

（2）跑盘通关

（3）阶段二带教。进行量化管理。

1）设定量化目标。根据新员工所处阶段、掌握程度；参照当前市场情况，聚焦关键业务动作。

2）进行过程管控。过程中教方法，查进度，促完成。

3）结果考核。考核新员工量化完成度；设定下一步量化目标。

案例8-3　链家量化管理

卢××，今年21岁，通过校园招聘入职链家，现已在链家××店工作2个月。师傅张××，入职链家两年半，精英社成员。

师傅给卢××设定了每天的量化目标，并在晚上下班前检查当日的量化完成情况。

刚开始，卢××能顺利完成师傅设定的量化目标，师傅设定的量化目标也随着卢××的成长慢慢加大，过了段时间后，师傅发现卢××没有起初那股冲劲儿了，晚上检查量化的时候发现经常完不成。

师傅经过观察发现卢××工作时容易懈怠，虽然朝着每天的量化目标去做，但计划不强，经常到了快下班的时候才发现今天的量化又无法完成。

于是，师傅将卢××的每日量化进行了拆解，分成了四个时间段（上午9：30—12：00；12：00—15：00；15：00—17：00；17：00—下班），并分别在上午12点、下午3点、下午5点、下班前四个时间点检查他量化的完成情况并及时督促。

这样一来，卢××的当日量化在当日下班前均能如期完成。

问题：

当新员工没有完成当日量化目标时你是怎么做的？

你认为师傅哪些方面值得你去学习？

结合量化管理三步走方法，写出师傅带教的关键动作。

（4）阶段三带教。跟好新员工第一单。

1）控好时效。帮新员工列流程表，包含后续服务时效，关键时间节点。

2）跟好后续。适时提醒业务进程；告知新员工准备备件并讲解备件何用；跟新员工一起跑后续。

3）防好风险。查备件；盯过程；控突发。

3. 遵循人员配置原理

人员配置是为了物色合适的人选，促进组织结构功能的有效发挥，充分开发组织的人力资源，保证组织活动的正常进行，进而实现组织的既定目标。人员配置要遵循3个原理：

（1）能级层序原理。人的能力是有差别的，因而在进行人力资源配置时要根据能力强弱分配不同的工作，在同一组织中给予不同的职务与权力，这既能发挥个人作用，又能使组织内部容易协调。这是人力资源配置的基本原理。

（2）同素异构原理。同样数量的人，用不同的组合办法，可以产生不同的结果，是组织设计与进行人员配置时必须遵循的重要原理。要将适合的人安排在适合的岗位上，这在招聘期间与考察期间都要注意到。

（3）适应原理。人与事之间适应是相对的，不适应是绝对的，要实行动态平衡，不断调整人的岗位。

4. 掌握人员配置原则

（1）经济效益原则。人员配置计划的拟定要以组织需要为依据，以保证经济效益的提高为前提。它既不是盲目地扩大员工队伍，更不是单纯为了解决人员就业，而是为了保证组织效益的提高。

（2）因事择人原则。因事择人就是员工的选聘应以职位的空缺和实际工作的需要为出发点，以职位对人员的实际要求为标准，选拔、录用各类人员。

（3）量才使用原则。量才使用就是根据每个人的能力大小来安排合适的岗位。人的差异是客观存在的，一个人只有处在最能发挥其才能的岗位上，才能干得最好。

（4）任人唯贤原则。在人员选聘方面，要大公无私、实事求是地发现人才，爱护人才。本着求贤若渴的精神，重视和使用确有真才实学的人。这是组织不断发展壮大、走向成功的关键。

（5）程序化原则。员工的配置必须遵循一定的标准和程序。科学合理地制定员工的选拔标准和聘任程序是组织聘任优秀人才的重要保证。只有严格按照规定的程序和标准办事，才能选聘到真正愿为组织的发展作出贡献的人才。

5. 动态开展人员配置

根据员工与岗位的对应关系进行人员配置。主要程序为：

（1）制订用人计划。使用人计划的数量、层次和结构符合组织的目标任务和组织机构设置的要求。组织目标需要配备合格的人员来实现，人员的配备还需要有科学的人力资源规划。人员规划将预测组织的人员需求和可能的供给，确保组织在需要的时间和岗位上获得所需的人员，在实现组织发展战略的同时，保证员工个人的利益。

（2）工作分析。组织仅有人员规划是不够的，还需要对这组织所设的岗位进行工作分析，形成规范的职务说明书。职务说明书通常由职位工作任务、职责及任职资格条件等组成。

（3）确定人员的来源。即确定是从外部招聘，还是从内部重新调配人员。

（4）人员测评招聘。进行工作分析后，基本可以确定岗位对人员在知识、技能、个性等方面的要求。在人员选拔时，配合适当的人员测评的指标，并选用相应的测量工具，对求职者根据岗位标准要求进行考查，所进行的科学的人员测评可以容易地了解他（她）是否能胜任该职位，确定备选人员，为人员合理配置提供最直接的依据。

（5）合理配置。进行了工作分析与人员测评后，就要对从组织内部或外部招聘来的人员进行合理配置，将合适的人员安置在合适的岗位上，达到个人与岗位匹配。实际上，个人与岗位匹配包含着两层意思。一是岗位要求与个人素质要匹配；二是工作的报酬与个人的动力要匹配。确定人选后，必要时进行上岗前培训，以确保能适用于组织需要。

（6）动态优化配置。通过内、外部招聘手段引进人员进行合理有效配置的同时，还必须对员工的业绩进行考评，并据此决定员工的续聘、调动、升迁、降职、轮换或解雇，实现对组织人员的动态优化配置。因为随着组织内外环境的变化，岗位的任职资格势必会有新的要求，而随着时间的推移，在该岗位上工作的人，也可能变得不再适合这个工作岗位的要求，或其能力已远远超出该岗位的要求。因此，有必要重新进行工作分析与人员测评，对岗位责任、岗位要求及现有人员的知识、技能、能力等进行重新定位。因此，组织应跟踪企业内外环境的变化，及时更新工作分析文件，对岗位与人员应有全面、正确的了解，这样才有可能使企业整体的人员达到优化配置。

6. 用好人员配置技巧

房地产经纪企业人力资源有其特性，主要体现在人员流动性大、工作挑战性强、业务风险大、要求素质高、业绩不稳定。人力资源配置技巧有：

（1）保证每个岗位的人员都具有适当的任职资格。对每一位员工按照有关标准进行能力评估，衡量其是否能够成为优秀的房地产经纪人，包括职业道德、心理素质、礼仪修养、知识结构和职业技能等。

（2）注意对员工进行岗位中的再学习和再培训。为员工提供提高业务能力的机会，保持公司经营业绩的上升和团队的稳定。要通过讲授、案例讨论、实战模拟3种主要方法对员工进行训练，一般在训练中主要涵盖产品知识、市场知识、公司政策及营业方针、营销技巧等方面的知识技能。

（3）不要姑息员工一些细小的违规行为。发现问题及时处理，如调动、降职、轮换或解雇。

（4）组织的高层管理者要以身作则，发挥其岗位上应有的应用，体现人岗相适。

（5）控制好一些关键岗位。根据评估情况，把有能力、有潜力的员工安排在合适的关键岗位上。

（6）职业生涯设计与激励。指导员工实现组织的及其个人的各阶段目标和总体目标。对每位员工进行职业生涯设计，并给予适当激励，建立激励机制。激励手段一般采用：

1）高薪金的奖励来激励员工；

2）员工尊重；

3）安排合适岗位；

4）关注员工的需求并尽量满足，如训练计划、业绩目标；

5）员工参与企业重要业务或活动；

6）上级主管的领导。

7. 撰写人员培训与配置总结报告

集成上述 2~6 内容，形成人员培训与配置总结报告。

2.4　必备业务知识

人员配置：

（1）人员配置，指人力资源管理部门按各岗位的任务要求，采用科学的方法，将其招聘的员工分配到企业的具体岗位上，给予员工不同的岗位，赋予他们具体的职责、权力，使他们进入工作角色的过程。

（2）人员配置目的。岗得其人，人得其位，适才适所。

（3）人员配置的意义。实现人力资源与其他物力、财力资源的有效结合，实现企业生产经营目标，实现组织发展目标。

2.5　必备业务要领

个人与组织发展的匹配：

（1）个人与组织发展相匹配。

1）个人的价值观与组织所奉行的价值观相一致，而不是偏差过大甚至相悖；

2）个人与同事要易于形成强有力的工作团队，而不是一群个人与岗位相匹配的人简单地共同工作。不同个性的人或相同个性的人共同工作，工作成效是不同的，所以，需要进行合理的人员匹配。

（2）物色合适的人选。组织各部门是在任务分工基础上设置的，因而不同的部门有不同的任务和不同的工作性质，必然要求具有不同的知识结构和水平、不同的能力结构和水平的人与之相匹配。人员配备的首要任务就是根据岗位工作需要，经过严格的考查和科学的论证，找出或培训为组织发展所需的各类人员。

（3）促进组织结构功能有效发挥。要使职务安排和设计的目标得以实现，让组织结构真正成为凝聚各方面力量，保证组织管理系统正常运行的有力手段，必须把具备不同素质、能力和特长的人员分别安排在适当的岗位上。只有使人员配备尽量适应各类职务的性质要求，从而使各职务应承担的职责得到充分履行，组织设计的要求才能实现，组织结构的功能才能发挥出来。

（4）充分开发组织的人力资源。组织之间的竞争的成败取决于人力资源的开发程度。在管理过程中，通过适当选拔、配置和使用、培训人员，可以充分挖掘每个成员的内在潜力，实现人员与工作任务的协调匹配，做到人尽其才，才尽其用，从而使人力资源得到高度开发。

2.6　任务拓展

人员不足与人员过剩：

（1）人员不足与人员过剩。如果一个组织中的成员数量低于最小维持量，则其中的部分乃至全部成员必须承担过多的角色责任，这样才能维持组织的存在，这种情况被定义为人员不足。反之则被称为人员过剩。

（2）人员配备适当。若是成员数量介于最小维持量与容量之前的话，则称为"人员配备适当"。

（3）人员不足坏处多。一旦出现人员配备不足的情况，就会引发一系列问题。人员配备过少，成员首先要承担更多的任务和责任，进而他们需要加倍努力才能维持组织的正常运行。然而，与一个配备适当的组织的成员相比，他们在任何一项工作上的最佳绩效肯定存在相当大的差距。同时，他们的工作标准也会随之降低，成员之间的外在差异也会大受忽略。但在配备适当的组织中，成员间的差别则会被高度重视，来作为分配合适工作的依据。每个处于人员配置不足组织中的成员都将拥有更高的价值、承担更多的责任并进行更为丰富、更有意义的交流。由于在人员配置不足的组织中，个体享受成功或遭受失败的概率都会更大一些，因而与人员配置适当组织相比，人员不足的组织更容易令人感到不安全。

（4）克服人员过剩。人员过剩问题则要求出台相应的措施，以便应付更多的申请者。一个明确的解决方法是增加组织容量。另一个恰当的措施是控制进入组织的人数，这可通过严格的入场限制或是一系列的筛选过程来实现。另外，规章制度也有助于限制和管理处于这些组织中的人员。

任务 3　人员绩效管理

3.1　任务分析

人员绩效管理任务内容主要有 4 项：

（1）加强团队建设提升绩效；

（2）开展绩效考评；

（3）人才盘点；

（4）开展中层管理者的 360 度测评。

3.2　任务流程

人员绩效管理任务流程有 11 个步骤：

（1）工作准备；

（2）建立绩效管理流程体系；

（3）加强团队建设提升绩效；

（4）开展绩效考评——选取考评内容编写考评题目；

（5）开展绩效考评——选择考评方法；

（6）开展绩效考评——制定考评制度明确考评体系标准；

（7）开展绩效考评——按考评流程实施绩效考评；

（8）开展绩效考评——运用绩效考核结果发挥应有作用；

（9）人才盘点；

（10）开展中层管理者的 360 度测评；

（11）撰写人员绩效管理报告。

3.3　任务实施

1. 工作准备

（1）熟悉组织结构和岗位情况；

（2）人员招聘总结报告、人员培训与配置总结报告。

2. 建立绩效管理流程体系

根据企业情况建立绩效管理流程体系，如图 8-4 所示。

（1）绩效计划。制定工作目标；制定考核指标。

（2）绩效辅导。目标回顾辅导；制定改进计划或者调整目标。

（3）绩效评价。业绩评价；绩效面谈。

图8-4 绩效管理流程体系

（4）绩效激励。薪酬发放、提出晋升、员工发展、绩效改善。

3. 加强团队建设提升绩效

（1）保持团队适当人员规模，提升市场占有率。规模、人员对提升市场占有率有很大影响，见式（8-1）。

$$市场占有率 = 规模 \times 人员效率式 \tag{8-1}$$

从公式可以看出，如果一个经纪门店的团队力量雄厚，即规模比较大、人员效率比较高，那么，门店就会有更多的房源、更多的成交，如图8-5所示，从而赢得更好的团队绩效。

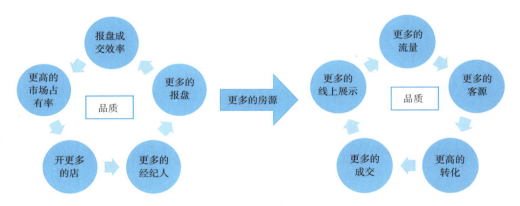

图8-5 更大的规模产生更多的成交提升市场占有率

案例8-4　××项目从0到1，带领团队把市场占有率从19%提升到85%的经验

分析××项目的业主和物业。这个楼盘外地人落户北京购买的比较多，小区自住率偏高。整体的盘中客的换手是非常高的，能达到30%，并且这个盘对于经纪人的

努力的认可程度非常高。

最初状况是业主不愿与经纪人接触。经纪人应对政策是与业主增加交互，开展便民服务：

（1）潜移默化人对楼的开发；

（2）搬东西、买电、燃气、收快递、定保洁、提供会议室等服务；

（3）每天下午5~7点，开展社区活动；

（4）节假日的礼物赠送，如六一儿童节、端午节等。

通过增加自己服务的机会，跟业主接触；不功利，持续地经营，不求回报；当这套房想卖想换时，经纪人一定能得到一手信息。

这个楼盘见证了门店从0到1的发展成长，最初，一个人没有。不久开始建立店面招聘、培养经纪人，目前成长为有34名经纪人的店面，团队业绩在公司名列前茅。

（2）通过培养人提升绩效。培养人等于做业绩。

1）提供经纪人发展方向。经纪人有两个发展方向：

①经纪人—店经理—MVP俱乐部成员—商圈经理—营销总监—城市分公司总经理；

②经纪人—职能专员—职能主管—部门经理—中心总监—副总裁。

2）根据其选择的发展方向做职业生涯的牵引。通过未来职业规划，达到标杆牵引的目的，让每个人都清楚"我想成为什么样的人？"。总监和商圈经理作为人员培养的领导者，对经纪人职业生涯的牵引非常重要。

3）开展系统化的培训，包括新员工入职培训、衔接培训以及进阶培训。使每个阶段都有这种系统化的培训，经纪人有时间去学习，自我丰富。

4）利用微信做好带教提升绩效。

①新员工培养方式。带教为主，带教十六字"我做你看，我说你听，你说我听，你做我看"。

②建立业务沟通微信群。提供一个场所，让所有的新员工能在这一个场所里面一起去学习，一起进步，然后再定期去定制相关的课程。相关的课程就是从讲盘通关总结，到面对面标杆分享等，去牵引经纪人进行职业生涯的规划。

A. 参与看，参与听。A0级新员工加入A4、A5级人员业务沟通群；

B. A0新员工参与讨论，领导者倾听并记录新员工发言，并在会后与新员工复盘；

C. 领导者与A4、A5退群，由新员工自主管控整个流程。

③标杆牵引、善用榜样的力量。比如说当市场比较快的时候，让经纪人去看更高

的标杆，如经纪人刘××用一年时间进入亿元业绩俱乐部。比如市场变慢，分享怎样面对 7 个月没有开买卖单的心路历程。根据不同的市场，进行不同的分享。

5）培养商圈经理（店经理）带领团队做业绩。

①商圈经理（店经理）培养。

A. 放权，让商圈经理或者店经理去承担更多职责；

B. 以团队去考核；

C. 以身作则，成为商圈经理（店经理）之后需要怎样做；

D. 正负激励，通过每个月 PK 赛成绩，决定是团队出游正激励，还是打扫卫生负激励等；

E. 情商座谈，采用 A 对 M 打分与 M 分业绩告知 A；

F. 单边比管理，房源端不低于 2 边，客源端不低于 3 边。

②带领团队做业绩。

A. 贯彻合作出业绩，不同店面，相邻大区，协同合作。

B. 明确合作规则。包括房的规则、撞户规则、单边比规则。如房的规则（组对盘、人对楼）是，甲乙丙丁四组分别负责对应的楼盘，各组成员对应负责各幢楼，明确划分一一对应。再如撞户规则是，不同店面的经纪人撞单，报单后两边按比例分业绩，协同合作提高签单可能性，提升客户好感度，同行融洽度高，创造良好的工作环境。

C. 学会"让"。营造一个"让"合作的氛围，实现 1+1>2，非零和博弈；确定一个"让"的程度，规则以内可以让，规则以外不能让。

D. 商圈经理（店经理）以身作则。各区域负责人协商，自上而下以身作则。

4. 开展绩效考评——选取考评内容编写考评题目

（1）选取考评内容的原则。以岗位的工作职责为基础来确定考评内容，要遵循 3 个原则：

1）与企业文化和管理理念相一致。考评内容是对员工工作行为、态度、业绩等方面的要求和目标，它是员工行为的导向，是企业组织文化和管理理念的具体化和形象化。在考评内容中必须明确企业在鼓励什么，在反对什么，给员工以正确的指引。

2）要有侧重。考评内容不可能涵盖该岗位上所有工作内容，考评内容应选择岗位工作的主要内容进行考评，不要面面俱到。这些主要内容实际上已经占据了员工80% 的工作精力和时间。另外，对难于考核的内容也要谨慎选择，认真分析它的可操作性及其在岗位整体工作中的作用。

3）不考评无关内容。比如说员工的生活习惯、行为举止、个人癖好等内容，都不宜作为考评内容出现，如果这些内容妨碍到工作，其结果自然会影响到相关工作的考评成绩。

（2）对考评内容进行分类。为了使绩效考评更具有可靠性和可操作性，应该在岗位分析的基础上，根据企业管理特点和实际情况，对考评内容进行分类。比如将考评内容分为重要任务、日常工作和工作态度3个方面。

1）重要任务考评，是指在考评期内被考评人的关键工作，往往列举1~3项最关键的即可，如对于销售人员可以是考评期的销售业绩。重要任务考核具有目标管理考核的性质。对于没有关键工作的员工，则不进行重要任务的考评。

2）日常工作考评。一般以岗位职责的内容为准，如果岗位职责内容过杂，可以仅选取重要项目考评。它具有考评工作过程的性质。

3）工作态度考评。可选取对工作能够产生影响的个人态度，如协作精神、工作热情、礼貌程度等等，对于不同岗位的考评有不同的侧重。比如，"工作热情"是行政人员的一个重要指标，而"工作细致"可能更适合财务人员。另外，一些纯粹的个人生活习惯等与工作无关的内容不要列入"工作态度"的考评内容。

（3）编写考评题目。

1）题目内容要客观明确，语句要通顺流畅、简单明了，不会产生歧义；

2）每个题目都要有准确的定位，题目与题目之间不要有交叉内容，同时也不应该有遗漏；

3）题目数量不宜过多。

（4）制定考评尺度。

1）一般使用五类标准。即：极差、较差、一般、良好、优秀。

2）也可以使用分数。如0~100分，100分是最高分。对于不同的项目根据重要性的不同，需使用不同的分数区间；使用五类标准考评时，在计算总成绩时也要使用不同的权重。

5. 开展绩效考评——选择考评方法

可供选择的考评方法有10余种：

（1）等级评估法，是绩效考评中常用的一种方法。根据工作分析，将被考评岗位的工作内容划分为几个模块，用明确的语言描述完成该模块工作需要达到的工作标准。同时，将标准分为几个等级选项，如"优、良、合格、基本合格、不合格"等，考评人根据被考评人的实际工作表现，对每个模块的完成情况进行评估。总成绩便为该员工的考评成绩。

（2）目标考评法，是根据被考评人完成工作目标的情况进行考核的一种绩效考评方式。在开始工作之前，或在一个考评周期前，考评人和被考评人对需要完成的工作内容、任务名称、任务描述、任务工作量、时间期限、考评的标准达成一致。在时间期限结束时，考评人根据被考评人的工作状况及原先制定的考评标准来进行考评。目标考评法适合于企业中试行目标管理的项目。

（3）序列比较法，是对相同职务员工进行考核的一种方法。在考评之前，确定要考评的模块，但是不确定要达到的工作标准。将相同职务的所有员工在同一考评模块中进行比较，根据他们的工作状况按从好到差进行排序，工作较好的排名在前序号小，工作较差的排名在后序号大。最后，将每位员工几个模块的排序号数字相加，就是该员工的考评结果。总数越小，绩效考评成绩越好，总数越大，绩效考评成绩越差。

（4）相对比较法，与序列比较法相仿，也是对相同职务员工进行考核的一种方法。但不同的是，它是对员工进行两两比较，任何两位员工都要进行一次比较，工作较好的员工记"1"，工作较差的员工记"0"。所有的员工相互比较完毕后，将每个人的成绩相加，总数越大，绩效考评的成绩越好。相对比较法每次比较的员工不宜过多，范围在5~10人即可。

（5）小组评价法，是指由两名以上熟悉该员工工作的经理或主管，组成评价小组进行绩效考评的方法。该方法操作简单，省时省力，但容易使评价标准模糊，主观性强。为了提高评价的可靠性，在小组评价之前，应该向员工公布考评的内容、依据和标准，在评价结束后，要向员工讲明评价的结果。使用小组评价法最好和员工个人评价结合进行，当小组评价和个人评价结果差距较大时，评价小组成员应该首先了解员工的具体工作表现和工作业绩，然后再做出评价决定。

（6）重要事件法，考评人平时注意收集被考评人的重要事件，这里的重要事件是指被考评人的优秀表现和不良表现。对这些表现要形成书面记录。对普通的工作行为则不必进行记录。根据这些书面记录进行整理和分析，最终形成考评结果。该考评方法一般和其他考评方法组合使用，不单独使用。

（7）评语法，也叫书面评价法，是指由考评人撰写一段评语来对被考评人进行评价的一种方法。评语的内容包括被考评人的工作业绩、工作表现、优缺点和需努力的方向。评语法在我国应用得非常广泛，但该考评方法主观性强，也不要单独使用。评语法的评语一般由上级作为考评人撰写，不适宜由人力资源部门统一撰写。

（8）强制比例法，在考评分布中，可以强制规定优秀人员的人数和不合格人员的人数。根据正态分布原理，优秀的员工和不合格的员工的比例应该基本相同，大部分员工应该属于工作表现一般的员工。如优秀员工和不合格员工的比例均占15%，其他70%属于普通员工。强制比例法适合相同职务员工较多的情况，可以有效地避免由于考评人的个人因素而产生的考评误差。

（9）情境模拟法，是一种模拟工作考评方法。它要求员工在评价小组人员面前完成类似于实际工作中可能遇到的任务或项目，评价小组根据任务或项目完成情况对被考评人的工作能力进行考评。这是一种针对工作潜力的考评方法。

（10）多主体法，即考评不是由单一的考评小组完成，有多主体参与考评，如自评、互评与上级考评。

1）自评，即被考评人的自我考评，考评结果一般不计入考评成绩，但它的作用十分重要。自评是被考评人对自己的主观认识，它往往与客观的考评结果有所差别。考评人通过自评结果，可以了解被考评人的真实想法，为考评沟通做了准备。另外，在自评结果中，考评人可能还会发现一些自己忽略的事情，这有利于更客观地进行考评。

2）互评，是员工之间相互考评。互评适合于主观性评价，比如"工作态度"部分的考评。互评的优点在于员工之间能够比较真实的了解相互的工作态度，并且由多人同时评价，往往能更加准确的反映客观情况，防止主观性误差。另外，互评时不署名，不公布互评细节，可以减少员工之间的相互猜疑。

3）上级考评，即考评人是被考评人的直接上级或管理者。上级考评适合于考评"重要工作"和"日常工作"部分。

（11）综合法，就是采用多种方式进行考评，根据考评内容的不同将各类绩效考评的方法进行综合运用，以提高绩效考评结果的客观性、准确度和可信度。在实际工作中，很少有企业使用单独一种考评方法来实施绩效考评工作。比如，企业可以安排直接上级考评直接下属的"重要工作"和"日常工作"部分，同事之间对"工作态度"部分进行互评。另外，还可以让员工对"日常工作"和"工作态度"部分进行自评，让考评人了解被考评人的自我评价，以便找出自我评价和企业评价之间的差距，这个差距可能就是被考评者需要改进的地方。这些资料可以为后面进行的考评沟通提供有益的帮助。

6. 开展绩效考评——制定考评制度明确考评体系标准

（1）制定考评制度。在完成考评内容选取、考评题目编写、考评方法选择及其他一些相关工作之后，就可以将这些工作成果汇总在一起，来制定绩效考评制度，该制度是绩效考评的政策文件。有了绩效考评制度，就代表着企业的绩效考评体系已经建立。绩效考评制度包括考评的目的和用途、考评的原则、考评的一般程序等内容。

（2）建立考评体系

1）构建绩效考评体系的路径

明确战略—分解重点工作—分解关键因素—绘制战略地图—将关键因素转化为绩

效指标—明确部门使命—落实公司及各部门指标—指标要素设计。

2）建立有效的考评体系

①在绩效管理及实施绩效考评时，以制度化为保障，把考评建立在公开性与开放式的基础上；

②通过职位分析和岗位描述，确定对员工的期望和要求，制定出现实和客观的绩效考评标准；

③通过绩效管理的公开化，达成上下级之间的直接对话，并将技能开发与员工发展的要求融入考评体系中；

④引入自我评价的申报机制，对客观的工作绩效评价做出必要补充；

⑤及时沟通反馈绩效管理结果，对不足之处，及时寻找出处加以纠正和改进；

⑥通过绩效管理定期化和制度化，作出对员工能力、绩效态度的评鉴，以把握现在和继续努力的方向；

⑦为达成绩效管理信息的可靠性和准确性，会运用信度和效度测试，检验与保证信息来源评价的符合性；

⑧绩效管理方案的制定，要建立在现有的资源、技术、期望、目标与对象、范围综合分析基础上；

⑨在实施绩效管理活动前，要进行必要的考评工具和方法调试，以适合各个部门和岗位人员素质的特点和要求。

（3）明确考评标准。考评标准是实施有效评价的首要前提，如对销售岗位来说，是评价销售业绩的基本依据。它主要包括销售人员应该完成销售目标的数量、质量和时限要求，以及进行考评选取的评价尺度等。要科学制定考评标准：

1）考评的项目名称、计量单位、成绩计算方法应与考核目标（如销售目标体系）相一致，以避免混乱。

2）评级尺度要明确。考评内容能够量化的尽可能做到量化，让考评人能够更加准确地进行考评。如对销售人员而言，企业对他做的事情抱有期望和要求。这种期望大致包括对工作成绩的期望和对能力水平的期望。前者是职务标准，是考评业绩的尺度；后者是职能条件，是考评工作能力的标准。这两种标准都要依据销售人员的工作性质和职能资格等级来加以科学制定。

3）制定各种考评标准时，要让被考评者也参与考评标准的制定，这样才能做到客观公正。

4）选择绝对考评标准。尽可能让同一考评人对相同职务的员工进行考评，这样员工之间的考评结果就有了可比性。不同职务员工的考评结果不宜进行比较，因为不同职务员工的考评人不同，比较意义不大。

5）完整的信息。这些信息必须能够全面、准确地反映实际状况与预定标准之间的差异程度。信息不完整，就不能形成有效的绩效考评。如销售信息主要来源于销售报表、销售发票、销售访问记录、销售费用账单等。要建立起完善的信息系统，科学地处理各类数据，以得出正确的考评结论。

7. 开展绩效考评——按考评流程实施绩效考评

（1）人力资源部负责编制考评实施方案、设计考评工具、拟定考评计划、对各级考评者进行培训，并提出处理考评结果的措施建议，供考评委员会决策。

（2）各级各部门主管，组织员工撰写述职报告并进行自评。

（3）所有员工对本人在考评期间内的工作业绩及行为表现，含工作态度、工作能力，进行总结，核心是对照自己的岗位职责和目标要求进行自我评价。

（4）部门主管根据受评人工作目标完成程度、管理日志记录、考勤记录、统计资料、个人述职等，在对受评人各方面表现充分了解的基础上，进行客观、公正的考核评价，并指出期望或工作建议，交部门上级主管审核。

（5）与下属进行绩效面谈。当直接主管和员工就绩效考核初步结果谈话结束后，员工可以保留自己的意见，员工若对自己的考评结果有疑问，有权向上级主管或考评委进行反映或申诉。

（6）人力资源部负责收集、汇总所有考评结果，编制考评结果一览表，报公司考评委员会审核。

（7）考评委员会听取各部门汇报，进行讨论和平衡，纠正考评中的偏差，确定最后的评价结果。

（8）人力资源部负责整理最终考评结果，进行结果奖罚兑现，分类建立员工绩效考评档案。

（9）各部门主管就绩效考评的最终结果与下属面谈沟通，肯定受评人的优点所在，同时指出有待改进的问题和方向，双方共同制定可行的团队绩效改进计划和个人发展计划，提高个人及团队绩效。

（10）人力资源部对本次绩效考评成效进行总结分析，并提出新的绩效考评改进意见和方案，规划新的人力资源发展计划。

8. 开展绩效考评——运用绩效考核结果发挥应有作用

（1）绩效考核结果运用

1）根据绩效考核结果给被考核者评出等级，例如 S、A、B、C、D 等，兑现相应的待遇。

2）根据绩效考核结果给被考核者排出名次，奖励先进，鞭策落后。

3）根据绩效考核结果，对照考核期初制定的目标标准对被考核组进行评价，据此决定是否提拔、降级、转岗、培训留用、淘汰等。

（2）发挥绩效评估作用

1）为最佳决策提供重要的参考依据；

2）为组织发展提供重要的人才支持；

3）为员工提供有益的"镜子"；

4）为确定员工的工作报酬提供依据；

5）为员工潜能的评价以及相关的人事调整提供依据。

9. 人才盘点

很多行业竞争的本质都是人的竞争，房地产经纪行业也是如此。因此人才盘点对管理者非常有必要，可以找出哪些人员是正在成长需要重点关注，哪些效率过低是需要淘汰的。人员管理的核心是选育用留，重点在于人员分类管理。人力资源领域提供了很多人才盘点的理论和模型，人才盘点九宫格是比较常用的人才盘点工具。

（1）运用绩效和能力这两个维度建立的九宫格，称之为"经典九宫格"，如图8-6所示。企业在进行人才盘点时经常使用，它将人才过去和现在的表现结合起来，推测人才的未来发展。

（2）利用绩效和潜力这两个维度，适用于企业业绩相对稳定且人员整体能力水平较好的情况，盘点着眼于未来，目的是发现高潜力的人才。对于管理者而言，A位置的经纪人越多越好，而E位置的经纪人，叫作"低效经纪人"，越少越好。目前使用较多的人才盘点工具更多地倾向于业务指标分析。

（3）九宫格把人才分为4个阶段，如图8-7所示。

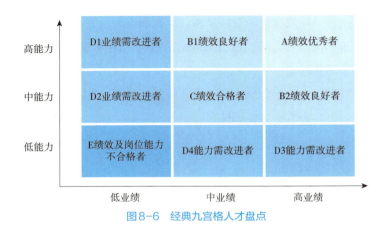

图8-6 经典九宫格人才盘点

第一阶段是明星人才。业绩和潜力都很高，是高潜力员工也是组织的重点培养对象，组织有目的地倾斜培养资源。

第二阶段是高业绩－中潜力或高潜力－中业绩的人才，是组织的重点关注对象，针对他们集中的短板设计有目的的培养计划，进一步提高他们的能力，使其走向第一阶段。

第三阶段包括高业绩－低潜力、中业绩－中潜力或中业绩－低潜力的人才。对于这个阶段的人才，可以委托高业绩的人成为领导，提高其业绩。

第四阶段是潜力和业绩低的人。可以根据情况适时淘汰。

（4）人才盘点不只是静态地回顾过去，更是以发展的眼光，推断目前的队伍能否支撑未来的战略。从人才支撑战略的角度进行人才的选育用留，如图8-7所示。

10. 开展中层管理者的360度测评

（1）中层管理者既可以利用上述方法开展绩效考评，也可以专门拿出来利用360度测评。针对商圈经理等中层管理者，采用360度测评和绩效考评相结合，可以进行中层人员的盘点，360度测评分数越高，且绩效表现越好的人员，越为优秀。

（2）360度测评以评价对象为中心，采用多角色、立体化的模式。评价对象会涉及几种与其相关的角色（包括上级、下属、同事、客户等），由这几种相关的角色共

人才九宫格图			
业绩	高	3 稳定人才 ——业绩高能力低 ——现任岗位发展 ——严格要求能力提升	2 核心人才 ——业绩高能力低 ——给予历练机会 ——合理激励	1 明星人才 ——业绩高能力低 ——要求承担更大责任 ——个性化保留策略 ——激励倾斜
	中	6 稳定人才 ——业绩中能力低 ——现任岗位发展 ——确保业绩稳定	5 核心人才 ——业绩中能力中 ——增加业绩目标 ——上级关注辅导	4 核心人才 ——业绩中能力高 ——业绩辅导 ——探讨职业发展
	低	9 提升绩效人才 ——业绩低能力低 ——寻找继任者 ——降薪 ——离职劝退	8 自我提升人才 ——业绩低能力中 ——分析原因 ——严格要求业绩改善 ——暂停激励	7 高潜人才 ——业绩低能力高 ——分析原因 ——严格要求业绩改善 ——考虑转岗可能
		低	中	高
		能力（潜力）		

图8-7 利用九宫格进行人才的选育用留

同对对象做出评价。

（3）360度测评是聚焦式的、针对可观察行为进行的评估。360度测评反馈的第一步特别重要，尽量选择有观察依据的、可衡量的关键性行为予以评估。360度测评是匿名的。对于组织而言，努力营造一种可保护性的文化，让所有人都敢于做出一些直接性评价是很必要的。匿名性是为同事和下属做考虑的，一般应该至少有三位匿名者参与评价。

具体详见"3.4　必备业务知识"中"4.360度测评"。

11. 撰写人员绩效管理报告

集成上述2~10内容，形成人员绩效管理报告。

3.4　必备业务知识

1. 绩效管理

绩效管理是指各级管理者和员工为了达到组织目标，共同参与的绩效计划制定、绩效辅导沟通、绩效考核评价、绩效结果应用、绩效目标提升的持续循环过程，绩效管理的目的是持续提升个人、部门和组织的绩效。

2. 绩效考评

（1）绩效考评也叫绩效评估、工作绩效综合评价。绩效考评是指评定者运用科学的方法、标准和程序，对被评者的有关绩效信息，如业绩、成就和实际作为等，进行观察、收集、组织、贮存、提取、整合，并尽可能做出准确评价的过程。绩效考评是企业绩效管理中的一个环节。

（2）常见绩效考评方法，包括BSC平衡计分卡、KPI及360度测评等。

（3）绩效考评在人力资源管理中居于核心地位。绩效考评把人力资源管理各项工作联结在一起，招聘配置、培训开发、薪酬福利、职业发展、干部选拔等，都离不开绩效考评。

（4）考评目的，有5个：

1）考核员工工作绩效；

2）建立公司有效的绩效考核制度、程序和方法；

3）达成公司全体职工，特别是管理人员对绩效考评的认同、理解和操作的熟知；

4）绩效考评制度的促进；

5）公司整体工作绩效的改进和提升。

3. KPI绩效考评

（1）KPI是Key Performance Indication的英文缩写，指企业关键业绩指标。企业关键业绩指标是把企业的战略目标分解为可操作的工作目标，是企业绩效管理的基础。KPI 可以使部门主管明确部门的主要责任，明确部门人员的业绩衡量指标。建立明确的切实可行的 KPI 体系，是做好绩效管理的关键。

（2）KPI 考评的实质是通过行为性的指标体系衡量企业绩效，并不需要对所有的绩效指标都进行量化。确定关键绩效指标的原则是 SMART 原则，要点在于流程性、计划性和系统性。

（3）建立 KPI 指标的步骤。

1）明确企业的战略目标，并在企业会议上利用鱼骨分析法，找出企业的业务重点，也就是企业价值评估的重点。

2）用头脑风暴法找出这些关键业务领域的关键业绩指标，即企业级 KPI。

3）各部门的主管需要依据企业级 KPI 建立部门级 KPI。对企业 KPI 进行分解，确定相关的要素目标，分析绩效驱动因素，如技术、组织和人，确定实现目标的工作流程，分解出各部门级的 KPI，确定评价指标体系。

4）各部门的主管和员工一起再将部门 KPI 进一步细分，分解为更细的 KPI 及各职位的业绩衡量指标。这些业绩衡量指标就是员工考核的要素和主要依据。

5）设定评价标准。确定在各个指标上分别应该达到什么样的水平，解决"被评价者怎么做，做多少"的问题。

6）对关键绩效指标进行审核。主要审核这些指标的总和是否可以解释被评估者80% 以上的工作目标，跟踪和监控这些关键绩效指标是否可以操作等。审核是为了确保这些关键绩效指标能够全面、客观地反映被评价者的绩效，而且易于操作。

（4）KPI 绩效考评需要企业与员工双方就目标及如何实现目标达成共识。管理者给下属订立工作目标的依据来自部门的 KPI，部门的 KPI 来自上级部门的 KPI，上级部门的 KPI 来自企业级 KPI。只有这样，才能保证企业每个职位都是按照企业要求的方向去努力，从而实现企业发展目标。

4. 360 度测评

（1）360 度测评就是针对被评价者的行为表现，从被评价者的上级、同级和下级三个方面进行全方位的评价。该方法是行为比较法的拓展应用，参与评价者更多，不仅仅局限于被评价者的上级。

（2）360 度测评是一种综合性的测评方法。采取无记名填表的方式进行。将被测评人按岗位分组，把评价指标分解为若干项目，组织相关人员按测评表项目对被测评人进行评价或交叉评价。每组人员一般由 30 人以上评价。以数学计算和数理统计为工具，对评价数据进行汇总分析，最终提出对每个人的评价结果。360 度测评价可以消除由评价者主观因素对评价带来的偏差。360度测评能恰当地反映被测评者的德行表现，以及大家对被测评人表现出来的才能的认可。它把定性评价工作用细化的指标进行量化分析，其结果可以进行排队比较。其弱点是无法对被测评者的工作实绩进行评价，对被测评者内在的性格特点和潜在素质也无法测评出来。360度测评与其他方法最大的不同之处在于，上级不是唯一一个对员工进行工作评价的主体，其他评价主体还包括：同事、下属、服务对象，以及员工自己等，多方面的评价信息使得企业对员工的评价更加公正全面。

（3）基本做法。360度测评的程序是：设定测评用表—分组—确定参加测评人员—动员—发表—回收—数据录入—出报告—反馈面谈。

1）设定测评用表是360度测评的基础。根据职位，对被测评人的能力素质要求不同而设定不同的测评用表。不仅要确定评价项目或评价因素，还要确定各项目或要素的权重分值。一般从能力素质表现、品德修养表现、知识水平应用等方面来进行评价。

2）将被测评人分组，同时进行测评。360度测评是一项面向全员进行大范围评价的严肃性工作，涉及人员多、面广，参加测评人员的基本情况、经历、教育程度及素质不尽相同，而这些都将直接影响到360度测评工作的结果，所以必须分组测评。

3）动员也是360度测评的一个必要环节。通过组织者有效的解说，使每个评价者都能理解评价工作，充分认识到360度测评的重要性和深远意义，自觉地参加这项工作，并把自己对被测评人最真实的看法表现出来，使测评的结果能较为客观公平。

4）360度测评的核心技术在数据处理。针对单个评价者而言，每个评价项目有各自的项目得分，总分为所有项目的加权平均值；针对所有评价者而言，每个评价项目都有各自的平均值、标准差和变异系数；最后进行T分数（类似于智商分数）转换，便于进行人员比较。

5. 构建绩效考评体系的原理

（1）结构–功能原理。依据该原理，要科学设计员工绩效考评指标体系。评价指标体系包括"德""能""勤""绩""关键事件"五大子系统，是素质结构、能力结构、态度结构和业绩结构等子系统的有机结合。这些子系统中的各个评价要素指标，又反映了不同员工绩效的不同功能。如：素质结构中的各项评价指标，反映了员工的思想品质功能；能力结构反映了员工的实际能力或特殊能力的功能；业绩结构则反映了实际工作效果的功能等。

（2）测量–评定原理。员工绩效考评是一个有机整体，测量是基础，评定是关键环节，两者相辅相成，互为补充。

（3）定性–定量原理。员工绩效考评需要定性与定量相结合，将人事管理的丰富经验（定性）与先进的考评方法（定量）有机结合起来，可以实现测评标准和计量方法的有机统一。

3.5 必备业务要领

1. 绩效评估要点

开展绩效评估，要注意8个要点：

（1）完整理解绩效考评内容；

（2）科学设计绩效考评指标；

（3）合理确定绩效考评周期；

（4）分层设定绩效考评维度；

（5）清晰界定绩效考评重点；

（6）认真组织绩效考评面谈；

（7）修正完善绩效考评方法；

（8）不断营造绩效考评氛围。

2. 绩效评估注意事项

（1）评估方法具有适用性。运用绩效评估不是赶时髦，而是要运用科学的方法来检查和评定企业员工对职位所规定职责的履行程度，以确定其工作成绩，从而促进企业的人力资源管理，提高企业竞争力。但是，在进行绩效评估时，如果盲目运用所谓新兴的绩效评估方法，那么可能会导致评估失灵。任何绩效评估方法都不是十全十美的。平衡记分卡、360度测评等绩效评估方法固然有其先进性，但对有的企业来说也许并不一定适用。如果一知半解，盲目引入，可能未获其利，反受其害。没有最好的绩效评价工具，只有最适合企业的工具。不同规模、不同文化、不同阶段的公司要选用不同的方式，因地制宜，顺势而为，选择适合自己的绩效评估方法，才是明智之举。

（2）凸显员工的表现力。一是员工的工作业绩，如销售人员业务成交次数及给公司带来的营业收入、作业人员的错误率等都应作为绩效评估的指标。在进行业绩数字考核时，要注意理解这些数字所代表的真正意义，切不可迷信于数字，如客服人员接听电话的次数，并不代表工作绩效，替顾客解决问题的比例及服务品质才是绩效关键。二是员工在工作团队中的投入程度。要请员工为工作团队打分，以了解团队中每名成员在任职主管、部属、同事时是否尽到了应尽的责任。三是员工对顾客的贡献程度，可请员工的服务对象评估员工的表现。

（3）评估方法具有合理性。一是考核标准要全面，要保证重要的评价指标没有遗漏，各种考核标准要相互补充，扬长避短，共同构成一个完整的考核体系。二是标准之间要协调，不同标准之间要衔接一致，不能相互冲突。三是关键标准要连贯，特别是 KPI 应有一定的连贯性，否则可能导致员工对奋斗目标的困惑。四是标准应尽可能量化，不能量化的要细化。如果绩效量度的内容过于笼统，员工会认为考核结果是考核者主观臆断的判定，无任何客观标准和价值，只不过走过场，从而产生不满和抵触情绪。五是考核标准具有针对性，要根据团体工作目标，针对不同层次员工和不同年龄员工的特点来制定考核标准。

（4）确保员工的满意度。绩效评估是一把双刃剑，正确的绩效评估能激起员工努力工作的积极性，激活整个组织。但如果做法不当，可能会产生负面结果。开展绩效评估时应尽力完善绩效评估制度，尽量令员工满意。在绩效评估过程中应尽力了解、发现员工对评估的不满，寻找不满的原因，制定措施解决不满。要为员工设置畅通的申诉渠道，若员工对部门考评结果不满可以上诉至企业的考评小组。这样可使员工的不满逐渐降低，逐步培养起对企业的向心力，使个人目标与企业的整体目标协调统一。同时，应创造条件让员工有更出色的表现，把绩效评估同员工的职业生涯规划、企业的培训计划有机地结合起来，而不局限于薪资、奖金、任免等激励手段。

（5）评估方法具有完整性。完整的绩效评估过程包括事前沟通、制订考核标准、实施考核、考核结果的分析与评定、反馈与控制 5 个阶段。如果忽视了最前面和最后面的两个重要过程，尽管绩效评估系统和政策设计得比较完美，但结果肯定是白费劲。绩效评估的效果能否充分发挥，也取决于相关的跟进措施。跟进措施有：平时的目标跟进和绩效辅导要及时；评估后要给予相应的奖惩或改进；能不顾情面明确指出下属的不足；要建立员工投诉渠道；把评估结果有效地运用到培训中去。如果这些措施完备了，那么绩效评估效果就可以保证。

3. 完善绩效考评机制

绩效考核是一门科学，需要不断引入新的理念、方法和艺术，不断提高管理水平，以适应企业发展的要求。

（1）应准确把握绩效考评的度。绩效考评的内容应尽可能细化，但如果将每个尺度进行细化，一味将考评指标量化，有时又会陷入不利的境界。所以，考评机制要结合实际，坚持定量与定性相结合，做到合理可行。

（2）明确员工在考评体系中的参与界限。在制定考评制度过程中让员工充分了解考核标准、考核内容、考核形式和听取建议，在考评执行过程中需要员工遵守和监督，让员工对考评产生信任感，赢得对考评工作支持。考评后将考评结果及时反馈给员工，让其认识工作上的优势和不足，明确努力方向，提高工作水平。

（3）明确考评机构的合理分工。负责考评制度的制定和执行，及监督和评估，合理调配各方资源，尽可能避免考评机制的混乱和矛盾。

（4）明确考评与激励之间的关系。考评激励机制是多元化的有机组合，绝不仅限于物质鼓励。应善于运用现有资源，最大限度地增加员工的工作动力，开发其动力增长点，调动其工作积极性。如完善精神奖励、福利以及培训、外出考察等多种鼓励措施。

3.6 任务拓展

1. 绩效评估不能走过场

开展绩效评估，很多主管都倾向于选择"好"和"较好"来定位自己的员工，以求得团队和谐氛围，但事实上员工的个人绩效可能存在很大差别。那么，怎样让绩效评估精确地反映员工真实的表现呢？

（1）要审查企业的绩效考评过程是否与企业的员工发展目标相适合，再判断它是否与企业的使命一致。企业经理需要清晰地明白绩效评估过程以及"好的"和"期望的"绩效的确切内涵，具有这些知识他们才可能恰当地评价员工的绩效。

（2）更重要的是，绩效评估涉及员工发展过程中的一步。所以，最后的绩效排名必须经得起推敲，评估结果需要高于评估者层级的人审阅，高于期望和低于期望的绩效表现，要有书面的资料来证实。

2. 绩效考评误区

（1）传统消极文化和意识观念影响考评系统的运作。比较典型的，如求同心理、官本位、人情、关系网等。求同心理反映到考评中，就是考评结果拉不开差距；官本位反映到考评中，多表现为过度强调政治素养、长官意识十分严重，忽视业绩；人情和关系网反映到考评中，则是关系好的或是网中人，考评结果就较好，反之则差很多。

（2）没有进行职位分析。岗位职责模糊，考评失去了判断一个岗位工作完成与否的依据，岗位目标难以确定，导致难以进行科学考评，往往工作量大、工作难度高的岗位上的员工没有被评为优秀。

（3）考评结果全部由企业最高领导审定。企业的每层上级都有权修改员工的考评评语，考评结果的最终裁决权掌握在企业最高领导手中，考评结果最终会送到企业最高领导那里去审批。结果，把员工对考评结果可能存在的不满转嫁到企业最高领导身上，不利于领导工作开展。

（4）采用单一的、省时省力的综合标准。不论是高级领导还是初、中级员工，往往都用一个标准去评价，没有顾及人才有能级差异的客观现实。这样的标准，不仅模糊性大，而且执行偏差也大。结果导致评先进变成评"人缘"，选拔干部变成搞平衡，存在着"轮流坐庄"现象。

（5）将考评等同于考察。考察，在手段上一般采用谈话、了解情况的方式，任前考察是最主要的手段，要提拔才考察、不提拔则不考察已经成为无形的惯例。考察结果优点一大堆，缺点轻描淡写、一笔带过、不触及实质问题，对成绩的取得往往缺乏真正科学的评价。所以，考察绝不能代替考评。

（6）考评结果缺乏反馈。考评主观色彩极浓，缺乏可以随时公开的客观资料，不愿与员工面对面地反馈，往往是将考评表格填完之后，就直接送到人事部门归档。这样，员工不知道自己业绩的好坏，绩效考评也就没有起到其应有的激励和改进作用。

（7）没有就考评结果与员工面谈。没有建立主管与员工的共同联系渠道，不面谈就不能有效地检讨员工的工作绩效，使员工有机会提出改进工作绩效的办法。不面谈主管也不能进一步了解员工是否需要，接受更多的训练和辅导。

（8）没有让考评结果充分发挥效用。由于受平均主义的思想影响，因而考评结果的使用力度不大，缺乏吸引力。或者，由于配套机制的缺乏，诸如岗位目标责任制、能上能下制度、奖惩制度等尚不完善，导致在实践中对考评结果没法使用。

3.7 综合实训

1. 实训名称
门店团队建设综合实训。

2. 实训内容
演练1 人员招聘；
演练2 人员培训与配置；
演练3 人员绩效管理。

3. 实训作业文件
门店团队建设方案。

 小结

团队建设工作领域主要有3个工作任务。任务1"人员招聘"的任务是人员面试、人员录用；根据任务内容设计了任务流程，开展任务实施；介绍了必备的业务知识和必备的业务要领，并拓展了相关知识、技巧和经验。任务2"人员培训与配置"的任务是人员合理培训、动态优化配置；根据任务内容设计了任务流程，开展任务实施，介绍了必备的业务知识和必备的业务要领，并拓展了相关知识、技巧和经验。任务 3"人员绩效管理"的任务是加强团队建设提升绩效、开展绩效考评，设计了任务流程，开展任务实施，介绍了必备的业务知识和必备的业务要领，并拓展了相关知识、技巧和经验。最后，安排了门店团队建设综合实训，形成最终的门店团队建设方案。

思考题

1. 如何进行人员招聘？
2. 如何进行人员培训？
3. 如何进行人员配置？
4. 如何进行人员绩效管理？
5. 如何撰写团队建设方案？

09

工作领域 9 风险管理

 工作领域描述

风险管理可以为经纪机构提供稳定的经营环境，保障经纪机构顺利实现经营目标，还能促进决策的科学化。风险防范是确保房地产经纪业务持续不断的基础工作。及时识别交易风险、控制风险、促成交易是做好交易服务业务的核心。防控结合管理交易风险、规范谈判签约防范交易风险，可以让客户放心、满意，提高房地产交易服务质量。所以，风险管理也是房地产经纪服务人员核心工作之一，是经纪服务人员时时刻刻留心注意的重要工作领域，需要具备相应的工作技能。

 工作领域内容

1. 风险识别与防范；
2. 风险控制；
3. 防控结合管理房地产交易风险。

 工作技能要求

1. 能够理解房地产经纪服务职业标准和工匠精神；
2. 能够进行风险识别；
3. 能够进行风险防范；
4. 能够进行风险控制；
5. 能够防控交易中人、房、合同、操作以及政策的风险；
6. 能够规范谈判签约防范交易风险；
7. 能够撰写经纪业务风险管理方案。

任务 1　风险识别与防范

1.1　任务分析

风险识别与防范任务内容主要有 2 项：

（1）风险识别；

（2）风险防范。

1.2　任务流程

风险识别与防范任务流程有 8 个步骤：

（1）工作准备；

（2）风险识别；

（3）认识风险防范的意义和风险类型；

（4）合同签署风险分析与防范；

（5）业务操作风险分析与防范；

（6）服务意识风险分析与防范；

（7）风险防范坚持四个必做；

（8）撰写风险识别与防范总结报告。

1.3　任务实施

1. 工作准备

（1）交易系统大数据平台；

（2）A+ 房源系统与贝壳找房 APP。

2. 风险识别

（1）确定风险识别工具。主要有 2 个：

1）贝壳找房 APP。可以识别、规避房源客源自身风险因素。

2）A+ 房源系统。可以识别、规避房源客源交易过程风险因素。A+ 是贝壳面向房产经纪行业的全流程作业管理系统，通过领先创新的 ACN 经纪人合作网络打破行业壁垒；提供签约交易、经营管理、职业成长等六大服务支持；为 A+ 每一套房源建立了唯一的身份证，是全面优质的房源共享和信息流通数据平台，接入 A+ 即可共享平台内所有真房源；为门店提供专业的数据分析、问题诊断等服务。

（2）确定风险识别的主要方法。

1）文件资料审核法。从整体和详细的范围层次，对计划、假设条件和约束因素、以往文件资料等进行审核，识别存在的风险因素。

2）信息收集整理法。常见的有头脑风暴法、德尔菲法、访谈法和SWOT技术等，通过信息收集整理，识别存在的风险因素。

3）检查表法。检查表尽可能详细列举可能出现的风险类别，有关人员利用他们所掌握的丰富知识和经验，使用检查表能按照系统化、规范化的要求去识别风险。

4）流程图法。将工作全过程按其内在的逻辑关系制成流程图，针对流程中的关键环节和薄弱环节进行调查和分析，找出风险存在的原因，从中发现潜在风险的威胁，分析风险发生后可能造成的损失和对工作全过程的影响有多大。

5）因果分析法。利用因果分析图将风险问题与风险因素之间的关系表示出来。一般风险因素包括人、设备、材料、方法和环境等方面。

6）工作分解结构法。识别风险先要弄清楚工作的组成、各组成部分的性质、它们之间的关系、工作同环境之间的关系，这些可利用工作分解结构来完成。

（3）分析明确存在的风险。掌握房产交易各环节可能存在的风险及种类，是处理风险的前提。利用风险识别工具和系统大数据，识别房地产经纪服务中潜在的风险，如交易主体风险、交易对象风险、环境风险、交易服务风险等，并分析导致业务风险的因素：

1）交易主体风险因素。主要有房主的租售资格、客户的购房资格、房主客户的道德素质等因素都会导致交易风险。

2）交易对象风险因素。主要有房屋产权不清、产权纠纷，房屋信息不全、错误等因素都会导致交易风险。

3）交易环境风险因素。主要有各级房地产调控政策，如限购限售、交易税费、贷款条件及利率等因素，如果事先预估不到都会导致交易风险。

4）交易服务风险因素。主要有：经纪人业务操作不规范、不严谨、有失误；承诺不当、胡乱承诺，不能兑现；资金监管不到位；业务对外合作，如不同公司门店之间房源、客源合作不规范；经纪服务人员道德素质等因素都会导致交易风险。

（4）估计风险发生的损失程度。这是制定和选择风险防范、规避与处理方案的基础。

1）开展风险估测。通过风险分析，逐项分析导致业务风险的因素，估测其导致风险发生的损失程度。

2）开展风险评价。根据风险估测结果，开展风险评价，选择风险管理对策。

3. 认识风险防范的意义和风险类型

（1）认识风险防范的意义。主要有3个方面：

1）风险防范能够为客户、业主提供安全、专业的服务。提前规避风险，提供更专业的服务，能给客户、业主减少麻烦，获得客户、业主更多认可。

2）风险防范能够降低失误率，提高签单成功率。经纪服务人员提前做好风险防范，可以大大提高签单成功率，从而有效提升业绩。

3）风险防范能够减少纠纷引发的时间成本。经纪服务人员有效防范风险，可以大大降低客户签约后的投诉率，避免将宝贵时间消耗在纠纷处理上。

（2）房地产交易服务易发风险的分类。主要有3大类：

1）合同签署风险。风险环节分析与防范措施见本任务"4.合同签署风险分析与防范"。

2）业务操作风险。风险环节分析与防范措施见本任务"5.业务操作风险分析与防范"。

3）服务意识风险。风险环节分析与防范措施见本任务"6.服务意识风险分析与防范"。

4. 合同签署风险分析与防范

（1）合同签署风险环节分析。主要风险环节有：

1）合同未填写完整；

2）合同填写不一致；

3）房屋抵押状况未明确；

4）贷款约定未书写明确；

5）房屋交付未明确；

6）户口问题未明确规定；

7）流程时效未约定明确；

8）补充协议未约定明确。

其中，1）、6）、8）为最易发生风险的环节。

（2）合同签署风险防范。

1）合同签署形式上可能存在"合同填写不一致、不完整"的风险，"合同填写不一致、不完整"的防范措施：

①合同必须完整签署，忌留有空白，因留白产生纠纷可能被判决合同解除；

②合同最后的签字处，应由本人亲笔签名，并签署与本人身份证一致的姓名全称；

③合同上有涂改的地方，必须有客户/业主和经纪人的三方签字确认；

④签署方的联系地址和联系电话一定要留，以方便邮寄相关函件；

⑤合同签署的日期必须填写，因为日期和履行期限有关联。

2）合同签订时"约定不清晰"，会导致合同签订不顺利，签订后也可能产生纠纷。

"约定不清晰"的防范措施：

①签订合同时，做好合同的相关约定；

②明确关键环节各方责任及事项，如定金、首付款、腾房、户口迁出日期等；

③附送物品及套件约定要详细，如家电家具品牌及数量、租金归属日期要明确；

④补充协议约定明确，时间及事项约定三方确认，不能出现第三方胡乱承诺。

案例9-1　合同签署风险

2021年6月业主张先生和客户杨女士签订了《南京市存量房屋买卖合同》《居间服务合同》及补充协议，合同约定业主将房屋内的全部家电家具附送。2021年8月份顺利办理过户，但是过户后办理物业交割的时候，房子里仅剩一台饮水机。业主表示其他所有家电家具全是亲戚朋友暂放在房子里的，饮水机是全部的家电。客户杨女士非常恼火。最终客户以经纪公司未写清家电家具明细为由要求退还代理费。

5. 业务操作风险分析与防范

（1）业务操作风险环节分析。主要风险环节有：

1）房屋不具备出售条件。

2）产权人处置权不明确。

3）买方资质未明确。

4）买方民事行为能力受限。

5）税费计算错误。

6）资审、网签录入错误。

7）定金的限额及转定。

8）物业交割未严格操作。

（2）业务操作风险防范。

1）业务操作时"产权人处置权未明确"，通常发生在房屋有共有权人、继承等，此类问题会导致合同无效，买方损失很大、耗时较长，纠纷涉及的人员较多等风险。"产权人处置权未明确"的防范措施：

①审核房屋是否存在共有权人。首先看户口本，然后确定继承人：

A. 房产证是否有"共有权人"登记；

B. 有遗嘱，按照遗嘱确定继承人及份额；

C.房产证取得时间在结婚证登记时间之后；

D.无遗嘱，按照法定继承顺序确定继承人及份额。

②确定继承人后办理继承权公证。

③已婚的房主，需要提供《配偶同意出售证明》。

④如共有权人无法到场，应要求其出具《共有权人同意出售证明》和《授权委托书》（公证手续）。

2）业务操作时"客户资质未明确"，会导致合同无效，中介公司100%负全部责任。而且，资质审核超期同样也会引发无法及时网签过户带来的时效风险。"客户资质未明确"防范措施：

①接待客户时，一定核查客户是否有资质，并为客户提交资质审核。

②签约前一定核查客户资质是否过期，若过期及时再次提交客户资质，以免签约后不能及时过户。

③不要对客户做不当承诺，不做违法乱纪的事。

3）业务操作时"物业交割未严格操作"，会导致买卖双方对经纪服务专业度的不认可，进而拖欠各项费用，导致客户入住时增加费用，对此居间方将可能承担赔付责任。"物业交割未严格操作"防范措施：

①计算水电燃气费、物业费、供暖费、卫生费的结余，分清需业主补交的费用和客户应续交费用后，缴纳并结清相应的费用。

②协助双方办理物业变更手续，重新签订物业服务合同，办好公共维修基金的过户。

③办理有线电视过户，交接钥匙，如门禁卡、房门、单元门、信箱钥匙等。

④买卖双方如果不能本人到场，必须有委托人亲笔签字的授权委托书。

案例 9-2　业务操作风险

2020年7月，业主赵先生与客户杨先生签订了《杭州市存量房屋买卖合同》《居间服务合同》及补充协议。签约当日，业主赵先生口头承诺配偶韩女士同意出售房产，经纪人未进行要求及电话确认。2020年8月11日，业主配偶韩女士，以未同意其配偶出卖共有房屋为由，要求确认合同无效。2020年9月，法院判决合同无效，经纪公司连带赔偿客户4万元。

6.服务意识风险分析与防范

（1）服务意识风险环节分析。主要风险环节有：

1）服务态度不好。

2）沟通不及时。

3）承诺不兑现。

4）不专业造成失误。

5）时效协调不当。

6）签后跟单延时。

（2）服务意识风险防范。

1）"服务态度不好"防范措施。签前签后保持热情，真正的服务是从签后开始的。

2）"沟通不及时"防范措施。签约时确保细节沟通到位，签后任何情况都要第一时间沟通好。

3）"承诺不兑现"防范措施。不胡乱承诺，遵守法律的同时保护好自己。

4）"不专业造成失误"防范措施。增加日常学习，不确定的事项第一时间请教同事或师傅，直到搞明白。

5）"时效协调不当"防范措施。不要做传话筒，站在双方的角度第一时间沟通协调，绝不能养成拖拖拉拉的坏毛病。

6）"签后跟单延时"防范措施。签后每一个环节的时间节点提前备注，提前三天通知双方。

案例9-3　服务意识风险

2020年7月14日，刚刚入职三个月的经纪人王某上班时，约好业主许先生7月15日办理过户。业主正在外地出差，回家就是为了配合过户。但由于王某在过户当天上午才告知业主携带所需备件，以及对办理过户流程不熟悉，导致业主许先生当天未过户成功，许先生对王某的专业度及服务态度表示极度不满意。要求赔偿误工费、交通费等5800多元。

（1）很明显，经纪人王某因工作失误发生了交易风险，造成直接损失5800多元。

（2）针对王某的失误采取的风险防范措施：

1）签后所有经纪人办理环节，都需要提前电话或微信告知交易双方知晓；

2）需要双方协助办理的事宜，提前三天电话、信息告知双方办理事宜所需备件明细；

3）办理当天再次提醒时间、地点及所需备件。

7. 风险防范坚持四个必做

（1）客户至上

1）用客户角度考虑问题。

2）把客户利益放在首位。

（2）规范作业

1）严审房屋品质问题。

2）严审购房签约资格。

（3）明确责任

1）明确双方具体事宜。

2）当面确定责任承担。

（4）专业确认

1）贷款过户时间确认。

2）政策变化准确告知。

8. 撰写风险识别与防范总结报告

集成上述 2~7 内容，形成风险识别与防范总结报告。

1.4 必备业务知识

1. 风险与风险规避

（1）风险，是指未来结果的不确定性。风险可分为 3 类：

1）收益风险，即只产生收益而不导致损失的可能性，如接受教育的风险就是一种典型的收益的风险；

2）纯粹风险，即只带来损失而不会带来收益的可能性，也称为危险，如地震、洪涝、火灾等；

3）投机风险，即既可能带来损失又可能带来收益的可能性，如房地产投资、股票投资等。

（2）房地产投资风险，指未获得预期收益可能性的大小。

（3）风险的基本构成要素：

1）风险因素；

2）风险事故；

3）风险损失。风险损失包括两方面的含义：一是非故意、非预期和非计划的事件；二是造成了人身伤害及财产经济价值的减少。如果缺乏其中任一方面，都不能称为风险损失。如设备折旧，虽有经济价值的减少，但不是风险损失。

（4）风险类型：

1）总体风险；

2）个别风险；

3）意外风险。

（5）风险规避。步骤：针对预知风险进行进一步调研—根据调研结果，草拟消除风险的方案—将该方案与相关人员讨论—实施该方案。

2. 风险识别

（1）风险识别，是经济单位和个人在收集资料和调查研究的基础上，对所面临的客观存在的各种风险以及尚未发生的潜在风险，运用各种方法加以判断、归类整理和全面识别，并对风险的性质进行鉴定的过程。

（2）识别风险是风险管理的基础。进行风险识别时所要解决的主要问题是：风险因素、风险的性质以及后果，识别的方法及其效果。

（3）风险识别的内容：

1）明确风险的存在。这是处理风险的前提。

2）识别引起风险的主要因素。

3）识别分险的性质。

4）识别风险可能引起的后果，估计风险发生的损失程度。这是制定和选择风险处理方案的基础。

3. 风险管理

（1）风险管理，是企业通过对风险的认识、衡量和分析，以最小的成本对风险实施有效的控制，期望取得最大安全保障的管理方法。

（2）风险管理的目标。风险管理最主要的目标是控制与处置风险，以防止和减少损失，保障公司业务的顺利开展和有序运行。

1）损失发生前的风险管理目标，是避免或减少风险事故形成的机会，包括：

①节约经营成本。在损失发生前，比较各种风险管理工具以及有关的安全计划，对其进行全面的财务分析，从而以最合理的处置方式，把控制损失的费用降到最低程度；

②减少风险忧虑心理。潜在的风险会给员工带来精神、心理上的不安，从而影响工作效率，要进行心理疏导；

③满足相关法规的要求；

④负担其相应的社会责任等。

2）损失发生后的风险管理目标，是尽量减少风险损失和尽快使企业复原，包括：

①维持生存继续营业。这是在发生损失后最重要、最基本的一项管理目标；

②尽快恢复正常的经营秩序稳定收入。这是损失发生后的第二个风险管理目标；

③保证公司的持续发展。实施风险管理不仅要公司在遭到损失后能够维持生存，恢复原有经营秩序和业绩水平，而且应该从损失发生的事件当中汲取教训，采取有效措施去促进业务的进一步发展，保证公司的持续发展。

（3）风险管理的意义：

1）风险管理能够为中介公司提供稳定的经营环境；

2）风险管理能够保障中介公司顺利实现经营目标；

3）风险管理还能促进决策的科学化、合理化。

（4）风险管理的基本程序风险识别—风险估测（分析）—风险评价（风险管理对策选择）—风险控制（风险管理措施实施）—管理效果评价等环节。

1.5 必备业务要领

1. 识别房地产经纪业务风险

风险是指未来结果的不确定性。房地产经纪业务风险是房地产经纪人员在业务操作过程中因技能欠缺操作失误造成的风险。

（1）信息欠缺引起的风险。

（2）操作不规范引起的风险。

（3）承诺不当引起的风险。

（4）资金监管不当引起的风险。

（5）产权纠纷引起的风险。

（6）业务对外合作的风险。

（7）经纪服务人员道德风险。

（8）客户道德风险。

上述内容，详见《新居住数字化经纪服务（基础知识）》中"5.5.1　房地产经纪业务风险管理"。

2. 防范房地产经纪业务风险

（1）主动进行风险识别。

（2）正确对待风险。

1）高度重视业务风险。

2）未雨绸缪，尽量避免或减少风险事故形成的机会，化解风险因素。

3）沉着应对，尽量减少风险损失和尽快使企业复原。

（3）风险的防范措施。

1）经纪服务人员要树立风险防范意识，这是提高风险识别能力的基本前提。

2）提高风险防范能力。经纪服务人员要对可能发生的各类风险有所认识，加强自己的各项专业能力。

3）业务操作流程要规范化。

4）加强服务的标准化建设。

5）日常警惕风险。主要有两个：一是投诉处理。二是坏账管理。

上述内容，详见《新居住数字化经纪服务（基础知识）》中"5.5.1 房地产经纪业务风险管理"。

1.6 任务拓展

风险管理的基本对策：

房地产经纪企业面临的内外环境日益复杂化，企业间竞争日益激烈，经营风险不断提高。房地产经纪企业的风险管理就是按照公司既定的经营战略，利用各种风险分析技术，找出业务风险点，并采取恰当的方法降低风险。

（1）要从战略高度重视风险管理，科学确定房地产经纪机构经营规模，在经营规模扩张上要思考3个方面问题，即是否有充足的客户信息和房源信息；是否有充足的人力资源；是否能保证整体服务质量和服务水准不下降，否则盲目规模扩张会带来致命的风险。

（2）要以预防为主，完善企业的控制环境、设立良好的控制活动，通过增加、补充或规范各内部控制环节来减轻可能面临的风险。

（3）要建立内部监督机构，加强企业的内部监督，对企业高风险区域经常进行检查，及时发现已存在的或潜在的风险。

（4）要善于转嫁风险，如购买保险等。

（5）反应式应变，要有风险应急预案。如房地产经纪人规避合同风险的具体对策有：①制定合同时要注意尽量全面地包含相关内容；②房地产经纪人在编制合同或者起草附录时必须清楚自己的权利范围；③做好相关配合工作，尽量采用规范合同。总之，企业的风险管理必须贯穿并渗透于企业经纪业务活动控制的全过程。

任务2 风险控制

2.1 任务分析

风险控制任务内容主要有2项：

（1）制定风险控制方法；

（2）风险事件应急响应管理；

2.2 任务流程

风险控制任务流程有 6 个步骤：

（1）工作准备；

（2）认识风险控制的意义；

（3）认识风险事件；

（4）掌握房地产经纪业务风险控制方法；

（5）风险事件应急响应管理——以贝壳公司为例；

（6）撰写风险控制综合报告。

2.3 任务实施

1. 工作准备

（1）A+ 房源系统与贝壳找房 APP；

（2）风险识别与防范总结报告。

2. 认识风险控制的意义

风险控制是致力于消除、回避和减少风险发生的机会，限制风险损失的扩大。风险控制的意义重大：

（1）为客户、业主提供安全、专业的服务。提前规避风险，提供更专业的服务，给客户、业主减少麻烦，获得更多认可。

（2）降低失误率，提高签单成功率。提前做好风险防范，提高签单成功率，有效提升业绩。

（3）减少售后纠纷概率。有效防范风险，降低客户签约后的投诉率，避免将宝贵时间消耗在纠纷处理上。

3. 认识风险事件

（1）风险事件也称风险事故，是指酿成事故和生命财产损失、损害的偶发事件，是造成损害的直接原因和条件。风险事件是损失的媒介。只有通过风险事件的发生，才能导致损失。

（2）风险与风险事件。风险一般只是一种潜在的危险，而风险事件的发生使潜在的危险转化成为现实的损失。风险事件意味着风险的可能性转化成了现实性。

（3）风险事件与风险因素。对于某一事件，在一定条件下，如果它是造成损失的直接原因，它就是风险事件；而在其他条件下，如果它是造成损失的间接原因，它便是风险因素。

（4）风险事件发生的根源。主要有3种：

1）自然现象。如地震、台风、洪水、疫病流行等。

2）社会政治、经济的变动。如战争、革命、暴乱等社会政治事件，以及通货膨胀、紧缩、金融危机等经济事件。

3）意外事故。由于人的疏忽过失行为，导致的损害事件。如汽车相撞、轮船倾覆、失足跌落、操作失误等。

（5）事件风险也不只有负面的事件，还包括可能刺激企业发展的正面事件，如国家颁布有利于公司所在行业发展的政策。

4. 掌握房地产经纪业务风险控制方法

房地产经纪有效的风险控制方法有4个：

（1）避免风险，又称回避风险，当考虑到风险很大、可能造成的损失也很大且难以控制时，决定放弃某一计划或方案，从而避免由此可能产生的损失后果，达到回避因从事该项活动可能导致风险损失的目的。

（2）预防风险。在风险发生之前，采取一切减少风险发生的频率与损失程度的具体措施，通过消除或减少风险因素来实现风险控制。

（3）分散风险。采取以增加风险单位数量来提高风险的可测性，平衡风险损失，降低风险成本。人们常说的不要把鸡蛋放在一个篮子里，也就是为了分散风险。

（4）抑制风险。当风险发生时或发生后，要果断采取各种防止损失的措施，把风险可能造成的损失减少到最小。抑制风险又可以划分为防损和减损。

5. 风险事件应急响应管理——以贝壳公司为例

（1）风险事件应急响应管理涉及监管处罚。监管部门对集团、城市公司、品牌企业出现风险事件应急响应管理失当的，采取罚金、停网签、关停、特定检查、整改、约谈、行业禁入等措施。

（2）风险事件界定。

1）引发重大赔付事件界定，指公司有责的业务风险事件，可能引发客户投诉并导致赔付的事件。

2）对业务有影响事件界定，指可能对公司内部产生重大影响，需要对现有产品、门店业务产生重大调整的事件，如新法规、政策、红头文件等。

3）影响公司声誉事件界定，指媒体介入，可能影响公司声誉的事件。

4）涉刑与民事案件界定，有2种：一是贝壳体系内员工作为涉诉主体的刑事案件；二是贝壳体系内公司作为涉诉主体的民事案件。

5）其他业务风险事件界定，指可能影响公司正常经营或者员工人事的案件。

（3）建立风险事件应对体系。

1）成立集团风险防控委员会，是平台及城市升级风险事件处理的归口管理组织。

①品质部门。处理客诉及经纪人违规行为判定，并负责应对方案中所有涉及城市、品牌、门店、经纪人的运营工作。

②政府关系部门。对接政府、了解监管动态。

③法务部门。就事件可能带来的法律风险给予专业意见。

④公共关系部门。负责媒体对外应答。

2）成立城市风险管理决策委员会。

①主席。

A. 授权——赋予危机管理部门及人员履行职责所需权限；

B. 决策——审议应对处置方案，牵头进行应对，根据方案履行应对职责，并对应急处置结果负责。

②常任联席成员，组成：

A. 风险联络官 – 品质部门；

B. 政府事务联络官 – 政府关系部门；

C. 法律顾问 – 法务部门；

D. 对外发言人 – 公共关系部门。

具体职责参见《贝壳 × 城市风险管理决策委员会规范》。[①]

③联席成员，组成：各具体经办人员。具体职责参见《贝壳 × 城市风险管理决策委员会规范》。

（4）制定风险事件应对流程。

贝壳业务风险事件应对流程是通过系统数据分析，建立风险控制模型。如图 9-1 所示。

6. 撰写风险控制综合报告

集成上述 2~5 内容，形成风险控制综合报告。

2.4　必备业务知识

1. 风险控制理论

（1）多米诺骨牌理论。海因里希（H.W.Heinrich）从 20 世纪 20 年代发生在美国

---

① 《贝壳 × 城市风险管理决策委员会规范》是由各城市根据集团提供的模板所制定的风险管理相关规范，包括委员会组织架构、组成人员及职责、各类风险应对的流程等。

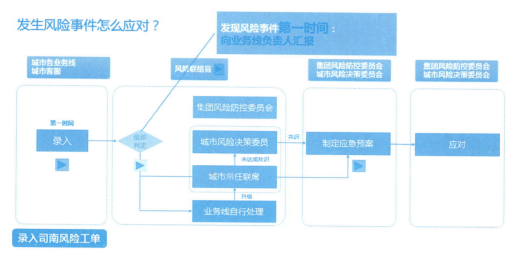

图 9-1　贝壳公司风险事件应对流程

的许多工业事故中发现，80%的意外事故是由于工人的不安全行为导致的，而其余的则是其他因素，如有缺陷的机械设备等。基于这个事实，他提出了多米诺骨牌理论，认为损失控制应重视人为因素管理，即加强安全规章制度建设，向员工灌输安全意识，以杜绝容易导致事故的不安全行为。

（2）能量破坏性释放理论。20 世纪 70 年代，哈顿（W.Haddon）提出了能量破坏性释放理论。他认为人员或财产损失基本上是能量的意外破坏性释放的后果，如飓风、闪电、车祸、火灾等。该理论认为，损失控制应重视机械或物的因素的管理，即为人们创造一个更为安全的物质环境。为了预防或减少意外伤害，他提出了 10 种控制能量破坏性释放的策略。

2. 风险控制

（1）风险控制，指风险管理者采取各种措施和方法，消灭或减少风险事件发生的各种可能性，或者减少风险事件发生时造成的损失。企业经营过程中，总会有些事情是不能控制的，风险总是存在的。所以，必须掌握风险控制方法。

（2）风险控制方法，包括四种基本方法。

1）风险回避，指在完成项目风险分析与评价后，如果发现项目风险发生的概率很高，考虑到风险存在和发生的可能性很高，损失也很大，又没有其他有效的对策来降低风险时，主动放弃或拒绝实施可能导致风险损失的原有项目、计划或方案，或改变项目、目标等，使其不发生或不再发展，从而避免可能产生的潜在损失。风险回避具有简单易行，全面彻底的优点，能将风险的概率降低到零，但回避风险的同时也放弃了获得收益的机会。风险回避是投资主体有意识地放弃风险行为，完全避免特定的损失风险。简单的风险回避是一种最消极的风险处理办法，因为投资者在放弃风险行为的同时，往往也放弃了潜在的目标收益。一般只有在以下情况下才会采用这种方法：

①投资主体对风险极端厌恶；

②存在可实现同样目标的其他方案，其风险更低；

③投资主体无能力消除或转移风险；

④投资主体无能力承担该风险，或承担风险得不到足够的补偿。

2）损失控制，不是放弃风险，而是制定计划和采取措施降低损失的可能性或者是减少实际损失。控制的阶段包括：事前、事中和事后三个阶段。事前控制的目的主要是为了降低损失的概率，事中和事后的控制主要是为了减少实际发生的损失。

3）风险转移，是指通过合同或非合同的方式将风险转嫁给另一个人或单位的一种风险处理方式。风险转移是对风险造成的损失的承担的转移，可大大降低经济主体的风险程度。风险转移的主要形式是合同和保险。

①合同转移。通过签订合同，可以将部分或全部风险转移给一个或多个其他参与者。

②保险转移。通过投入少量投保费，把风险转移给保险公司。保险是使用最为广泛的风险转移方式。

③风险转移构成要件。对动产来说，买卖合同生效→交付 = 风险转移；对不动产来说，买卖合同生效→（交付）占有 = 风险转移。对房屋的转移占有，视为房屋的交付使用，但当事人另有约定的除外。

④房屋毁损、灭失的风险，在交付使用前由出卖人承担，交付使用后由买受人承担。买受人接到出卖人的书面交房通知，无正当理由拒绝接收的，房屋毁损、灭失的风险自书面交房通知确定的交付使用之日起由买受人承担，但法律另有规定或者当事人另有约定的除外。

4）风险自留，即风险承担，如果损失发生，经济主体将以当时可利用的任何资金进行支付。风险保留包括无计划自留、有计划自我保险。

①无计划自留。当风险损失发生后从收入中支付，即不是在损失前做出资金安排。当没有意识到风险并认为损失不会发生时，或意识到风险损失较小时，就会采用无计划保留方式承担风险。但是，无资金保留应当谨慎使用，因为如果实际总损失远远大于预计损失，将引起资金周转困难。

②有计划自我保险。在可能的损失发生前，通过做出各种资金安排以确保损失出现后能及时获得资金以补偿损失。有计划自我保险主要通过建立风险预留基金的方式来实现。

任务3　防控结合管理房地产交易风险

3.1　任务分析

防控结合管理交易风险任务内容主要有6项：

（1）防控交易中"人"的风险；

（2）防控交易中"房"的风险；

（3）防控交易中"合同"的风险；

（4）防控交易中"操作"的风险；

（5）防控交易中"政策"的风险；

（6）规范谈判签约防范交易风险。

3.2　任务流程

规范谈判签约防范交易风险任务流程有9个步骤：

（1）工作准备；

（2）找准房屋交易易发风险防控对象；

（3）防控交易中"人"的风险；

（4）防控交易中"房"的风险；

（5）防控交易中"合同"的风险；

（6）防控交易中"操作"的风险；

（7）防控交易中"政策"的风险；

（8）规范谈判签约防控交易风险；

（9）撰写防控结合管理交易风险报告。

3.3　任务实施

1. 工作准备

（1）A+房源系统与贝壳找房APP；

（2）风险识别与防范总结报告、风险控制报告。

2. 找准房屋交易易发风险防控对象

房屋交易易发风险防控对象，如图9-2所示，主要有5类：

（1）交易中"人"的风险。即风险是

图9-2　房屋交易易发风险防控对象

由于"人"的因素造成的。

（2）交易中"房"的风险。即风险是由于"房"的因素造成的。

（3）交易中"合同"的风险。即风险是由于"合同"的因素造成的。

（4）交易中"操作"的风险。即风险是由于"操作"的因素造成的。

（5）交易中"政策"的风险。即风险是由于"政策"的因素造成的。

3. 防控交易中"人"的风险

（1）防控交易中自然人主体风险的措施。

1）查验身份证，确认其法定年龄。未成年人的，要查看户口本及其父母的身份证。

2）观察其行为举止是否有明显异常，可疑时应联系其家人。精神病人需要查看其结婚证、户口本或者其他能证明监护人身份的证明文件。

3）未成年人或精神病人签署合同时，必须要求法定代理人在场，由其法定代理人代理其出售或购买房产并签署相关合同文本，并在合同中签署该法定代理人的名字。

4）发现行为异常的人，格外留意，有必要时上报相关公安部门。

（2）防控交易中代理人风险的措施。

1）必须要求代理人出具客户或业主本人签字的授权委托书或经公证的授权委托书（如有需要）。

2）在审核《授权委托书》时，应和客户或业主本人联系核实，最好能做电话录音。

3）有特殊情况不能当日提供的，让代理人签署《代理人关于代理权的承诺书》，经纪人必须提醒和催促代理人在5个工作日内补交《授权委托书》。

（3）防控交易中继承人风险的措施。

1）确定继承人有遗嘱的，按照遗嘱确定继承人及份额。

2）确定没有遗嘱的，按照法定继承顺序确定继承人及份额。

3）确定继承人后，办理继承权公证。

（4）防控交易中共有权人风险的措施。

1）确认房产证是否有"共有权人"登记。

2）房产证取得时间在结婚证登记时间之后。

3）看户口本。

4）如共有权人无法到场，应要求其出具《共有权人同意出售证明》和《授权委托书》（公证手续）。

（5）防控交易中外籍及我国港澳台地区自然人主体风险的措施。

1）外籍、我国港澳台人士持工作签证在本市无房的，只能购买一套用于自住的住房。

2）如实告知，如没有提前如实告知，可能面临赔偿责任。

3）在遇到外国人及我国港澳台居民买卖房屋时，除索要经过涉外公证与认证的身份证件证明外，还要审核是否取得涉外审批办公室出具的《涉外审批单》。

（6）防控交易中法人主体风险的措施。

1）审核营业执照或其他依法登记证件是否在存续期间，必要时通过网络或到工商行政等部门进行查询。

2）买卖双方属于公司的，应索要并审查公司董事会、股东会审议同意的书面文件。

3）二手房属于国家或集体财产的，应索要并审查政府主管部门的批准文件。

4. 防控交易中"房"的风险

（1）确认房屋所有权性质。

1）商品房、已购公房、满5年的经济适用房可以出售，小产权房、使用权房屋和违章建筑不能出售。

2）认真审核房产证原件，初步判断该房产证的真伪；如有疑问，请出售人提供购房合同、发票、契税票、借款合同、公共维修基金票等其他证明文件，或到房屋管理部门对房产证进行查询。

（2）确认已购公房（房改房）和央产房。

1）普通的已购公房，应确认原单位是否同意出售或有优先购买权。

2）央产房的上市流程比较复杂，提前提醒买卖双方办理实效问题。

3）需提前征得产权单位同意，补齐超标款。例如，有些央产单位需要公示一个月才能交易。

4）确认是否可以办理《在京中央单位已购住房产权变更登记通知单》。

5）将房屋权属性质明确写在买卖合同或补充协议中。

（3）确认经济适用房。

1）如实告知客户、业主双方。

2）认真审核房产证原件或购房票据，确定购房时间及是否满五年。注：2008年4月11日之前的房屋，需补交综合地价款；之后房屋交易政府优先回购，政府若不回购，则补交金额根据原购经济适用住房时的价格和出售时同地段房屋状况基本相似的普通商品房价差的70%补交。

（4）确认房屋是否存在权利限制（如抵押、查封）。

1）了解出售人交易房屋的原因，并询问业主房屋是否存在抵押或查封的情况；同时，将了解到的情况如实告知客户。

2）关注房产证上有没有抵押等权利限制的登记，如有，应问清情况，包括抵押的银行、机构或个人，还款期限，能否提前还款解押等。

3）明确房屋是否正在出租，如是，问清腾房时间，并要求业主提供承租人签字的《放弃优先购买权的证明》，尽可能与承租人核实。

（5）确认无产权证的房屋。

1）必须签署《无房屋所有权证书风险告知函》。

2）所有无产权证业务单必须通过 link 签约系统签署。

3）法律禁止出售的房屋无论是否已经办理房屋所有权证书，均不得上市交易。例如小产权房、单位禁止交易的央产房、已被查封的房屋等。

4）签约前应提前核实双方需求及交易信息，确认符合"限首付、拿合同、要公证、办入住"的签约标准方可签约。

5. 防控交易中"合同"的风险

（1）明确合同约定事项。签订合同前，做好合同的相关约定。详见《新居住数字化经纪服务（中级技能）》中"工作领域 7　交易管理"有关买卖签约流程及合同文本签署内容。例如，家具家电是否赠送、租户的腾房时间、租户是否放弃优先购买权、居间代理费是否打折、客户资质、客户付款方式、支付定金后的签约时间等等问题。

（2）明确合同签署细节。

1）合同必须完整签署，切忌留有空白，空白合同可能会导致无法解决的纠纷，最终合同可能被判决解除。

2）合同最后的签字处，应由本人亲笔签名，并签署与本人身份证一致的姓名全称。

3）合同上有涂改的地方，必须有客户业主和经纪人的三方签字确认。

4）签署方的联系地址和联系电话一定要留，以方便邮寄相关函件。

5）合同签署的日期必须填写，这些日期往往和履行期限有关联。

6）合同备件齐全，收齐客户、业主所有证件后再签订合同。

（3）明确定金缴纳细节。

1）严格按照委托支付定金协议约定转定流程操作，不得擅自代理客户在租赁定金协议书上签字。

2）接收、转付定金时，必须开具或索取相关凭证，并妥善保管。

3）定金必须支付给产权人本人，如代理人代为收取的，必须提供明确代收定金授权的授权委托书，否则一律不予转定。

6. 防控交易中"操作"的风险

（1）接待客户时，一定核查客户是否有资质，并为客户提交资质审核。

（2）签约前一定核查客户资质是否过期，若过期及时再次提交客户资质，以免签约后不能及时过户。

（3）不对客户做不当承诺，承诺一定做到。

（4）保留相关证件及复印件，并进行存档留存。例如，收款支款证件、欠条原件等。

（5）物业交割应全程陪同，并尽量控制在付清尾款前进行，合同中必须明确附带物品的种类、数量、新旧程度等相关信息，此等物品皆为购买而绝非赠送。

7. 防控交易中"政策"的风险

（1）关注新闻及公司内网通知，了解最新的交易政策，如实告知买卖双方。

（2）如因政策原因确实无法履行合同，及时向客户、业主反馈信息，并积极协调交易各方协商解约，已收取的房款予以退还，并签署解约协议。

（3）政策发布前夕，稳住客户、业主情绪，向客户、业主解释，不要恐慌。

（4）在交易完成后，不能拖拉，及时跟进，应抓紧完成所有后续工作，避免政策变化带来的风险。

8. 规范谈判签约防控交易风险

规范谈判签约防控交易风险，经纪人要做好签约商谈的准备工作，居中协调、协助交易双方就房屋交易条件进行商谈并取得共识，合法合规签署合同及其他相关法律文件，万无一失规避风险，确保业主、客户及公司三方的利益。

案例9-4　买房交"定金"后发现房屋被查封

事情经过。2020年10月，陈某通过某经纪公司介绍，看中了天河小区的一套房子，房屋属张某、方某共有。当晚，买家陈某提出，交付定金，与业主张某、方某签署了《买卖定金合同》，业主张某临时未能到场。但陈某因担心房屋紧俏被其他人买走，陈某在查验房产后，急忙与业主方某签署了《买卖定金合同》，向方某支付10万元房屋定金，向中介公司支付了5万元中介费。第二天上午，经纪公司到房管部门进行房屋产权信息调查，却发现该交易物业在当天上午刚被法院查封。陈某要求中介公司立即联系业主，取消交易并退回定金，同时要求中介公司退还中介费。

风险损失。经纪人在促成交易前未按规定履行调查、告知客户造成交易风险，最高可罚款3万元，吊销执业资格证书，退还中介费只是风险损失中的一小部分。

风险教训。谈判签约不规范，造成风险发生。经纪人要加强商谈签约规范，扫清交易陷阱。

（1）规范签约信息备调。签约信息备调是指经纪人接受业主和客户委托，调查房屋产权、客户购房资质（仅针对限购城市），确认法律权益、房屋产权权属，保障双方交易的合法、合规、顺利地进行。简单来说就是，在签约前充分做好相关信息调查准备，确保在法律权益和房产权属清晰的情况下，最终成功签约。

1）重视签约信息备调。加强签约信息备调非常重要，有助于促成交易并能够有效防控交易风险。对客户而言，如果购房资质没有调查，则可能造成网签合同无法签署、合同无法备案，最终导致交易无法完成，发生交易风险，产生经济纠纷。

2）签约信息备调内容。要调查两个方面：

①房屋产权信息调查。调查房屋产权是否明晰，是否交易不受限制。房屋产权信息调查的内容：

A.房屋是否抵押；

B.房屋是否被查封；

C.房屋是否异议登记；

D.房屋是否被占用；

E.房屋是否为限制销售房，如因落户带来的限售房、其他原因带来的限制销售。

②客户购房资质调查。调查限购城市的客户是否具备购房资质，确保购房客户在限购城市有限购资格。客户购房资质需要调查的内容：

A.是否本市户籍；

B.在本市的社保是否符合购房要求；

C.本市的纳税是否符合购房要求（仅在限购城市需要）。

3）把握签约信息备调关键点。

①信息备调的方式。根据要调查的内容，到能提供信息的部门进行采集，具体的信息备调的方式根据各城市、各区相关部门规定进行。

②经纪人与业主签订《房屋出售委托协议》后，调查房屋产权信息。

③签约商谈之前，一定要完成调查。

（2）策划商谈。即精心准备安排好商谈的有关事宜，确保商谈有序进行。当客户发出房源订购意向、业主同意就房屋买卖事宜与客户或经纪人见面约谈时，经纪人就要立即开始进行商谈前期策划准备工作。

1）重视策划商谈。策划商谈是谈判成功的重要保证。凡事预则立不预则废，如常见的商谈意外情况有：交易双方信息变更未及时知晓、谈判时办公设备出现故障、工作人员角色不清晰导致现场混乱等。出现这些意外时，客户与业主体验感差，会导致谈判不利、交易失败。所以，做好全面细致的谈判策划工作，可以保证谈判顺利进行，规避交易风险。

2）策划商谈内容。主要包括：

①复核双方达成房屋交易的必要信息。

②布置签约场地。

③分配谈判签约时配合同事的角色和任务。

④告知房屋交易双方需携带的证件等。

3）策划商谈的步骤

①复核双方交易信息：

A. 业主信息 10 项；

B. 客户信息 10 项；

C. 双方心理价位；

D. 客户购房定金金额；

E. 到场签约人员；

F. 房屋内不赠送的物品；

G. 其他注意事项。

②安排商谈时间、地点。确保时间、地点信息的一致和准确。

A. 经纪人代理客户与业主进行商谈，要确认时间、地点；

B. 客户与业主直接商谈，经纪人要协调确定交易双方的时间、地点。

③告知客户、业主携带相关证件签约。

业主证件：

A. 产权人身份证，代理人还要提供公证委托书；

B. 若存在共有产权人，要提供其身份证明，若是共有权人配偶，要提供户口本；

C. 婚姻证明，结婚证或单身证明。

客户证件：

A. 身份证、居住证、社保税单；

B. 户口本，如果有未成年的子女需要写入房产证的，提供的户口本中需要包含这名未成年子女的信息；

C. 婚姻证明，结婚证或单身证明；

D. 资金情况，用于购房的银行卡或者现金。

④分配商谈与签约过程中的任务。不同的人员适合分配不同的任务，可以参与商谈与签约过程的人有客户维护经纪人、房源维护经纪人、资深经纪人、商圈经理/门店经理、业主维护经纪人、其他同事、门店助理等。参与商谈的相关人员及任务分配如下：

资深经纪人、商圈经理、门店经理，作为商谈签约人：

A. 把控商谈弥合商谈方向和进度；

B. 弥合商谈双方分歧；

C. 把控风险、调节僵局。

房源维护经纪人：

A. 提供房源维护过程中业主的动态信息，做好业主接待；

B. 突发状况时安抚业主情绪等。

客户维护经纪人：

A. 提供客户看房的需求信息、看房过程情况、客户心理变化信息；

B. 商谈现场接待客户、突发状况时，安抚客户情绪等。

其他同事、门店助理：

A. 安排签约物料等辅助工作；

B. 配合签约现场的临时工作；

C. 最终保证签约的顺利进行。

⑤准备签约材料。

客户直接与业主商谈签约准备：

A. 客户购房意愿情况；

B. 客户信息；

C.《买卖定金合同》；

D.《房地产经纪服务合同》；

E. 房源信息；

F. 业主售房意愿情况；

G. 产权人信息。

代客户与业主商谈前准备：

A. 客户信息；

B. 代客户保管的意向房屋订金；

C. 客户已签署的《买卖定金合同》；

D. 客户已签署的《房地产经纪服务合同》；

E. 客户购房意愿情况；

F. 房源信息；

G. 产权人信息；

H. 业主售房意愿情况。

准备工具：

A. 签字笔；

B. 计算器；

C. 税费明细表；

D. 空白纸；

E. 印泥；

F. 纸巾；

G. 利率表。

⑥布置签约场地。

A. 整理场地，确保签约场地干净卫生舒适；

B. 销售道具、使用工具摆放到位；

C. 检查设备，确保办公设备正常使用。

（3）规范签约商谈。房地产交易的关键环节是签约商谈，通过商谈业主、客户就房屋交易条件达成共识，实现成功交易。所以，要控制商谈的流程、讲解房屋交易流程、协调解决好双方就交易条件发生的分歧。

1）签约商谈方式。包括：客户直接与业主见面商谈；客户委托经纪人代为与业主商谈。

2）签约商谈内容。包括：

①房屋交易价格；

②客户购房方式；

③付款方式；

④交房时间；

⑤物业交割时间；

⑥业主户口迁出时间。

3）商谈的原则。

①公平公正原则；

②交易过程透明原则；

③控制风险原则；

④业主、经纪人、客户三赢原则。

4）商谈的流程。

①介绍业主、客户、商圈经理或门店经理三方认识。

②查验证件。查验与双方交易相关证件和文件。重点查验双方提供的证件的有效

性，双方提供的证件和文件的一致性。

③再次确认交易双方信息。

业主方：

A.确认产权人或代理人到场；

B.产权人的婚姻状况；

C.再次核算税费；

D.房屋是否抵押、是否被查封、是否被占用、是否异议登记；

E.根据业主还贷情况与周期，是否需要赎证担保。

客户：

A.确认购买人或代理人到场；

B.客户的婚姻状况；

C.购房方式；

D.贷款形式及额度；

E.备款周期。

经纪人：确认各类费用承担方。

④讲解签署合同所需要的文件。业主签署合同所需的文件，有《配偶或共有权人同意出售证明》《婚姻证明》《房屋承诺书》《房屋核验》《配偶同意出售证明》。客户签署合同所需的文件，有《购房承诺书》《家庭购房申请表》《承诺不自行办理缴税、过户的声明》《资质审核必备单》《婚姻证明》《代理人授权委托书》。业主、客户共同签署合同所需的文件，有《网签签约授权委托书》《房地产买卖合同》。

⑤讲解房屋交易关键节点。房屋交易关键节点顺序依次为：客户贷款—业主还贷—缴税和缴费—房屋过户—房屋交接。关键节点办理注意点：讲解每个关键节点办理的大致时间周期；告知现场需到场人员与携带证件。

⑥现场商谈及异议处理。商谈的异议点有：房屋交易价格；相关费用承担；附赠物有哪些；付款时间；交房时间；户口迁出时间。

⑦确认商谈后的交易内容。交易条件确定的当天，无法签署正式合同的，需要确定交易条件，再约定双方正式签署《房地产买卖合同》的时间。

（4）规范签署合同。交易双方经过商谈或经纪人受客户委托代为与业主商谈，达成一致的交易条件后签署《买卖定金合同》和《房地产经纪服务合同》。经纪人要协助交易双方填写《房地产买卖合同》及各类附件，校验、讲解草签合同，确认《房地产买卖合同》和各类信息，双方确认无误后签署《房地产买卖合同》。

1）签署合同要遵循的4项原则。

①合规原则；

②控制风险原则；

③公开透明原则；

④平等自愿原则。

2）要遵循规范的签约标准。

①提供——专业、周到的签约服务；

②规避——风险、避免纠纷；

③确保——交易合法、合规。

3）把握签署合同的关键点。

①交易细节复核；

②确保信息准确合同；

③书写工整、准确；

④黑色签字笔签署；

⑤确定签约人，杜绝无效合同。

4）按步骤签署合同。

①讲解并填写合同文本。讲解《买卖定金合同》和《房地产经纪服务合同》条款内容，协助双方填写内，并复核双方填写内容。

②讲解签约风险。主要风险有：

A. 自行缴税风险；

B. 抵押查封风险；

C. 房款支付风险；

D. 共有权人签约风险；

E. 物业交割风险；

F. 连环单风险；

G. 违约风险。

③签署《买卖定金合同》《房地产经纪服务合同》与支付定金。

业主与客户见面商谈签署合同：

A. 确定《买卖定金合同》内容，签署合同；

B. 客户须现场支付定金；

C. 业主须当场开具定金收据；

D. 三方签署《房地产经纪服务合同》。

经纪人代客户与业主商谈签署合同：

A. 客户签署《买卖定金合同》《房地产经纪服务合同》并支付定金；

B. 业主同意客户的购房条件后，签署《买卖定金合同》；

C. 经纪人须电话联系客户，告知客户原购房订金，即将转交给业主成为购房定金；

D. 业主须当场开具定金收据；

E. 业主签署客户已经签署的《房地产经纪服务合同》。

④填写草拟合同及附件。

⑤校验、讲解草拟合同。步骤：

A. 校验；

B. 讲解。简述交易手续办理的整个流程及合同中与之相关的条款，向交易双方讲解重要条款，如房屋售价、付款时间等；

C. 修改；

D. 复查，交易双方复查、自行复查、同事复查。

⑥生成正式合同。步骤：查验合同及附件内容—网络签名提审—打印正式合同—再次查验合同及附件。

⑦签署《房地产买卖合同》及合同附件。业主、客户、经纪公司三方须当场签署《买卖定金合同》《房地产经纪服务合同》《房地产买卖合同》。合同一式三份。

5）签署合同的注意事项。

①签署定金合同时，向双方道贺，并提醒签署《房地产买卖合同》准备事项。

②代理人须持经过公证的授权委托书方可签字。

（5）规范处理签约突发状况。当因政策或交易双方个人因素导致突发情况出现时，如不及时处理必将影响商谈和签约，此时经纪人必须积极应对提出有效解决方案，促进双方处理签约突发状况。

1）经纪人分析签约突发状况的原因，找到主要因素、次要因素。

2）经纪人要提出解决签约突发状况主要原因的对策。

3）尽量力促双方自行协调解决，未果时，经纪人需将客户、业主双方分开，提供独立空间，并沉着、耐心单独沟通，直到突发状况解决，双方签约成功。

9. 撰写防控结合管理交易风险报告

集成上述 2~8 内容，形成防控结合管理交易风险综合报告。

3.4 必备业务知识

1.《买卖定金合同》与《房地产经纪服务合同》

（1）《买卖定金合同》指的是在双方正式签署《房地产买卖合同》前购房者支付

一定金额，以保证合同履行而签署的合同。

（2）《房地产经纪服务合同》指的是房地产经纪机构和委托人之间就房地产经纪服务事宜订立的协议。

2. 10 项业主信息

（1）业主性格和职业。

（2）产权问题，如是否与他人共有权、是否有抵押、被查封、被占用、出售房屋备件是否齐全、是否异议登记。

（3）业主的房屋买卖经历。

（4）业主的动机急切度。

（5）业主认可程度。

（6）房屋价格的沟通和确认，如房屋的报价、现价、业主最终接受价等。

（7）业主出售房屋周期。

（8）房屋近期带看情况。

（9）房屋的基本情况，包括缺点、附赠内容、交房时间等。

（10）业主是否清楚二手房交易流程。

3. 10 项客户信息

（1）全款或贷款。

（2）购房目的和购房需求。

（3）客户性格和职业。

（4）购房款到位时间。

（5）需贷款额度和信用资质情况。

（6）是否清楚二手房交易流程。

（7）对经纪人、经纪公司的认可程度。

（8）是否清楚经纪服务费收取比例。

（9）购房急迫程度。

（10）客户看房经历和周期。

3.5　必备业务要领

1. 策划商谈 6 个关键点

（1）核实交易双方信息，部分信息无需 2 次复核。对于逐步明确的信息要再次复核，对于已经十分明确的信息无需反复核对。复核双方交易信息包括：

1）业主信息 10 项；

2）客户信息10项；

3）双方心理价位；

4）客户购房定金金额；

5）到场签约人员；

6）房屋内不赠送的物品；

7）其他注意事项。

（2）分配工作任务时，注意商谈签约人的选择，和相关的人员积极沟通后确认。要从商谈过程中工作任务的产出结果出发，作为人员工作安排的依据。

1）安排商谈签约人，首要考虑因素是人员要专业，参考因素是与客户和业主情感联系。

2）安排现场关系维护人，主要考虑因素是与客户和业主情感联系。

（3）告知携带证件和材料时，表达要正确和清晰，注意证件齐全和有效。经纪人在每个交易环节前告知双方携带的证件和材料时，表达要清晰、正确，说清楚证件的名称和形式。

1）客户的证件材料是身份证明、户口本、婚姻证明、资金情况。

2）业主的证件材料是产权人身份证明、共有权人身份证明、婚姻证明。

（4）协调时间和地点时，要确保双方都方便。经纪人要注意交易时间和地点的协调沟通，向交易双方都经过沟通协调，协商的结果让双方都方便并达成一致。

（5）精心布置签约商谈场地，安排外部环境或销售工具时，要考虑：

1）助力商谈的过程。

2）不能成为商谈的障碍，是底线。

（6）提前告知收费标准，主要是提前告知经纪服务费的收费标准。

2. 商谈异议处理

（1）遵循商谈异议处理原则。

1）保持中立。

2）及时调停。

3）问题重述。

4）尊重事实。

5）达成共识。

（2）预先处理。根据业主和客户的具体情况，预测商谈及签约过程中可能会发生的状况，在商谈前期提前做好处理。预先处理签约突发状况是最好的办法。

（3）现场商谈中的异议处理。

1）关于"房屋交易价格、相关费用承担、附赠物有哪些"交易价值异议的预防及处理。

①预防措施。

A. 双方的价格期望越接近，双方成功的概率越高。经纪人要充分了解双方，并在需求、带看、促订、商谈前这些阶段提供交易双方房产资讯，真实、时效、全面，使双方的价格期望逐步接近。

B. 精算税费，准确计算交易成本；

C. 合理估算附赠物价值，业主准备相关凭证，予以佐证。

②现场处理措施。

A. 讲解资讯；

B. 讲解匹配度；

C. 强调时间价值；

D. 建议赠装饰物。

2）关于"付款时间、交房时间、户口迁出时间"交易流程异议的预防及处理。

①解释流程所需时间，取得交易双方理解。

②建议办理资金托管，打消客户付款隐患，尽快付款。

③解释经纪公司和经纪人会全程服务，监督每一步手续的办理进度，确保交易及时完成。

④用参考解决方案来预防、处理各种异议。

（4）规避商谈异议处理的大忌。

1）经纪人袒护客户或业主中的一方。

2）经纪人放手不管，不控制现场，任由双方自己商谈。

3）商谈过程促成了买卖同盟，造成对本次商谈的不利情况，可能会造成买卖房屋双方的交易风险，或会损害经纪公司的利益。

4）经纪人情绪激动、参与争执。

5）商谈不顺利时，经纪人率先放弃本次交易。

3. 商谈签约的关键点

买卖双方就某些条件无法达成一致时，就是商谈签约的关键时刻。

（1）经纪人分析交易双方分歧点，找到主要问题、次要问题。

（2）经纪人要关注解决双方的分歧问题。

（3）双方自行协调未果时，经纪人需将客户、业主双方分开，提供独立空间，并沉着、耐心单独沟通。

3.6 综合实训

1. 实训名称

门店经纪服务业务风险管理综合实训。

2. 实训内容

演练 1　风险识别与防范；

演练 2　风险控制；

演练 3　防控结合管理房地产交易风险。

3. 实训作业文件

门店经纪服务业务风险管理综合实训报告。

小结

　　风险管理工作领域主要有 3 个工作任务。任务 1 "风险识别与防范" 的任务是风险识别、风险防范；根据任务内容设计了任务流程，逐步开展任务实施，介绍了必备的业务知识和必备的业务要领，并拓展了相关知识、技巧和经验。任务 2 "风险控制" 的任务是制定风险控制方法、风险事件应急响应管理；根据任务内容设计了任务流程，逐步开展任务实施，介绍了必备的业务知识和必备的业务要领，并拓展了相关知识、技巧和经验。任务 3 "防控结合管理房地产交易风险" 的任务是防控交易中 "人" 的风险、"房" 的风险、"合同" 的风险、"操作" 的风险、"政策" 的风险以及规范谈判签约防范交易风险，设计了任务流程，开展任务实施，介绍了必备的业务知识和必备的业务要领，并拓展了相关知识、技巧和经验。最后，安排了门店经纪服务业务风险管理综合实训，形成最终的门店经纪服务业务风险管理综合实训报告。

思考题

1. 如何进行风险识别？

2. 如何进行风险防范？

3. 如何进行风险控制？

4. 如何防控交易中人、房、合同、操作以及政策的风险？

5. 如何规范谈判签约防范交易风险？

6. 如何撰写经纪业务风险管理报告？

10

工作领域 10　置业分析与客户咨询服务

 工作领域描述

　　置业分析与客户咨询服务是数字化经纪服务的重要业务组成部分。做好置业分析与客户咨询服务可以大大提高房地产经纪业务效率和服务品质。置业分析能够为购房者提供决策依据，提高房地产交易服务质量，加快交易的达成；专业周到的客户咨询服务可以为客户解除房地产交易过程中的疑惑，提升房地产经纪服务水平和效率。所以，置业分析与客户咨询服务也是房地产经纪服务人员的重要工作领域，需要具备相应的工作技能。

 工作领域内容

　　1.置业分析；
　　2.客户咨询服务。

 工作技能要求

　　1.能够理解房地产经纪服务职业标准和工匠精神；
　　2.能够进行置业分析；
　　3.能够进行房地产投资咨询；
　　4.能够进行房地产价格咨询；
　　5.能够进行房地产法律咨询；
　　6.能够撰写置业分析与客户咨询服务报告。

任务 1　置业分析

1.1　任务分析

置业分析任务内容主要有 2 项：

（1）置业分析报告；

（2）买房计划书。

1.2　任务流程

置业分析任务流程有 6 个步骤：

（1）工作准备；

（2）房地产市场调查；

（3）房地产市场分析；

（4）房地产环境分析；

（5）置业决策分析；

（6）制作置业报告。

1.3　任务实施

1. 工作准备

（1）客户信息资料；

（2）楼盘信息资料；

（3）数字化业务系统。

2. 房地产市场调查

房地产市场调查和分析是房地产置业的基础，房地产经纪人只有充分了解和把握房地产市场详细情况后，才能从宏观上给予置业客户更加专业化、客观化的意见。

（1）房地产市场调查收集的数据资料。

1）市场需求与供给方面：①宏观经济发展状况的信息资料；②消费者状况的信息资料；③目标房地产市场的数量、档次、功能等。

2）市场交易方面：①租金水平；②售价水平；③出租比率；④空置率。

3）房地产金融方面：①利率；②贷款的难易程度；③贷款抵押的违约发生率。

4）政府政策方面：①政府的限售限购政策等；②政府税收政策的变化等。

（2）市场调查数据资料收集方法。

1）一手资料收集法。针对客户所关注的区域收集整理各种调查方式取得的信息资料。具体方式有网上调查、电话调查、书面问卷调查和实地观察。前3种方式的成本相对较低，但当事人可能不愿如实回答所提的问题或对所提的问题理解错误，常会造成所收集的信息资料失真。观察法得到的信息资料客观真实，但对观察者的素质要求较高，花费的时间比较长，相关费用比较高。

2）二手资料收集法。主要是利用已经公开的信息资料，特别是充分利用互联网信息、房地产信息网络等渠道获得公开信息资料，还要充分利用政府机关、金融机构和房地产开发商等公开提供的信息资料。房地产市场线上调查的优势：房地产市场调查要考虑成本收益，房地产市场调查的收益实际上就是指调查结果的有效性，具体在真实性、时效性和准确性上。房地产市场调查的成本就是指进行房地产市场调查所需要投入的人力、物力和财力。房地产市场线上调查，主要是利用互联网接口的交互式的信息沟通渠道来实施调查活动，它包括直接在网上通过问卷进行调查，还可以通过网络来收集市场调查中需要的一些二手资料。通过线上调查的方式投入角度，此种调查方式的成本投入最低。

3. 房地产市场分析

（1）房地产市场分析的内容，如图10-1所示。

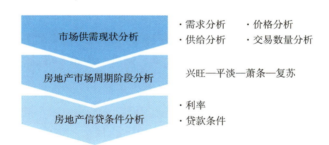

图10-1　房地产市场分析的内容

1）市场供需现状分析。

①需求分析。主要根据居民收入、就业、新创办公司数量、类型等因素进行分析。

②供给分析。主要从城市规划、存量房数量、用途等因素对市场供给进行分析。

③价格分析。分售价和租金两种价格，通过分析，找出价格波动规律。

④交易数量分析。交易数量的变化，是房地产市场最重要的分析资料，通过对这些资料的变化趋势的分析，可以大体得出目前市场的发展走势。

2）房地产市场周期阶段分析。房地产市场鲜明地体现出"兴旺—平淡—萧条—

复苏"这样的循环往复的周期，房地产市场周期阶段分析目的就是正确判断当前处于周期的哪个阶段。

3）房地产信贷条件分析。信贷条件主要指利率走势和抵押贷款年限。房地产市场是受金融市场强烈影响的市场，分析房地产信贷条件是了解房地产市场走向的重要依据。

（2）房地产市场分析的流程，如图10-2所示。

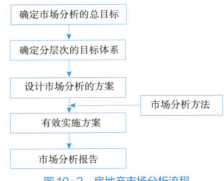

图10-2 房地产市场分析流程

1）确定市场分析的目标。房地产市场分析的目标，是为了达到市场分析的目的，即为客户提供科学的置业分析报告，需要设立分层次的目标体系，总目标居于核心地位，总目标之下是各个层次的具体分解目标。

2）设计市场分析方案。方案包括如何进行市场调查，如何分析市场调查获取的信息资料，以及分析工作的人员、时间、经费、任务、工作程序等事项的安排。

3）有效实施方案。在实施方案的过程中，要有一定的纪律约束，保障分析方案的有效贯彻。同时，市场分析的组织者也要随时根据实际行动的结果和情况变化进行必要的方案调整。

4）撰写并提交一份市场分析报告。报告中应该包括进行房地产市场分析的目标、过程、结论及建议等。分析报告一定要十分简明、清楚、客观、准确。

4. 房地产环境分析

（1）房地产环境分析的内容。

1）城市规划。分析目标区域的城市规划情况，包括核心地段，城市产业带，各个地段的土地用途等。

2）基础设施。基础设施及其他相关设施是否配套，如医疗、教育等，会影响目标区域的销售和租赁。

3）交通运输条件。一般来说，交通运输条件会极大地影响目标区域的价值，地段决定价值，主要因为差的地段交通运输条件差，人出行不便，价值大打折扣。

4）社会环境。包括目标区域的邻里环境、人文环境等。

5）自然环境。包括周边的生态景观环境，是否存在环境污染等因素。

（2）房地产环境分析的SWOT分析方法。见本教材"工作领域1 新居住项目市场分析与定位策划"中"任务1 新居住项目市场分析"。

案例 10-1　××小区的 SWOT 分析

（1）优势分析。××小区靠近森林公园，自然环境好；小区交通网络完善，可达性高；周围的小区共同组成了一个小商圈，未来提升潜力大；小区的物业品牌市场认同度高。

（2）劣势分析。区域为非主中心城区，人流量较少导致商业氛围较差，人气不足；周围生活配套设施目前品质不高，居民生活品质受到一定影响；小区处于市区与郊区的交界处，在工作上班方面处于离产业群较远的劣势。

（3）机会分析。城市为区域中心城市，外来人口多，小区所在区域发展空间大，未来会有围绕该区域的商业设施建设规划。随着收入增加、生活水平的提高，居民有强烈的改善住房需求。

（4）风险分析。政策调控和疫情因素，对市场带来了不确定影响，许多消费者也由原来的急切购房的心态转变为观望态度；区域周边仍有一些新的楼盘开发，从规模和品质上对小区产生一定的竞争。

5. 置业决策分析

（1）定性分析决策法。在房地产置业决策中，更为适用的方法是定性分析决策法，因为在置业过程中有些因素难以定量描述，而且遇到的问题、环境等都比较复杂。定性分析的方法通常也叫经验法，这一方法是建立在人的直观、灵感和经验以及形象思维和创新能力的基础上。但这种方法缺乏严谨的分析，只能进行一些直观且表面性的描述。

（2）定量分析决策法。这是一种严谨的分析决策方法，采用数量指标和数学模型手段，对决策问题进行定量分析、计算，以求得决策问题的最优解，在决策分析中常用的定量分析方法有 3 种。

1）确定型决策法。其特点是决策者对每一个不同方案的未来自然状态和信息在完全已知的情况下，根据完全确定的情况，运用科学方法从各个不同方案中选择最优方案。常用的确定性决策方法很多，如财务净现值法、内部收益率法、线性规划求最优解法等，决策者选择使用的方法可根据决策问题的性质来确定。

2）不确定性决策。其特点是不知道所处理的未来事件在各种特定条件下的明确结果，决策是在对决策问题的自然状态发生的概率毫无所知的情况下根据不同的决策准则作为不确定性决策的依据。这些决策准则包括：

①最大最小值准则，也称为悲观法，主张在对方案进行比较和选择时，不应过于

乐观，应谨慎从事，把事务的结果尽量估计得坏一点，然后在各种最坏的情况下找出一个最好的方案。

②最大值准则，也成为乐观法，这一方法正好与最大最小值准则法相反，它主张选择方案时应采取乐观的态度，大中选大。

③机会均等准则，也称为中庸之道法，决策者在决策过程中，不能肯定各种自然状态出现的概率，于是认为是等概率的，即如果有 n 个自然状态，则每个自然状态出现的概率为 $1/n$，然后按照风险决策的损益最大期望值做出决策。机会均等准则一般决策最常用。

3）风险型决策法。具体实施有：

①期望值法。根据概率论基本知识，利用数据期望值法，对置业项目方案进行决策优化。

②决策树法。把对某个含有风险的置业方案未来发展状况的可能性和可能的结果所做的预计和预测，用树状图形表示出来，不仅能够解决单层决策问题，而且更适合于解决多层决策问题，它能使得多层决策层次分明，直观易懂，也便于分析和计算。

6. 制作置业报告

根据上述房地产市场调查、房地产市场分析、房地产环境分析以及置业决策分析，再根据客户的具体需求条件，可以利用数字化业务系统制作换房报告或置业报告。

（1）利用数字化业务系统制作换房报告。系统可自动生成换房方案，如图 10-3 所示，可以获取客户的换房偏好，提供小区信息，在售房源，成交行情，资金评估等信息。

（2）利用数字化业务系统制作置业报告。系统可自动生成置业报告，如图 10-3 所示，是针对新房客户的一套高品质的购房指导资料，根据客户需求为其推荐新房，涵盖楼盘、户型、区域分析、市场解读等一系列详细信息。

（3）买房计划书。无论是购买存量房换房，还是购买新房，数字化业务系统自动生成的换房报告或置业报告，都可以为客户提供一份买房计划书，如图 10-4 所示。

换房报告 二手房

换房方案可帮您获取客户的换房偏好，提供小区信息、在售房源、成交行情、资金评估等信息，是与客户沟通需求、推荐小区和房源的好帮手。

生成方案

置业报告 新房

置业报告是针对新房客户的一套高品质购房指导资料，根据客户需求为其推荐新房，涵盖楼盘、户型、区域分析、市场解读等一系列详细信息。

生成报告

图 10-3　利用业务系统制作换房报告或置业报告

1.4　必备业务知识

置业与置业分析：

（1）置业的字面意义。置，指购置；业，指物业。

（2）置业的概念。置业指房地产置业，是购置土地、房屋，进行房地产交换，包括房屋买卖，租赁等一系列活动的总称。简单来说，置业就是购房。

（3）置业分类，包括：自住型置业购房；投资型置业购房。

（4）置业分析，指房地产经纪服务人员为购房客户提供的房地产市场调查、市场分析、环境分析以及目标楼盘分析，提供置业分析报告，为置业者购房提供决策依据。置业分析包括自住型置业分析和投资型置业分析。自住型置业分析重在分析楼盘的居住属性，投资型置业分析重在分析楼盘的价值（增值）属性。

任务 2　客户咨询服务

2.1　任务分析

客户咨询服务任务内容主要有 3 项：

（1）房地产投资咨询；

（2）房地产价格咨询；

（3）房地产法律咨询。

2.2　任务流程

客户咨询服务任务流程有 6 个步骤：

（1）工作准备；

（2）房地产投资咨询；

（3）房地产价格咨询；

（4）房地产法律咨询；

（5）其他咨询服务；

（6）撰写客户咨询服务报告；

2.3 任务实施

1. 工作准备

（1）客户信息资料、楼盘信息资料；

（2）置业分析报告；

（3）数字化业务系统。

2. 房地产投资咨询

（1）房地产投资咨询。这是指房地产经纪人利用掌握一定的房地产置业投资分析技能，作为客户的置业投资顾问，提供投资分析，专业地服务于客户。房地产投资已经成为广大投资者为使资产快速增值、获取高额利润的重要投资方式。

（2）熟悉房地产投资行为。房地产投资是国家、企业或个人为了达到一定的目的，直接或间接地对房地产的开发、经营、管理所进行的投资活动，是为房地产开发和经营投入或垫付资本的行为。如房地产开发投资，其方式有独资开发经营房地产、合资开发经营房地产以及合作开发经营房地产。房地产投资所涉及的领域有：土地开发、旧城改造、房屋建设、房地产经营、置业等。房地产开发项目投资过程：开发阶段的投资—经营阶段的投资—再开发阶段的投资。

（3）掌握房地产项目投资决策程序。即：

研究房地产开发项目的必要性和现实性—建设项目地点的选择及确定开发房屋类别及规模—财务分析与经济评价—进行建设项目的方案设计与编制建设总进度计划—研究建设项目的实施方案—提出投资决策研究报告—得出结论性意见与建议—提供有关部门决策和审批。

（4）把握房地产投资咨询业务的类型。目前，房地产经纪人员从事的房地产投资咨询业务主要有两种：

1）房地产经营投资咨询。

2）房地产置业投资咨询。

（5）按流程做房地产投资咨询。即：接受委托—市场调查分析—方案选择和优化—财务评价—编制可行性报告。

3. 房地产价格咨询

（1）房地产价格咨询。房地产经纪人员凭借其在房地产价格评估方面专业知识以及丰富的市场经验，结合一定的房地产估价方法，为购房者和投资者提供标房地产的客观市场价格，这就是房地产价格咨询。影响房地产价格的因素有供求关系、社会因素、政治因素、经济因素、自然因素、区域因素以及个别因素。

（2）房地产价格咨询业务的操作程序：

1）明确估价基本事项。

2）拟定作业计划。根据咨询目的及对象房地产的产权状况，制定咨询作业计划，包括设计价格评估的技术路线、拟定调查搜集的资料种类及来源渠道、安排本次业务需要的人员和经费、拟定作业步骤和进度。

3）搜集、整理基本资料。资料的类型和翔实程度主要取决于咨询目的和采用的估价方法。进行房地产价格评估的原则有：合法原则、最高最佳使用原则、供求原则、替代原则、估价时点原则、公平原则。

4）实地查勘对象房地产。实地查勘的主要目的是通过实地调查，对对象房地产的产权状态、实体特征及环境条件等进行确认。

5）选定价格评估的技术方法、确定估价结果。根据价格咨询目的、估价技术方法的适用条件及所收集资料的数量和质量，选定估价方法，计算价格或租金。

6）编写价格咨询报告书。在完成咨询业务的技术作业后，把价格评估过程及其结果以及房地产经纪机构所提出的价格决策建议编制成价格咨询报告，送达委托方，并收取咨询费用。

（3）房地产经纪人从事房地产价格咨询应该注意几点：

1）房地产价格咨询不同于鉴证性的估价，不强调公正性，房地产经纪人员可站在委托人的立场上，在合法的原则下，以满足委托人的要求、实现其最大的利益为目标。

2）与房地产估价人员不同，房地产经纪人员提供给委托方的估价结果可以更灵活，不一定是一个确切的值，也可以是一个价格的区间。

3）房地产经纪人也可以为委托方提供一些合理的参考意见，比如改善交易条件、把握交易时机等。

4. 房地产法律咨询

（1）房地产法律咨询服务，是有关房地产交易的法律知识咨询、合同审核与修订咨询、法律事务交涉等法律咨询活动。房地产法律咨询涉及的法律法规有综合法规、房地产交易法规、房地产租赁法规、房屋管理法规、房屋拆迁法规以及其他法规。专业的法律咨询服务一般应由律师提供，房地产经纪人只能提供基本的常识性的房地产法律咨询服务。

（2）房地产经纪机构可开展的房地产法律咨询服务类型，常见的主要问题有 3 类：房地产法律关系、房地产权利和房地产交易。按照经纪机构所提供经纪服务的不同分类，可分为：土地交易法律咨询、商品房交易法律咨询和存量房地产交易法律咨询。根据房地产经纪所促成的房地产交易的不同方式，可分为：房地产买卖法律咨询、房地产租赁法律咨询、房地产抵押法律咨询等。常见的房地产法律咨询的类型：

1）为委托人提供解决房地产纠纷处理的法律依据。

2）兼有律师资格的可以受聘担任各种房地产企业的法律顾问。

3）为委托人化解可能因法庭判决所带来的风险。

4）为维护委托人的正当利益提供法律依据。

5）为委托人组织诉讼文件资料，通过法庭来保护委托人的合法权益等。

（3）房地产法律咨询服务的方式，主要有 3 种：

1）个案解答。专门就一个具体的法律问题由经纪人做出一对一的个性化解答，阐述所涉及的法律的理解与适用，提出解决问题的建议。

2）商业文书审查。就客户的房地产买卖合同等房地产商业性文书，根据客户的要求进行审查，并提出对客户有利的建议和意见，指出对其不利的条款约定等。

3）房地产全程法律服务。根据房地产经纪服务的内容，解答相关房地产法律及政策，具体到某市、某县的法律服务。

5. 其他咨询服务

除上述房地产相关经纪业务咨询服务外，还有置业担保、装潢及搬家等经纪咨询服务。

6. 撰写客户咨询服务报告

集成上述 2~5 内容，形成客户咨询服务报告。

2.4 必备业务知识

房地产咨询：

（1）房地产咨询，指为房地产经济活动的当事人提供法律法规、政策、信息、技术等方面服务并收取佣金的一种有偿的中介活动。我国房地产咨询是房地产经纪业务的一种。

（2）房地产咨询的特点：

1）内容和对象的广泛性。

2）开展形式灵活多样。

3）咨询人员知识全面。

2.5　综合实训

1. 实训名称

置业分析与客户咨询服务综合实训。

2. 实训内容

演练1　置业分析；

演练2　客户咨询服务。

3. 实训作业文件

置业分析与客户咨询服务报告。

 小结

　　置业分析与客户咨询服务工作领域主要有2个工作任务。任务1"置业分析"的任务是制作置业报告、买房计划书；根据任务内容设计了任务流程，开展任务实施，介绍了必备的业务知识和必备的业务要领，并拓展了相关知识、技巧和经验。任务2"客户咨询服务"的任务是房地产投资咨询、房地产价格咨询、房地产法律咨询，设计了任务流程，开展任务实施，介绍了必备的业务知识和必备的业务要领，并拓展了相关知识、技巧和经验。最后，安排了置业分析与客户咨询服务综合实训，形成最终的置业分析与客户咨询服务报告。

 思考题

1. 如何进行置业分析？

2. 如何进行房地产投资咨询服务？

3. 如何进行房地产价格咨询服务？

4. 如何进行房地产法律咨询服务？

5. 如何撰写置业分析与客户咨询服务报告？

参考文献

[1] 陈林杰，梁慷，张雪梅. 房地产经纪实务 [M]. 4 版. 北京：机械工业出版社，2021.

[2] 陈林杰，张家颖，王园园. 房地产营销与策划实务 [M]. 3 版. 北京：机械工业出版社，2021.

[3] 陈林杰，樊群，蒋丽. 房地产开发与经营实务 [M]. 5 版. 北京：机械工业出版社，2021.

[4] 陈林杰，汪燕，吴涛，等. 房地产经纪综合实训 [M]. 2 版. 北京：中国建筑工业出版社，2017.

[5] 陈林杰，周正辉，吕正辉，等. 房地产营销综合实训 [M]. 2 版. 北京：中国建筑工业出版社，2017.

[6] 中国房地产估价师与房地产经纪人学会. 房地产基本制度政策 [M]. 3 版. 北京：中国建筑工业出版社，2020.

[7] 中国房地产估价师与房地产经纪人学会. 房地产经纪职业导论 [M]. 3 版. 北京：中国建筑工业出版社，2020.

[8] 中国房地产估价师与房地产经纪人学会. 房地产经纪业务操作 [M]. 3 版. 北京：中国建筑工业出版社，2020.

[9] 中国房地产估价师与房地产经纪人学会. 房地产经纪专业基础 [M]. 3 版. 北京：中国建筑工业出版社，2020.

[10] 中国房地产估价师与房地产经纪人学会. 房地产经纪综合能力 [M]. 3 版. 北京：中国建筑工业出版社，2020.

[11] 中国房地产估价师与房地产经纪人学会. 房地产经纪操作实务 [M]. 3 版. 北京：中国建筑工业出版社，2020.

[12] 中华人民共和国住房和城乡建设部. 全国房地产经纪人资格考试大纲（2020）[M]. 北京：中国建筑工业出版社，2020.

[13] 谢海生，张有坤. 房地产新领域开拓与服务升级研究 [J]. 建筑经济，2019（9）：5-9.

[14] 谢海生，王艳飞，李怡晴.我国房地产产品升级路径研究 [J].建筑经济，2019（4）：6-11.

[15] 陈林杰，周正辉，曾健如，等.全国房地产业务技能大赛的设计与实践 [J].建筑经济，2014（12）：32-36.

[16] 陈林杰.我国房地产专业人员的职业分类与分级管理 [J].产业与科技论坛，2014（18）：206-207.

[17] 陈林杰，徐治理.我国房地产营销师职业标准研究 [J].中外企业家，2015（27）：1.

[18] 陈林杰，韩俊.我国房地产经纪人职业标准研究 [J].中外企业家，2015（28）：165.

[19] 陈林杰，樊群，梁慷，等.我国房地产置业顾问职业标准研究 [J].基建管理优化，2016（2）：22-26.

[20] 陈林杰，梁慷.验房师职业标准研制与职业能力评价 [J].建筑经济，2016（1）：109-114.

[21] 陈林杰，郭井立.中国新兴地产现状及其发展前景 [J].基建管理优化，2015（4）：9-11.

[22] 陈林杰，郭井立.中国新兴商业地产运作策略 [J].基建管理优化，2016（1）：2-6.

[23] 陈林杰.房地产网络营销的特点及方法分析 [J].基建管理优化，2016（3）：8-11.

[24] 陈林杰.房地产电商的类型特点及应用探索 [J].产业与科技论坛，2015（11）：178-179.

[25] 陈林杰.房地产项目一二手联动营销方法及其发展分析 [J].基建管理优化，2015（3）：2-4.

[26] 贝壳找房网 [OL]. https：//nj.ke.com/.

[27] 链家网 [OL]. https：//www.lianjia.com/.

[28] 北京市消费者协会，天津市消费者协会，河北省消费者权益保护委员会.房地产经纪服务要求：T/TJCA 01—2019 [S]. 2019.

[29] 贝壳经纪学堂 [OL].http：//z.ke.com/.

[30] 房地产经营与管理专业国家教学资源库 [OL].https：//www.icve.com.cn/njfdcjy.

线上学习资源

1. 房地产经营与管理专业国家教学资源库

https：//www.icve.com.cn/njfdcjy

2. 房地产经纪网上课程

https：//www.icve.com.cn/portal/courseinfo?courseid=lgn1aeqqq5xkdo1yetttwa

3. 房地产经纪综合实训网上课程

https：//www.icve.com.cn/portal/courseinfo?courseid=lbyzaemqkqtn44n9zkjsq

4. 新居住数字化经纪服务 – 基础知识与初级技能

https：//www.icve.com.cn/portal/courseinfo?courseid=m8n8algtgklc8sfjucy21a

5. 新居住数字化经纪服务 – 中级技能

https：//www.icve.com.cn/portal/courseinfo?courseid=0jygabctbjngrm9geuula

6. 房地产技能竞赛

https：//www.icve.com.cn/portal/courseinfo?courseid=ptctabaqiyhpbuxc1rn4hw